Michael Stollwerk

Frische Brise für die Seele

366 Geschichten,
die einfach guttun

BRUNNEN
Verlag GmbH · Giessen

FÜR
HANNAH-SOPHIA

Quellenhinweis: Leider konnten nicht alle Rechteinhaber der Fremdtexte ermittelt werden. Der Verlag ist für entsprechende Hinweise dankbar.

In folgende Texte sind Auszüge aus anderen Publikationen eingeflossen:
18. Januar: Burkhard Krause, Auszug aus dem Schneckenhaus. Praxis-Impulse für eine verheißungsorientierte Gemeindeentwicklung. Aussaat Verlag, Neukirchen-Vluyn, 1996, S. 119f.
1. Juni: „Zwanzig“ aus NEULAND, Zeitschrift des jüdischen Nationalfonds e.V., Ausgabe 7, Herbst 2002, S. 55.
26. Dezember: Henry Nouwen, Ich hörte auf die Stille,
© Verlag Herder, Freiburg im Breisgau, 20. Auflage 2003.

1. Paperbackauflage 2015

3. Gesamtauflage 2015
(1. Auflage erschien unter dem Titel „Gesponserte Stille“)

Lektorat: Carsten Schmidt, Ralf Tibusek
Umschlaggestaltung: Sabine Schweda
Umschlagfotos: StockFood
Satz: Die Feder GmbH, Wetzlar
Herstellung: Books on Demand GmbH, Norderstedt
ISBN 978-3-7655-2039-6

Vorworte

Fast jeder Pfarrer oder Prediger kennt dieses Leiden: Die Ansprache ist fertig und – natürlich viel zu lang. Damit beginnt der „grausamste“ Teil der Predigtvorbereitung, das große Streichkonzert. Es ist deshalb so grausam, weil gerade diejenigen Gedanken, die nicht so ganz ins Konzept passen, oft als die wertvollsten erscheinen. Ich habe es nicht übers Herz gebracht, diese vielen kleinen Geschichten, Begebenheiten und Anekdoten dem Papierkorb zu überlassen. Stattdessen habe ich sie gesammelt und wünsche mir nun, dass sie jedem, der sie liest, eine Ermutigung für den Tag sein dürfen. Inspiriert worden bin ich dabei durch die Andachtsbücher von Axel Kühner, die mich selbst über einen längeren Zeitraum täglich begleitet haben. Im Unterschied zu Axel Kühner habe ich den Geschichten lediglich eine Impulsfrage für das eigene Weiterdenken in der Stille angefügt. Diese Vorgehensweise verdanke ich dem ehemaligen Rektor des Pastoralkollegs der Ev. Kirche im Rheinland, Pfr. Dr. Karl-Adolf Bauer. Seine Morgen- und Abendandachten haben mich stets in die Nähe Jesu zurückgerufen, so dass ich mit dem Pastoralkolleg Erfahrungen „geistlicher Wellness“ verbinde, und das nicht nur aufgrund des dort vorhandenen Sauna- und Fitnessbereichs.

Ich danke dem Verlag herzlich für seine Bereitschaft, diese 366 kurzen Gedanken einer breiteren Leserschaft zugänglich gemacht zu haben. Die regelmäßigen Besucher der Gottesdienste im Wetzlarer Dom wird es vielleicht freuen, auf diese Weise sowohl Ungehörtes als auch Unerhörtes zum Nachdenken erwerben zu können. Dass manche von ihnen eine Anfahrt von einer halben Stunde und mehr in Kauf nehmen, um am Gottesdienst der Gemeinde teilnehmen zu können, berührt mich nach wie vor tief.

Noch tiefer berührt mich allerdings das, was Christen in Nordkorea oder in der arabischen Welt opfern, um Gottes Wort zu hören und weiterzugeben. Möge ihnen und der Arbeit von Open Doors International zugunsten verfolgter Christen weltweit unsere tägliche Fürbitte gelten.

Michael Stollwerk, Pfingsten 2004

1. Januar

Geh deinen Weg

Geh deinen Weg – geh ihn geradlinig,
deiner selbst und Gottes Nähe bewusst.
Geh deinen Weg – schau nach rechts und links und,
wenn es wichtig ist für dich, auch einmal hinter dich.
Geh deinen Weg – weiter und weiter der Herrlichkeit
Gottes entgegen.
Geh deinen Weg – und wenn er zu steinig werden sollte,
dann bitte den, der mitgeht, Christus, dich zu tragen.
Geh deinen Weg – achte auf jeden, der dir begegnen wird,
denn niemand kreuzt zufällig deinen Weg.
Geh deinen Weg – in der Gewissheit versagen zu dürfen,
weil dein himmlischer Vater gerne vergibt.
Geh deinen Weg – fröhlich, unverzagt und verantwortungsvoll.
Geh deinen Weg – mit Gott.
„Befiehl dem Herrn deine Wege und hoffe auf ihn, er wird's wohl machen.“ Psalm 37,5

Impuls für die Stille:
Ich spreche Gott für das neue Jahr, das vor mir liegt, mein Vertrauen aus.

2. Januar

„Abergeister“

Die Evangelien berichten an vielen Stellen, wie Jesus Menschen von Dämonen befreit. Aber was ist das eigentlich, ein „Dämon“? Die Bibelübersetzung des katholischen Theologen Friedolin Stier bedient sich einer interessanten Wortschöpfung. Sie übersetzt das griechische „daimonia“ nämlich mit dem eigens hierfür geschaffenen Begriff: „Abergeister“. Stier will damit zum Ausdruck bringen, dass das Wesen des Dämonischen vor allem darin besteht, dass es vom Widerspruch lebt und zwar vom Widerspruch zu dem, was nach Gottes gutem Heiligem Geist eigentlich sein sollte. So wie der Aberglaube das Vertrauen auf ein Hirngespinst darstellt, dass den echten Glauben an Gott vergiftet, so sind Abergeister Mächte, die dazu in der Lage sind, einen Menschen zu verstümmeln und von seiner eigentlichen gottgewollten Berufung abzubringen. Dämonen sind Abergeister. Ihre Vorgehensweise passt sich der jeweiligen Situation an.

Da entdeckt etwa ein Mensch, was wirklich wichtig für sein Leben ist und dass er etwas ändern sollte – und schon ist da diese Stimme im Hintergrund, die von oben herab flüstert: „Viel zu gefährlich! Bedenke die Folgen!" Da bekommt jemand zugesagt, wie wertvoll und liebenswert er eigentlich ist. Doch der Dämon sagt: „Bilde dir ja nichts ein. Das ist doch nur deine Schokoladenseite." Da möchte jemand Bewegung in eine festgefahrene Situation bringen. Der Abergeist aber kennt schon das vermeintliche Ergebnis: „Das schaffst du nie! Lass es!" Es gibt unzählige dieser Geister. Sie verfolgen im Prinzip nur ein Ziel. Sie wollen uns in unserem Innern klein halten, einengen und vor allem daran hindern, dass wir aufrecht und selbstbewusst unseren Weg als geliebte Kinder Gottes gehen. Christus ist gekommen, um mit diesen „Abergeistern" aufzuräumen. Wo immer er ihnen begegnet, da treibt er sie aus. Unsere Freiheit besteht darin, gleiches zu tun. Im Rückgriff auf Christus dürfen wir sagen: „Macht euch vom Acker, ihr Abergeister, denn ich gehöre einem anderen."

„Als es Abend geworden, brachten sie zu ihm viele vom Abergeist Besessene. Und mit einem Wort trieb er die Geister aus und machte alle heil, die übel dran waren." Matthäus 8,16 nach F. Stier

Impuls für die Stille:

An welcher Stelle bin ich besonders anfällig für das Böse?

3. Januar

Wichtiger als das Abitur?

Ich erinnere mich noch gut an einen Klassenkameraden auf dem Gymnasium. Wir waren ungefähr gleich begabt, hatten ähnliche Interessen und spielten zusammen Handball im Verein. Auch unsere Zeugnisnoten waren anfangs noch auf dem selben Niveau. Letzteres änderte sich dann aber ab der 10. Klasse. Während es mit meinen Noten eher aufwärts ging, rutschte er deutlich ab. Es war kein dramatischer Einbruch, irgendwie gelang es ihm nämlich doch immer wieder, sich gerade so durchzuschlängeln. Dennoch war für alle offensichtlich: Er verwandte nicht mehr Mühe für den Schulalltag als unbedingt notwendig. Sein Verhalten schien die Einstellung zu dokumentieren: Es gibt Wichtigeres als das Abitur. Damals hat mich das gewundert. Ich habe gedacht: „Mensch, die Schule, das ist doch die Voraussetzung dafür, vorwärts zu kommen, es im Leben zu etwas zu bringen." Aber er dachte offenbar anders darüber. Erst viel später wurden mir die Gründe für sein Verhalten klar. Mein Klassenkamerad war nämlich im Unterschied zu mir Sohn reicher Eltern. Seine Familie besaß schon in zweiter Generation einen Getränkegroßhandel in Solingen mit einem großen Lkw-Fuhrpark und zahlreichen Angestellten. Und Michael, so hieß der Klassenkamerad, würde einmal der Erbe dieser bedeutenden Firma sein. Völlig klar, dass es für ihn etwas Wichtigeres gab als die Schule. Er zog es vor, sich bereits als Teenager mit den Aufgaben und Herausforderungen vertraut zu machen, die eines Tages im elterlichen Betrieb auf ihn zukommen würden. Heute ist mir deutlich: Einen Erben haben andere Dinge zu beschäftigen als einen Habenichts!

„In Christus sind wir zu Erben eingesetzt worden, damit wir etwas seien zum Lobe seiner Herrlichkeit." Epheser 1,11f

Impuls für die Stille:

Wie unterscheidet sich das, womit ich als Christ beschäftigt bin, von dem, was alle Welt beschäftigt?

4. Januar

Gott mit uns?

Gott mit uns! – mit diesem Satz auf dem Koppelschloss ihrer Uniform zogen 1914 die deutschen Soldaten in den Krieg.

Mitten während des amerikanischen Bürgerkriegs trat Abraham Lincoln seine zweite Amtszeit als US-Präsident an. Zur schrecklichen Auseinandersetzung zwischen den Süd- und den Nordstaaten sagte er: „Wir lesen beide die gleiche Bibel und wir beten den selben Gott an und jeder von uns wendet sich an ihn um Hilfe gegen den jeweils anderen. Die Gebete beider Parteien können nicht erhört werden und in der Tat sind beider Gebete bis heute auch nicht in vollem Maße erhört worden. Der Allmächtige hat seine eigenen Absichten und es gilt das Wort: ‚Wahrhaftig und gerecht sind seine Urteile.‘ So hoffen wir innig und beten inständigst, dass dieser furchtbare Fluch des Krieges möglichst bald an uns vorüberziehen möge."

Der Unterschied der geäußerten Wünsche und der dahinter stehenden Haltung zu Gott ist deutlich. Während auf der einen Seite Gott im Grunde genommen nur als religiöser Erfüllungsgehilfe der eigenen Vorstellungen dient, achtet Abraham Lincoln Gottes Freiheit und stellt sein Schicksal ihm anheim. Diese Bescheidenheit beeindruckt, denn hätte Lincoln angesichts seines Eintretens für die Abschaffung der Sklaverei nicht alles Recht, die Bibel und Gott für sich zu beanspruchen? Er verzichtet darauf. Stattdessen nimmt er Anteil am Leiden Gottes über eine Welt, die sich durch ihr kriegerisches Gebaren selbst zerfleischt.

„Ich bin der Herr, dein Gott, der dich lehrt, was dir hilft und dich leitet auf dem Wege, den du gehst. O dass du auf meine Gebote gemerkt hättest, so würde dein Friede sein wie ein Wasserstrom und deine Gerechtigkeit wie Meereswellen." Jesaja 48,17f

Impuls für die Stille:

„Nicht was wir gerade beten wollen, ist wichtig, sondern worum Gott von uns gebeten sein will", wusste Dietrich Bonhoeffer. Worum soll ich Gott heute bitten?

5. Januar

Afrikanisches Denken

Kwa Zulu, Südafrika. Eine Gruppe von Männern steht auf einer Weide um eine Kuh herum. Sie beten. Ich trete hinzu und frage besorgt: „Was ist los? Stimmt mit der Kuh etwas nicht? Ist sie krank?“ „Nein“, antwortet einer der Zulus. „Es ist kein Fleisch mehr da und wir müssen das Tier gleich schlachten. Wir haben es Gott erklärt und ihn um Verzeihung gebeten.“ Diese Szene liegt schon Jahre zurück, aber sie hat sich mir tief ins Gedächtnis gegraben. Anfängliches Befremden wich mehr und mehr einer tiefen Nachdenklichkeit. Haben diese südafrikanischen Christen nicht Recht? Als Menschen stehen wir in der Verantwortung vor Gott. Er hat uns diese Schöpfung anvertraut, um sie zu bebauen und zu bewahren. Von gedankenlosem Plündern oder Ausbeuten war nie die Rede. Mag sein, dass wir in einer industrialisierten Gesellschaft die ehrfurchtsvolle Haltung der Zulus nicht ohne weiteres kopieren können. Aber schon der Wandel von der Massentierhaltung zur ökologischen Landwirtschaft ist ein Schritt in die richtige Richtung. Und wer seine Mahlzeiten nicht ohne Tischgebet zu sich nimmt, der wird zumindest daran erinnert, welchen Wert Gottes gute Gaben in Wahrheit haben.

„Dem Herrn gehört die ganze Welt und alles, was auf ihr lebt.“ Psalm 24,1

Impuls für die Stille:

Wie gedankenlos oder bewusst gehe ich mit Nahrungsmitteln um?

6. Januar

Aber wie's da drin aussieht ...

Die alte Frau hat Besuch von den Kindern und Enkeln. Beim Abschied sagt sie: „Macht euch keine Sorgen um mich. Ich komme schon zurecht, und ihr sollt euer eigenes Leben leben.“

Da ist der fünfunddreißigjährige Single. Seine humorvolle Art macht ihn oft zum Mittelpunkt geselliger Abende. „Also, dass du noch nicht verheiratet bist!“, wundert sich die Frau des Gastgebers. „Der ist doch viel zu schade für die Ehe!“, meint ihr Gatte. „Glaub mir, Schatz, *der* ist Single aus Überzeugung.“

Da ist eine Missionskonferenz. Nach dem Vortrag stürmt eine begeisterte Zuhörerin auf den Referenten zu: „Wunderbar, wie Sie gesprochen haben. Ist es nicht ein Vorrecht, dem Herrn so dienen zu dürfen?“ – „Ja, in der Tat, das ist es!“, antwortet der so Angesprochene und lächelt.

Wieder die alte Frau. Wir lesen ihre Gedanken: „Ihr müsst gehen, ich weiß. Aber wie schön wäre es, wenn wir alle zusammen leben könnten, wenn ihr nicht fünfhundert Kilometer entfernt wäret. Ich habe so oft Sehnsucht nach euch.“

Wieder der fünfunddreißigjährige Single. Wir erfahren, was unmittelbar vor der Party passiert war: Er hatte sich seit sieben Jahren zum ersten Mal unsterblich verliebt. Dann kam ihr Anruf: „Es tut mir Leid, wenn du dir irgendwie Hoffnungen gemacht hast. Aber das mit uns beiden, du, das wird nichts.“

Wieder die Missionskonferenz. Wir hören hinein in das Abendgebet des Theologen: „Herr, es zerreißt mich. Ich schaffe diesen Spagat einfach nicht mehr: den Spagat zwischen Beruf und Familie, den Spagat zwischen den Anforderungen und meiner Leistungsfähigkeit, den Spagat zwischen dem, was ich predige und was ich lebe.“ Der Prophet Jesaja sagt:

„Gott wird das geknickte Rohr nicht zerbrechen und den glimmenden Docht wird er nicht auslöschen.“ Jesaja 42,3

Impuls für die Stille:

In welchen Bereichen meines Lebens tut die Verheißung des Jesaja besonders gut?

7. Januar

Alles im Blick!

Staatsbesuch in Bonn. Gast ist Leonid Breschnew, Vorsitzender des Obersten Sowjet der früheren UdSSR. Es ist Christi Himmelfahrt. Höflich erkundigt sich der Staatsgast nach der Bedeutung dieses offiziellen Feiertages. Der mit der religiösen Deutung des Festes nicht vertraute Dolmetscher soll in seiner Hilflosigkeit übersetzt haben: „Es ist der Tag der Luftwaffe." – „Tag der Luftwaffe" – eine sehr eigenwillige Interpretation der Erhöhung Christi zu Gott. Sie enthält bei aller Komik jedoch einen Funken Wahrheit. Denn Christus übt zwar keine militärische Herrschaftsgewalt aus, aber er „durchschreitet die Himmel" (Heb. 4,14) und hat von dort aus segnend alles im Griff. Genau das heißt Himmelfahrt: Christus hat alles im Blick – auch die Katastrophen!

Dieser Gedanke ist tröstlich, gerade in Anbetracht der Nachrichten, die tagtäglich auf uns einstürzen und von denen man sich manchmal am liebsten abwenden möchte:

– das vom Hunger gezeichnete Kind in einem der Elendsviertel dieser Welt. Es ist nicht vergessen. Christus hat es im Blick.

– der von Kugeln durchsiebte, schwer verletzte Friedensaktivist irgendwo in einem Gefangenenlager. Die Medien sind mit ihren Kameras längst woanders. Aber Christus hat ihn im Blick.

Doch das gilt nicht nur für die dramatischen Konflikte der Zeit. Christus sieht und nimmt Anteil an allem, sogar an unserem alltäglichen, kleinen Chaos:

Küche – Abwasch – Windeln – Geschrei – nerviger Ehemann. Christus hat es im Blick.

Termindruck – Computer abgestürzt – wichtige Dateien verloren – Überstunden. Christus hat es im Blick.

Medikamente vergessen – Hüftschmerzen – Enkel haben Besuch abgesagt – Einsamkeit. Christus hat es im Blick. Ihm dürfen wir alles bringen, er will sich um alles kümmern, Gott sei Dank!

„Jesus, der Sohn Gottes, hat die Himmel durchschritten, doch er leidet mit uns in unserer Schwachheit, denn er ist in allem versucht

worden wie wir. Darum lasst uns hinzutreten zu dem Thron der Gnade, damit wir Barmherzigkeit empfangen und Gnade finden zu der Zeit, wenn wir Hilfe nötig haben." Hebräer 4,14–16

Impuls für die Stille:
Alles, was mir im Moment Sorgen macht, darf ich der Fürsorge Christi anvertrauen.

8. Januar

Alte Liebe

Dort, wo man heute von einer Aussichtsplattform auf die Weite der Nordsee hinausblicken kann, legten in früheren Jahrzehnten die großen Seebäderschiffe ab, die von Cuxhaven aus Helgoland ansteuerten. Bekannt ist dieser Anlegesteg unter dem Namen „Alte Liebe". Er wurde ca. 1725 zum Schutz gegen die raue See gebaut. Eine Eigentümlichkeit verbindet sich mit dem Fundament des imposanten Bollwerkes. Es wird nämlich durch drei Schiffsleiber gebildet, die man in der Hafeneinfahrt versenkte und danach mit Felsen und Sand zuschüttete. Das vorderste der drei Schiffe trug den Namen „Die Liebe". In Anlehnung daran ist die Bezeichnung „Alte Liebe" für diesen Schutzwall des westlichen Hafenufers entstanden.

Der Vergleich mag verwegen klingen, weil es sich um ein unbelebtes Werk der Technik handelt. Aber ist jenes Schiff nicht dennoch ein sprechendes Bild für das, was Christus am Kreuz für uns getan hat? „Die Liebe" wird dem Untergang geweiht, damit andere Schiffe vor dem Untergang bewahrt bleiben und die sichere Einfahrt in den Hafen finden. Genau das ist es doch, was Christi Tod für uns bedeutet. Ohne Christus wären wir dazu verurteilt, im Meer unserer Sünden zu ertrinken, wie einst die Zeitgenossen Noahs in der Sintflut. Doch stattdessen lässt sich Christus in die Tiefe der Gottverlassenheit versenken. Er bildet das Fundament des Bollwerks gegen den Tod, das Gott errichtet hat, damit wir mit unserem Lebensschiff sicher bei ihm ankommen.

„Daran haben wir die Liebe erkannt, dass Christus sein Leben für uns gelassen hat.“ 1. Johannes 3,16

Impuls für die Stille:
Was bedeutet mir die „alte Liebe“ Christi?

9. Januar

Altersweisheit

Eine 85-jährige Frau wurde an ihrem Geburtstag interviewt. Der Reporter fragte, welchen Rat sie Menschen ihres Alters zu geben hätte. „Nun“, sagte die reizende alte Dame, „in unserem Alter ist es sehr wichtig, unsere Fähigkeiten ständig einzusetzen, sonst verkümmern sie. Es ist wichtig, mit Menschen zusammen zu sein, und wenn es noch irgendwie möglich ist, seinen Lebensunterhalt durch kleinere Dienstleistungen aufzubessern. Das hält lebendig und gesund!“ – „Darf ich fragen, was Sie tun, um Ihren Lebensunterhalt aufzubessern?“ – „Ich kümmere mich um eine alte Dame in meiner Nachbarschaft“, lautete ihre Antwort.

„Sich kümmern“ als Hilfe zum Lebendigbleiben. Dabei regt es unwillkürlich zum Schmunzeln an, wenn eine 85-Jährige von ihrer pflegebedürftigen Nachbarin so spricht, als sei sie selbst mindestens 40 Jahre jünger. Doch die Jubilarin hat Recht. Wer sich einem anderen Menschen liebevoll zuwendet, der vergisst darüber oft die eigenen Bürden und Schwierigkeiten. Der auf die eigene Situation konzentrierte Blick dagegen verengt den Horizont und wird zu einer Quelle der Unzufriedenheit. Wagen wir den Blick über den Gartenzaun. Er zeigt, wie viel mir geschenkt ist, was ich vermag und wofür Gott mich gebrauchen kann. Alter ist eine relative Größe, sogar die Gesundheit! Denn wer seinen Nächsten nicht mit zupackenden Händen pflegen vermag, dem gelingt es vielleicht anders – z. B. mit einfühlsamen Worten und Verständnis.

„Einer trage des anderen Last, so werdet ihr das Gesetz Christi erfüllen.“ Galater 6,2

Impuls für die Stille:
Wann empfinde ich die Zuwendung zu einem anderen Menschen als *Be*lastung? Wann empfinde ich sie als *Ent*lastung?

10. Januar

Ein Anti-Märchen

„Es war einmal ein arm Kind und hatt kein Vater und keine Mutter, war alles tot, und war niemand mehr auf der Welt. Alles tot, und es ist hingegangen und hat gesucht Tag und Nacht. Und weil auf der Erde niemand mehr war, wollt's in Himmel gehen, und der Mond guckt es so freundlich an; und wie es endlich zum Mond kam, war's ein Stück faul Holz. Und da is es zur Sonn gangen, und wie es zur Sonn kam, war's ein verwelkt Sonneblum. Und wie's zu den Sternen kam, waren's kleine goldne Mücken, die waren angesteckt, wie der Neuntöter sie auf Schlehen steckt. Und wie's wieder auf die Erde wollt, war die Erde ein umgestürzter Hafen. Und es war ganz allein. Und da hat sich's hingesetzt und geweint, und da sitzt es noch und is ganz allein."

Dies ist kein Märchen der Brüder Grimm. Es beginnt zwar mit „Es war einmal ...", aber was dann folgt, lässt alles vermissen, was wir von einem Märchen erwarten. Vor allen Dingen gibt es kein „Happy End", stattdessen nur Verlassenheit und Traurigkeit über unerfüllte Sehnsucht. Was uns in dieser Geschichte begegnet, ist eine Welt ohne Wärme und Hoffnung. Es ist eine Welt ohne Gott. Georg Büchner legt diese Geschichte in seinem Fragment „Woyzeck" einer Großmutter in den Mund, als Bilanz eines enttäuschten Lebens.

Wenn man ihre Worte auf sein Inneres wirken lässt, spürt man die ganze Schwere der Sinnlosigkeit, die sich in dem Moment über die Schöpfung legt, wo es niemand gibt, dem man sich mit seinen Fragen in die Arme werfen kann und der seine Hände gnädig über uns ausbreitet. Die Welt wird kalt und abweisend, sobald sich der Schöpfer von ihr verabschiedet. Oftmals ist uns dies gar nicht bewusst. Oft wird uns der Glaube an Gott zu einer solchen Selbstverständlichkeit, dass wir ihm kaum mehr Bedeutung beimessen.

Doch das „Märchen“ der Großmutter im „Woyzeck“ führt uns drastisch vor Augen, was wir an Gott haben, und was uns fehlen würde, wenn es ihn nicht gäbe. Freuen wir uns darum unseres Glaubens und geben wir ihn an all jene weiter, die sich noch nicht von der Liebe Gottes umgeben wissen.

„Von allen Seiten umgibst du mich und hältst deine Hand über mir.“ Psalm 139,5

Impuls für die Stille:

Ich danke Gott für die Geborgenheit, die er mir schenkt.

11. Januar

Die Anziehungskraft der Braut

Ist Ihnen schon einmal aufgefallen, dass die Braut bei Hochzeitsfeiern eine schier magische Anziehungskraft auf kleine Mädchen ausübt? Kaum hat sie irgendwo Platz genommen, schon drängen die Kleinen auf ihren Schoß. Dabei spielt es kaum eine Rolle, ob die Erwählte hübsch ist, wie alt sie sein mag oder ob man sich kennt. Der Schoß der Braut ist der Platz an der Sonne. Wieso eigentlich? Ob es an ihrem blütenweißen Brautkleid liegt? Mir drängt sich eine andere Vermutung auf. Kinder beobachten genau. Ich nehme an, kleine Mädchen bemerken am Verhalten der Erwachsenen sowie am äußeren Rahmen der Festlichkeiten, dass es sich bei der Braut um einen ganz besonderen Menschen handelt. Alle gratulieren ihr, alle jubeln ihr zu, alle strahlen sie an. Also gilt es, die größtmögliche Nähe einer solchen Prinzessin zu suchen. Ihre Gegenwart verleiht dem eigenen kleinen Leben Glanz. Ihre Zuwendung garantiert Aufmerksamkeit und Bewunderung auch für den, der sie umgibt. Das ist die Faszination der Braut. Nicht nur in kleinen Mädchen, auch in uns Erwachsenen steckt dieser Drang, das eigene Selbstwertgefühl am Verhältnis zu bestimmten Menschen festzumachen. Dabei ist er eigentlich überflüssig. Denn was kann uns Höheres zugesagt werden, als dass Gott, der Herr, uns mit Namen kennt? Und welch größerer Wert kann unserem Leben zugesprochen werden als der, den Christus ihm am Kreuz von Golgatha gegeben hat? Demgegenüber müsste eigentlich alles andere verblassen. Dennoch ertappe ich mich hin und wieder bei dem oben geschilderten Verhalten kleiner Mädchen. Etwa wenn ich mir nach der Begegnung mit einem Prominenten am liebsten wochenlang nicht die Hände waschen würde. Ganz schön verrückt. Gott trägt es wohl mit Fassung – hoffe ich zumindest.

„Ein Mensch sieht, was vor Augen ist; der Herr aber sieht das Herz an." 1. Samuel 16,7

Impuls für die Stille:

Weiß ich eigentlich, was meinem Leben Wert verleiht?

12. Januar

Mitleid mit Leiden

Einer der reizvollsten Orte Hollands ist die alte Universitätsstadt Leiden. Ein für deutsche Ohren etwas seltsam anmutender Name. Es gibt jedoch einen Tag in der Geschichte der Stadt, der diesen ungewöhnlichen Namen rechtfertigt. Es ist der 12. Januar des Jahres 1807. An jenem Nachmittag, gegen 16.30 Uhr, schreckt plötzlich ein gewaltiger Knall vom Hafen her die Menschen auf und verbreitet jähes Entsetzen. Ein Schiff, beladen mit mehr als 70 Fässern Schießpulver, ist explodiert und löst binnen weniger Minuten eine lodernde Feuersbrunst aus. Innerhalb der nächsten Stunden werden insgesamt 800 Häuser ein Opfer des Feuers. Unzählige Menschen sind unter den Trümmern begraben und verbrennen bei lebendigem Leibe. Fast ebenso schnell wie das Feuer verbreitet sich die Kunde von der fürchterlichen Katastrophe. Überall in Europa reagiert man mit Entsetzen auf die „Leidensnachricht". So auch in England, das sich zu diesem Zeitpunkt in einem Krieg mit Holland befindet. Was folgt, ist ein bemerkenswerter Ausdruck von

Menschlichkeit und Größe: In London werden hohe Geldsummen für die Opfer der Katastrophe gesammelt und ganze Schiffe mit Hilfsgütern beladen. So erscheint die Flotte des britischen Empires in den Folgetagen nicht länger als Feind vor der Küste der Niederlande, sondern als willkommener Retter in der Not. Eines aber stimmt dennoch nachdenklich: Muss es erst zum Schlimmsten kommen, bevor Menschen einander als Geschwister entdecken?

„Wer behauptet, im Licht zu leben, aber seinen Bruder hasst, der ist immer noch im Dunkeln. Nur wer seinen Bruder liebt, lebt wirklich im Licht." 1. Johannes 4,9f

Impuls für die Stille:
Wo liege ich im Streit mit einem anderen Menschen? Ist die Auseinandersetzung den Preis wert?

13. Januar

Eine eindrückliche Erfahrung

Ein alter Mann erzählte mir: „Wir befanden uns in den letzten Kriegstagen. Damals wurde ich als einst überzeugter Nazisoldat mit einem zerschossenen Arm in ein amerikanisches Lazarett eingeliefert. Plötzlich sprach mich jemand in akzentfreiem Deutsch an. Er stellte sich als jüdischer Leutnant und Mediziner vor, der in den Dreißigerjahren in die Vereinigten Staaten emigriert sei. Der Arzt schaute mich an und versprach, meinen Arm zu retten. Ich glaubte ihm, und er tat es." Und dann fügt der Mann hinzu: „Ich sage Ihnen, in einem deutschen Lazarett hätte man nicht lange gefackelt und meinen Arm einfach abgenommen." Es gehört viel Kraft dazu, den eigenen Hass zu überwinden und einem verfeindeten Menschen Gutes zu tun. Woher der jüdische Arzt diese Kraft genommen hat, ist nicht bekannt. Vielleicht wusste er aufgrund seiner frühen Emigration noch nichts von Konzentrationslagern und den unfassbaren Gräueltaten des Dritten Reiches. Vielleicht aber hat ihn, mehr als die zerschlissene Uniform mit ihren verblassten

Ehren und Rangabzeichen, das gedemütigte Antlitz seines Gegenübers berührt. Er mag den verzweifelten Ausdruck im Gesicht dieses Menschen gesehen und sich daran erinnert haben, dass der Gott Israels ein Gott ist, der sich des Elenden erbarmt.

„Ihr habt gehört, dass gesagt ist: ‚Du sollst deinen Nächsten lieben und deinen Feind hassen.' Ich aber sage euch: ‚Liebt eure Feinde und bittet für die, die euch verfolgen, damit ihr Kinder seid eures Vaters im Himmel.'" Matthäus 5,43f

Impuls für die Stille:

Wer wartet in meinem Einflussbereich auf vorbehaltloses Erbarmen?

14. Januar

Augen der Liebe

Es ist richtig etwas los auf dem Wochenmarkt. In all dem Trubel hat ein kleines Mädchen seine Mutter verloren. Hilfsbereite Passanten kümmern sich und fragen: „Sag mal, wie sieht deine Mami denn aus?" Schluchzend gibt die Kleine eine präzise Beschreibung: „Meine Mami hat blaue Augen und ein ganz schönes Gesicht. Sie ist sehr lieb und hat lange blonde Haare." Sofort halten mehrere Männer Ausschau nach einer entsprechenden Person, während eine ältere Dame das Mädchen tröstet. „Hab keine Angst, wir finden sie schon." Doch die Suche bleibt zunächst erfolglos. Plötzlich aber ruft das Mädchen: „Mami, Mami, hier bin ich!" Eine Frau von ungefähr Mitte dreißig taucht aus der Menge auf, stürmt auf die Kleine zu, umarmt und küsst sie. Offensichtlich handelt es sich tatsächlich um die Mutter. Die Passanten sind verdutzt. Statt der erwarteten adretten jungen Frau steht ihnen eine untersetzte, blasse und eher unansehnliche Gestalt gegenüber. Allein die blaugrauen Augen entsprechen annähernd der Beschreibung des Kindes. Langsam weicht die Verwunderung der Einsicht: Liebe nimmt nicht nur sichtbare Dinge wahr. Sie ist kreativ, sie ist schöpferisch, sie interpretiert. Durch die Liebe erstrahlt ein Mensch in seinem hellsten Licht. Das Mädchen wollte einfach nur erzählen, was die Mutter ihr bedeutet. Genau das aber hatte der Unscheinbarkeit dieser Frau Glanz verliehen.

„Seht, welch eine Liebe hat uns der Vater erwiesen, dass wir Gottes Kinder heißen dürfen." 1. Johannes 3,1

Impuls für die Stille:

Ich lasse innerlich auf mich wirken, dass die Augen der Liebe Gottes auf mir ruhen.

15. Januar

Keine Ausreden mehr

Die Fantasie vieler Zeitgenossen ist schier grenzenlos, wenn es darum geht, Gründe dafür zu finden, warum sie nicht am Gottesdienst teilnehmen können. In den USA gibt es deshalb den „Keine-Ausreden-Gottesdienst". Er nimmt den kirchlichen Drückebergern den Wind aus den Segeln. Die Ankündigung im Gemeindebrief könnte etwa folgendermaßen aussehen:

„Wir laden herzlich ein zum ‚Keine-Ausreden-Gottesdienst' am kommenden Sonntag. In den Seitengängen werden Feldbetten für all jene aufgestellt, die nur am Sonntag ausschlafen können. Ein spezieller Abschnitt unseres Gottesdienstraumes ist mit Sesseln ausgestattet. Hier bitten wir solche Personen Platz zu nehmen, die die Härte normaler Kirchenbänke abschreckt. Das Seitenschiff ist an diesem Tag mit Grünpflanzen und Bäumen ausgestattet. Diese Plätze sind für Gemeindeglieder reserviert, die Gott am liebsten in der Natur suchen. Für den Fall, dass der Pfarrer zu leise predigt, werden Hörhilfen bereit gehalten. Ebenso Wattestöpsel, falls die Orgel zu sehr dröhnt. Fotoapparate können gegen eine geringe Gebühr beim Küster ausgeliehen werden. Dieses Angebot richtet sich an jene, die in der Kirche nur Heuchler vermuten. Für jeden fotografisch dokumentierten Heuchler zahlt die Gemeindeleitung 10

Euro. Nach dem Gottesdienst verteilt Essen-auf-Rädern Fertigmahlzeiten. Hausfrauen, deren Familien auf ein pünktliches Mittagessen Wert legen, dürfen sich hier kostenfrei bedienen. Wir hoffen, Ihnen mit diesen zusätzlichen Angeboten entgegen zu kommen und freuen uns auf Ihren Besuch."

Falls Sie es noch nicht gemerkt haben sollten: Diese Anregung ist satirisch gemeint. Ob ich den Weg in die Gemeinde finde, ist nicht in erster Linie eine Frage ihres Service-Angebots, sondern meiner inneren Einstellung. Wenn Gott mir etwas bedeutet, ist mir auch die Teilnahme am Gottesdienst wichtig – allen Schwierigkeiten zum Trotz.

„Verlasst nicht die Versammlungen, wie einige es zu tun pflegen, sondern habt Acht aufeinander und das umso mehr, als ihr seht, dass der Tag Christi sich naht." Hebräer 10,25

Impuls für die Stille:
Wie wichtig ist mir der Gottesdienst?

16. Januar

Baudolinos Wahrheit

In seinem Roman „Baudolino" erzählt Umberto Eco die Geschichte eines Zöglings Friedrich Barbarossas, der im Laufe des Buches immer wieder in das Wohl und Wehe des großen Stauferkaisers verwickelt wird. Baudolino, ein cleverer Junge vom Lande, erkennt schnell, wie sein geliebter Adoptivvater zwischen der Macht des Papstes und den wechselnden Allianzen der norditalienischen Städte aufgerieben wird. Also erfindet er kurzerhand die Gestalt eines sagenhaften orientalischen Priesterkönigs und lässt diesen einen Huldigungsbrief an Kaiser Friedrich schreiben. Ziel des Ganzen ist die Einschüchterung sowohl des Papstes als auch der lombardischen Städte. Baudolinos List scheitert, als er einem byzantinischen Mönch im Weinrausch von seinem geheimnisvollen Priesterkönig Johannes erzählt. Denn dieser durchschaut den Betrug und schreibt nun im Auftrag des erfundenen Herrschers seinerseits Huldigungsbriefe an den Papst und den König von Byzanz. Interessant ist die darauf folgende Reaktion Baudolinos. In einem Ausbruch ehrlicher moralischer Entrüstung ereifert er sich nämlich darüber, wie ein Mensch derart niederträchtig lügen, fälschen und die „Wahrheit" verdrehen kann. Es wird deutlich: Baudolino war im Laufe der Jahre von der Realität seiner eigenen Vorstellungen offenbar derart überzeugt, dass er an sie zu glauben begonnen hatte.

„Ihr schaut eure eigenen Hirngespinste, Lügen verkündet ihr! Ihr sagt: ‚So spricht der Herr', wo ich euch doch gar nicht beauftragt und nicht zu euch gesprochen habe. Und da erwartet ihr auch noch, dass ich eure leeren Versprechen einlöse!" Hesekiel 13,7f

Impuls für die Stille:
Wo verdrehe ich die Wahrheit?

17. Januar

Bedeutungswandel

Manche Wörter verändern ihre Bedeutung im Laufe der Zeit so sehr, dass ihr ursprünglicher Sinn kaum noch zu erkennen ist. Woran denken Sie z. B., wenn in der Bibel von „Almosen" die Rede ist? Ich vermute einmal: an das Kleingeld für den Bettler in der Fußgängerzone, an die abgetragenen Pullover für die Kleidersammlung, kurz, an all das, was ich übrig habe oder ohnehin nicht mehr gebrauchen kann. Wer jedoch ein Wörterbuch aufschlägt, stellt fest: Almosen ist ein altes Lehnwort aus dem Griechischen. Es leitet sich von dem Begriff „Elehmosyne" ab und heißt übersetzt so viel wie „Erbarmen", „Wohltat". Wenn ich also um ein Almosen gebeten werde, bin ich danach gefragt, welches Erbarmen mich prägt. Der liturgische Ruf: „Kyrie eleison!" – „Herr erbarme dich!" am Anfang eines Gottesdienstes leitet sich von demselben Wort her. So gesehen geht es beim Almosen um unendlich viel mehr als um ein paar

Euro. Es geht darum, ob ich begriffen habe, dass ich mit meiner ganzen Existenz auf das Erbarmen Gottes angewiesen bin und was das für meine Haltung dem Nächsten gegenüber bedeutet.

„Und es folgten Jesus zwei Blinde, die schrieen: Ach, du Sohn Davids, erbarme dich unser!“ Lukas 9,27

Impuls für die Stille:

Fällt es mir schwer, Erbarmen zu zeigen? Falls ja, woran kann das liegen?

18. Januar

Ansteckende Begeisterung

Pastor Dr. Burkhard Krause erzählt: „Ein kleines Erlebnis während eines Familienurlaubs auf Korsika: Wir stießen auf eine Gruppe alter korsischer Männer. Sie spielten ‚Boule‘ – das französische Nationalspiel, eine Art ‚Boccia‘. Meine Kinder blieben stehen und schauten den Korsen wie gebannt ins Gesicht. Jetzt sah ich es auch: Die von viel Arbeit und hartem Leben gezeichneten Gesichter der Alten strahlten. Die Männer waren hingerissen von ihrem Spiel, in ihren Augen funkelte Leidenschaft. Es war zu spüren, dass ihnen ihr Spiel Spaß machte. Und auch bei mir sprang ein Funke über, je länger ich in die Gesichter der Boule-Spieler blickte. Es dauerte kaum zehn Minuten, da hatte ich Lust, Boule zu lernen.

Damals habe ich gedacht: Diese Leute sind ‚missionarisch‘ – und zwar einfach dadurch, dass sie ihr Spiel mit tiefer Leidenschaft spielen. Ihre Ausstrahlung zieht an und weckt Freude an Boule. Die Korsen haben damals keine Plakate aufgehängt: ‚Ohne Boule ist dein Leben nur halb so schön …‘ Sie haben auch keine Handzettel verteilt: ‚Gerade du brauchst Boule …‘ Sie haben einfach nur ihr Spiel gespielt – und ihre Augen verrieten: Es ist ein faszinierend schönes Spiel, das ihnen Freude macht.“

„Herr, du tust mir kund den Weg zum Leben: Vor dir ist Freude die Fülle und Wonne zu deiner Rechten ewiglich.“ Psalm 16,11

Impuls für die Stille:
Wo kann ich die Freude am Christsein deutlicher zeigen?

19. Januar

Beharrliches Gebet

Vor vielen Jahrhunderten lebte in Jerusalem ein Rabbi, der bekannt dafür war, ein inniger Beter zu sein. Eines Tages wurde Israel von einer verheerenden Dürre bedroht. Einige der Ältesten der Gemeinde gingen daraufhin zum Rabbi und sagten: „Bete, dass wieder Regen fällt." Der fromme Gelehrte betete – es fiel jedoch kein Regen. Er ging in sich und dachte nach. Nach einiger Zeit nahm der Rabbi einen Stein, zog einen Kreis um sich und sprach: „Du Herr der Welt! So viele haben ihr Vertrauen auf mein Gebet gesetzt, als sei ich dein eigener Sohn! Ich schwöre bei deinem großen Namen: Auch wenn ich sterbe, ich gehe nicht eher von hier weg, bis du dich deines Volkes erbarmt hast."

Es begann zu tröpfeln. Der Rabbi aber sprach: „Das soll alles sein? Ich brauche Regen, der die Zisternen, Gruben und Höhlen füllt." Und er blieb stehen. Darauf begann es stärker zu regnen. Immer noch rührte der Gottesmann sich nicht vom Fleck: „Herr, willst du uns beschämen? Wir dachten an Ströme deines Wohlwollens, deines Segens und deiner Gnade!" Endlich brach ein heftiger Regensturm los, der alle Äcker tränkte und die Seen und Flüsse anschwellen ließ. Da verließ der Rabbi seinen Kreis und begab sich verschmitzt lächelnd zum Tempelberg.

„Seid fröhlich in Hoffnung, geduldig in Trübsal, beharrlich im Gebet." Römer 12,12

Impuls für die Stille:
Wage ich es, so erwartungsvoll mit Gott zu reden wie der Rabbi?

20. Januar

Die „lange Bank"

Johannes XXIII. gilt als *der* Reformpapst des 20. Jahrhunderts. Wie ernst es ihm mit seiner geistlichen Verantwortung gewesen ist, zeigt folgende Begebenheit:

Einer Tagebuchnotiz zufolge war der Papst am 20. Januar 1959 zu dem Entschluss gekommen, dass es an der Zeit sei, ein Konzil zu berufen. Die Strukturen und Lebensformen der Kirche seien derart anachronistisch, dass dies der Vermittlung des Glaubens schade. Als Datum zur Einberufung dieses 2.Vatikanischen Konzils legte er ursprünglich das Jahr 1963 fest. Einige Kurienkardinäle waren entsetzt. Sogar ernster Widerstand war zu spüren. Konservative Kardinäle bedrängten den Papst: „Eure Heiligkeit, es ist unmöglich 1963 ein Konzil abzuhalten!" Johannes XXIII. antwortete: „Sie haben völlig recht, wir eröffnen es schon 1962." – Und es geschah so.

Oft geht es uns wie den Kurienkardinälen. Wir schieben Dinge auf die lange Bank, die wir eigentlich sofort angehen müssten. Wenn Gott uns Klarheit in einer wichtigen Entscheidungsfrage schenkt, ist es aber mehr als sinnvoll, der Einsicht auch die Tat folgen zu lassen. Gott weiß um die Bestimmung und Unumkehrbarkeit der Zeit. Sein Anliegen ist es, uns vor der frustrierenden Erfahrung verpasster Chancen zu bewahren.

„Ein Jegliches hat seine Zeit, und alles Vorhaben unter dem Himmel hat seine Stunde." Prediger 3,1

Impuls für die Stille:

Gibt es für mich wichtige Entscheidungen, die längst überfällig sind?

21. Januar

Beichte und Buße

Ist Ihnen schon einmal aufgefallen, wie sehr die Begriffe „Beichte“ und „Buße“ für uns an Bedeutung verloren haben? Kaum jemand vermag sie für sich persönlich zu füllen. Dabei konnte sich noch Luther ein Leben ohne tägliche Buße und regelmäßige Beichte gar nicht vorstellen. Vermutlich hängt dieser Bedeutungsverlust damit zusammen, dass wir den Ernst unserer Beziehung zu Gott unterschätzen. Vor allen Dingen unterschätzen wir aber, wie sehr es Gott schmerzt, wenn wir seine Gefühle missachten und danach so tun, als sei nichts vorgefallen. Folgende Situation mag illustrieren, worum es geht:

Stellen Sie sich vor, Sie haben sich mit jemandem, der ihnen sehr nahe steht, fürchterlich zerstritten. Vielleicht ist es Ihr Ehemann, die Freundin, die Kinder. Es sind viele verletzende Worte gefallen. Es mögen sogar Tränen geflossen sein. Auf jeden Fall stehen Sie vor den Scherben Ihrer Beziehung und wissen nicht, wie das wieder zu reparieren ist. Doch nach fünf Minuten kommt der andere auf Sie zu, pfeift fröhlich vor sich hin und meint ganz locker: „Ach komm, stell dich nicht so an! Ich hab's nicht so gemeint! Wir sind doch alle nur Menschen! Und Fehler macht schließlich jeder mal.“ Ich weiß nicht, wie Sie in dieser Situation reagieren würden. Ich weiß nur, wie ich reagieren würde. Ich würde vermutlich sagen: „Nein, mein Lieber, so nicht! So billig nicht! So einfach ist Versöhnung nicht zu haben. Da gehört schon etwas mehr dazu!“

„Da gehört schon etwas mehr dazu“ – Versöhnung ist etwas Kostbares. Das gilt zwischen Menschen ebenso, wie in unserer Beziehung zu Gott. Gott hat es sich unendlich viel kosten lassen, versöhnlich auf uns zuzugehen. Er hat Christus, seinen Sohn dafür geopfert. So ernst ist es ihm damit. Von daher ist die Frage angebracht: Wie steht es mit uns? Wie ernst ist es uns mit der Versöhnung?

Beichte hieße in diesem Zusammenhang: Ich verzichte darauf, mir im stillen Kämmerlein selbst die Schuld zu vergeben. Stattdessen wage ich es, mich einem anderen zu offenbaren und den Zuspruch der Vergebung aus seinem Mund zu hören. Und Buße hieße entsprechend: Ich gehe nicht zur Tagesordnung über, sondern frage mich: Wie kann ich zukünftig so leben, dass ich Gott durch mein Denken und Tun nicht ständig verletze?

„Der Zöllner aber schlug an seine Brust und sprach: Gott, sei mir Sünder gnädig!" Lukas 18,13

Impuls für die Stille:
Welchen Stellenwert haben Beichte und Buße in meinem Leben?

22. Januar

Zu viel ist zu viel

Gegen Ende der Hinrunde der Fußball-Bundesliga-Saison 2001/2002 sorgte der FC Bayern München bei vielen Fußball-Fans für Irritationen. Da hatte der Verein die deutsche Meisterschaft gewonnen, war gleichzeitig Champions-Leaguesieger geworden, hatte schließlich sogar den Weltpokal nach Deutschland geholt und war damit zur besten Vereinsmannschaft der Welt aufgestiegen, aber was passierte dann? Eine Reihe von Niederlagen gegen die Nobodys und vermeintlichen Abstiegskandidaten der Liga. Der Manager tobte, der Trainer war ratlos und Franz Beckenbauer verstand die Welt nicht mehr. Nur Torhüter Oliver Kahn brachte es auf den Punkt: „Wir sind doch keine Maschinen!" – In Zeiten besonderer Herausforderungen merken wir oft gar nicht, wie sehr wir an unsere Grenzen gehen. Erst wenn das Gröbste hinter uns liegt, knicken wir innerlich und äußerlich ein, empfinden selbst die alltäglichsten Aufgaben als eine unüberwindliche Hürde. Dann zeigt sich, dass wir eben doch Federn gelassen haben und die Anstrengung nicht spurlos an uns vorübergegangen ist. Eine alte Fußballerweisheit besagt: „Das nächste Spiel ist immer das Schwerste." Gemeint ist damit: „Das, was du hinter dir hast, spielt mit!" Beachten wir diese Fußballerweisheit im Alltag? Nehmen wir unsere kreatürlichen

Grenzen wahr und bejahen wir sie? Wir dürfen es tun. Gott macht uns ausdrücklich Mut dazu. Als einer der Propheten einmal am Ende seiner Kraft angelangt war, überraschte ihn Gott mitten in der Wüste mit einer stärkenden Speise und gesegnetem Schlaf:

„Und Elia sah sich um, und siehe, zu seinen Häupten lag ein geröstetes Brot und ein Krug mit Wasser. Und als er gegessen und getrunken hatte, legte er sich wieder schlafen.“ 1. Könige 19,6

Impuls für die Stille:

Was fordere ich mir und anderen ab?

23. Januar

Berufung contra Namensgebung

Eigentlich hätte der heilige Franziskus Johannes heißen sollen. Auf diesen Namen ließ ihn seine Mutter jedenfalls in der Kirche San Rufino in Assisi taufen – in Abwesenheit des Vaters. Der befand sich, wie so oft, auf einer Handelsreise. Dass aus Johannes Bernadone dann in Abänderung des Taufnamens ein Francesco wurde, verdankt sich dem ausgeprägten Sinn des Vaters für das Geschäftliche. Er erachtete nämlich dem Trend der Zeit folgend – französische Stoffe und Tücher waren gerade in Mode gekommen – den Namen „Francesco“ für wesentlich konsumträchtiger als den eines Evangelisten oder des Wegbereiters Christi. Überhaupt sollte sein Sohn kein Heiliger, sondern vielmehr ein Trendsetter für den Geldadel seiner Zeit werden. Was die Namensgebung angeht, mag Pietro Bernadone sich durchgesetzt haben. Damit ist sein Einfluss aber auch schon erschöpft. Was man heute mit Franziskus verbindet, ist jedoch etwas ganz anderes als die ehrgeizigen Pläne seines Vaters. Franz von Assisi ist vielmehr der Inbegriff eines Menschen, dem Christus die Augen für seine eigentliche Berufung aufgetan hat – allen Widerständen und Erwartungen zum Trotz.

Gott spricht: „Ich will dir den Weg zeigen, den du gehen sollst, ich will dich mit meinen Augen leiten.“ Psalm 32,8

Impuls für die Stille:
Weiß ich, wozu Gott mich berufen hat?

24. Januar

Berufung und Bevollmächtigung

Das eigentliche Wirken Jesu beginnt laut Evangelium mit seiner Taufe. Er taucht in das Wasser des Jordan, empfängt den Heiligen Geist und beruft daraufhin die ersten Jünger. Seltsam: Warum lässt er, der Sohn Gottes, sich taufen? Erzählt nicht die Weihnachtsgeschichte, dass ihn Gott schon bei der Empfängnis zum Retter der Welt erwählt hat?

Einen Zugang zu diesem Geschehen im Vorfeld des Wirkens Jesu mag uns das englische Königshaus geben. Als ältester Sohn der Königin gilt Prince Charles seit seiner Geburt als Anwärter auf den Thron von England. Dies ist ihm mit seinem Erstgeburtsrecht automatisch gegeben. Nichtsdestotrotz bedurfte es eines besonderen Aktes, um ihn in die Rechte und Pflichten eines Thronnachfolgers einzuführen. Dazu fand sich vor einigen Jahren die gesamte königliche Familie in Caernavon Castle in Wales ein. In Gegenwart des britischen Adels und des Fernsehens kniete Charles nieder, um aus den Händen seiner Mutter eine Krone zu empfangen und von ihr zum Prince of Wales proklamiert zu werden. Erst mit dieser feierlichen Zeremonie begann für den Thronnachfolger das öffentliche Leben im Dienste Englands. Seine Berufung bedurfte der bestätigenden Bevollmächtigung durch die amtierende Königin.

„Und alsbald, als Jesus aus dem Wasser stieg, sah er, dass sich der Himmel auftat und der Geist wie eine Taube herabkam auf ihn. Und da geschah eine Stimme vom Himmel: Du bist mein lieber Sohn, an dir habe ich Wohlgefallen.“ Markus 1,11

Impuls für die Stille:
Wozu bin ich als Christ berufen und bevollmächtigt?

25. Januar

Berühmte Grabstätten

Die wohl größten Grabstätten sind die Pyramiden Ägyptens. Sie beherbergen die mumifizierten Leichname der Pharaonen.

In der Westminster Abbey liegen zahlreiche gekrönte Häupter und englische Adelige begraben.

Mohammeds Grab genießt religiöse Bedeutung wegen der in ihm aufgebahrten Gebeine des Propheten.

Eine der großen Touristenattraktionen von Washington D.C. ist der Friedhof von Arlington. Tausende von Menschen pilgern dort alljährlich zur Ruhestätte John F. Kennedys und seines Bruders Robert Kennedy.

Auch das Grab Jesu in Jerusalem kann besucht und besichtigt werden. Allerdings besteht ein entscheidender Unterschied zwischen diesem Ort und den zuvor erwähnten. Erstere verdanken ihre Faszination dem, was sie beinhalten. Das Gartengrab hingegen wurde berühmt, weil es leer ist. Das Grab Jesu verkündigt den Sieg des Gekreuzigten über den Tod. Es ruft keine Erinnerungen wach, sondern kündigt Zukunft an.

„Was sucht ihr den Lebenden bei den Toten. Er ist nicht hier, er ist auferstanden." Lukas 24,5f

Impuls für die Stille:
Was bedeutet mir die Auferstehung Jesu?

26. Januar

Eine besondere Kostbarkeit

Wie stellen Sie sich den Thron eines Kaisers vor? Gewaltig? Aus purem Gold gearbeitet? Mit Edelsteinen besetzt, feinsten Stoffen und bestickten Kissen überzogen? – So oder ähnlich sind zumindest die Sitzgelegenheiten der Hochwohlgeborenen gefertigt, die noch heute an geschichtsträchtigen Orten bestaunt werden können.

Erblickt man dagegen zum ersten Mal den Thron Karls des Großen im Aachener Dom, so ist man fast ein wenig enttäuscht. Ein kleiner, schlichter Steinthron, ebenso schmucklos wie unbequem. Und von hier aus soll der mächtigste Mann seiner Zeit, der Begründer des so genannten „Heiligen Römischen Reiches Deutscher Nation" den Gottesdiensten beigewohnt haben? – War Karl der Große ein Asket, oder war er einfach zu geizig, um sich etwas Aufwendigeres zu leisten? – Weder noch: der Frankenkönig und spätere Kaiser war äußerst stolz auf diesen Thron. Er glaubte damit das Kostbarste zu haben, was ein Mensch überhaupt besitzen kann. Die schmucklosen Platten seines Thrones stammen nämlich aus Jerusalem, genauer aus dem Hof der Burg Antonia. An diesem Ort hatte man Christus gefangen gehalten und verurteilt. Von dort aus war er nach Golgatha zur Kreuzigung geführt worden. Karl der Große hatte das Gefühl, Christus nirgendwo innerlich näher kommen zu können, als auf dieser „Reliquie aus Stein". Darum war sein Thron für ihn, den ebenso tiefgläubigen wie machtbewussten Regenten, das Kostbarste auf der Welt.

„Im Glauben hielt schon Mose die Niedrigkeit Christi für größeren Reichtum als die Schätze Ägyptens." Hebräer 11,26

Impuls für die Stille:
Was ist mir wertvoll?

27. Januar

Bibelfrühstück

Dass es gefährlich sein kann, die Bibel in einer naiven Weise wortwörtlich zu nehmen, zeigt das Schicksal des äthiopischen Kaisers Menelek II. Einerseits war Menelek II. ein durchaus begabter Regent, dem es bereits Ende des 19. Jahrhunderts gelang, sein Land von der Kolonialherrschaft Italiens zu befreien. Andererseits erzählt man sich von ihm aber auch eine Reihe Geschichten, die an seiner Geistesverfassung zweifeln lassen. Einer dieser zahlreichen

Spleens bestand zum Beispiel in seiner Überzeugung, er müsse im Falle eines körperlichen oder seelischen Unwohlseins nur ein paar Seiten der Bibel verspeisen, um Genesung zu erfahren. Inspiriert hatten den exzentrischen Herrscher dabei solche Verse wie etwa Psalm 19,11: „Die Gebote Gottes sind köstlicher als Gold und viel feines Gold, sie sind süßer als Honig und Honigseim." Solange der Kaiser nicht ernsthaft erkrankte, „funktionierte" diese Medizin auch ganz gut. Er war offensichtlich mit einer guten Verdauung gesegnet. Im Dezember 1913 ging Menelek II. dann aber doch etwas zu weit. Nachdem er einen Schlaganfall erlitten hatte und sich daraufhin extrem schwach fühlte, ordnete er an, das gesamte Buch der Könige aus seiner Bibel herauszutrennen und ihm auf einem Tablett zu servieren. Diesen kulinarischen Anschlag auf seinen Magen überlebte der Kaiser nicht. Menelek II. starb – vermutlich eher an einer Überdosis Druckerschwärze als an einem erneuten Schlaganfall.

Ein „Bibelfrühstück" ganz anderer Art aber erleben viele Christen als wirklich stärkend, gesund und hilfreich. Es ist die schöne Gewohnheit, den Tag damit zu beginnen, ein Stück aus der Bibel zu lesen und es geistig zu verdauen. Weil es so vieles gibt, was wir im Laufe eines Tages „schlucken" müssen, ist es unverzichtbar, dass unser Geist zunächst einmal etwas aufnimmt, was ihm gut tut und ihn aufrichtet. Kommt dann noch ein vitaminreiches Frühstück für den Körper dazu, lässt sich der Alltag mit all seinen Herausforderungen bestehen.

„Der Mensch lebt nicht vom Brot allein, sondern von einem jeden Wort, das aus dem Mund Gottes geht." Matthäus 4,4

Impuls für die Stille:

Wie starte ich in den Tag?

28. Januar
Ungeteilte Leidenschaft

Der junge Mann sitzt zusammen mit seiner Freundin auf einer einsamen Bank und betrachtet den romantischen Sonnenuntergang. Verträumt fragt sie ihn: „Liebst du mich?“ Er antwortet: „Ja, ich liebe dich!“ Wenig später fragt das Mädchen erneut: „Sei ehrlich, liebst du mich wirklich?“ Darauf er: „Natürlich liebe ich dich! Aber weißt du, wenn ich es mir recht überlege – ich glaube in die Eva oder in die Maike könnte ich mich auch verlieben. Ich müsste sie nur etwas näher kennen lernen.“ Es bedarf wohl keiner weiteren Erläuterung, dass das betreffende Mädchen, wenn es klug ist, seinen „Lover“ in den Wind schießen sollte! Denn eine derart erweiterte Liebeserklärung ist mit Sicherheit keine tragfähige Basis für eine dauerhafte Beziehung. Ähnlich ist es auch mit der Glaubensbeziehung eines Menschen zu Christus. Wenn er es ernst mit seiner Hingabe an diesen Glauben meint, kann er im Grunde gar nicht anders als zu bekennen: „Ja, es ist ein Gott und ein Weg zu Gott, nämlich der, den ich in Jesus Christus gefunden habe.“ Sicherlich ist das, nüchtern betrachtet, intolerant. Aber es ist der Ausdruck von Treue zu einer Leidenschaft, die nur so lange echt ist, wie sie ungeteilt ist. Im Unterschied zur ideologisch fanatischen Intoleranz erfährt konsequente Hingabe daher meist auch die Achtung und Wertschätzung Andersdenkender. Von Leszek Kolakowski, einem der wichtigsten Vertreter des zeitgenössischen philosophischen Atheismus, erzählt man sich, dass er einmal mit dem Satz zitiert worden sei: „Ein Christ, der mich zu bekehren versucht, ist für mich uninteressant.“ Daraufhin habe der Philosoph interveniert und richtig gestellt, dass es sich um einen Druckfehler handeln müsse. Tatsächlich habe er gesagt: „Ein Christ, der mich **nicht** zu bekehren versucht, ist für mich uninteressant.“

„In keinem andern ist das Heil, auch ist kein andrer Namen unter dem Himmel den Menschen gegeben, durch den wir sollen selig werden.“ Apostelgeschichte 4,12

Impuls für die Stille:
Was bedeuten für mich „Hingabe an Christus“ und Toleranz?

29. Januar

Buchhalter und Philosoph

Als junger Mann arbeitete der jüdische Philosoph Moses Mendelssohn als Buchhalter bei einem Berliner Fabrikanten. Einige seiner einflussreichen Freunde empfanden dies als Zumutung. Sie nahmen Anstoß daran, dass ein derart scharfer Denker sich solch „niederen“ Aufgaben widme. Als Moses Mendelssohn wieder einmal über einem Stapel Rechnungen brütete, suchte ihn ein Bekannter an seinem Arbeitsplatz auf und begrüßte ihn mit den Worten: „Es ist doch schade, guter Moses, dass ein gebildeter Kopf wie ihr es seid, einem Manne um's Brot dienen muss, der euch das Wasser nicht reichen kann. Habt ihr nicht mehr Verstand im kleinen Finger als er im ganzen Körper?“ Mendelssohn soll daraufhin kurz aufgeblickt und sinngemäß geantwortet haben: „Es ist, wie es ist. Und ich finde, es ist von Gott sehr weise ausgedacht. Denn so kann mein Herr von meinen Diensten viel Nutzen ziehen, und ich habe genug zum Leben. Wäre dagegen ich der Herr und er mein Buchhalter – ich könnte ihn nicht gebrauchen. Und was sollte dann aus ihm werden?“

Moses Mendelssohn ist nicht zeit seines Lebens Buchhalter geblieben. Er hat seinen Weg gemacht – als einer der großen Vordenker der Aufklärung. Die im Dialog mit dem Freund zum Ausdruck kommende Erkenntnis hat ihm dabei die Richtung gewiesen. Gott stellt uns zu bestimmten Zeiten an eine bestimmte Aufgabe. In der Erfüllung dieser Aufgabe erweist sich Treue, Begabung und Liebe. Und nur wer auch den Nächsten im Blick hat, kann sein eigenes Lebensglück finden.

„Wer im Geringsten treu ist, der ist auch im Großen treu; und wer im Geringsten unrecht ist, der ist auch im Großen unrecht.“ Lukas 16,10

Impuls für die Stille:
Gibt es Aufgaben, die ich als „unter meiner Würde" betrachte? – Woher kommt diese Empfindung?

30. Januar

Buchmesse in Istanbul

Auf einer Buchmesse in Istanbul im Jahre 1999 nähert sich ein in Zivil gekleideter Polizeibeamter dem Stand der kleinen Türkischen Bibelgesellschaft. Unter den Mitarbeitern macht sich Nervosität breit. Was bedeutet die Gegenwart dieses Offiziellen? Hat er den Auftrag den Stand zu schließen oder das ganze Material zu beschlagnahmen? Doch die Aufregung erweist sich als grundlos. „Wo wart Ihr denn die ganze Zeit?", fragt der Sicherheitsbeamte. Im anschließenden Gespräch erfahren die erstaunten Mitarbeiter, dass der Beamte vier Jahre zuvor schon einmal den Stand der Bibelgesellschaft besucht habe und sich seitdem mit dem Evangelium beschäftige. „Lest dieses Buch, es ist Gottes Wort", fordert er die Umherstehenden auf. – Als sie zögern, wird ihnen kurzerhand ein Neues Testament und eine Hörkassette mit biblischen Geschichten ausgehändigt. Diese Episode aus dem Nachrichtenblatt der Weltbibelhilfe vom September 1999 zeigt, wie sehr die Bibel für sich selbst spricht. Wir müssen als Christen das Evangelium nicht verteidigen. Wichtig ist nur, dass wir es den Menschen anbieten. Dies gilt auch im Blick auf unsere muslimischen Mitbürger. Sie sind geliebte Kinder Gottes wie wir. Grenzen wir uns daher nicht von ihnen ab, sondern gehen wir freundlich auf sie zu. Viele Muslime in Deutschland warten auf ein solches Zeugnis von uns Christen.

„Mein Wort kehrt nicht leer zu mir zurück, sondern bewirkt, was ich will, und erreicht all das, wozu ich es ausgesandt habe." Jesaja 55,11

Impuls für die Stille:
Was prägt mein Verhältnis zu ausländischen Mitbürgern: meine Erfahrungen, Vorurteile oder Gottes Verheißung?

31. Januar

Christus bekennen

Ein junger Mann aus muslimischem Umfeld kommt während eines Auslandsaufenthaltes in Kontakt mit Christen. Begeistert von dem, was er von ihnen hört, beginnt er, sich mit der Bibel zu beschäftigen und wird nach einiger Zeit selbst Christ. Er ist entschlossen, nach seiner Rückkehr in die Heimat das Evangelium zu bezeugen und es öffentlich zu verkündigen. Seine Freunde versuchen, ihn mit dem Hinweis auf die dortigen politischen Verhältnisse zurückzuhalten. Doch sein Entschluss steht fest. Wie angekündigt widmet er sich schon bald der Aufgabe, Menschen auf den Plätzen und Straßen seiner afrikanischen Heimat anzusprechen und ihnen von Christus zu erzählen. Natürlich bleibt sein Handeln nicht unbemerkt. Eine Polizeistreife wird auf ihn aufmerksam und ermahnt ihn nachdrücklich, seine missionarischen Tätigkeiten unverzüglich einzustellen. Im Falle der Zuwiderhandlung drohe ihm Polizeigewahrsam und ein Prozess wegen Verbreitung unerlaubter Propaganda.

Doch der junge Mann fällt auf die Knie und betet laut in aller erdenklichen Einfalt: „Herr, Jesus, du siehst, was hier von mir verlangt wird. Ich soll nicht mehr von dir reden. Aber das kann ich nicht. Wenn ich aber weiter von dir rede, werde ich eingesperrt, und niemand hört mehr, was ich sage. Das kannst du doch auch nicht wollen. Also, Jesus, bitte überlege du dir eine Lösung." Den beiden Polizisten wird dieser spontane Ausbruch religiöser Inbrunst unangenehm, zumal der junge Mann immer lauter zu klagen und zu weinen beginnt. Schließlich meint einer der Polizisten: „Komm, lass ihn liegen. Der ist einfach nur verrückt. Es ist ohnehin schon spät, gehen wir lieber." – Jahre später repräsentiert dieser Mann sein Land auf dem Internationalen Kongress für Weltevangelisation in Manila.

„Sie legten aber Hand an die Apostel und warfen sie in das öffentliche Gefängnis. Aber der Engel des Herrn tat in der Nacht die Türen des Gefängnisses auf und führte sie heraus und sprach: Geht hin und tretet im Tempel auf und redet zum Volk alle Worte des Lebens." Apostelgeschichte 5,18ff

Impuls für die Stille:
Wer etwas um des Glaubens willen riskiert, macht auch Glaubens-Erfahrungen.

1. Februar

Club der toten Dichter

In dem Kinohit „Der Club der toten Dichter" steht der junge Internatslehrer Keating im Mittelpunkt. Der versucht, seinen Schülern das Wesen der Lyrik nahe zu bringen. Im Unterricht lässt er einen Schüler die seit Jahren immer wieder genutzte, aber inhaltlich völlig verstaubte Lyriktheorie des Schulleiters vorlesen. Er fordert sie auf, ihr Lehrbuch aufzuschlagen und zwar das Kapitel mit der Überschrift: „Zum Verständnis der Lyrik", geschrieben von einem gewissen Dr. phil. J. Evans Pritchard. Einer der Schüler beginnt zu lesen: „Um Lyrik vollkommen zu verstehen, müssen wir zunächst Versform, Reim und Ausdrucksform vollkommen beherrschen. Dazu stellen sich zwei Fragen: Wie kunstvoll wurde die Zielsetzung des Gedichtes erfüllt und zweitens: wie wichtig ist diese Zielsetzung? Auf einer Y-Achse tragen wir sodann die Perfektion ein und seine Bedeutung auf der X-Achse. So lässt sich mathematisch jedes Gedicht im Blick auf seine dichterische Größe beschreiben." Als der Schüler eine kurze Atempause einlegt, gibt Lehrer Keating seiner verblüfften Klasse die Anweisung: „Abfall! Müll! Reißen Sie das aus ihren Büchern raus. Na los, reißen Sie die ganze Seite heraus! Ich will, dass dieser Abfall im Papierkorb landet, wo er hingehört!" Der Grund dieses emotionalen Ausbruchs: Keating, gespielt von Robin Williams, möchte seinen Schülern ein Bewusstsein dafür vermitteln, dass man Poesie nur mit dem Herzen aber nicht mit den Gesetzen der Mathematik angemessen erfassen kann. Ähnlich wie mit der Poesie verhält es sich mit der Erkenntnis Gottes. Auch sie entzieht sich der distanzierten Betrachtungsweise. Gott begreifen heißt, sich von ihm ergreifen lassen.

„Denn also hat Gott die Welt geliebt, dass er seinen eingeborenen Sohn gab, auf dass alle, die an ihn glauben, nicht verloren werden, sondern das ewige Leben haben." Johannes 3,16

Impuls für die Stille:
Ich versuche, dem obigen Bibelvers mit der Stimme des Herzens nachzuspüren.

2. Februar

Das große Fest

Der Papst stirbt und kommt in den Himmel. Petrus heißt ihn willkommen und führt ihn durch die ewigen Gestade. Alles ist idyllisch und vor allem ruhig. Dann führt Petrus den Papst an eine Stelle, von der man in die Hölle blicken kann. Dort ist offensichtlich gerade Essenszeit. Berge von Braten und Kartoffeln werden aufgetragen, gewaltige Gemüseplatten und dampfende Soßenschüsseln werden den armen Seelen gereicht. Angesichts dieses Anblicks verspürt der Papst Appetit. „Ach, Petrus, eine Mahlzeit täte mir jetzt auch gut!"

„Nichts leichter als das!", antwortet Petrus, geht an einen Kühlschrank und holt zwei Joghurt heraus. „Was, nur Joghurt?", fragt erstaunt der Papst. Darauf Petrus achselzuckend: „Na ja, für uns beide lohnt sich doch das Kochen nicht!"

Gott sei Dank ist dies nur ein Witz! Es wäre eine traurige Vorstellung, die Hölle übervölkert zu wissen, während sich den Himmel nur ein paar Auserwählte teilen. Leider geschieht es in christlichen Kreisen immer wieder, dass vor allem darüber diskutiert wird, wer als verloren und wer als errettet zu gelten hat. Doch solche Diskussionen sind nicht nur fruchtlos, sondern auch unbiblisch. Altes und Neues Testament schildern mit leuchtenden Farben das große Fest, das Gott eines Tages anlässlich der Erlösung der ganzen Schöpfung geben wird. Es feiert den Moment, an dem alle Grenzen fallen und ein vielstimmiger Chor aus allen Nationen den ewigen Lobpreis Gottes anstimmt. Im Blick auf dieses himmlische Bankett darf uns schon jetzt das Wasser im Munde zusammenlaufen – von wegen Joghurt!

„Und der Herr Zebaoth wird auf diesem Berge allen Völkern ein fettes Mahl bereiten, ein Mahl von reinem Wein, von Fett, von Mark, von Wein, darin keine Hefe ist. Zu der Zeit wird man sagen: Siehe, das ist der Herr auf den wir hofften; lasst uns jubeln und fröhlich sein über sein Heil." Jesaja 25,6+9

Impuls für die Stille:

Lebe ich als Christ von der Abgrenzung oder bin ich erfüllt von der Vorfreude auf Gottes Reich?

3. Februar

Das Leben ist schön

Wie hält man dem Schlimmsten stand, ohne daran zu zerbrechen? In dem Film „La Vida es Bella" des italienischen Regisseurs Roberto Benigni wird ein jüdischer Vater verhaftet und mit seinem kleinen Sohn in ein Konzentrationslager gebracht. Um den Jungen überlebensfähig zu machen, überlegt er sich eine einfache Strategie. Er erzählt ihm, es handele sich bloß um einen großen Wettbewerb. Das Ziel sei, auf keinen Fall aufzufallen und möglichst viele der auf sie zukommenden Prüfungen zu bestehen. Für beides gäbe es Punkte. Sieger sei, wer am Ende die meisten Punkte gesammelt habe. Und weil der Vater weiß, wie sehr den Kleinen der Anblick von Panzern fasziniert, verrät er ihm auch den Preis: eine Ausflugsfahrt auf einem echten Panzer. Alles wird dem Jungen daraufhin zum spannenden Spiel: das Verstecken vor den Aufsehern, der Hunger, die Arbeit, die Kälte, sogar das Fehlen der Mutter. Er überlebt, weil er ein großes, für ihn faszinierendes Bild in sich trägt.

Die Wirkung der großen Trostbilder in der Bibel, etwa in der Offenbarung des Johannes, ist ähnlich. Sie öffnen den Himmel und malen ihn uns sichtbar vor Augen. Sie gewähren Einblick in eine Welt, in der das Böse besiegt, alles Leid überwunden und jede Traurigkeit vergangen ist. Wer von diesen Trostbildern erfüllt ist, vermag auch dem Trostlosesten mutig zu trotzen. Der Unterschied zum Filmmotiv ist allerdings wesentlich: die biblischen Trostbilder beruhen nicht auf Erfindung. Sie verdanken sich den Fakten, die Gott selbst zu Ostern durch die Auferstehung Jesu Christi geschaffen hat. Glauben ist darum mehr als eine Überlebensstrategie, er ist eine begründete Hoffnung.

„Und ich sah die Toten, groß und klein, stehen vor dem Thron Gottes, und Bücher wurden aufgetan. Und ein andres Buch wurde aufgetan, welches ist das Buch des Lebens. Und das Meer gab die Toten heraus, die darin waren; und sie wurden gerichtet, ein jeder nach seinen Werken. Und der Tod und sein Reich wurden geworfen in den feurigen Pfuhl. Das ist der zweite Tod: der feurige Pfuhl." Offenbarung 20,12ff

Impuls für die Stille:
Welche Bilder der Hoffnung trage ich in mir?

4. Februar

Das Lied des Nachtwächters

In früheren Jahrhunderten pflegte der Nachtwächter von zehn Uhr abends bis vier Uhr morgens seine Runden durch die Stadt zu ziehen. Mit einer Laterne in der Hand zog er durch die dunklen Gassen und Straßen, um überall nach dem Rechten zu sehen. Dabei sang er pünktlich zur vollen Stunde eine Litanei, mit der er verkündete, „was das Stündlein geschlagen“ hatte. Eine der überlieferten Spruchreihen ging z. B. so:

„Hört, ihr Leute, lasst euch sagen: Unsre Glock hat zehn geschlagen. Zehn Gebote setzt Gott ein, dass wir sollen glücklich sein.

Hört, ihr Leute, lasst euch sagen: Unsre Glock hat elf geschlagen. Elf der Jünger blieben treu; hilf, dass wir im Tod ohn' Reu.

Hört, ihr Leute, lasst euch sagen: Unsre Glock hat zwölf geschlagen. Zwölf, das ist das Ziel der Zeit; Mensch, bedenk die Ewigkeit!

Hört, ihr Leute, lasst euch sagen: Unsre Glock hat eins geschlagen. Eins ist allein der ewge Gott, der uns trägt aus aller Not.

Hört, ihr Leute, lasst euch sagen: Unsre Glock hat zwei geschlagen. Zwei Wege hat der Mensch vor sich; Herr, den rechten lehre mich.

Hört, ihr Leute, lasst euch sagen: Unsre Glock hat drei geschlagen. Dreifach ist, was heilig heißt: Vater, Sohn und Heilger Geist.

Hört, ihr Leute, lasst euch sagen: Unsre Glock hat vier geschlagen. Vierfach ist das Ackerfeld: Mensch, wie ist dein Herz bestellt?

„Meine Zeit steht in deinen Händen. Lass leuchten dein Antlitz über deinen Knecht; hilf mir durch deine Güte!“ Psalm 31,16a+17

Impuls für die Stille:

Ich danke Gott für die Ruhe der Nacht und gehe den vor mir liegenden Tag gedanklich mit ihm durch.

5. Februar

Das Wesentliche erfasst

Eine Szene aus dem 1. Theologischen Examen der Evangelischen Kirche im Rheinland. Es handelt sich um eine Prüfung in Bibelkunde. Der Prüfer fragt den Kandidaten: „Nun, was wissen Sie denn über den Philipperbrief?“ Dem Studenten wird es abwechselnd heiß und kalt ums Herz. Er hat sich in den letzten Wochen vor allem mit dem Alten Testament beschäftigt und war mit seiner Wiederholung des Neuen Testamentes nur noch bis zum Römerbrief gekommen. Verlegen stammelt er: „Ja, äh, der Apostel Paulus will uns mit diesem Brief ermutigen. Er sagt z. B. im 4. Kapitel: ‚Freuet euch in dem Herrn allewege' (Phil. 4,4a)." „Nun, das ist ja schon sehr schön", meint der Prüfer. „Und weiter, was sagt der Apostel noch?" Der Kandidat wird zunehmend bleicher. Stockend bringt er hervor: „... und abermals sage ich: Freuet euch!" (Phil. 4, 4b) Und dann war Sendepause. Mehr fiel dem Prüfling zum Philipperbrief nicht ein. Ob er zu anderen biblischen Themen mehr zu sagen wusste, und ob dies ausgereicht hat, die Bibelkundeprüfung zu bestehen, ist leider nicht überliefert. Eins muss man dem so unglücklich in Bedrängnis geratenen Studenten immerhin zugestehen: den zentralen Gehalt des Philipperbriefes hat er durchaus angemessen wiedergegeben. Eigentlich hat er mit diesen Worten des Apostels sogar das Wesentliche des Evangeliums umschrieben. Denn im Glauben an Christus geht es um Freude. Der Glaube ist die fröhliche Gewissheit, dass jemand „Ja" zu mir sagt und meinen Weg mit ungetrübtem Wohlwollen begleitet. Er ist das Aufatmen darüber, dass mein Lebensglück nicht abhängig ist von meinen Leistungen oder Fehlleistungen. Er ist die heitere Zuversicht, dass es Gott gelingen wird, mein Chaos zu ordnen und meine Leidenschaften fruchtbar werden zu lassen. Menschen, die von dieser Freude des Glaubens erfüllt sind, sollte man Lücken in ihrer Bibelkenntnis zugestehen. Denn solche Lücken lassen sich problemlos schließen.

„Freuet euch in dem Herrn allewege, und abermals sage ich: Freuet euch!" Philipper 4,4

Impuls für die Stille:

Mit welchen Worten würde ich meine Glaubenserfahrung zusammenfassen?

6. Februar

Das Ziel macht den Unterschied

Welchen Unterschied macht es eigentlich, ob ein Mensch an die Ewigkeit glaubt oder nicht? – Vergleichen wir zur Veranschaulichung unser Leben einmal mit einem langen Sonntagsspaziergang.

Fehlt uns die Hoffnung auf die Ewigkeit, so ist es wie mit einer Wanderung ohne attraktives Ziel. Solange das Unterwegssein Spaß macht, werde ich dieses Defizit kaum bemerken. Mag sein, dass mein Weg mich geradewegs zu einer riesigen Müllhalde führt, es stört mein Wohlbefinden wenig. Ich werde mich über die Blumen am Wegesrand freuen und werde Sonne und Wolken genießen. Das Glück des Augenblicks zählt. Dies ändert sich jedoch, sobald Schwierigkeiten auftauchen. Schlägt etwa das Wetter plötzlich um oder es bilden sich erste schmerzhafte Blasen an den Füßen, stellt sich unweigerlich die Frage: „Wozu eigentlich? Wozu nimmst du diese Strapazen noch auf dich, wenn es ohnehin nichts mehr bringt?" Was eben noch schön war, erweist sich jetzt als sinnlose Plackerei. Völlig anders empfindet es der Wanderer, der ein klares Ziel vor Augen hat. Nehmen wir an, es handelt sich um eine der herrlichen Hochebenen Südtirols. Auch einem solchen Wanderer werden die Füße und Gelenke schmerzen. Auch er wird leiden unter der Last der Anstrengung oder unter Wind und Regen. Aber er wird am Sinn seiner Unternehmung nicht zweifeln. Vor allem wird er nicht vorschnell aufgeben oder kapitulieren. Er weiß: Es mag mich jetzt sehr viel kosten, aber das Ziel ist aller Mühe wert. Auf mich wartet eine Landschaft, deren Schönheit mir den Atem verschlagen wird.

Ahnen Sie jetzt, wie wichtig es ist, zu wissen, dass am Ende unseres Lebensweges nicht der Tod, sondern die Ewigkeit auf uns wartet?

„Was wir jetzt leiden müssen, dauert nicht lange und ist leicht zu ertragen, wenn wir bedenken, welch unendliche, unvorstellbare Herrlichkeit uns erwartet. Deshalb lassen wir uns von dem, was uns zurzeit so sichtbar bedrängt, nicht ablenken, sondern wir richten unseren Blick auf Gottes neue Welt." 2. *Korinther* 4,17

Impuls für die Stille:

Welcher der beiden Wanderer entspricht eher meinem Lebensgefühl?

7. Februar

Der Fuchs und die Gänse

Der Fuchs kam einmal auf eine Wiese, wo eine Herde schöner fetter Gänse saß. Da lachte er und sprach: „Ich komme ja wie gerufen, ihr sitzt hübsch beisammen, so kann ich eine nach der andern auffressen." Die Gänse gackerten vor Schreck und fingen an kläglich um ihr Leben zu bitten. Der Fuchs aber sprach: „Es gibt keine Gnade, ihr müsst sterben!" Endlich nahm sich eine das Herz und sagte: „Wenn es denn nun so sein soll, so erlaube uns doch wenigstens noch ein Gebet, hernach wollen wir uns auch in eine Reihe stellen, damit du dir immer die Fetteste aussuchen kannst." – „Ja", sagte der Fuchs, „das ist billig und eine fromme Bitte. Betet, ich will solange warten." Also fing die Erste ein recht langes Gebet an, doch bevor sie ihr Amen gesagt hatte, nahm eine zweite Gans den Faden auf, dann eine Dritte und eine Vierte und so ging es immer weiter. Den Fuchs aber verdross das Gänsegebet zusehends, und als es schließlich gar nicht enden wollte, trollte er sich und zog ärgerlich von dannen. (nach den Brüdern Grimm)

„Sollte Gott seinen Auserwählten, die Tag und Nacht zu ihm schreien, nicht zu ihrem Recht verhelfen, sondern zögern? Ich sage euch: Er wird ihnen unverzüglich ihr Recht verschaffen." Lukas 18,7f

Impuls für die Stille:

Gebet als ein taktisches Mittel gegen das Böse – warum eigentlich nicht? Vergleiche hierzu Lukas 18,1–8.

8. Februar

Verbindlichkeit des Segens

Wenn ich ein Kind adoptiere, dann erhält dieses Kind durch seine Adoption auch meinen Namen. Wer heiratet, der legt sich, von Ausnahmen abgesehen, auf einen gemeinsamen Namen fest. Dies ist kein Zufall. Der gemeinsame Name stiftet eine verbindliche Beziehung. Der Mensch, dessen Name ich trage bzw. der meinen Namen trägt, ist mir in besonderer Weise verbunden. Ich trage für ihn die Verantwortung, lasse mich auf eine unkündbare Beziehung zu ihm ein, nehme ihn als einen Teil meiner Selbst an. Genau dies hat Gott im Blick, wenn er uns seinen Segen zusagt. Denn das Wort „Segen" leitet sich von dem lateinischen Begriff „signare" her. Wenn ich aber etwas mit meinem Namen „signiere", so dokumentiere ich durch diese Unterschrift die Gültigkeit dessen, was ich im Vorausgegangenen als verbindlich erklärt habe. Segen ist deshalb mehr als nur ein frommer Wunsch, Gott möge mir in meinem Tun und Lassen wohlgesonnen sein. Durch seinen Segen verbindet Gott vielmehr sein eigenes Schicksal unauflösbar mit dem Meinigen. Was mir widerfahren wird, fällt im Guten wie im Bösen auf ihn selbst zurück. Es gilt der juristische Leitsatz: „Eltern haften für ihre Kinder."

„Und der Herr sprach: Ihr sollt die Kinder Israel mit meinem Namen belegen, auf dass ich sie segne." 4. *Mose* 6,27

Impuls für die Stille:
Was bedeutet die Zusage des Segens für meinen Alltag?

9. Februar

Der kleine Unterschied

Sein Name ist Emilio, Emilio Castro. Er ist einer der ungezählten Straßenjungen Südamerikas. Sein Leben kennt keine Regeln, mit einer Ausnahme: Am Sonntag geht er in die Kirche, genauer gesagt in die Sonntagsschule. Denn dort hört er Geschichten von Jesus, und anschließend bekommt er einen Apfel geschenkt. Anfangs geht es ihm nur um den Apfel und nicht um die Geschichten. Aber das wird sich ändern. Eines Tages wird er Generalsekretär des Weltkirchenrates sein und die Geschichte der ökumenischen Bewegung beeinflussen. Aber das weiß der kleine Emilio als Straßenjunge noch nicht.

Ein anderer Junge auf einem anderen Kontinent: Er spielt mit seinen Freunden leidenschaftlich gerne Fußball. Die Straße dient als Spielfeld, eine Garageneinfahrt als Tor. Doch das Vergnügen währt nur eine kurze Zeit. Immer wieder werden die Jungen verjagt. Der Ball könnte ja in einen Garten fliegen oder das Garagentor beschädigen.

Der Pastor einer freikirchlichen Gemeinde beobachtet die Szene. Er ruft die Jungen herbei: „Kommt, spielt hier vor unserem Haus. Da stört ihr niemand." Das beeindruckt den Jungen. Jahrzehnte später ist er selbst methodistischer Pastor und erinnert sich an diesen Tag genau.

Beide Erfahrungen führen uns vor Augen: Es sind nicht unbedingt die großen Worte, durch die ein Leben nachhaltig verändert wird, es können ebenso gut unscheinbare Gesten sein. Wo sich auch nur ansatzweise zeigt, dass Christen anders denken, anders reagieren, anders handeln als der Rest der Welt, da werden Menschen neugierig. Sie beginnen etwas von einer Kraftquelle zu ahnen, die sie noch nicht kennen, sie beginnen nach dem zu fragen, was dieses Handeln motiviert. Der Apfel, die freundliche Einladung zum Spiel, der offene Gesichtsausdruck, sie machen den Unterschied. In ihnen blitzt etwas auf von der Güte und Barmherzigkeit Gottes. Christen sind anders.

„Lebt als Kinder des Lichts; die Frucht des Lichts ist lauter Güte und Gerechtigkeit und Wahrheit." Epheser 5,8f

Impuls für die Stille:

Bin ich als Christ zu erkennen?

10. Februar

Der Posaunengeneral

Ein alter Mann, zu seinen Lebzeiten nannte man ihn liebevoll den „Posaunengeneral“, erzählt:

„1940 bekam ich meinen Einberufungsbefehl zur Wehrmacht. Da habe ich gebetet: ‚Herr, bewahre mich vor dem Bösen und davor, dass ich etwas tun muss, was nicht deinem Willen entspricht.‘ Ein paar Tage später kam jemand von der Kreisstelle der Partei. Er sagte: ‚Mandler, Sie leiten doch für die Kirche Posaunenchöre. Können Sie nicht für einen unserer Betriebe eine Werkskapelle aufbauen?‘ So wurde ich uk. (unabkömmlich) gestellt und habe verschiedene Blasorchester geleitet. Natürlich wurden wir auch zu Festen der Partei eingeladen. Also spielten wir bei den Aufmärschen zu Ostern oder an Hitlers Geburtstag. Einmal kam der Reichsleiter hinterher wütend auf mich zu und packte mich am Kragen: ‚Wie können Sie es nur wagen, heute hier *Aus tiefer Not schrei ich zu dir* und diesen anderen frommen Quatsch zu spielen?‘ – Daraufhin habe ich gesagt: ‚Tut mir Leid, Herr Reichsleiter, wir haben Krieg. Mir stehen nur diese Choralbücher zur Verfügung.‘“

Indem er seine Geschichte erzählt, legt der rüstige Senior größten Wert auf die Feststellung, dass ihm nicht daran gelegen ist, sein eigenes Tun hervorzuheben. Vielmehr geht es ihm darum, zum Vertrauen auf Gottes Führung und Bewahrung zu ermutigen. Wer sich zu ihm hält, wird seine Treue auch unter schwersten Lebensumständen erfahren. Und Gott selbst ist es, der dafür sorgt, dass sein Lob nicht verklingt. Die Posaunen verkündigten, was seinerzeit keiner mehr zu sagen wagte: „Jesus Christus herrscht als König, alles ist ihm untertänig, alles legt ihm Gott zu Fuß. Aller Zunge soll bekennen, Jesus sei der Herr zu nennen, dem man Ehre geben muss.“

„Es ist in keinem anderen das Heil, auch ist kein anderer Name unter dem Himmel den Menschen gegeben, durch den wir sollen selig werden als alleine Christus, der Herr.“ Apostelgeschichte 4,12

Impuls für die Stille:
Wie lässt sich das Bekenntnis zu Christus in meinem Lebensumfeld zur Sprache bringen?

11. Februar

Der seltsame Angler

Ein Mann sitzt angelnd am Fluss. Nach einer Weile zieht er einen stattlichen Karpfen an Land. Er löst den Fisch vom Haken, betrachtet ihn flüchtig und wirft ihn zurück ins Wasser. Einige Zeit später ist der Angler erneut erfolgreich. Diesmal ist es ein Barsch, der zitternd an der Leine zerrt. Doch auch er wird nach kurzer Begutachtung wieder dem Fluss übergeben. Einen Beobachter der Szene verwundert dies. „Sagen Sie mal, wieso werfen Sie die Fische denn jedes Mal zurück ins Wasser? Wollen Sie etwa nichts fangen?“ – „Doch“, erwidert der Angler, „aber ich will einen Hecht!“

Christus hat seine Jünger dazu berufen, „Menschenfischer“ zu sein. Ihr Auftrag ist es, Männer und Frauen für den Glauben an ihn zu gewinnen. Aber ist es nicht so, dass wir uns als Christen bei der Umsetzung dieses Auftrags ähnlich verhalten wie der seltsame Angler in der Geschichte? Da leiden wir darunter, dass der sympathische Arbeitskollege, die junge Frau von nebenan oder auch ein Mitglied unserer Familie in Bezug auf den Glauben einfach nicht „anbeißen“ will. So sehr wir uns auch um sie bemühen, es tut sich einfach nichts. Nun ist nichts dagegen einzuwenden, wenn bestimmte Menschen uns besonders am Herzen liegen. Schade ist aber, wenn diese innere Fixierung unseren Blick dafür verstellt, wen Gott uns tagtäglich über den Weg schickt. Mit Sicherheit sind viele Menschen auf der Suche nach Christus. Doch wir nehmen sie schlicht nicht wahr, weil ihr Persönlichkeitsbild uns nicht anspricht. Wir lieben Hechte, Christus aber ist für alle Menschenfische gestorben.

Christus spricht: „Folgt mir nach; ich will euch zu Menschenfischern machen.“ Markus 1,17

Impuls für die Stille:
Was bedeutet der Auftrag Jesu für mich?

12. Februar

Eine juristische Anfrage

Im Februar 1992 stellte das Landgericht Lübeck eine brisante Anfrage an das Bundesverfassungsgericht. Es ging um eine Legalisierung von Haschisch und Marihuana. Hintergrund der Anfrage waren Erfahrungen z. B. in den Niederlanden, wonach es durch kontrollierte Abgabe von Drogen möglich sein soll, die mit der Sucht zusammenhängenden Folgen für den Einzelnen wie für die Gesellschaft einzugrenzen. So sah man in dem „Marihuana auf Rezept" eine wirksame Maßnahme gegenüber der bedrohlichen Beschaffungskriminalität.

Auch eine Vorbeugung von Infizierungen mit dem HIV-Virus sowie die Hoffnung auf eine Reduzierung der stetig wachsenden Anzahl von Drogentoten wollte man mit der Freigabe von leichten Rauschmitteln für Suchtabhängige verbinden. So ehrlich die Motive der Anfrage gewesen sein mögen, so problematisch erwies sich jedoch deren Begründung. Das Landgericht Lübeck stützte sich nämlich in seiner Argumentation auf den äußerst zweifelhaften Satz: „Es gibt ein menschliches Grundrecht auf Rausch." Etwas zugespitzt ausgedrückt hieße das: „Du hast das Recht, dich selber zugrunde zu richten, denn es ist ein Ausdruck deiner Selbstbestimmung." Nicht ohne Grund hat die Anfrage des Landgerichtes seinerzeit eine heftige Debatte in den Medien ausgelöst. Der Akzent hatte sich gegenüber dem ursprünglichen Anliegen entscheidend verlagert. Durch die Formulierung der Juristen war aus der Not der Sucht ein „Recht auf Rausch" geworden. Damit hatte Abhängigkeit den Geschmack von Freiheit, Elend den von Lust bekommen. Doch Menschen wird nicht damit geholfen, dass wir die Not, in die sie sich schuldlos oder auch schuldhaft verstrickt haben, gedanklich spitzfindig zu einer Tugend uminterpretieren. Dies verändert weder ihre Situation noch ihr Verhältnis zu Gott. Wer wirklich Hilfe erfahren oder weitergeben will, kommt um die Wahrheit nicht herum. Die Dinge ehrlich beim Namen zu nennen, Sucht als „Sucht“ und Sünde als „Sünde“ zu bezeichnen, ist der erste Schritt zu wirksamer Hilfe und Heilung.

„Wie könnt ihr sagen: ‚Wir sind weise und haben die Gebote Gottes auf unserer Seite?‘ Ihr habt doch lauter Lüge daraus gemacht.“ Jeremia 7,8

Impuls für die Stille:
Wie ehrlich bin ich mit mir selbst und anderen?

13. Februar

Die brennende Hütte

Ein Schiff gerät in einen Sturm und geht in den Wellen unter. Ein Matrose aber klammert sich an eine der Planken und wird an den Strand einer kleinen unbewohnten Insel gespült. Nachdem er wieder zu Kräften gekommen ist, bittet er Gott inständig, dass doch ein anderes Schiff kommen möge, das ihn aufspürt und rettet. Immer wieder blickt er auf das weite Meer hinaus. Doch nichts geschieht. So entschließt sich der Schiffbrüchige dazu, aus dem angeschwemmten Treibholz eine kleine Hütte zu bauen. Es vergehen Wochen und Monate. Mit der Zeit schwindet zunehmend auch die Hoffnung auf Rettung. Eines Tages überzieht ein schweres Gewitter die Insel. Als er von einem Erkundungsgang zurückkehrt sieht der Matrose, dass seine Hütte in hellen Flammen steht. Verzweifelt bricht es aus ihm heraus: „Mein Gott, warum tust du mir das an? Bin ich mit meinem Schicksal nicht schon genug gestraft?“ Als er am nächsten Morgen erwacht, sieht der Matrose jedoch am Horizont ein Schiff ankern. Ein Rettungsboot steuert den Strand an, um ihn aufzunehmen. „Woher wussten Sie nur, dass ich hier bin?“, fragt der völlig entgeisterte Mann seine Retter. „Wir haben Ihre Rauchsignale gesehen!“, lautet die Antwort. „Deshalb sind wir hier.“

Gott spricht: „Meine Gedanken sind nicht Eure Gedanken, und Eure Wege sind nicht meine Wege, spricht der Herr, sondern so viel der Himmel höher ist als die Erde, so sind auch meine Wege höher als Eure Wege und meine Gedanken als Eure Gedanken." Jesaja 55,8f

Impuls für die Stille:
Kenne ich die Erfahrung, dass sich vermeintliche Katastrophen im Nachhinein als Segen herausgestellt haben?

14. Februar

Die größere Macht

An einem schönen Sommertag in der zweiten Hälfte des 14. Jahrhunderts machte sich die Pest auf den Weg nach Köln. Im Rheintal bei Koblenz überholte die Pest das Boot eines Schiffers. „Wohin so schnell?", fragte der Schiffer. „Nach Köln!", antwortete der schwarze Tod. „Ich habe vor, mir tausend Seelen zu holen." Als die Pest sich einige Tage später wieder auf dem Rückweg befand, kam sie erneut am Boot des Rheinschiffers vorbei. Der Mann schleuderte dem Tod seinen Zorn entgegen: „Ein unverfrorener Lügner bist du! Sagtest du nicht, du wollest tausend Seelen mit dir nehmen? – Fünfzigtausend hast du dahingerafft!" – „Oh nein", sagte die Pest, „ich holte mir wirklich nur tausend. Es war die Angst, die die Übrigen nahm."

Angst macht kopflos. Sie lässt jeden Schrecken schrecklicher, jeden Abgrund tiefer und jede Bedrohung gefährlicher erscheinen. Die Angst lähmt unser Denken und Handeln, beraubt uns der Möglichkeiten, die auch in der größten Ausweglosigkeit noch bestehen. Darin erweist sie ihre Macht. Gebrochen wird die Macht der Angst nur durch den Glauben. Der Glaube sagt: „Du bist nicht allein. Es steht jemand hinter dir, der dich umfängt, heute und morgen, im Leben wie im Sterben." Der Glaube sagt: „Lass dich ganz fallen, und du wirst erleben, wie Er dich erhält." Der Glaube sagt:

„Und ob ich schon wanderte im finsteren Tal, fürchte ich kein Unglück, denn du bist bei mir, dein Stecken und Stab trösten mich." Psalm 23,4

Impuls für die Stille:
Ich gebe mich mit meinen Ängsten in Gottes Hände.

15. Februar

Die kleine Schachtel

Aus der Zeit einer schweren Wirtschaftskrise erzählt man sich folgende Geschichte: Ein kleines Mädchen verpackt in der Vorweihnachtszeit eine große Schachtel mit einem Bogen Geschenkpapier. Der Vater gerät in Zorn über diese offensichtliche Verschwendung von Geld für das aufwendige Goldpapier. Lautstark schimpft er mit seiner Tochter. Unverdrossen überreicht das Mädchen seinem Vater am Weihnachtstag das dekorierte Kästchen: „Das ist für dich, Papi." Der Mann ist beschämt darüber, dass das Geschenk, wegen dem er seine Tochter ausgeschimpft hatte, für ihn bestimmt war. Allerdings gerät er erneut in Missstimmung, als er feststellt, dass die Schachtel völlig leer ist. „Weißt du nicht, dass man etwas in ein Päckchen hineinlegen sollte, wenn man es verschenkt?" Das Mädchen fängt an zu weinen: „Papi, ich habe doch etwas hineingelegt. Schau doch mal hin!" Der Vater findet einen kleinen Zettel. Auf diesem Zettel ist ein großes Herz zu sehen. Darunter stehen in ungelenker Schrift die Worte: „Mein Papi." – Der Vater ist gerührt. Er nimmt sein Töchterchen in die Arme und bittet sie um Verzeihung. Man sagt, der Mann habe dieses Kästchen sein Leben lang aufbewahrt. Immer wieder habe er hinein geschaut, wenn er traurig oder niedergeschlagen gewesen war. Es wäre verständlich, denn: ein größeres Geschenk als die unbedingte Liebe eines anderen kann uns wohl kaum gemacht werden. Und reicher kann niemand auch in der größten Wirtschaftskrise sein als der, der sich so geliebt weiß.

„Der Herr lasse euch wachsen und immer reicher werden in der Liebe untereinander und zu jedermann." 1. Thessalonicher 3,12

Impuls für die Stille:
Wie zeige ich Gott und den Menschen, die mich lieben, meine Dankbarkeit?

16. Februar

Die Kunst des Mondes und des Kirschkerns

Als meine Tochter in den Kindergarten ging hing im Kinderzimmer wie am Firmament ein kleiner Mond mit vielen verschiedenen Sternen an der Decke. Bei Tage sind sie kaum zu erkennen, so unscheinbar wirkt ihr blasses Gelb auf dem weißen Hintergrund. Doch sobald es dämmert, offenbaren diese winzigen Gestirne ihre erstaunliche Kunst. Sie beginnen zu leuchten, immer intensiver, bis sie schließlich die einzigen Lichtpunkte im Dunkel des Zimmers sind. Das Geheimnis ihrer Kunst ist einfach. Der kleine Mond trägt ebenso wie die Sterne Anteile von Phosphor in sich. Dieser vermag das Licht des Tages zu speichern, um es dann bei Nacht wieder abzugeben. Eine ganz ähnliche Kunst beherrschen Kirschkerne. Gesammelt und in ein Kissen genäht, vermögen auch sie etwas zu speichern: Wärme. Nur ein paar Minuten in die Mikrowelle oder auf eine Heizung gelegt, verströmen sie für lange Zeit eine wohltuende Behaglichkeit.

Sie sind also echte Künstler, diese schlichten Kirschkerne, der Mond und die Sterne. Sie geben ab, was sie vorher in sich aufgenommen haben, und das ist genau das, was unser Töchterchen brauchte, um friedlich einzuschlafen. Ich möchte von diesem Beispiel lernen. Ich möchte die Wärme der Liebe Gottes und das Licht seiner Wahrheit so intensiv in mich aufnehmen, dass ich darüber selbst zu einer Quelle der Wärme und des Lichts werde. Nicht dass ich es selbst produzieren müsste: die Kunst besteht lediglich in der

Weitergabe des Empfangenen.

Christus spricht: „Glaubt an das Licht, solange ihr's habt, damit ihr Kinder des Lichtes werdet." Johannes 12,36

Impuls für die Stille:

Welche Möglichkeiten habe ich, die Wärme und das Licht der Liebe Gottes innerlich aufzunehmen?

17. Februar

Die Liebe aber ...

Von einer Hochzeit in Weiß und einem Traugottesdienst in einer schönen Kirche träumen nach wie vor viele Verliebte, die den Bund fürs Leben eingehen wollen. Um die Bibelkenntnis der Brautleute ist es häufig jedoch dürftig bestellt. Darum bieten Pfarrer gerne eine Art „Katalog" von Lesungen an, die als Grundlage für Gottesdienst und Traupredigt geeignet scheinen. Würde man eine Hitliste der gewünschten biblischen Bezüge erstellen, stünde das so genannte „Hohelied der Liebe" in 1. Korinther 13 vermutlich unangefochten an erster Stelle. Dies ist verständlich. Paulus beschreibt hier das Wesen der Liebe derart eindrücklich, dass sich beim Lesen unwillkürlich der Wunsch einstellt: „Ja, mit einer solchen Liebe wollen wir auch zueinander stehen. Wenn wir uns so lieben, wie es hier beschrieben wird, braucht es uns um unsere Partnerschaft nicht bange sein." Eine Leseprobe: „Die Liebe ist langmütig und freundlich. Die Liebe eifert nicht und ist nicht launisch. Die Liebe sucht nicht das Ihre, sie lässt sich nicht erbittern, sie trägt alles, sie glaubt alles, sie hofft alles, sie duldet alles."

Was Verliebte sich allerdings in den seltensten Fälle deutlich machen, ist dies, dass Paulus in diesen Zeilen nicht von der Liebe zwischen zwei Menschen, sondern vom Wesen der Liebe Gottes spricht. Es bedarf nur eines einzigen sprachlichen Eingriffs und es wird sofort sonnenklar. Ersetzen Sie den Begriff „Liebe" einfach durch ein „Ich". Dann lesen sich diese Sätze so: „Ich bin langmütig und freundlich. Ich bin nicht eifersüchtig und nicht launisch. Ich suche nicht das Meine, lasse mich nicht erbittern. Ich trage alles, glaube alles, hoffe alles und dulde alles." – Können Sie diese Sätze etwa lesen, ohne dabei zu erröten und sich beschämt einzugestehen: „Nein, so bin ich nicht!"? Das kleine Experiment zeigt: Die Liebe, die der Apostel beschreibt, steht außerhalb unserer Möglichkeiten – sogar im Zustand größter Verliebtheit. Aber das ist kein Grund zur Resignation. Im Gegenteil: Paulus möchte uns neugierig machen auf diese ganz andere Qualität von Liebe. Er weiß, Christus kann sie uns schenken, wenn wir uns danach ausstrecken. Aus der Quelle der Liebe kann jeder schöpfen, der sich nach ihr sehnt.

„Nun aber bleiben Glaube, Hoffnung, Liebe, diese drei; die Liebe aber ist die größte unter ihnen." 1. Korinther 13,13

Impuls für die Stille:
Aus welchen Quellen speist sich meine Liebe zu anderen Menschen?

18. Februar

Die Macht der kleinen Gesten

Als Mitte der 1950er-Jahre engagierte Christen in den USA von einer Hungersnot im kommunistischen China hörten, sandten sie Tausende kleiner Beutel mit Reis an das Weiße Haus versehen mit der Aufschrift: „Wenn dein Feind Hunger hat, gib ihm zu essen" (Römer 12,20). Lange Zeit schien es so, als hätte diese Aktion keinerlei Beachtung gefunden. Der Eingang der Lebensmittel wurde weder bestätigt, noch erfuhr die breite Öffentlichkeit davon. Etwa zehn Jahre später, nach dem Ende der McCarthy-Ära, stellte sich jedoch heraus, dass den kleinen Reistütchen eine bedeutende Rolle bei der Verhinderung eines nuklearen Schlagabtausches zugefallen war. Die USA befanden sich zu dieser Zeit nämlich in einem ernsten Konflikt mit den chinesischen Machthabern wegen zweier

Inseln im Pazifik. Zweimal traf sich Präsident Eisenhower mit der obersten Militärführung des Landes, um die weitere Vorgehensweise zu diskutieren. Die Generäle empfahlen den Einsatz von Atomwaffen. Präsident Eisenhower, unsicher was in dieser Situation zu tun sei, wandte sich an seinen persönlichen Berater. Dieser teilte ihm mit, dass inzwischen mehrere 10.000 der besagten Reisrationen eingetroffen seien. Für Eisenhower war damit klar: Er werde eine nukleare Option nicht in Erwägung ziehen, solange derart viele Amerikaner ein aktives Interesse daran zum Ausdruck brächten, den Feind mit Nahrungsmitteln zu versorgen. Gott vermag Großes zu bewirken, wenn seine Zeugen auch durch unscheinbare Gesten Glaubenseinsatz und Zivilcourage zeigen.

Jesus sprach: „Das Reich Gottes gleicht einem Sauerteig. Eine Frau nimmt ein wenig davon, knetet ihn unter eine große Menge Mehl, und er durchsäuert den ganzen Teig." Lukas 12,20f

Impuls für die Stille:

a) „Das hat ja doch keinen Zweck!" b) „Ich will es einfach einmal versuchen."

Welche der beiden Haltungen liegt mir näher?

19. Februar

Ein irreführendes Zeichen

Seit den Zeiten des sagenumwobenen „Koloss von Rhodos" sind es Leuchttürme, die den Seefahrern in Küstennähe als Orientierung dienen. Voraussetzung ist natürlich, dass diese Wegweiser auch autorisiert und in den Seekarten verzeichnet sind. Ist das nicht der Fall, kann dies katastrophale Folgen haben. Als der Leuchtturm auf Norderney am 1. Oktober 1874 seinen Betrieb aufnimmt, lassen die preußischen Behörden die internationale Seefahrt über das Vorhandensein des neuen Seezeichens im Unklaren. Vielleicht nur versehentlich, vielleicht aber auch bewusst, denn es ist kurz nach dem Deutsch-Französischen Krieg, und es herrscht ein Klima der

Abneigung und der Fremdenfeindlichkeit. So geschieht, was geschehen muss. Als am 19. September 1878 der britische Segler Agyra von Buenos Aires nach Hamburg unterwegs ist, kommt es zu einer tragischen Verwechslung. Kapitän Luckham hält in einer stürmischen Nacht das Leuchtfeuer versehentlich für das von Helgoland. Er steuert auf Südostkurs daran vorbei und läuft kurz darauf vor der Insel Juist auf Grund. Sämtliche Rettungsversuche scheitern. Der alte Kapitän verliert alles: seine Familie, sein Schiff, seine Lebensperspektiven. Er war das Opfer eines irreführenden Wegweisers geworden.

„Jesus aber sprach: Seht zu, lasst euch nicht verführen. Denn viele werden kommen unter meinem Namen und sagen: Ich bin's, und: Die Zeit ist herbeigekommen. – Folgt ihnen nicht nach." Lukas 21,8

Impuls für die Stille:

Können Menschen in unserer Kirchengemeinde Orientierung finden oder trägt sie eher zu deren Verwirrung bei?

20. Februar

Don Camillos Gebet

Sein Name ist Don Camillo. Er ist Priester des kleinen Städtchens Brescello und befindet sich in einem Dauerkonflikt mit dem kommunistischen Bürgermeister Peppone. Giovanne Guarreschis Romanfiguren und Filmhelden haben es beide zu großer Popularität gebracht. Zu den Eigenheiten des gewitzten Dieners Gottes gehört es, dass er alles, was ihn emotional beschäftigt, direkt unter das Kreuz bringt. Er hat es sich angewöhnt, mit der Christusfigur in seiner Kirche in einen betenden Dialog zu treten. Eine dieser typischen Szenen sähe etwa so aus: Don Camillo stürmt entrüstet in den Altarraum.

„Christus, hast du es wieder mitbekommen, was dieser Schuft von Peppone vorhat?" *„Ja, Don Camillo, ich habe es mitbekom-*

men." „Und, was sagst du dazu?" *Was sagst denn du, Don Camillo?*" „Ach, ich würde ihn am liebsten erschießen, diesen gottlosen Dummkopf!" *„Das würdest du nicht!*" „Doch, Herr!" *„Er würde dir so fehlen!*" „Dieser Bastard, **mir** fehlen?" *„Ihr seid euch so ähnlich, Don Camillo. Ihr könntet Brüder sein.*" „Herr, ist das wirklich dein Ernst? ..."

Es ist gut, einen Menschen, mit dem ich mich im Streit befinde, im Gebet vor Gott zu bringen. Das Gebet verändert Perspektiven. Ich nehme meinen Kontrahenten anders wahr. Ich nehme mich selbst anders wahr. Vor allen Dingen aber werde ich meine Wut und meinen Ärger los, ohne dass ich jemanden damit verletze oder die Situation zusätzlich verschärfe. Der Schuss, den Don Camillo im Gebet loslässt, ersetzt den Schuss mit der Schrotflinte.

„Denn obwohl wir im Fleisch leben, kämpfen wir nicht auf fleischliche Weise. Denn die Waffen unseres Kampfes sind nicht fleischlich, sondern mächtig im Dienste Gottes." 2. Korinther 10,3f

Impuls für die Stille:
Wie löse ich meine Konflikte?

21. Februar

Drei Nachrichten

Der Kirchenvorstandsvorsitzende einer Gemeinde teilt den Gottesdienstbesuchern in den Abkündigungen mit: „Liebe Gemeinde, ich habe heute zwei schlechte und eine gute Nachricht für uns alle. Die erste schlechte Nachricht ist: unsere Orgel bedarf dringend einer Generalüberholung, sonst dient sie uns vermutlich nicht mehr lange. Die gute Nachricht ist: wir haben das Geld, die Orgel zu reparieren. Die zweite schlechte Nachricht ist: das Geld befindet sich zurzeit noch in unseren Portemonnaies." – Eine originelle Abkündigung.

Über den konkreten Anlass hinaus weist sie humorvoll auf eine grundsätzliche Schwierigkeit hin, die vielerorts unter Christen besteht. Nein, gemeint ist nicht die Finanzkrise. Gemeint ist eine geistliche Krise. Wenn wir ehrlich mit Gott und uns selbst sind, müssen wir uns nämlich eingestehen, dass er uns mit allem ausgestattet hat, was wir brauchen, um überzeugend als Zeugen Jesu in dieser Welt zu leben. Jeder Einzelne von uns ist von Gott mit Talenten versehen worden, die er gebrauchen möchte. Aber was geschieht häufig mit diesen Begabungen? Manch einer nimmt sie aus einer falsch verstandenen Bescheidenheit heraus gar nicht wahr. Ein anderer gebraucht sie zwar vielleicht zu seinem persönlichen Fortkommen, nicht aber um anderen uneigennützig damit zu dienen. Ein Dritter ist zu bequem, um dort hinzugehen, wo die Herausforderungen wohnen. „Das Geld befindet sich zurzeit noch in unseren Portemonnaies." Gott hat uns überreich beschenkt, aber wir nennen etwas „Eigentum", was wir ihm zu verdanken haben. Das ist das Problem. Martin Luther weist uns in eine andere, in die richtige Richtung, wenn er sagt: „Hast du die Gabe von Gott, dass du gewaltiger, höher, edler und wohlhabender bist denn andere, so bedenke, dass er dir befohlen, anderen damit zu dienen."

Christus spricht: „Macht euch Freunde mit dem ungerechten Mammon, damit, wenn er zu Ende geht, sie euch aufnehmen in die ewigen Hütten." Lukas 16,9

Impuls für die Stille:

Was habe ich anderen zu geben an Zeit, Geld, Hilfe, persönlicher Zuwendung?

22. Februar

Durchschaut

Der amerikanische Anthropologe William Reyburn hat es zu seinem Lebenswerk gemacht, die Sprache, Kultur und Tradition des peruanischen Quechua-Indianerstammes wissenschaftlich zu erforschen und zu durchdringen. Nach Jahrzehnten der intensiven Beschäftigung mit diesem sehr verstreut lebendem Andenvolk startete er ein Experiment. Würde es ihm in entsprechender Kleidung gelingen, sich als Quechua auszugeben? Einige Wochen lang wanderte er von Dorf zu Dorf. Doch trotz akzentfreier Sprache, indianischem Aussehen und Vertrautheit mit den Sitten und Gebräuchen gelang es ihm nirgendwo, auch nur irgendeine Seele von seiner Quechua-Identität zu überzeugen. Als er eines Tages einen Häuptling fragte, was er denn falsch gemacht habe, erhielt er zur Antwort: „Nichts!" Auf die weitere Frage, was ihn denn verraten hatte, antwortete der Häuptling: „Du hast keine Quechua zur Mutter!

– Wir sind, was und wer wir sind. Identität, Echtheit lässt sich nicht vortäuschen. Auch im Christsein nicht. Wenn Christen von Andersdenkenden als „frömmelnd" empfunden werden, dann oft deshalb, weil sie sich zwar ein gewisses Verhalten und einen entsprechenden Jargon angeeignet haben, in ihrem Innern aber nicht wirklich von dem geprägt sind, wovon sie reden. Dieses Christsein hat Gott nicht zum Vater. Es ist aufgesetzt. Es ist antrainiert. Es ist nicht echt. Die meisten Menschen merken dies. Und sie reagieren dann wie die Quechua-Indianer.

Christus sagte zu Nikodemus: „Was vom Fleisch geboren ist, das ist Fleisch; und was vom Geist geboren ist, das ist Geist. Wundere dich nicht, dass ich dir gesagt habe: Ihr müsst von neuem geboren werden." Johannes 3,6f

Impuls für die Stille:

Bin ich echt?

23. Februar

Dax und Dow Jones

Wer eine Weile den Verlauf des Aktienindex an der Börse beobachtet, dem mag das Ganze vorkommen wie eine unberechenbare Berg- und Talfahrt. Unberechenbar deshalb, weil die Kursschwankungen nicht immer das widerspiegeln, was die Wirtschaftsdaten nahe legen. Es ist vielmehr so: wenn die Börse geprägt ist von einem Klima des Misstrauens und der Angst, kann die Europäische Zentralbank machen, was sie will, sie wird nicht viel erreichen. Senkt sie etwa die Leitzinsen, so löst dies allenfalls ein kurzes Strohfeuer aus. Früher oder später wird sich der Dax wieder auf seinem alten Stand einpendeln. Was eine Börse wirklich nachhaltig aus dem Tief reißt, ist etwas anderes: Viele einzelne Anleger müssen wieder Vertrauen gewinnen und beschließen, in die Zukunft zu investieren. Ist dieses Vertrauen vorhanden, steigt der Kurs. Und selbst ein Rückschlag in Gestalt korrigierter Gewinnprognosen kann diese Bewegung dann nicht aufhalten. Es geht also an der Wall Street und in Frankfurt – man höre und staune – letztendlich um Vertrauen. Was für die Börse gilt, ist in ähnlicher Weise auch für das Leben in unseren Gemeinden anwendbar. Was uns alle miteinander erneuert, ist keine Frage der guten Vorsätze und Konzepte. Die mögen hilfreich sein, mehr aber nicht. Was uns wirklich neue Kraft schenkt, ist Vertrauen. Es ist das Vertrauen, dass Gott mit uns auf dem Weg ist. Es ist das Vertrauen, dass er zu seinen Verheißungen steht. Und es ist das Vertrauen, dass es sich lohnt, im Gespräch mit Gott zu bleiben, wirklich alles vor ihm auszubreiten und es mit ihm abzustimmen.

„Der Gott der Hoffnung aber erfülle euch mit aller Freude und Frieden im Glauben, dass ihr immer reicher werdet an Hoffnung durch die Kraft des Heiligen Geistes.“ Römer 15,13

Impuls für die Stille:
Wo fehlt mir das nötige Vertrauen?

24. Februar

Für ein Glas Milch und ein belegtes Brot

Es ist nun schon einige Jahrzehnte her. Ein armer Junge versucht sich in Amerika als Straßenverkäufer durchzuschlagen, um damit das Schulgeld zu verdienen. An einem späten Vormittag macht sich der Hunger bemerkbar, aber er hat nur ein paar Cent in den Taschen. Also entschließt er sich, an der nächsten Tür um eine warme Mahlzeit zu bitten. Als ihm jedoch ein äußerst hübsches Mädchen öffnet, wird er verlegen und bittet aus Scham lediglich um ein Glas Wasser. Der jungen Frau fällt auf, dass dem jungen Mann etwas Nahrhafteres nicht schaden kann, und so bringt sie ihm statt des Wassers ein Glas Milch und ein belegtes Brot. Der Junge fragt schüchtern: „Und was schulde ich Ihnen?“ – „Nichts“, lautet die Antwort, „meine Mutter sagt immer, eine Gefälligkeit soll man sich nicht bezahlen lassen.“

Jahre später. Die junge Frau erkrankt schwer. Die Ärzte in ihrer Umgebung sind ratlos, und so schickt man sie zur Behandlung ihrer seltenen Krankheit in die nächste Metropole. Dr. Howard Kelly, ein anerkannter Spezialist, nimmt sich ihrer an. Als er die Frau auf seinem Operationstisch sieht, erhellt sich sein Blick und er faltet die Hände zum Gebet. Der komplizierte Eingriff gelingt. Nach zwei Wochen kann die Frau entlassen werden. Ängstlich betritt sie das Sekretariat des Arztes. Ihr ist klar, dass sie für die Rechnung, die er ihr überreichen wird, Jahre wird arbeiten müssen. Doch als sie den Umschlag öffnet, findet sie unter der Aufstellung der ärztlichen Leistungen die Bemerkung:

„Diese Rechnung wurde bereits vor Jahren zureichend beglichen – durch ein Glas Milch und ein belegtes Brot. Hochachtungsvoll, Dr. Howard Kelly.“

Christus spricht: „Was ihr getan habt unter einem von diesen meinen geringsten Brüdern, das habt ihr mir getan.“ Matthäus 25,40

Impuls für die Stille:

Welche Gedanken löst diese Geschichte in mir aus?

25. Februar

Ein heilsames Eingeständnis

Zu den typischen Merkmalen der „Anonymen Alkoholiker“ gehört ihre vorbehaltlose Ehrlichkeit. Nichts wird vertuscht, die Probleme werden beim Namen benannt. Das zeigt sich schon bei der Vorstellungsrunde. Man macht sich neuen Gruppenmitgliedern gegenüber bekannt, indem man etwa sagt: „Ich bin Siegfried Schmidt, ich bin 35 Jahre alt, ledig, und ich bin Alkoholiker.“ Oder: „Mein Name ist Katharina Fischer, 43 Jahre alt, seit 22 Jahren verheiratet, zwei Kinder, und ich bin Alkoholikerin.“ Die Selbstbezichtigung: „Ich bin Alkoholiker/in“, gehört zu einer solchen Vorstellung unbedingt hinzu, selbst bei denen, die seit Jahren „trocken“ sind, also abstinent leben. Dieses Eingeständnis vonseiten derer, die es „geschafft“ haben, hat einen doppelten Sinn. Zum einen stellt sich der Abstinente damit demjenigen zur Seite, der dem Alkohol noch ausweglos verfallen ist. Er verkörpert die Möglichkeit zur Freiheit. Zum anderen aber ruft sich der Abstinente seine eigene Gefährdung ins Gedächtnis, was ihn vor Übermut und einem möglichen Rückfall in die Sucht bewahrt.

Von der nüchternen Selbsteinschätzung der „Anonymen Alkoholiker“ wäre vieles zu lernen. Manchmal neigen wir dazu, in der Freude über Erfolge auf unserem Lebens- oder Glaubensweg unser bleibendes Angewiesensein auf Gott und seine Gnade zu vergessen. Eine gewisse Überheblichkeit gegenüber anderen ist die Folge. Viel schlimmer aber ist die Gefahr, im Bewusstsein vermeintlicher Sicherheit dem Bösen schnurstracks in die Arme zu laufen. Von daher ist es gut, ähnlich wie die „Anonymen Alkoholiker“, jeden Tag in dem Bewusstsein zu beginnen: „Ich bin Manfred Müller, 57 Jahre alt, und ich bin Sünder.“

„Alle aber miteinander haltet fest an der Demut; denn Gott widersteht den Hochmütigen, aber den Demütigen gibt er Gnade.“ 1. Petrus 5,5

Impuls für die Stille:
Bin ich wirklich ehrlich mit mir selbst oder gebe ich mich gerne Illusionen hin?

26. Februar

Das Porträt der Schuld

In seinem Roman ‚Das Bildnis des Dorian Gray' zeichnet Oscar Wilde die faszinierende Charakterstudie eines Menschen, der sich rein äußerlich nicht zu verändern scheint. Das Geheimnis Dorian Gray's liegt in einem Porträt, das der Maler Basil Hallward für den jungen Engländer angefertigt hat. Zum Zeitpunkt der Fertigstellung des Bildes erscheint Dorian Gray als Inbegriff der physischen und seelischen Makellosigkeit. Doch angestiftet von dem zynischen Lord Henry, für den Tugend lediglich die Folge gesellschaftlicher Maßregelung und Liebe ein Ausdruck von Schwäche darstellt, stürzt sich der junge Mann zum Leidwesen des Malers in das, was besagter Lord das ‚wahre Leben' nennt. Fortan verfolgt Dorian Gray den Lebenswandel eines genusssüchtigen Dandys. Schritt für Schritt verliert er seine einstige Aufrichtigkeit und Unschuld. Zum Teil bewusst, zum Teil aber auch ohne es zu wollen, verletzt er die ihm begegnenden Menschen tief und stürzt sie ins Unglück. All dies scheint an Dorian Gray spurlos vorüberzugehen. Während seine Seele zusehends verkümmert, bleibt er nach außen hin makellos, jung und schön. Wie es aber in Wahrheit um ihn bestellt ist, zeigt das Porträt, das er verhüllt in einem dunklen Speicherraum aufbewahrt. In ihm verändern sich die ehemals jugendlichen Gesichtszüge zu einer von Verschlagenheit und Grobheit entstellten Fratze. Obwohl Dorian Gray das Bild hasst, fühlt er sich gleichzeitig immer wieder zu ihm hingezogen. Jede sichtbare Veränderung, die ihn mit der Wahrheit seines Daseins konfrontiert, verstärkt in ihm das Gefühl einer unerträglichen Spannung.

Als er eines Tages feststellen muss, dass selbst der zwar ehrlich gemeinte aber gleichzeitig auch berechnende Versuch eines moralischen Lebens sich in seinem Porträt als entstellend auswirkt, steigert sich die Spannung zur Verzweiflung. In der aussichtslosen Hoffnung, durch die Vernichtung des Bildes seine innere Zerrissenheit überwinden zu können, zerstört Dorian Gray das Porträt seiner Schuld. Doch damit tötet er sich selbst. Seine Dienstboten finden ihn am nächsten Morgen auf dem Boden liegend vor – leblos und um Jahrzehnte gealtert. Den christlichen Weg der Schuldvergebung kannte er nicht.

„Der Tod ist der Sünde Sold; die Gabe Gottes aber ist das ewige Leben in Christus Jesus, unserm Herrn.“ Römer 5,23

Impuls für die Stille:
Ich denke nach über das Verhältnis von Schuld und Identität.

27. Februar

Ein Lächeln für Russland

Bill Lovelace, Superintendent der noch jungen methodistischen Kirche in Russland und der Ukraine, erzählt: „Als ich vor einigen Jahren als Missionar nach Moskau kam, fiel mir auf, dass dort niemand in der Öffentlichkeit zu lächeln schien. Stattdessen ging eine melancholische Schwermut von diesen russischen Gesichtern aus, was mich, der ich amerikanische Heiterkeit und Gelassenheit gewohnt war, natürlich befremdete. Ich erkundigte mich nach dem Hintergrund dieser kollektiven Ernsthaftigkeit. Die Antwort lautete: ‚Tolka durakij ulibajutsa‘, übersetzt: ‚Nur der Einfältige lächelt.‘ Aber wieso sollte ausgerechnet ein Lächeln Zeichen von Einfalt sein? Weiteres Nachfragen ergab, dass nach russischer Auffassung der tägliche Lebenskampf zu hart sei, als dass er Anlass zur Freude gäbe. Wer also lächle, dokumentiere damit, dass er die vielen Schwierigkeiten und Probleme des Daseins entweder nicht sehen könne oder wolle. Beides aber sei naiv.“

Umso eindrücklicher, so Bill Lovelace weiter, sei es daher für ihn gewesen, als eines Tages ein junger Mann im Gottesdienst strahlend vor Freude aufgestanden sei, um zu berichten, wie er die Hilfe Gottes konkret in seinem Leben erfahren habe. Durch sein Beispiel ermutigt, hätten daraufhin auch andere Gemeindeglieder es gewagt, ihre Dankbarkeit gegenüber Gott mitzuteilen und dies in ein Lächeln zu kleiden. „Da wusste ich", so Lovelace, „dass ihrer russischen Seele ein Stück Heilung widerfahren war."

Nicht nur die russische Seele bedarf der Heilung, auch unsere. Der Eindruck, keinen Grund zur Freude zu haben, kann sich sehr schnell einstellen. Im Unterschied zu den Menschen Osteuropas und in anderen Teilen der Welt jammern wir jedoch oft auf einem sehr hohen Niveau. Dabei vergessen wir, dass wir Grund zur Freude haben. Sich daran zu erinnern, tut gut und wirkt befreiend.

„Ich will deinen Namen verkündigen meinen Brüdern und mitten in der Gemeinde dir lobsingen." Psalm 22,23

Impuls für die Stille:

Habe ich meine Dankbarkeit gegenüber Gott schon einmal öffentlich zum Ausdruck gebracht?

28. Februar

Eine richtige Entscheidung?

Zu den zahlreichen Nachrichten des 28. Februar 2000 gehörte auch die folgende Meldung: „Die städtischen Angestellten des 2300-Seelen-Orts Argyle im US-Bundesstaat Texas dürfen wieder übereinander tratschen. Am Donnerstag stimmte der Stadtrat für die Aufhebung einer umstrittenen Verordnung. Darin war den Bediensteten unter Strafandrohung untersagt worden, übereinander herzuziehen und Gerüchte zu verbreiten." – Schade eigentlich! Sicherlich hätte diese Verordnung nicht nur den städtischen Angestellten, sondern der gesamten Bevölkerung des genannten Ortes zum Segen gereicht. Viele Verletzungen werden vermieden, viele Reibungsverluste im Ansatz verhindert, wenn über allem Reden das Kriterium des Wohlwollens und der Wahrheit steht. Freilich, man kann darüber streiten, ob ein faires Miteinander sich durch die Androhung von Sanktionen erzwingen lässt. Aber warum es nicht einmal versuchen? Beinhaltet die so viel beschworene Freiheit der Meinungsäußerung denn auch die Freiheit, den anderen durch Worte zu zerstören? Dem biblischen Gebot jedenfalls entspricht es, auf das Gebären von Gerüchten zu verzichten. Mehr noch: Ich sollte es mir zum Grundsatz machen, in Abwesenheit eines Menschen nur so von ihm zu reden, als stünde er direkt hinter mir. Nur was sich in seiner Anwesenheit problemlos wiederholen lässt, verdient es weitergesagt zu werden.

„Lasst kein faules Geschwätz aus eurem Mund gehen, sondern redet, was gut ist, was erbaut und was notwendig ist, damit es Segen bringe denen, die es hören.“ Epheser 4,29

Impuls für die Stille:

Entspricht mein Reden von und über andere dem oben erwähnten Kriterium?

29. Februar

Ewigkeit im Herzen

Alle vier Jahre, im so genannten Schaltjahr, gibt es einen 29. Februar. Dieser Tag ist nötig, da die Erde etwas länger als 365 Tage braucht, um einmal die Sonne zu umkreisen. Allerdings bringt diese Maßnahme eine gewisse Ungenauigkeit mit sich. Darum fällt seit Einführung des gregorianischen Kalenders das Schaltjahr alle 100 Jahre aus. Der ausgefallene Zusatztag stellt aber wiederum eine Überkompensation der entstandenen Differenz dar, weshalb alle 400 Jahre eine weitere Ausnahme gemacht werden muss. Ein ganz schön verwirrendes Regelwerk für den 29. Februar.

Geniale Uhrmacher des 19. Jahrhunderts hat das komplizierte Zahlenspiel nicht ruhen lassen. Sie erfanden mechanische Uhren mit einem „ewigen Kalender“, die alle getroffenen Korrekturen berücksichtigen. Heute handelt es sich dabei um kostbare Raritäten, die nicht unter 50.000 Euro zu haben sind. Was mag Menschen mit einer Lebenserwartung von bestenfalls 70–80 Jahren dazu getrieben haben, Zeitmessgeräte zu konstruieren, auf deren Pünktlichkeit theoretisch auch noch nach Tausenden von Jahren Verlass wäre? Es könnte die bloße Lust an der Perfektion gewesen sein. Mit Sicherheit aber spielt auch hier das Verlangen eine Rolle, etwas zu schaffen, was das eigene Dasein überdauert. Wir sind als Menschen vergänglich wie der gestrige Tag, und doch sträubt sich alles in uns dagegen, genau dies zuzugeben. Gefangen in der Zeit sehnen wir uns nach Ewigkeit.

Christus spricht: „Wer an mich glaubt, der wird leben auch wenn er stirbt; und wer da lebt und glaubt an mich, der wird nimmermehr sterben." Johannes 11,25

Impuls für die Stille:

Ich mache mir klar: Allein der Glaube an Christus eröffnet Ewigkeit – alles andere bleibt der Vergänglichkeit unterworfen.

1\. März

Auferstehung der D-Mark

Als man die Deutsche Mark abschaffte und den Euro als Zahlungsmittel einführte, spekulierte man in kabarettistischen Kreisen darüber, ob es so etwas wie eine „Auferstehung der D-Mark" geben könnte. Daraus entstand der folgende Witz:

Pfennige, Groschen, andere Münzen und Scheine stehen vor dem Himmelstor und bitten um Einlass. Ein Engel erscheint, um das Begehren zu prüfen. Die Repräsentanten der Währungseinheiten nehmen daraufhin Aufstellung, gestaffelt nach Wert und Größe. Mit freundlichem Blick heißt der Engel die Münzen und kleinen Scheine willkommen. Nach einem kurzen Zögern winkt er auch die 50- und 100-Mark-Scheine hinein. Als die 500- und 1000-DM-Scheine hinzutreten, werden sie jedoch abgewiesen. Die Scheine beschweren sich lautstark: „Hey, was soll das? Sind wir euch im Himmel etwa nichts wert?" „Oh doch", erwidert der Engel, „ihr seid uns unglaublich viel wert, aber leider haben wir euch nie in der Kirche gesehen."

Natürlich will dieser Witz keine Aussage über die Einlassbedingungen zum Reich Gottes treffen. Aber er stellt in humorvoller Weise die Frage: Was ist uns Gottes Sache eigentlich wert? Sind wir bereit, für den Dienst der Gemeinde wirklich etwas zu opfern oder speisen wir die Kirche, diakonische Einrichtungen und geistliche Werke mit dem ab, was irgendwie übrig bleibt? Im alten Israel waren es die Menschen gewohnt, ihr Kostbarstes für Gott zu geben. Wer ein Opfer darbringen wollte, suchte sich zum Beispiel sein bestes Schaf dafür aus oder eine besonders wertvolle Taube. Gott gebührt mehr als der Rest, mehr als der ausgemusterte Groschen, denn wir verdanken ihm alles.

„Ihr wisst, dass ihr aus eurer sinnlosen, von den Vätern ererbten Lebensweise nicht um einen vergänglichen Preis losgekauft wurdet, nicht um Silber oder Gold, sondern mit dem kostbaren Blut Christi, des Lammes ohne Fehl und Makel." 1. Petrus 1,18f

Impuls für die Stille:

Kann Gott mehr von mir erwarten als das Übriggebliebene an Geld, Zeit und Gut?

2. März

Eine besondere Beziehung

Mit unserem Verhältnis zu Ärzten ist es schon so eine Sache. Auf der einen Seite ist vermutlich jeder froh, dass es sie gibt. Ihre Behandlung verspricht Erlösung von quälenden Schmerzen. Sie sind so etwas wie der Garant für das, was viele Menschen als ihr höchstes Gut ansehen: die Gesundheit. Darum erfreut sich der Stand der Mediziner einer geachteten Stellung. Zuweilen bezeichnet man sie gar als „Halbgötter in Weiß" und bringt ihnen die entsprechende Verehrung entgegen. Andererseits aber, und dies gilt nicht minder, ist uns der Arzt am sympathischsten, wenn wir ihn nicht brauchen. Am liebsten betrachten wir die „Halbgötter in Weiß" aus einer gesunden Distanz heraus. Denn wer sie braucht, um den steht es meist schlecht. Und wem geht es schon gerne schlecht? – Das ist also das Eigentümliche dieses Berufes, dass uns so eine Art „Angstliebe" mit ihm verbindet. Es ist übrigens die gleiche „Angstliebe", die auch Gott oft entgegen gebracht wird. Nicht nur den „Halbgöttern in Weiß", auch Gott selbst begegnen viele Menschen mit solch einer Mischung aus Furcht und Verehrung: Gut, dass es ihn für den Fall der Fälle gibt. Aber am besten ist doch, wenn man nicht auf ihn zurückgreifen muss, sondern alleine zurecht kommt. Gott als Krisenmanager des Lebens? Die Bibel zeichnet uns ein anderes Bild von ihm. Für sie ist Gott ein liebendes Gegenüber, ein vertrauenswürdiger Gesprächspartner für alle Fälle des Lebens. Natürlich ist er für uns da, wenn es uns schlecht geht. Aber ihn interessiert eben auch das Andere: unser Glück, unsere Sehnsüchte und Leidenschaften, unsere kleinen und größeren Erfolgserlebnisse, die vielen netten Episoden des Alltags. Er ist keine himmlische Notrufadresse, sondern ein liebender Vater.

„Weil ihr nun seine Kinder seid, schenkte euch Gott seinen Heiligen Geist, denselben Geist, den auch der Sohn hat. Deshalb dürft ihr jetzt im Gebet zu Gott sagen: Lieber Vater." Galater 4,6

Impuls für die Stille:
Von welchen Vorstellungen ist mein Verhältnis zu Gott geprägt?

3. März

Was siehst du?

Zwei Engel stehen im Zentrum einer Großstadt – sagen wir, es ist Frankfurt – vor einer Kirche und kommentieren, was sie sehen. Einen der beiden möchte Gott als himmlischen Ratgeber zur Kirchenleitung entsenden. Hören wir, was sie sagen. Der erste Engel klagt: „Ich sehe lauter Zeichen der Gottlosigkeit und Sünde.

Jugendliche handeln mit Drogen und lungern herum. Erwachsene jonglieren mit der Gewalt und ergötzen sich an der gekauften Lust. Ich sehe Armut und Hoffnungslosigkeit. Dies ist eine Gesellschaft, die auseinander bricht."

Der andere Engel sagt: „Ich sehe viele unterschiedliche Menschen. Ich sehe Kinder. Diese Kinder werden sich fröhlich und gesund entwickeln, wenn es Familien gibt, die sich um sie kümmern. Ich sehe Jugendliche mit Sehnsucht in den Augen. Es ist die Sehnsucht nach glaubwürdigen Vorbildern, zu denen sie aufschauen können. Ich sehe Erwachsene, deren Leben Hoffnung braucht, Vergebung und die Gelegenheit, noch einmal ganz von vorne anzufangen. Und ich sehe Christen, die sich diesen Menschen widmen. Gemeinden, die sich auf den Weg machen, mit liebendem Herzen und klarem Verstand. Diese Gesellschaft hat Zukunft."

Sagen Sie selbst: Welchen der beiden Engel wird Gott, welchen der beiden Engel würden Sie wohl entsenden?

„Gott, der sprach: Licht soll aus der Finsternis hervorleuchten, der hat einen hellen Schein in unsere Herzen gegeben, dass durch uns entstünde die Erleuchtung zur Erkenntnis der Herrlichkeit Gottes in Christus." 2. Korinther 4,6

Impuls für die Stille:

Ich schweige und gebe Gott die Chance, mich mit der frohen Gewissheit des zweiten Engels zu erfüllen.

4. März

Der Sinn der Erinnerungen

Wäre es nicht ein Segen, wenn wir unsere negativen Erfahrungen konsequent aus dem Gedächtnis streichen könnten? Wir würden uns gar nicht mehr an sie erinnern! Mit genau dieser Frage beschäftigt sich Charles Dickens in seiner Erzählung „Der Verwünschte".

Mr. Redlaw, ein alternder Chemiker, bekommt an einem Winterabend unverhofft Besuch von einer geisterhaften Gestalt. Es ist die Personifizierung all jener Erlebnisse, die den Wissenschaftler geprägt haben. Manches davon hat ihn schwermütig werden lassen und lastet unverarbeitet auf seiner Seele. Erwartungsvoll geht er darum auf das Angebot des Geistes ein, als der ihm das völlige Vergessen verspricht. Doch schon nach kurzer Zeit wird deutlich, dass das Löschen der Erinnerungen nicht zur Aufhellung seines Gemütes beiträgt. Im Gegenteil, es zeigt sich ein zunehmendes Erstarren seiner Gefühls- und Gedankenwelt. Szenen, die ihn noch vor kurzem mit Mitgefühl erfüllt hätten, lassen ihn kalt. Worte und Gesten, die dazu angetan wären, seine Seele zu streicheln, erreichen den alten Mann nicht mehr. Erschrocken stellt Mr. Redlaw fest, dass ihn gerade der Kummer empfindsam gehalten hatte.

Verzweifelt wünscht er sich die Rücknahme der Gabe des Vergessens. Er will sich wieder erinnern können. Das wird ihm gewährt – vermittelt durch eine schlichte junge Frau, deren Fähigkeit zur Hingabe und zum Erbarmen in nichts als ihrer eigenen leidvollen Vergangenheit gründet.

„Hüte dich nun und bewahre deine Seele gut, dass du nicht vergisst, was deine Augen gesehen haben, und dass es nicht aus deinem Herzen kommt dein Leben lang." 5. Mose 4,9

Impuls für die Stille:
Was bedeuten mir meine Erinnerungen? – Wozu sind sie gut?

5. März

Erklärungsversuche

Oft versuchen Menschen, denen ein Missgeschick widerfährt, sich selbst als Opfer der Ereignisse darzustellen. Verdecken wollen sie damit die eigenen Schuldanteile. Zu welch unfreiwillig komischen Szenen dies führen kann, zeigen die Stilblüten aus Unfallberichten, die eine Versicherungsgesellschaft im Laufe der Jahre gesammelt hat:

- Ich überfuhr einen Mann. Er gab seine Schuld zu, da ihm dies schon einmal passiert war …
- Schon bevor ich ihn anfuhr, war ich davon überzeugt, dass dieser alte Mann nie die andere Straßenseite erreichen würde …
- In hohem Tempo näherte sich mir die Telegrafenstange. Ich schlug einen Zickzackkurs ein, aber dennoch traf mich die Telegrafenstange am Kühler. Der Kraftfahrzeugsachverständige war völlig ungehalten, als er auf mein Vorderteil blickte …
- Der Fußgänger hatte anscheinend keine Ahnung, in welche Richtung er gehen sollte, und so überfuhr ich ihn.
- Ein unsichtbares Fahrzeug kam aus dem Nichts, stieß mit mir zusammen und verschwand dann spurlos …
- Ich sah ein trauriges Gesicht langsam vorüberschweben. Dann schlug der Herr auf dem Dach meines Wagens auf …
- Ich hatte den ganzen Tag Pflanzen eingekauft. Als ich die Kreuzung erreichte, wuchs plötzlich ein Busch in mein Blickfeld, und ich konnte das andere Fahrzeug nicht mehr sehen …
- Ich habe noch nie Fahrerflucht begangen, im Gegenteil, ich musste immer weggetragen werden …

So sehr diese unbeholfenen Erklärungsversuche vermutlich zur Erheiterung des Sachbearbeiters beigetragen haben – überzeugend wirken sie nicht. Ob ähnlich nicht auch Gott es oft nur schmunzelnd ertragen kann, wenn wir unsere Sünden mehr oder weniger geschickt zu kaschieren versuchen? Machen wir uns nicht lächerlich! Geben wir lieber unumwunden zu, was wir uns zuschulden haben kommen lassen. Vor Gott können wir es uns leisten. Er bestraft uns nicht mit einer erhöhten Versicherungsprämie, weil er selbst schon alles bezahlt hat.

„Wenn wir sagen, wir haben keine Schuld, so betrügen wir uns selbst, und die Wahrheit ist nicht in uns. Wenn wir aber unsere Sünden bekennen, so ist Gott treu und gerecht, dass er uns die Sünden vergibt.“ 1. Johannes 1,8f

Impuls für die Stille:
Wie verarbeite ich Erfahrungen des Versagens und der Schuld?

6. März

Kinderfragen

Kinder stellen einfache und doch schwierige Fragen. Ohne es zu wissen, bringen sie dabei manchmal Dinge auf den Punkt, über die auch Erwachsene nachdenken sollten. In einer Grundschule hat mich mal ein kleines Mädchen gefragt: „Du, Pfarrer Stollwerk, kommt mein Timmy eigentlich auch in den Himmel?" – „Mein Timmy", das war ihr Hund. Für sie war das ein bedrängendes Problem. Ich hatte nämlich davon gesprochen, dass Menschen, die an Christus glauben, eines Tages zu ihm gehen, wenn sie sterben müssen. Die Kleine aber hatte weitergedacht. In Gestalt ihres liebsten Spielkameraden stand für sie die Frage im Raum: „Und was wird mit der Schöpfung? Gibt es auch so etwas wie eine Erlösung der Tiere und der Pflanzen?" Es ist kein Zufall, dass meist Kinder und nicht Erwachsene dieses Thema beschäftigt. Für sie ist eben die Natur nicht nur „Umwelt", sondern ein Lebensraum, der voller Geheimnisse steckt. Und ein Tier ist für sie ein ebenso unverwechselbares Geschöpf wie der Mensch selbst. – Mein Hund, meine Katze, mein Kaninchen trägt einen Namen so wie ich. Ich habe es heranwachsen sehen so wie meinen kleinen Bruder. Ein Kind vermag noch das zu spüren, was Erwachsenen meist verloren geht und sie erst im Alter manchmal wieder entdecken: den inneren Zusammenhang von Schöpfer, Schöpfung und Geschöpf. Was sagt man also einem kleinen Mädchen, dass sich um die Erlösung seines Haustieres Sorgen macht? Ich habe ihr damals geantwortet: „Weißt du, ich kann dir nicht sagen, was Gott sich für deinen Timmy ausgedacht hat. Aber ich glaube, wenn du im Himmel ohne ihn nicht glücklich sein kannst, dann wird der Timmy sicher auch da sein. Gott will doch, dass wir bei ihm glücklich sind."

„Denn auch die Schöpfung wird frei werden von der Knecht-

schaft der Vergänglichkeit zu der herrlichen Freiheit der Kinder Gottes.“ Römer 8,24

Impuls für die Stille:

Wo hat mein Bekenntnis zu Gott Konsequenzen bezüglich meiner Haltung zur Schöpfung?

7. März

Reiseführer gesucht

Fragt ein Nachbar den anderen: „Sag mal, wo seid ihr denn eigentlich letztes Jahr im Urlaub gewesen?“ – „Oh, wir waren zwei Wochen in Rom.“ – „Ach, das war sicher sehr interessant!“ – „Na ja, es ging so. Das Hotel war ganz in Ordnung und das Wetter war auch ganz nett. Nur diese vielen alten Steine und Ruinen, die da mitten in der Innenstadt herumstehen. Die behindern doch nur den Verkehr. Ich verstehe nicht, warum die Italiener die nicht endlich mal wegschaffen!“

Parodie eines Reiseberichtes. – Da erzählt jemand von seinem Aufenthalt in einer der faszinierendsten und ältesten Städte dieser Welt, und es zeigt sich: dieser Mensch hat zwar viel gesehen, aber offenbar nichts begriffen. Kostbare Kulturdenkmäler erscheinen ihm als eine sinnlose Anhäufung von Steinen, mehr vermag er darin nicht zu entdecken. Wie kann so etwas passieren? Die Herausgeber der bekannten Dumont-Kunstreiseführer haben es in einem ihrer Werbeslogans auf den Punkt gebracht: „Man sieht nur, was man weiß!“ Genau hierin besteht das Geheimnis: Ich kann nur mit dem etwas verbinden, dem einen Sinn verleihen, wofür mir die Augen geöffnet worden sind. Sonst bleibt mir vieles verschlossen.

Genauso ist es mit unserem Leben. Auch das Leben als Ganzes erschließt sich nur dem, der einen guten Begleiter hat, der ihn aufmerksam macht auf das, was es zu entdecken gilt. Wir brauchen einen „Lebensreiseführer“, damit wir wirklich erkennen und durchschauen, was es zu sehen gibt.

„In Christus liegen verborgen alle Schätze der Weisheit und Erkenntnis.“ Kolosser. 2,3

Impuls für die Stille:
Ich gehe in Gedanken durch diesen Tag und bitte Christus, mir die Augen für das zu öffnen, was es hinter allem Vordergründigen zu entdecken gibt.

8. März

Es darf gedacht werden

Zu dem Adler sprach die Taube:
„Wo das Denken aufhört, da beginnt der Glaube.“
„Recht“, sprach jener, „mit dem Unterschied jedoch:
Wo du glaubst, da denk ich noch.“

Mit diesem lustigen Vierzeiler beschreibt der Schriftsteller Markus Levin (1778–1832) treffend, worin sich fundierter Glaube von frommer Denkfaulheit unterscheidet. Sicherlich ist es wahr, dass Gottes Wesen sich mit den Möglichkeiten des logischen Verstandes nur begrenzt erfassen lässt. Daraus aber nun den Schluss zu ziehen, es sei eine Tugend, möglichst wenig über die Zusammenhänge des Glaubens nachzudenken, ist falsch. Christlicher Glaube zielt, recht verstanden, geradezu auf Einsicht hin. Schon um der Sprachfähigkeit willen ist es unerlässlich, sich der eigenen Überzeugung immer wieder zu vergewissern. Es ist doch so: Nur über das, was ich wirklich verstanden habe, kann ich mich auch verständlich äußern. Nur was mir selbst plausibel geworden ist, vermag ich anderen plausibel zu erklären. Darum hat der Adler Recht: der Glaube denkt dem Evangelium möglichst konsequent nach. Der Verstand wird durch den Glauben nicht aus-, sondern eingeschaltet.

„Seid allezeit bereit zur Verantwortung vor jedermann, der von euch Rechenschaft fordert über die Hoffnung, die in euch ist.“ 1. Petrus 3,15

Impuls für die Stille:
Wie sprachfähig ist mein Glaube? Was kann ich dafür tun?

9. März

Es mag sein

Es mag sein, dass du schlecht geschlafen hast in der vergangenen Nacht. Führe dir einen Obdachlosen vor Augen, der kein Bett hat, um sich darin einzuhüllen.

Es mag sein, dass du heute in einem Verkehrsstau stecken bleibst. Bleibe gelassen. Es gibt Menschen in dieser Welt, die von einem Auto nur träumen können.

Es mag sein, dass du beruflich einen schlechten Tag erwischst. Denke an den Mann, der seit Monaten vergeblich nach Arbeit sucht.

Es mag sein, dass du einem verkorksten Wochenende nachtrauerst. Stelle dir vor, es gäbe den Sonntag nicht, weil ihn sich niemand leisten will.

Es mag sein, dass du dich von einem Menschen, der dir nahe steht, missverstanden fühlst. Vergiss darüber nicht, wie viele gar nicht wissen, was es heißt, zu lieben und geliebt zu werden.

Es mag sein, dass du zum Opfer der Bosheit und der Intrigen anderer wirst. Schlimmer wäre es, du wärest wie sie.

Es mag sein, dass du dich im Grübeln verlierst, dich fragst: „Wozu lebe ich eigentlich?“

Sei dankbar. Es sind nicht wenige, die sterben, ohne sich diese Frage jemals gestellt zu haben.

„Der Friede Christi, zu dem ihr berufen seid, regiere in euren Herzen; und seid dankbar.“ Kolosser 3,15

Impuls für die Stille:
Wie begegne ich Gefühlen der Unzufriedenheit?

10. März

Ein wenig Baugeschichte

Wer heute von einer Basilika spricht, der denkt an eine größere, meist altehrwürdige Kirche. Doch ursprünglich stand eine Basilika für etwas durch und durch Weltliches. Im alten Rom etwa war es der Ort, an dem der Kaiser seine Empfänge hielt, Klagen eingereicht und Recht gesprochen wurde. Sogar Märkte fanden in der Basilika statt. Wäre es da nicht besser gewesen, die kirchliche Baukunst hätte sich an den Vorbildern der antiken Tempel statt an solchen „Mehrzweckhallen" orientiert? Doch die frühe Christenheit hat ihre Entscheidung bewusst getroffen. Sie wollte keine Tempel bauen, denn der Tempel war ein Sinnbild der Trennung zwischen Gott und Mensch. Jeder, der den geweihten Raum betreten wollte, der musste makellos, rein und frei von aller Schuld sein. Daher war es nur den Priestern erlaubt, sein Innerstes zu betreten. Das Evangelium spricht da eine ganz andere Einladung aus: sagt etwas anderes. Jeder darf kommen, ungeachtet seines Standes und seiner Befindlichkeit. Alles hat vor Gott Raum, alles darf vor ihm zur Sprache kommen. Die Grenzen zwischen Himmel und Erde, heilig und profan sind aufgehoben. Eine Basilika vermochte dies zum Ausdruck zu bringen. Darum sah man in ihr das Ideal eines christlichen Versammlungsortes.

„Aber Jesus schrie laut und starb. Da zerriss der Vorhang vor dem Allerheiligsten im Tempel von oben bis unten." Markus 15,37f

Impuls für die Stille:

Tempel oder Versammlungsort: Welches Bild von Kirche prägt mich?

11. März

Falsche Adresse

Du bist die Quelle meiner Freude,
du bist der Fels auf den ich bau,
du bist der Ursprung allen Lebens,
du bist die Kraft, der ich vertrau.

Das klingt wie der Anfang eines Lobpreisliedes zur Ehre und Anbetung Gottes. Schön wär's. Adressat dieser Hymne ist jedoch ein bekanntes Mineralwasser, für dessen Vermarktung die besagten Zeilen in Auftrag gegeben wurden. Eine klassische Fehlleistung der Werbung. Das eigentlich Fatale daran ist noch nicht einmal, dass Gott die Ehre genommen wird. Unser Schöpfer ist in dieser Hinsicht Kummer gewohnt. Selbst die schlimmste Demütigung, die Hinrichtung seines Sohnes am Kreuz, hat er um seiner Liebe willen hingenommen und ausgehalten. Aber was geschieht durch eine solche Werbung mit den Ursehnsüchten des Menschen, seiner Sehnsucht nach Glück, Sicherheit und Geborgenheit? Sie werden umgeleitet auf ein zweifellos schmackhaftes, aber doch banales Produkt. Der Verstand mag solche Techniken als Blendwerk durchschauen. Aber die Seele ist angesprochen. Nicht um Gottes Ehre zu retten ist es wichtig, sich als Christ gegen alle Formen religiöser Vermarktung von Konsumartikeln zur Wehr zu setzen. Es geht um den Menschen in all seiner Verführbarkeit. Wer um die wahre Quelle der Freude und den wahren Ursprung allen Lebensglücks weiß, dem darf es nicht egal sein, wenn Werbung uns an eine falsche Adresse verweist. Allein Gott verdient unser Vertrauen und unsere Anbetung. Ihm gegenüber wirkt selbst das erfrischendste Mineralwasser wie eine trübe Brühe.

Christus spricht: „Wer von diesem Wasser trinkt, den wird wieder dürsten; wer aber von dem Wasser trinken wird, das ich ihm gebe, den wird ewiglich nicht dürsten, sondern das Wasser, das ich ihm geben werde, das wird in ihm ein Brunnen des Wassers werden, das in das ewige Leben quillt." Johannes 4,13f

Impuls für die Stille:
Was kann ich gegen den Missbrauch religiöser Inhalte durch die Werbung tun?

12. März

Falsche Erwartung

Anonym und ohne Begleitung reist der Kardinal nach Venedig. Dort angekommen, steigt er auf das innerstädtische Fortbewegungsmittel um: eine Gondel. Nicht vertraut mit dem Boot, plumpst er nach kurzer Fahrt ins Wasser. Weil er nicht gut schwimmen kann, zappelt er unbeholfen im Wasser. Der Gondolieri will ihm helfen, doch der Kardinal lehnt brüsk ab: „Nein, Gott wird kommen und mir beistehen." Die Lage des Geistlichen wird immer bedrohlicher. Ein zweiter Gondolieri nähert sich, bereit zuzupacken und einzugreifen. Doch der Kardinal wehrt entschlossen ab: „Nein, Gott selbst wird mich erretten." Schließlich verlassen den Theologen die Kräfte, er wird bewusstlos und ertrinkt. Als er nun im Himmel vor dem Thron Gottes steht, klagt der Kardinal seinen Herrn an: „Ich hab auf dich gewartet, aber im entscheidenden Moment bist du nicht da gewesen!" Worauf Gott gelassen antwortet: „Und was meinst du eigentlich, wer da ständig vor dir hin und her gerudert ist?"

Gottes Hilfe ist oft so nahe. Aber wir müssen sie erkennen. Sein Eingreifen erschöpft sich nicht in übernatürlichen oder spektakulären Rettungsmaßnahmen. Sie mögen vorkommen. Aber viel lieber erwählt Gott das Schlichte und Nahe liegende, um uns weiterzubringen. Das hat den Vorteil, dass wir sensibler werden für sein Handeln in unserem Leben. Und es birgt zudem die Chance, dass auch wir selbst zu einem Werkzeug Gottes werden, das er gebraucht, um anderen ganz unspektakulär zu helfen.

„Habe ich denn Gnade vor deinen Augen gefunden, so lass mich deinen Weg wissen, damit ich dich erkenne." 2. Mose 33,13

Impuls für die Stille:
Ich nenne Gott die Dinge, bei denen ich seiner Hilfe oder Wegweisung bedarf.

13. März

Die Faszination der Brücke

In einer Höhe von 107 Metern überspannt die Müngstener Brücke das tiefe Tal der Wupper zwischen Solingen und Remscheid. Zur Zeit ihrer Fertigstellung im Jahre 1897 galt sie als die gewagteste Brückenkonstruktion der Welt, noch heute ist sie die höchste Eisenbahnbrücke Deutschlands.

Oft saß ich als Junge gedankenverloren an ihren Fundamenten und ließ das faszinierende Schauspiel auf mich wirken, wenn sich die herannahenden Züge zunächst leise ankündigten, um dann Ehrfurcht erheischend über das Tal hinweg zu donnern. Ich meinte das ängstliche Zittern des schlanken Giganten zu spüren, wenn er unter seiner Last zu ächzen und zu leiden begann. Doch wie groß auch die Belastung sein mochte, „meine Brücke" meisterte sie souverän und zuverlässig. Dafür bewunderte ich sie. Und besonders bewunderte ich die vielen unscheinbaren, vergleichsweise winzigen Nieten. So manches Mal strich ich ihnen beim Abschied zärtlich über den Kopf und dachte: „Ihr tapferen kleinen Dinger! Ohne euch würden diese Träger und Pfeiler zusammenbrechen wie ein Gerüst aus Streichhölzern. Wenn ihr nur wüsstet wie wichtig ihr seid."

„Am Leib Christi sind die Glieder, die uns die schwächsten zu sein scheinen, die nötigsten." 1. Korinther 12,22

Impuls für die Stille:
Ich denke im Gebet an Menschen, die weitgehend unbemerkt große Belastungen tragen.

14. März

Behindert oder begabt?

Der amerikanische Spielfilm „Forrest Gump“ ist die liebenswerte Charakterstudie eines geistig benachteiligten Menschen. Auf verblüffende Weise umschifft der alle Klippen des Daseins und meistert so erfolgreich sein Leben. Hervorstechendste Eigenschaft Forrest Gumps ist die naive Unschuld, mit der er der Welt begegnet. Er versteht das Böse erst gar nicht, darum gewinnt es keine Macht über ihn. Forrest Gump, durch Tom Hanks hervorragend verkörpert, wird unbeabsichtigt zum Sportidol. Er kann sich an seinem Erfolg freuen, ohne dass er ihm zu Kopfe steigt. Außerdem wird er zufällig zum Zeugen der Watergate-Affäre. Abgesehen von einer Einladung ins Weiße Haus bleibt dies für ihn ohne weitere Folgen. Er kämpft als Soldat in Vietnam mit, ohne dabei innerlich zu verrohen. Doch Forrest Gump ist durch seine kindliche Naivität nicht nur unempfänglich für alles Böse. Sie äußert sich gleichzeitig in einem intuitiven Gespür für das Gute. Ein ganz kleines, aber sprechendes Beispiel: Forrest Gump beschließt, unentgeltlich sämtliche Grünflächen in der Nachbarschaft zu pflegen, als er aufgrund seines Wohlstands keiner geregelten Arbeit mehr nachzugehen braucht. Seine einfache Logik lautet: meine Nachbarn haben keine Zeit, denn sie müssen hart arbeiten, um Geld zu verdienen. Ich brauche kein Geld mehr zu verdienen, also habe ich Zeit, deshalb mähe ich den Rasen für sie! – Was für eine Idee für einen Multimillionär? In einer Situation, in der „normale“ Menschen dazu übergehen würden, sich ausschließlich bedienen zu lassen, entschließt sich Forrest Gump zu dienen. Aber die Frage sei erlaubt: was ist wohl in Gottes Augen normal?

„Selig sind die Sanftmütigen, denn sie werden das Erdreich besitzen.“ Matthäus 5,5

Impuls für die Stille:

Was möchte/kann ich von der Logik Forrest Gumps lernen?

15. März

Foto des Jahres

Wie stellen Sie sich einen Engel vor? – Eine junge und schöne Gestalt in einem wallenden Gewand mit langen lockigen Haaren? – Zumindest die typischen Bilder, mit denen wir von der Kindheit her aufwachsen, legen eine solche Vorstellung nahe. Die Leser der Neuen Rhein-Zeitung (NRZ) schienen es vor einigen Jahren jedoch anders zu sehen. Sie wählten zum Foto des Jahres das Bild einer alten Diakonisse an einer Straßenbahnhaltestelle. Offensichtlich beeindruckte die Teilnehmer am Preisausschreiben der Kontrast zwischen dem Motiv im Hintergrund, ein „klassischer" Engel auf einem Werbeplakat, und der Gestalt dieser müde gewordenen Frau. Das Foto hatte wohl bei vielen Lesern Gedanken darüber hervorgerufen, was einen Engel zum Engel macht. Ist es seine Makellosigkeit oder seine Bereitschaft, sich im Dienst der Liebe zu verbrauchen? Ist es seine Überweltlichkeit oder die Hingabe an den Schmerz und die Wunden leidender Menschen? Ist es seine vornehme Reinheit oder die demütige Freiheit, sich um Christi Willen die Finger schmutzig zu machen? Die Bibel lässt keine Zweifel an den Qualitäten eines Engels. Er ist ein Bote, durch den Gott sich Gehör verschafft. Sein Auftrag ist es, Gott und den Menschen zu dienen. Wie ein Engel auszusehen hat, darüber sagt die Bibel eher wenig. Vielleicht ist die Vorstellung einer Diakonisse gar nicht so unrealistisch – wer weiß?

„Sind die Engel nicht allesamt dienstbare Geister, ausgesandt um derer willen, die das Heil ererben sollen?" Hebräer 1,14

Impuls für die Stille:
Was hindert mich daran, ein Engel zu werden?

16. März

Frauenweisheit

Es gibt nicht viele Dinge, die mir im Bereich der häuslichen Ordnung wirklich Spaß machen. Kochen oder bügeln etwa ist nicht meine Sache. Einkaufen gehe ich dagegen relativ gerne. So auch eines Morgens, als ich aus terminlichen Gründen das Frühstück hatte ausfallen lassen müssen. Hungrig machte ich mich auf den Weg zum Supermarkt und wurde überwältigt von der Vielfalt der Köstlichkeiten. Wer kann da schon widerstehen? Mit übervollen Taschen und um eine beträchtliche Menge Geld erleichtert kehrte ich nach Hause zurück. Allerdings verdarben mir in den folgenden Wochen einige Dinge im Kühlschrank. Die Fülle dessen, was ich eingekauft hatte, hatte eindeutig das Maß dessen, was wir in den folgenden Wochen verzehren konnten, überstiegen. Ich erzählte einer Freundin davon. Als ich einige Zeit später wieder einmal signalisierte, zum Supermarkt fahren zu wollen, meinte meine sie nur: „Du, iss lieber noch einen Apfel oder eine Banane, bevor du dich auf den Weg machst."

„Warum nicht?", dachte ich, obwohl mir ihre Reaktion etwas seltsam vorkam. Erst an der Kasse ging mir ein Licht auf. Ich hatte diesmal nur das eingekauft, was wirklich notwendig war. Alles Andere war in den Regalen stehen geblieben. Es gab nichts, was meinen Appetit in unsinniger Weise hätte anregen können. Ich war gesättigt gekommen.

Christus spricht: „Ich bin das Brot des Lebens. Wer zu mir kommt, den wird nicht hungern; und wer an mich glaubt, den wird nimmermehr dürsten." Johannes 6,35

Impuls für die Stille:

Begegne ich dem Supermarkt des Lebens hungernd oder gesättigt?

17. März

Frederick Douglass

„Derjenige, der Gott und das Gewissen auf seiner Seite hat, besitzt eine Mehrheit gegenüber allen Kräften des Universums. Obwohl er nicht die gegenwärtigen Verhältnisse widerspiegelt, so repräsentiert er doch die zukünftigen Verhältnisse. Und wenn er auch nicht widerspiegelt was wir sind, so repräsentiert er, was wir sein sollten.“

Diese Sätze stammen von Frederick Douglass. Er ist einer der Vorkämpfer der Sklavenbefreiung, Berater mehrerer Präsidenten und erster Afroamerikaner im diplomatischen Dienst der Vereinigten Staaten. 1818 als Sohn einer schwarzen Sklavin geboren, bekommt Frederick Douglass bereits als Kind am eigenen Leib zu spüren, was ein Leben in Unfreiheit bedeutet. Doch weder Armut noch die Angst vor Strafe können seine Sehnsucht nach Freiheit und Bildung ersticken. Inspiriert durch heimlich gelesene Bücher und verankert in dem Glauben, dass Gott ein Gott der Gerechtigkeit ist, sagt er der geltenden „Ordnung“ seiner Zeit den Kampf an. Nachdem es ihm 1838 durch Flucht gelingt, die Fesseln der Unfreiheit abzustreifen, wird er 1841 einer der Mitbegründer der „Gesellschaft zur Abschaffung der Sklaverei“. Schon bald entpuppt sich Frederick Douglass als ein ebenso genialer Redner wie umsichtiger Führer. Dabei bleibt sein Leben von Rückschlägen jedoch nicht verschont. Um der Gefahr von Anschlägen auf sein Leben zu entgehen, begibt er sich mit seiner Familie mehrere Jahre ins Exil nach Europa. Wegweisend für sein jahrzehntelanges Ringen um Freiheit ist die Einsicht, dass nichts unmöglich ist, wenn ein Mensch sich Gott zur Verfügung stellt. Dazu gehört für ihn allerdings auch die Bereitschaft, um der Gerechtigkeit willen zu leiden. In einer Rede, gehalten am 4. August 1857 in New York sagt Frederick Douglass: „Ohne ernsthaftes Bemühen gibt es keinerlei Weiterkommen. Diejenigen, die vorgeben, Freiheit zu wollen und doch die Auseinandersetzung darüber scheuen, sind Männer, die ernten wollen, ohne den Boden zu pflügen. Sie wollen Regen ohne

Donner und Blitz. Sie wollen das Meer, ohne das angsteinflößende Brausen seines vielen Wassers. Doch so etwas hat es nie gegeben und wird es niemals geben."

„Selig sind, die um der Gerechtigkeit willen verfolgt werden; denn ihrer ist das Himmelreich." Matthäus 5,10

Impuls für die Stille:

Gehöre ich zu den Menschen, die „ernten wollen, ohne den Boden zu pflügen"?

18. März

Mauer der Freiheit

Eine der faszinierendsten archäologischen Stätten Griechenlands ist Delphi am Golf von Korinth. Hier befindet sich neben dem Apollotempel die fast sprichwörtliche Orakelstätte der Phythia. Von ihr versprachen sich die Menschen der Antike göttliche Antworten auf alle Lebensfragen. Doch nicht nur wohlbetuchte Ratsuchende kamen an diesen Ort. Wenn man den Weg vom Marktplatz zur zentralen Kultstätte beschreitet, stößt man unterhalb des Apollotempels auf eine Mauer, die mit Schriftzeichen geradezu übersät ist. Hinter diesen Schriftzeichen verbergen sich die Namen tausender ehemaliger Sklaven. Sie alle hatten sich zum Heiligtum nach Delphi geflüchtet, um hier die Freiheit zu finden. Das Gesetz jener Zeit garantierte nämlich jedem Menschen rechtskräftig die Freiheit, dessen Name sich auf der Mauer des Apollotempels von Delphi wiederfindet. Unzählige Namen, stellvertretend für unzählige Schicksale und das Erleben von Aufatmen und Neubeginn.

Die „Freiheitsmauer" von Delphi, sie erinnert in ihrer Bedeutung an ein biblisches Motiv. In der Bibel ist des Öfteren davon die Rede, dass ein Mensch Befreiung erfährt, wenn sein Name an einer bestimmten Stelle verewigt ist. Allerdings spricht die Bibel in diesem Zusammenhang nicht von einer Mauer, sondern von einem Buch. Auch geht die Eintragung in dieses Buch weit über den Horizont irdischer Freiheit hinaus. Wen Christus ins Buch des Lebens schreibt, der ist der Knechtschaft des Todes entrissen. Wer seinen Namen dort wiederfindet, der hat für alle Ewigkeit ausgesorgt.

„Freut euch nicht über euren Erfolg. Freut euch aber, dass eure Namen im Himmel geschrieben sind.“ Lukas 10,20

Impuls für die Stille:
Spüre ich die Freiheit in meinem Alltag und Gelassenheit, zu der ich berufen bin, die Christus mir schenken will?

19. März

Ein frommer Wunsch

Jemand betet: „Herr, ich danke dir dafür, dass du mir an diesem Tag bis jetzt so nahe gewesen bist. Durch deine Hilfe bin ich nicht ungeduldig geworden und mein Temperament ist nicht mit mir durchgegangen. Ich bin weder rücksichtslos noch rechthaberisch oder neidisch auf irgendjemanden gewesen. Aber jetzt gleich werde ich endgültig aus meinem Bett aufstehen, und ich glaube, dann werde ich deine Hilfe wirklich brauchen. Amen.“

Das ist der fromme Wunsch eines geistlichen Spaßvogels – könnte man meinen. Doch dahinter steckt eine wichtige Einsicht. Solange wir eingebettet sind in die weichen Kissen überschaubarer Verhältnisse und jedes Risiko durch Versicherungen abfedern können, fällt es uns leicht, von der Bewahrung und Güte Gottes zu sprechen. Wirklich spannend aber wird es dann, wenn wir uns einlassen auf ein Leben, das darauf verzichtet, jedes Restrisiko auszuschließen. Wirklich spannend wird es dann, wenn wir uns von Christus auf Wege führen lassen, die wir uns nicht selbst ausgesucht haben. Da mögen Begegnungen und Situationen auftauchen, die uns an unsere Grenzen führen. Das sind die Nagelproben des Glaubens. Jenseits aller Bequemlichkeiten zeigt sich, was echt ist und was nicht. Und hier erfahren wir die Hilfe Gottes in ihrer ganzen Vielfalt: als tröstend, beglückend, befreiend.

„Die Füchse haben Gruben, und die Vögel unter dem Himmel haben Nester, aber des Menschensohn hat nichts, wo er sein Haupt hinlege.“ Lukas 9,58

Impuls für die Stille:
Habe ich schon einmal etwas um Gottes Willen gewagt?

20. März

Frühpensionierung

Ein lebensfroher Mittfünfziger sieht seiner Pensionierung entgegen. Er beschließt, aus diesem Anlass eine Party zu feiern und lässt Einladungskarten drucken. Auf der Vorderseite der Karte findet sich neben seinem Namen eine kurze Huldigung seiner neu gewonnenen Freiheit: „Keine unangenehmen Telefonate mehr, keine Visitenkarten, keine Geschäftsangelegenheiten, keine Sorgen, keine Termine, keine Vorhaben, kein Stress, keine Arbeit. Welch ein Leben!“

In der Tat, welch ein Leben. So mancher, der sich von einem übervollen Terminkalender geschunden fühlt, sehnt sich vermutlich nach dieser Freiheit, endlich einmal tun und lassen zu können, was ihm gerade in den Sinn kommt. Allerdings wird er feststellen: auch die Freude an der totalen Muße ist begrenzt. Zum Leben gehören Herausforderungen, gehört das kreative Schaffen, weil Gott sich das für uns nun einmal so vorgestellt hat. Daher ist es kein Zufall, sondern folgerichtig, wenn wir uns nach einer gewissen Zeit des Faulenzens, etwa im Urlaub, nicht mehr wohl fühlen. Und es ist gut und richtig, dass sich für viele Pensionäre die Abkürzung i.R. hinter ihrer Berufsbezeichnung de facto nicht als „im Ruhestand“, sondern „in Reichweite“ erweist. Kann ein Christ überhaupt jemals „keine Vorhaben“ oder „keine Herausforderungen“ auf der Visitenkarte seines Lebens stehen haben? Wohl kaum. Denn Christus beruft uns zu einem Dasein, dass sich von Anfang bis Ende zum Dienst in seiner Nachfolge bereitstellt. Die konkrete

Gestalt, wie Christus uns in der Gemeinde, in der Familie und im Beruf gebrauchen möchte, mag sich im Laufe der Jahre ändern. Aber dass Christus uns braucht, darüber besteht kein Zweifel. Lebensqualität bedeutet daher, Last und Lust des täglichen Lebens aus dessen Händen zu empfangen, der unserem Tun Sinn gibt.

„Nicht ihr habt mich erwählt, sondern ich habe euch erwählt und bestimmt, dass ihr hingeht und Frucht bringt und eure Frucht bleibt." Johannes 15,16

Impuls für die Stille:

Ich versuche die Herausforderungen dieses Tages von Christus her in den Blick zu nehmen.

21. März

Die beiden Brüder

Bis zur Zerstörung durch die Römer war der Tempel in Jerusalem das zentrale Heiligtum des jüdischen Volkes. Eine alte Legende erzählt, wie es zur Wahl des Ortes für den Tempelbau gekommen ist: „Zwei Brüder lebten in unmittelbarer Nachbarschaft zueinander und bewirtschafteten ihre Felder. Einer der beiden hatte eine Familie, der andere war unverheiratet geblieben. Eines Tages beschloss der Verheiratete, seinem Bruder eine Freude zu bereiten. Dieser war nämlich seit Wochen sehr betrübt gewesen, weil die Ernte des Jahres trotz harter Arbeit mager ausgefallen war. Also machte er sich mitten in der Nacht auf, um den Getreidespeicher seines Bruders durch eigenen Weizen aufzufüllen. Gleichzeitig aber hatte sich auch der Ledige aufgemacht. Er hatte bei sich gedacht: „Mein Bruder ist Familienvater, und er hat so viele Münder zu ernähren. Ich will ihm eine Freude machen und ihm etwas von meinem Getreide zukommen lassen." So kam es, dass sich die beiden Geschwister auf der Hälfte des Weges begegneten und ebenso verwundert wie erfreut in den Arm nahmen. Der Ort aber, an dem sich die Brüder umarmten, lag dem Himmel am nächsten. Daher beschloss man zu späterer Zeit, genau hier den Tempel zur Ehre des Herrn zu bauen."

Wie schön ist es, wenn Menschen von dem Gedanken beseelt sind, sich gegenseitig zu beschenken, zu helfen und aufzurichten. Wo immer dies geschieht, trifft ein Abglanz der Liebe Gottes in unsere Welt. Da berühren sich Himmel und Erde, da wird die ewige Gemeinschaft der Kinder Gottes im Hier und Jetzt sichtbar. Es sind seltene Erfahrungen und kostbare Momente, in denen sich so etwas ereignet wie in der Geschichte der beiden Brüder. Darum ist es nachvollziehbar, warum die jüdische Tradition dieses Motiv zu einer Legende ausgestaltet und die Wahl des Tempelplatzes damit begründet hat.

„Siehe, wie fein und lieblich ist's, wenn Geschwister einträchtig beieinander wohnen. Denn dort verheißt der Herr den Segen und Leben bis in Ewigkeit." Psalm 133,1.3

Impuls für die Stille:
Wann habe ich es das letzte Mal erlebt, dass sich Himmel und Erde begegnen?

22. März

Jesus in der Fußgängerzone

Nichts ahnend spaziere ich durch unsere Altstadt, als mich plötzlich die Stimme eines Kindes aufschreckt: „Mami, guck mal, da hinten läuft ja Jesus!" Wie auf ein Kommando gehen die Blicke der Passanten in die Richtung, in die der ausgestreckte Arm des kleinen Jungen zeigt. Auch ich bin im ersten Moment verdutzt und drehe mich um. Doch dann realisiere ich, dass der Vierjährige mich meint und ich ihn vom Kindergarten her kenne. Allgemeines Gelächter der Umherstehenden. Einer sagt: „Na, Herr Pfarrer, ist das nicht ein bisschen viel der Ehre?" Ich erröte und weiß nicht, was ich sagen soll. Aber dann wird mir klar, warum der Kleine mich mit „Jesus" anspricht. Er hat sich meinen Namen noch nicht merken können. Aber er weiß: wenn dieser Mann in den Kindergarten kommt, dann spricht er immer von Jesus. Er singt mit uns und erzählt Geschichten von Jesus. Mit anderen Worten, der Junge identifiziert mich mit dem, was ich sage. Je länger ich darüber nachdenke, werde ich über diese nette kleine Begebenheit froh. Schließlich ist es durchaus positiv, mit Jesus in Verbindung gebracht zu werden. Was würde es wohl stattdessen über mich aussagen, wenn er ausgerufen hätte: „Schau mal, Mami, da hinten läuft der Euro" oder „da hinten geht der Mercedes"? Nicht nur an unserem Handeln, sondern auch an unseren Gesprächen wird erkannt, wer wir sind. Die Themen verraten uns. Und was wir versuchen, anderen mitzuteilen, zeigt, was uns im Innersten bewegt.

Christus spricht: „Wes das Herz voll ist, des geht der Mund über." Matthäus 12,34

Impuls für die Stille:
Was ist mir so wichtig, dass ich besonders häufig darüber rede?

23. März
Prognosen

„Alles, was erfunden werden kann, ist schon erfunden worden", meinte optimistisch im Jahre 1899 der Leiter des Patentamtes in den USA, Charles H. Duell. Die Erfindung des Radio kommentierte zwanzig Jahre später ein angefragter Investor mit den Worten: „Die drahtlose Musikbox hat keinen denkbaren kommerziellen Wert. Wer würde auch für eine Nachricht bezahlen wollen, die zu niemand direkt gesendet wird?" Den Spott der Öffentlichkeit zog sich Robert Goddard, einer der Pioniere der Raketentechnik, mit seinen Gedanken zum Vorstoß in den Weltraum zu. So schrieb die New York Times 1921 in einem ihrer Leitartikel: „Professor Goddard verkennt den Zusammenhang von Aktion und Reaktion und weiß nichts davon, dass es eines dichteren Raumes als des Vakuums bedarf, damit ein Antrieb wirksam werden kann. Es scheint so, als fehlten ihm die elementarsten High-School-Kenntnisse." Geradezu skurril muten aus heutiger Sicht Prognosen zur Zukunft der Computertechnik an. So hieß es 1949: „Computer der Zukunft werden nicht mehr als 1,5 Tonnen wiegen." 1957 in einer Geschäftsbuchreihe: „Die elektronische Datenverarbeitung ist ein Tick, welcher dieses Jahr nicht überleben wird." Ken Olson, Präsident, der Digital Equipment Corp. meinte noch 1977: „Es gibt keinen Grund, warum irgendjemand einen Computer in seinem Haus wollen würde." Und selbst der große Bill Gates täuschte sich gründlich im Blick auf die Weiterentwicklung seiner eigenen PC-Technologie, wenn er 1981 feststellte: „640 KB sollte genug für jedermann sein."

Solch ein Blick auf frühere Prognosen und Einschätzungen gleicht dem Besuch eines Kuriositäten-Kabinetts. Vieles von dem, was früher als undenkbar galt, ist heute eine Selbstverständlichkeit. Andererseits: So mancher Menschheitstraum, dessen Erfüllung bereits vor Jahrzehnten prognostiziert wurde, ist heute weiter von uns entfernt denn je. Trotz aller Bemühungen, es gibt ihn immer noch nicht, den allgemeinen Weltfrieden, auch nicht die Überwindung von Hunger, Armut und Not. Es zeigt sich im Positiven wie im Negativen: die Zukunft ist unverfügbar. Was wirklich einmal sein wird, lässt sich nicht voraussehen, manchmal noch nicht einmal abschätzen. Darum brauchen wir jemand, der mitgeht. Wir brauchen einen Gott, der uns begleitet, und ungeachtet aller Entwicklungen mit uns auf dem Weg ist. Der Gott der Bibel ist ein solcher Gott. Die Menschen, die ihn zuerst erkannten, waren Nomaden. Es waren Menschen wie Abraham, Isaak, Jakob und Mose. Menschen auf dem Weg.

„Und der Herr zog vor ihnen her, am Tage in einer Wolkensäule, um sie den rechten Weg zu führen, und bei Nacht in einer Feuersäule, um ihnen zu leuchten, damit sie Tag und Nacht wandern konnten." 2. Mose 13,21

Impuls für die Stille:

Prognosen oder Gottes Wegbegleitung? – Was übt einen stärkeren Einfluss auf mich aus?

24. März

Artistisches

Gelassen sitzt der Artist auf seinem Hochseil. „Verehrtes Publikum, wer es mir zutraut, dass ich auf meinem Einrad rückwärts eine Distanz von 50 Metern auf diesem Stahlseil zurücklege, den bitte ich um ein kurzes Handzeichen." Begeistert klatscht die Menge Beifall, unzählige Hände gehen zustimmend in die Höhe. „Danke, vielen Dank", wendet sich der Künstler erneut an seine Zuschauer. „Ich möchte Ihnen ein Angebot machen: Wer von Ihnen es wagt, diese Strecke mit mir auf meinen Schultern zurückzulegen, der erhält von mir auf der Stelle 100 Euro." Ein leises Raunen geht durch das Publikum, ein paar Männer flüstern sich gegenseitig etwas zu, aber anscheinend mag niemand sich auf ein solches Wagnis einzulassen. „Dacht' ich's mir doch!", meint darauf scherzend der Seiltänzer, bevor er mit gewohnter Souveränität sein artistisches Programm fortführt. Jemandem etwas zuzutrauen heißt demnach offenbar noch lange nicht, ihm auch zu vertrauen, geschweige denn, sich selbst diesem anderen auf Gedeih und Verderb anzuvertrauen. Vielleicht ist dieser Unterschied auch die Erklärung dafür, warum einerseits so viele Menschen an Gott glauben, andererseits aber nur so wenige wirklich erkennbar als Christen leben. Es ist eben eine Sache, Gott zuzutrauen, dass es ihn gibt. Eine Sache auch, anzunehmen, dass er alles Mögliche tun kann. Sehr viel anspruchsvoller aber ist es, sich Gott vorbehaltlos zu überlassen, ihm zu folgen, wohin auch immer es gehen mag. Christsein ist wirklich ein Drahtseilakt. Es gibt kein Netz und keinen doppelten Boden. Allerdings gibt es da diese Zusage des größten aller Artisten, der versprochen hat:

„Siehe, ich bin bei euch alle Tage bis an der Welt Ende." Matthäus 28,20

Impuls für die Stille:

Wo befinde ich mich mit meinem Glauben? – Unten bei den Zuschauern oder oben, bei dem Artisten, auf dem Seil?

25. März

Gedenkminute im Supermarkt

Lautsprecherdurchsage im größten Einkaufszentrum der philippinischen Provinzhauptstadt Legazpi: „Meine Damen und Herren, es ist kurz vor 18.00 Uhr. Wir laden Sie ein zu ein paar Minuten der Stille und des Gebetes." Von einem Moment auf den anderen kommt alle Betriebsamkeit innerhalb des Kaufhauses zum Erliegen. Menschen bekreuzigen sich, die Kassiererinnen unterbrechen ihre Tätigkeit, Kunden legen die Einkaufstaschen zur Seite, Verkäufer verharren in bewegungsloser Andacht. Nur das leise Schnurren der Rolltreppen ist hörbar. Angeleitet durch die Stimme aus den Lautsprechern folgt eine kleine, liturgisch geprägte Andacht. Sie mündet in das gemeinsam gesprochene Vaterunser. Danach erneut Augenblicke der Ruhe, bis ein Signal die Stille beendet. Besucher und Angestellte des Einkaufszentrums bekreuzigen sich ein zweites Mal und das geschäftige Treiben und das Gewirr unzähliger Stimmen und Geräusche setzt wieder ein. – Ein bemerkenswerter Vorgang!

Für einen Moment angehalten werden, um wieder zur Besinnung zu kommen, alles aus der Hand legen dürfen, um sie wieder falten zu können – den Wert einer solchen Erfahrung erkennt man wahrscheinlich erst, wenn man es einmal erlebt hat. Es ist so ähnlich wie mit dem berühmten „Minutenschlaf". Die Zeit, die er kostet, steht in keinem Verhältnis zu der Erfrischung, die er schenkt. Glücklicherweise muss man nicht auf die Philippinen reisen, um dies zu erleben. Unterbrechen lassen kann ich mich überall: am Schreibtisch, in der Montagehalle, am Bügelbrett.

„Denen, die Gott suchen, wird das Herz aufleben." Psalm 69,33

Impuls für die Stille:

Welche Möglichkeiten zum „Auftanken" gibt es in meinem Tagesablauf?

26. März

Nur ein bisschen Geduld

Ein Vater: „Ach wäre unser Kind doch nur schon erwachsen! Wären wir doch bloß schon aus dem Gröbsten heraus! Dass das alles so langsam geht!“ Ein anderer Vater: „Ich bin total begeistert. Heute ist meine Tochter zum ersten Mal die Treppe herauf gekrabbelt. Und gestern hat sie doch tatsächlich damit angefangen, ‚Mama‘ zu sagen. Diese Entwicklung! Also, für mich ist jeder Tag ein Grund zu staunen.“

Wer von den beiden wird wohl seine Vaterschaft als beglückender empfinden? Und noch wichtiger: Welche Haltung wird für die Entwicklung des Kindes vorteilhafter sein? Eine müßige Frage.

Nun stelle man sich aber einmal Folgendes vor: das Kind sei unser eigener Glaube und die Gestalt der beiden Väter die Art und Weise, wie wir der Entwicklung dieses Glaubens gegenüberstehen. Welche der beiden Haltungen entspricht mir mehr?

Kann ich mich darüber freuen, dass Gott mich Schritt für Schritt führt und in der Erkenntnis seines Willens wachsen lässt? Oder hadere ich damit, dass ich hinter dem Bild, das ich mir von meinem Leben als Christ gemacht habe, hinterher hinke? Entwicklung braucht Zeit. Nichts sollte mich daran hindern, mich über die kleinen Fortschritte zu freuen. So wird jeder neue Tag zu einem spannenden Erlebnis.

„Ich bin darin guter Zuversicht, dass der in euch angefangen hat das gute Werk, der wird's auch vollenden bis an den Tag Christi Jesu.“ Philipper 1,6

Impuls für die Stille:

Gott selbst hat Geduld mit mir. Was hindert mich daran, es ihm gleich zu tun?

27. März

Der Geduldstein

Ein türkisches Märchen erzählt: „Ein Mädchen geht täglich zum Brunnen, um Wasser zu schöpfen. Da setzt sich eines Tages ein Sperling auf den Brunnenrand und prophezeit ihm: ‚Vierzig Tage wirst du bei einem Toten Wache halten.' Erschrocken flieht das Mädchen von diesem Ort, doch als es am Abend ermüdet in einem Haus einkehren will, da findet es dort einen toten Jüngling vor. Der junge Mann gefällt dem Mädchen, und da es zudem den Eindruck gewonnen hat, seinem Schicksal nicht entfliehen zu können, bleibt sie dort und wacht neununddreißig Tage lang treu am Bett des Toten. Zuguterletzt aber überkommt die junge Frau eine große Müdigkeit, und so bittet sie eine Landstreicherin, die ihr seit einiger Zeit Gesellschaft geleistet hatte, für ein paar Stunden für sie zu wachen. Die Landstreicherin willigt ein und das Mädchen fällt in einen tiefen Schlaf. Als der junge Mann am vierzigsten Tag von seinem Todesschlaf erwacht, fragt er: ‚Bist du es, die mich vierzig Tage lang bewacht hast?' Die Landstreicherin antwortet: ‚Ja, ich bin es', worauf der Jüngling sie heiratet und zur Frau nimmt. Als das Mädchen erwacht, bemerkt es, was in der Zwischenzeit geschehen ist, doch es beschließt zu bleiben und den beiden zu dienen. Eines Tages fährt der junge Mann in die Stadt und er fragt Frau und Dienerin, welche Geschenke er ihnen mitbringen soll. Die Frau sagt: ‚Kauf mir Perlen, Flitter und ein Fladenbrot.' Das Mädchen aber bittet um einen Stein, der die Eigenschaft haben soll, geduldiger zu sein als sie selbst. Gesagt, getan. Als der junge Mann zurückkehrt, erwartet ihn schon seine Frau. Hastig legt sie sich die Perlen an, schmückt sich mit dem Flitter und teilt ihr Brot. Das Mädchen aber nimmt den Stein, schaut ihn unverwandt an und beweint ihr Schicksal. Als der Stein schließlich vor Kummer zerspringt, erkennt der Jüngling, wer ihn in Wahrheit so lange bewacht hat." Das Märchen zeigt: Wer wir sind, kommt in dem zum Ausdruck, was wir uns wünschen. Unsere Sehnsucht verrät unser Wesen. Worauf wir hoffen, macht deutlich, zu wem wir gehören.

„Herr, du erforschest und kennest mich. Ich sitze oder stehe auf, so weißt du es; du verstehst meine Gedanken von ferne.“ Psalm 139,1–2

Impuls für die Stille:
Was sind meine Hoffnungen und Wünsche?

28. März

Gegen Verlust gesichert

Verlusterfahrungen sind schmerzlich. Das merken wir schon von Kindesbeinen an. Das Baby, das eben noch gestrahlt und fröhlich in die Welt geschaut hat, fängt an zu weinen, sobald das vertraute Gesicht der Mutter oder des Vaters seinem Blickfeld entschwindet. Diese schmerzhafte Erfahrung setzt sich fort im Laufe unseres Lebens. Der Jugendliche erleidet sie: wenn die Freundin, seine erste große Liebe, Schluss macht, und er damit fertig werden muss. Den Erwachsenen holt sie ein, etwa wenn er sich der Tatsache bewusst wird: ein bestimmter Lebensabschnitt geht zu Ende. Nichts wird mehr sein, wie es war.

Ihrem Wesen nach sind solche Verlusterfahrungen zweideutig. Einerseits sind sie Teil eines ebenso normalen wie notwendigen Reifeprozesses. Andererseits aber können sie auch traumatisieren, einen Schock versetzen, von dem man sich nicht mehr erholt. Reifen oder Zerbrechen, beides ist möglich. Was geschieht, hängt maßgeblich davon ab, ob ich um etwas weiß, das mir nicht zwischen den Händen zerrinnt. Die Bibel sagt: das wirklich Lebensentscheidende können wir weder theoretisch noch praktisch verlieren, denn es ist der Bund der Liebe, den Christus am Kreuz mit uns geschlossen hat. Dieser Bund wäre nur dann gefährdet, wenn jemand hergehen und Christus im Nachhinein davon abhalten könnte, für uns ans Kreuz zu gehen. Doch Zeitmaschinen existieren bestenfalls in der Vorstellungswelt Hollywoods. Darum: ich kann alles verlieren, aber die Liebe Christi ist mir gewiss.

„Denn ich bin gewiss, dass nichts uns scheiden kann von der Liebe Gottes, die in Christus Jesus ist, unserem Herrn.“ Römer 8,38

Impuls für die Stille:
Wie steht es um die Verlusterfahrungen meines Lebens?

29. März

Das Leben ist …

Das Leben ist eine Gelegenheit, nutze sie.
Das Leben ist Schönheit, bewundere sie.
Das Leben ist Glückseligkeit, koste sie.
Das Leben ist ein Traum, verwirkliche ihn.
Das Leben ist eine Herausforderung, begegne ihr.
Das Leben ist eine Pflicht, erfülle sie.
Das Leben ist ein Spiel, spiele es.
Das Leben ist kostbar, pass darauf auf.
Das Leben ist Reichtum, bewahre ihn.
Das Leben ist Liebe, genieße sie.
Das Leben ist ein Geheimnis, erkenne es.
Das Leben ist ein Versprechen, erfülle es.
Das Leben ist Kummer, überwinde ihn.
Das Leben ist ein Lied, singe es.
Das Leben ist ein Kampf, nimm ihn an.
Das Leben ist eine Tragödie, widerstehe ihr.
Das Leben ist ein Abenteuer, wage es.
Das Leben ist Leben, rette es.
Das Leben ist Glück, verwirkliche es.
Das Leben ist zu wertvoll, zerstöre es nicht.

Diese Worte stehen auf einem Plakat in einem Heim für Aids-Kranke, das Mutter Teresa und ihre Schwestern am Weihnachtstag 1985 mitten in New York eröffneten. Mutter Teresa nannte das Haus „Gift of Love“ – Gabe der Liebe.

„Gott der Herr machte den Menschen aus Erde vom Acker und blies ihm den Atem des Lebens in seine Nase. Und so ward der Mensch ein lebendiges Wesen." 1. Mose 2,7

Impuls für die Stille:

Welche drei der oben zitierten Lebenssätze sprechen mich am meisten an?

30. März

Geistliche Verantwortung

Stellen Sie sich vor: da sind Kinder auf einem Spielplatz. Auf einer Bank sitzt ein älterer Herr, gestützt auf seinen Spazierstock. Interessiert schaut er den Kindern beim Spielen zu. Dann kommt ein Junge und fragt: „Opa, leihst du mir deinen Spazierstock? Ich brauche ihn zum Spielen. Du kriegst auch ein Bonbon dafür." Der freundliche Opa gibt seinen Spazierstock heraus. Erstens, weil er nett ist und zweitens, weil er immer noch gerne Bonbons lutscht. So ist er zunächst ganz zufrieden. Doch dann muss er mit ansehen, wie der kleine Junge seinen Spazierstock als Waffe benutzt, wie er anfängt, wie wild auf die anderen Kinder einzuprügeln.

Darf der freundliche Herr jetzt einfach wegschauen und sagen: „Och, es sind ja nicht meine Kinder. Deshalb geht mich das alles nichts an?" Muss er nicht sofort zu dem Jungen hingehen und sagen: „Also entweder, du hörst jetzt sofort damit auf, oder aber ich nehme dir den Spazierstock wieder weg?" Das Beispiel zeigt: ein Mensch ist nicht nur für das verantwortlich, was er selbst aktiv tut. Er ist immer auch verantwortlich für das, was in seinem Namen oder mit seinen Mitteln geschieht. Diese Einsicht wirft ein kritisches Licht auf eine unter Christen oft anzutreffende Tendenz. Es ist die bedenkliche Tendenz, den Glauben an Christus zu privatisieren. Unsere Verantwortung vor Christus beschränkt sich nicht auf unseren familiären, beruflichen oder gemeindlichen Lebensbereich. Christsein hat immer auch eine gesellschaftliche und politische Dimension. Denn, um das Gleichnis aufzulösen: der freundliche Herr, das sind wir, die Bürger dieses Staates. Der Spazierstock ist das, worauf sich alle Ordnung stützt: Macht. Wir bekommen dafür ein Bonbon: Lebensqualität. Das ist alles gut und schön, solange Macht in einer Weise verwendet wird, die wir billigen können. Ist dies aber nicht mehr der Fall, stehen wir vor Christus in der Verantwortung. Denn immerhin ist es unser Spazierstock (Macht), den wir dem Jungen (der Regierung) zur Verfügung gestellt haben. Christen tun gut daran, sich dies in seiner geistlichen Bedeutung vor Augen zu führen.

„Wem viel gegeben ist, bei dem wird man viel suchen, und wem viel anvertraut ist, von dem wird man umso mehr fordern." Lukas 12,48

Impuls für die Stille:
Wie nehme ich geistliche Verantwortung öffentlich wahr?

31. März

Geistliche Vorurteile

Was suchen wir als Christen eigentlich, wenn wir eine Andacht lesen oder eine Predigt hören? Ist es wirklich die Sehnsucht, etwas über Gottes Willen zu erfahren? – Oft stehen wir in der Gefahr, nur das an uns heranzulassen, was unseren vorgefertigten Glaubenseinsichten entspricht und sie bestätigt. Der Heidelberger Professor für Praktische Theologie, Christian Möller, führt seinen Studenten dies durch ein interessantes Experiment vor Augen. Wie ich hörte, pflegt er in seinen Seminaren den Studierenden eine schriftliche Predigt zur Analyse vorzulegen. Dabei teilt er die angehenden Theologen in zwei Gruppen. Der einen Gruppe sagt er: „Der Verfasser der Predigt ist ein Kollege von Dorothee Sölle (Theologin und Feministin)." Die andere Gruppe bekommt mitgeteilt: „Diese Predigt stammt von einem Theologen, der dem Pietismus viel abgewinnen kann." – In der Aussprache kommt es dann fast immer zu dem Phänomen, dass Studierende, die dem Pietismus nahe stehen und zur ersten Gruppe gehören, die Predigt scharf kritisieren, während die aus der zweiten Gruppe ihr inhaltlich viel abgewinnen können. Offenbar ist schon der Hinweis auf den vermeintlichen geistlichen Hintergrund des Verfassers entscheidend dafür, ob und wie man seine Worte innerlich aufnimmt. Delikat wird die Situation natürlich in dem Moment, in dem Prof. Möller sich selbst als Urheber der Predigt „outet". Spätestens dann wird jedem Studierenden bewusst, wie stark sein Urteil von Vorurteilen geprägt war.

Sicher ist dieses Experiment eine etwas gewagte Lehrmethode. Für den, der es miterlebt, wird es aber ebenso lehrreich wie heilsam sein.

„Die, zu denen ich dich sende, haben harte Köpfe und verstockte Herzen. Zu denen sollst du sagen: ‚So spricht Gott der Herr!' Sie mögen gehorchen oder es lassen – denn sie sind ein Haus des Widerspruchs – dennoch sollen sie wissen, dass ein Prophet unter ihnen ist." Hesekiel 2,4–5

Impuls für die Stille:

Mit welcher Haltung lese ich eine Andacht oder höre eine Predigt?

1. April

April, April

Seien Sie gewarnt: Heute wird man versuchen, Sie in den April zu schicken. Familienangehörige werden Sie vielleicht ebenso necken wollen wie Arbeitskollegen und Nachbarn. In der Tageszeitung werden Sie an der einen oder anderen Stelle schier unglaubliche Meldungen finden und sehr unsicher sein, wo der Scherz versteckt ist. Was heute lustig gemeint ist, kommt aber im Alltag in ganz anderer Dimension daher. Vom Fernsehbildschirm herab gibt uns ein Politiker sein Ehrenwort, nicht in die Affäre verstrickt zu sein. Wenig später wird er enttarnt. Ein Fußballspieler schlägt nach einem Zweikampf im Strafraum lang hin, fordert den Elfmeter. Erst die

Fernsehbilder entlarven die „Schwalbe“: sein Gegenspieler hat ihn nicht berührt. Wem kann man noch glauben, auf wen ist wirklich Verlass, wer wird einen nicht um des eigenen Vorteils willen im Regen stehen lassen? Der Aprilscherz bleibt einem im Halse stecken, wenn man weiß, wie abgebrüht in unserer Welt gelogen und betrogen wird.

„Des Herrn Wort ist wahrhaftig und was er zusagt, das hält er gewiss.“ Psalm 33,4

Impuls für die Stille:
Wem kann ich noch glauben, was kann ich noch glauben – und warum?

2. April

Gesetze und Ausführungsbestimmungen

Die Zehn Gebote werden in der Lutherbibel mit 287 Worten wiedergegeben. Allein für die Vorschriften der Europäischen Union bezüglich der Ein- und Ausfuhr von Karamellbonbons bedarf es dagegen angeblich 29800 Wörter. Selbst wenn der akribische Rechner sich um ein paar Worte verzählt haben mag, das Beispiel zeigt: Die Bedeutung von Worten ist nicht von ihrer Zahl abhängig. Immerhin enthalten die Zehn Gebote nicht weniger als die maßgebende Willenskundgabe Gottes für den Menschen. Was wirklich wichtig und richtig ist, lässt sich meist in ein paar schlichten Sätzen zusammenfassen. Schwierig wird es dagegen für den, der alle Eventualitäten des Lebens durch Gesetze und Ausführungsbestimmungen zu regeln versucht. Er wird wie die EU einer Inflation von Worten erliegen, die sich vor allem durch ihre Belanglosigkeit auszeichnen. Ob der Handel mit Karamellbonbons tatsächlich ein derartig aufwendiges Gesetzeswerk notwendig macht, mag offen bleiben. Für ein Leben im Einklang mit Gottes Willen bedarf es jedenfalls keiner Flut von Richtlinien und Bestimmungen. Sie sind überflüssig. Es reicht die Liebe zu ihm, verbunden mit der Frage: „Was würde Christus jetzt und hier an meiner Stelle tun?"

„Du sollst den Herrn, deinen Gott, lieben von ganzem Herzen und deinen Nächsten wie dich selbst. – Daran hängt das ganze Gesetz und die Propheten." Matthäus 22,37–40

Impuls für die Stille:

Leiste ich mir in meinem Verhältnis zu Gott überflüssige „geistliche Gesetze und Ausführungsbestimmungen"?

3. April

Gesponserte Stille

Ich befinde mich auf dem Rückweg von einem Gesprächstermin. Der Autoverkehr auf der viel befahrenen Bundesstraße fließt zügig. Im Radio das Wechselspiel von Kurzinterviews, Hip-Hop-Musik und mehr oder weniger belanglosen Meldungen. Plötzlich, mitten im Werbeblock, eine seltsame Aufforderung: „Schalten Sie doch einmal ab. Gönnen Sie sich den Luxus der Ruhe. Sie brauchen diese Ruhe. Finden Sie zu sich selbst und beginnen Sie jetzt!"

Es folgt: Stille. Kein Laut kommt aus dem Radio. Etwas irritierend, aber auch wohltuend. Danach wieder eine Stimme: „Diese 12 werbefreien Sekunden wurden gesponsert von der KKN (Kürzel wurde geändert), der Krankenversicherung, die es gut mit Ihnen meint."

Gesponserte Stille – eine wirklich gute Werbeidee. Hier hat ein sensibler Marketingfachmann gemerkt, was unserer lärmenden und betriebsamen Zeit fehlt. Und er hat daraus seine Schlüsse gezogen. Mit Sicherheit wird der Name der Versicherung denen, die diesen leisen Werbeclip mitbekommen, tiefer im Gedächtnis haften bleiben, als wenn diese 12 Sekunden ausgefüllt wären mit Worten und Informationen. Stille wiegt schwerer als alles noch so geschickte Reden. Muße kann wichtiger sein als jedes Tun.

Der Prophet Jesaja sagt: „Im Stillesein und Hoffen liegt Eure Stärke." Jesaja 30,15

Impuls für die Stille:
Wie empfinde ich Stille? Suche ich sie oder weiche ich ihr aus?

4. April

Gesundheit!

Es geschieht überall – auf der Straße, im Einkaufszentrum, in der U-Bahn. Während der Zeit des Pollenflugs im Frühjahr passiert es sogar mit verstärkter Häufigkeit. Jemand niest und die Umstehenden reagieren freundlich mit: „Gesundheit!" Diese Sitte, das Niesen eines Menschen mit einem guten Wunsch zu kommentieren, ist universal. Nur tritt in den meisten Kulturen anstelle des deutschen „Gesundheit" ein echter Segenswunsch. So sagt man zum Beispiel in den anglo-amerikanischen Ländern „God bless You!" und in der arabischen Tradition: „Yarhamak Allah!" Aber woher kommt dieses interessante Detail der Etikette? Wieso wünscht man einem Menschen, der niest, Gesundheit oder Segen? – Der Ursprung dieses Rituals reicht bis weit in die vorchristliche Zeit zurück. Es basiert auf dem Glauben, dass die Seele dem Körper nur sehr widerwillig innewohnt. So sah man sich bei jedem heftigen Niesen von der Gefahr bedroht, die Seele könne sich verflüchtigen und der betreffende Mensch sterben. Um diese Gefahr zu bannen, rief man als Beistand spontan die bewahrenden Kräfte der Götter herbei. In christlicher Zeit erhielt sich der Brauch trotz veränderter geistiger Voraussetzungen. Denn in einer Welt ohne Antibiotika war ein Niesen unter Umständen das erste Anzeichen einer ernsthaften, vielleicht sogar lebensbedrohlichen Krankheit. Folgerichtig wandte man sich an Gott, um das anstehende Unheil abzuwenden. So gesehen könnte man sagen, dass sich mit dem Fortschritt der modernen Medizin dieses alte Ritual erübrigt habe. Kein Niesen jagt uns mehr einen Schrecken ein und die Angst vor dem Verlust der Seele erst recht nicht. Doch auch heute noch macht ein solches Zeichen des Anstands und der Etikette Sinn. Es weist darauf hin, dass der Mensch des Beistands bedarf. Wer niest, verliert für einen Moment völlig die Kontrolle über sich selbst. Und diese Hilflosigkeit des Augenblicks ist ein sprechendes Zeichen für die wahre Situation unseres Lebens – ungeachtet aller Entwicklung und allen Fortschritts.

„Gott ist es, der unsere Seelen am Leben erhält und unseren Fuß nicht gleiten lässt." Psalm 66,9

Impuls für die Stille:
Ist es gleichgültig, ob es in einer Sprache „Gesundheit!" oder „God bless You!" heißt?

5. April

Das Lamm, der Hase und das Ei

Um jedes Fest ranken sich Bräuche, die dem Feiern eine Gestalt geben und seine Bedeutung versinnbildlichen. Das ist schön und gut, insbesondere für Kinder. Manchmal wird der Symbolgehalt jedoch vergessen. Schade, denn dann verdrängt der Brauch zuweilen sogar den Sinn eines Festes, anstatt an ihn zu erinnern.

Warum backt man z. B. an Ostern ein Osterlamm? Was hat der Hase mit dem Fest der Auferstehung zu tun? Und warum sammelt man am Ostermorgen die buntbemalten Eier? Es verhält sich folgendermaßen: Das Lamm galt unter den Völkern schon immer als ein Sinnbild der Unschuld, Sanftmut und Wehrlosigkeit. Im Alten Testament ist es das bevorzugte Opfertier. Wie ein unschuldiges Lamm hat Christus am Kreuz sein Leben für die Menschen dahingegeben. Darum erinnert es an Christi Opfer am Karfreitag. Der Hase dagegen ist ein Sinnbild der Auferstehung geworden. In früheren Zeiten dachten die Menschen: Der Hase schläft niemals, denn er hat keine Augenlider. Ein Zeichen für Christus, der im Tod nicht entschläft. Das Ei schließlich ist Sinnbild der österlichen Kraft. So wie das neue Leben die Schalen des Eis sprengt, hat Christus die Enge seines Grabes überwunden und ist zu einem neuen Leben auferstanden.

„Siehe, das ist Gottes Lamm, das der Welt Sünde trägt." Johannes 1,29

Impuls für die Stille:
Wie können wir als Einzelne und in der Familie unserem Feiern eine geistliche Gestalt geben?

6. April

Österliche Parabel

Es war einmal ein guter Mensch. Der hatte Mitleid mit dem hässlichen Gewürm der Raupen, wie sie sich Stunde für Stunde vorwärts plagten, um mühselig einen Stängel zu erklettern und ihr Fressen zu suchen – keine Ahnung von der Sonne, dem Regenbogen in den Wolken, den Liedern der Nachtigall!

Und der Mensch dachte: Wenn diese Raupen wüssten, was da einmal sein wird! Wenn sie ahnten, was ihnen als Schmetterling blühen wird: Sie würden ganz anders leben, froher, zuversichtlicher, mit mehr Hoffnung. Sie würden erkennen: Das Leben besteht nicht nur aus Fressen, und der Tod ist nicht das Letzte.

So dachte der gute Mensch und er wollte ihnen sagen: Ihr werdet frei sein! Ihr werdet eure Schwerfälligkeit verlieren! Ihr werdet mühelos fliegen und Blüten finden! Und ihr werdet schön sein!

Aber die Raupen hörten nicht. Das Zukünftige, das Schmetterlingshafte, ließ sich in der Raupensprache einfach nicht ausdrücken. – Er versuchte Vergleiche zu finden: Es wird sein wie auf einem Feld voller Möhrenkraut. Und sie nickten, und mit ihrem Raupenhorizont dachten sie nur ans endlose Fressen.

Nein, so ging es nicht. Und als der gute Mensch neu anfing: Ihr Puppensarg sei nicht das Letzte, sie würden sich verwandeln, über Nacht würden ihnen Flügel wachsen und sie würden leuchten wie Gold, da sagten sie: Hau ab! Du spinnst! Du hältst uns nur vom Fressen ab! – Und sie rotteten sich zusammen, um ihn lächerlich zu machen.

„Als die Athener von der Auferstehung der Toten hörten, begannen die einen zu spotten; die anderen aber sprachen: Wir wollen dich darüber ein andermal weiter hören. So ging Paulus von ihnen." Apostelgeschichte 17,32f

Impuls für die Stille:

Ich bete für Menschen in meinem Umfeld, dass Gott ihnen die Augen öffnen und ihnen den Glauben an die Auferstehung schenken möge.

7. April

Was ich kann

Ich wünschte, ich wäre so berühmt wie Sean Connery, so charismatisch wie Barack Obama und so reich wie Bill Gates.

Ich bin es nicht.

Aber ich kann dienen. Ich kann beten. Ich kann mein Möglichstes tun.

Ich wünschte, ich wäre so klug wie Einstein, so belesen wie Marcel Reich-Ranitzki und so schlagfertig wie Anke Engelke.

Ich bin es nicht.

Aber ich kann dienen. Ich kann beten. Ich kann mein Möglichstes tun.

Ich wünschte, ich wäre so selbstlos wie Mutter Teresa, so friedfertig wie Franz von Assisi und so weitsichtig wie Mahatma Gandhi.

Ich bin es nicht.

Aber ich kann dienen. Ich kann beten. Ich kann mein Möglichstes tun.

Ich wünschte, ich wäre so couragiert wie Martin Luther King, so hingebungsvoll wie Hildegard von Bingen und so glaubensstark wie Dietrich Bonhoeffer.

Ich bin es nicht.

Aber ich kann dienen. Ich kann beten. Ich kann mein Möglichstes tun.

„Dem aber, der überschwänglich tun kann über alles hinaus, was wir bitten oder verstehen, nach der Kraft, die in uns wirkt, dem sei Ehre in der Gemeinde und in Christus Jesus zu aller Zeit, von Ewigkeit zu Ewigkeit. Amen." Epheser 3,20f

Impuls für die Stille:
Was ist mein Möglichstes für den heutigen Tag?

8. April

Gnade für Judas?

Kennt die Vergebung, die Gott uns in Christus gewährt, Grenzen? – Es gibt mittelalterliche Darstellungen vom Abendmahl Christi, in denen reicht Christus der klar als Judas Ischarioth erkennbaren Gestalt eine Oblate mit einem Kreuz und der Inschrift: „Pax" – Friede.

Das bedeutet: Christus spricht dem, der ihn verraten wird, im Voraus seinen Frieden, seine Vergebung zu. Theologisch betrachtet eine gewagte, fast anstößige Darstellung. Sagt nicht Christus selbst im Evangelium: „Weh dem Menschen, durch den der Menschensohn verraten wird! Es wäre für diesen Menschen besser, wenn er nicht geboren wäre." (Mk.14,21)

Die mittelalterlichen Künstler haben es dennoch gewagt, Christus so darzustellen. Vermutlich weil sie wussten, dass der in sich selbst zerrissene Mensch keinen Frieden finden kann, wenn er nicht seine Vergangenheit, wie auch seine sündhafte Zukunft unter dem großen Vorzeichen der Gnade Gottes sehen darf.

Der Judas Ischarioth der Bibel hat sich in seiner Verzweiflung schließlich selbst das Leben genommen. Wir sind gehalten, uns in allem, in wirklich allem dem Gott am Kreuz in die Arme zu werfen, der uns zuspricht: „Pax" – Friede.

„Denn wenn wir mit Gott versöhnt worden sind durch den Tod seines Sohnes, als wir noch Feinde waren, um wie viel mehr werden wir selig werden durch sein Leben, nachdem wir nun versöhnt sind." Römer 5,10

Impuls für die Stille:
Was macht mir große Sorgen?

9. April

Menschliche Götzen und der göttliche Mensch

Das symbolträchtige Ende des Terror-Regimes Saddam Husseins war der Sturz seiner Herrscherstatue im Zentrum Bagdads am 9. April 2003. Als wollten sie die massive Figur mit der Kraft ihrer eigenen Hände zu Boden zwingen, hängten sich Dutzende irakischer Männer an die Seile, die von amerikanischen Soldaten zwischen das Abbild des Tyrannen und einen Bergungspanzer gespannt worden waren. Unbeschreiblicher Jubel bricht auf, als die Statue schließlich wortwörtlich „aus den Schuhen“ kippt. Unvergessliche Bilder, die sich stets wiederholen, wenn selbsternannte Heilsbringer ihr geschichtliches Urteil nehmen. Karl Marx, Lenin, Stalin, Hitler, Napoleon, ihnen allen ging es nicht anders. In antiken Städten wie Ephesus oder Pergamon hat man von vornherein mit der Vergänglichkeit menschlicher Selbstherrlichkeit gerechnet und Denkmäler errichtet, bei deren Anfertigung man zunächst auf den Kopf verzichtete. So ließen sich diese je nach Bedarf auswechseln. Man musste nicht gleich die ganze Statue erneuern. Einer, dem man zu Lebzeiten kein einziges Denkmal widmete, war Jesus Christus. Bei ihm verhält es sich genau umgekehrt. Als er stirbt, wird die Sehnsucht nach ihm und seiner bleibenden Gegenwart überhaupt erst geboren. Kaum ein Land, in dem er nicht als Kind in der Krippe, als guter Hirte oder als Mann am Kreuz verehrt und angebetet wird. Sei es in Kirchen, sei es in Kapellen oder sei es auch versteckt im Schutz der Dunkelheit an geheim gehaltenen Orten. Er ist der unumschränkte Hoffnungsträger dieser Welt. Und selbst dort, wo man seinem Ruf zum Glauben nicht folgen mag, herrscht Bestürzung in der Bevölkerung, wenn eine Kirche baufällig wird oder eines seiner Denkmäler angetastet wird. Warum? Weil von

Christus eben nicht Bedrückung, sondern Freiheit, weil von ihm nicht Hass und Gewalt, sondern Liebe ausgeht. In Christus begegnet uns Gott in Menschengestalt. Das spürt sogar der mit dem Herzen, der es mit dem Verstand nicht begreift.

„Denn der Tag des Herrn Zebaoth wird kommen über alles Hoffärtige und Hohe und über alles Erhabene, dass es erniedrigt werde. Und mit den Götzen wird's ganz aus sein." Jesaja 2,12.18

Impuls für die Stille:

Ich danke Gott für die Befreiung von Terror und Gewalt.

10. April

Das Kreuz mit einem Zoom betrachtet

Wer gerne fotografiert, weiß die Möglichkeiten unterschiedlicher Objektive zu schätzen. Da gibt es die Weitwinkelobjektive, die sehr schöne Landschaftsaufnahmen ermöglichen, und da gibt es andererseits Teleobjektive, mit denen man Detailaufnahmen machen kann. Bei den Bildern, die uns das Evangelium von der Kreuzigung Jesu vermittelt, ist das ähnlich. Vergleicht man sie, entsteht der Eindruck, als hätten Matthäus, Markus und Lukas hauptsächlich mit Weitwinkel gearbeitet, während Johannes eine Vorliebe für Teleobjektive gehabt haben muss. Eines der Details, das er heranzoomt, ist die kleine Aufschrift über dem Haupt des gekreuzigten Christus: „Jesus von Nazareth – König der Juden". Johannes ist der Einzige der vier Evangelisten, der sieht und ausdrücklich vermerkt, dass diese Inschrift in drei Sprachen abgefasst ist: „Und es war geschrieben in hebräischer, lateinischer und griechischer Sprache." Dem vierten Evangelisten ist diese kleine Inschrift eine Großaufnahme wert, denn sie hält für ihn Entscheidendes fest. Sie hält fest: Derjenige, der hier am Kreuz hängt, ist nicht irgendeine austauschbare Randgestalt der Geschichte. Nein, hier seht ihr den, von dem das Schicksal der Menschheit abhängt! Jesus von Nazareth ist der König, der Messias, der Herr. Es ist nicht Pilatus, der in dieser Welt das Sagen hat. Es sind nicht die Caesaren und Augustusse, nicht die Bushs und die Putins, von denen unser Geschick im Leben und im Sterben abhängt. Sie alle mögen für einen Moment das Sagen haben. Für den Wimpernschlag eines Augenblicks mögen sie sogar relevanter erscheinen als Gott selbst. Aber ihre Zeit ist begrenzt. In Wahrheit regiert ein anderer, und das ist der, der da am Kreuz hängt.

Johannes ist fasziniert von dem Gedanken, dass Pilatus in spöttischer Absicht diese Wahrheit kundtut – zu allem Überfluss auf Hebräisch, als Sprache der Verheißungen, und auf Lateinisch und Griechisch, den beiden Weltsprachen der Antike. Ihm war klar: wenn ich das festhalte, wird alle Welt, selbst das kleinste gallische Dorf im Nordwesten des Imperium Romanum erfahren und verstehen, was hier geschehen ist. Und so zoomt er die kleine Aufschrift heran und drückt auf den Auslöser seines Gedächtnisses.

„Jedes Knie soll sich beugen und jede Zunge bekennen, dass Jesus Christus der Herr ist, zur Ehre Gottes des Vaters." Philipper 2,10f

Impuls für die Stille:

Was ist mir besonders wichtig, wenn ich an das Kreuz Jesu denke?

11. April

Der Bauer und seine Gans

Die Redewendung von der „Gans, die goldene Eier legt" basiert auf einer alten Fabel. In dieser Fabel stellt ein Bauer eines Tages fest, dass sich im Nest seines gefiederten Haustieres ein glitzerndes rundes Etwas befindet. Zuerst hält der Bauer es für eine Täuschung, doch dann stellt er überwältigt fest: es ist tatsächlich ein Ei aus purem Gold! Sein Erstaunen ist noch größer, als sich das unerklärliche Wunder am nächsten Morgen wiederholt. Ebenso an den darauf folgenden Tagen. Jeden Morgen, wenn der Bauer aufwacht und zum Gänsestall herüber eilt, findet er dort ein goldenes Ei vor.

Der ehemals arme Mann kann sein Glück kaum fassen. Unvorstellbaren Reichtum wähnt er greifbar nahe. Doch mit seinem Reichtum wachsen auch die Gier und die Ungeduld. Eines Tages beschließt der Bauer, seine Gans zu schlachten. Er möchte nicht mehr warten, sondern alle goldenen Eier, die er im Inneren des Tieres wähnt, auf einmal in Besitz nehmen. Gesagt, getan. Als er jedoch die geschlachtete Gans untersucht, findet er nichts Außergewöhnliches vor. Durch seine Sucht nach Reichtum hatte sich der Bauer um das gebracht, was das wertvolle Tier ihm Tag für Tag freiwillig geschenkt hätte. Soweit die Fabel. Sie lässt sich in vielfacher Weise auf den Menschen und seine Sucht nach Wohlstand und Erfüllung übertragen. Glück lässt sich nicht erzwingen. Es lässt sich nicht herauspressen aus einer Partnerschaft mit einem anderen Menschen. Es lässt sich nicht garantieren durch Erfolg und Anerkennung im Beruf. Es lässt sich nicht einmal erzwingen durch den Glauben an einen Gott, den man im Gebet für sich zu gewinnen versucht. Eine solch verkrampfte Suche nach Erfüllung tötet vielmehr die Quellen des Glücks. Stattdessen gilt es zu pflegen, wovon wir uns Lebensqualität versprechen. Um mit der Fabel zu sprechen: „Nur eine Gans, die gehegt und gepflegt wird, wird auch goldene Eier legen." Achten wir also auf das, was uns wertvoll ist! Investieren wir Zeit in die Beziehungen, die unser Leben tragen und halten.

So stellt sich das Glück am ehesten ein.

„Wer sein Leben erhalten will, der wird's verlieren; und wer sein Leben verliert um des Evangeliums willen, der wird's erhalten." Markus 8,35

Impuls für die Stille:

Wie pflege ich meine Beziehung zum Partner, zur Familie, zu Freunden, zu Gott?

12. April

Gott erkennen

Ein König begehrte am Ende seines Lebens, Gott zu schauen. Er beauftragte alle Weisen, Priester und Propheten, ihm Gott nahe zu bringen. Da kam zufällig ein Hirte vom Felde. Er hatte vom großen Wunsch des Königs gehört, trat vor ihn und sagte: „Schau in die Sonne und du wirst ihn sehen." Der König versuchte es, doch er wurde geblendet. „Willst du, dass ich mein Augenlicht verliere?", rief er erzürnt. „Aber mein König", entschuldigte sich der Hirte, „diese Sonne ist doch nur ein schwacher Funke des göttlichen Glanzes. Wenn du den schon nicht erträgst, wie willst du den Allmächtigen in seiner ganzen Pracht und Herrlichkeit ertragen? Suche ihn mit anderen Augen." – „Aber mit welchen Augen soll ich ihn denn suchen?", fragte der König. „Verrate mir doch, was ich tun muss, um ihn zu erkennen."

„Komm herunter von deinem Thron", sagte der Hirte, „allerdings bitte ich dich, strafe mich nicht in deinem Zorn." Darauf entkleidete er den König, legte ihm seinen unscheinbaren Hirtenrock um und gab ihm einen Wanderstab an die Hand. Der König aber stand ganz versonnen da, lächelte nach einer Weile und sagte: „Du hast Recht. Jetzt schaue ich Gott."

(frei nach Leo Tolstoi)

„Christus war Gott gleich, hielt aber nicht daran fest, wie Gott zu sein, sondern er entäußerte sich und wurde wie ein Sklave und den Menschen gleich." Philipper 2,6f

Impuls für die Stille:

Mit welchen Augen suche ich Gott?

13. April

Ostern

WEIL CHRISTUS AUFERSTANDEN IST
DARUM feiern wir Ostern
lebt die Kirche
ist unsere Schuld beiseite geräumt
hat unser Leben Sinn
kann uns der Tod nicht festhalten
sind wir Christen
kommen wir im Gottesdienst zusammen
können wir frei zu Gott beten
versuchen wir zu Gottes Gefallen zu leben
verzagen wir nicht an unseren Mängeln
können wir auch Schweres ertragen
sind uns die Nöte anderer nicht egal
braucht niemand Angst vor uns zu haben
sagen wir unseren Lastern den Kampf an
tragen wir Böses nicht nach
stehen wir füreinander ein
sehen wir uns selbst nicht im Mittelpunkt
tun wir gern unsere Arbeit
sind wir fröhliche Leute
können wir uns das Lachen leisten
loben, danken, preisen wir Gott…

„Ich möchte aber Christus erkennen und die Kraft seiner Auferstehung.“ Philipper 3,10a

Impuls für die Stille:

Welche der obigen Folgerungen kann ich ungeteilt bejahen, mit welchen tue ich mich schwer?

14. April

Die Gottverlassenheit Christi

Wieso fühlte sich Christus von Gott verlassen, als er am Kreuz starb? Den Evangelien zufolge wusste er doch, was auf ihn zukam. Vor allem aber war er getragen von der Aussicht darauf, dass Gott ihn von den Toten auferwecken würde. Ist sein Leiden am Kreuz daher nicht mit der Situation eines Menschen vergleichbar, der zwar vor einer schmerzhaften Operation steht, aber weiß, dass es ihm danach besser gehen wird? Verhielte es sich so, dann wäre der Schrei Jesu lediglich ein Ausdruck völliger körperlicher Erschöpfung, nicht aber echte Verzweiflung. Dass sich Jesus aber tatsächlich einer absoluten Gottverlassenheit ausgesetzt hat, zeigt folgende Situation:

Wer verheiratet ist, weiß sich in der Zusage seines Partners geborgen: „Ich halte dir die Treue, egal was kommen mag.“ Welches erfahrene Ehepaar hat es aber noch nicht erlebt, dass genau diese Bundeszusage in der Situation eines heftigen Streites ins Wanken gerät? Da bricht es plötzlich im Zorn aus dem einen Ehepartner heraus: „Es ist genug! Mir reichts! Ich gehe!“ Und wenn dann noch dem Wort in irgendeiner Weise die Tat folgt, so wird das den anderen Ehepartner in tiefe Verzweiflung stürzen. Woher soll er denn wissen, dass diese Aussage nicht tatsächlich unwiderruflich das letzte Wort ist? Zumindest besteht die Gefahr, dass Zorn und Streit die Bundeszusage der Treue hinfällig werden lässt.

Das Neue Testament bezeugt, dass sich am Karfreitag Gottes Zorn über die Bosheit dieser Welt mit aller Gewalt entladen habe. Das Kreuz von Golgatha ist der Punkt der Weltgeschichte, an dem sich Mensch und Gott am unversöhnlichsten gegenüberstehen. Genau darin aber besteht die abgrundtiefe Verzweiflung Christi: in seiner Angst, Gott könne die Liebe zu ihm und den Menschen revidieren, ihn dem ewigen Tod überlassen.

„Und von der sechsten Stunde an kam eine Finsternis über das ganze Land bis zur neunten Stunde. Und um die neunte Stunde schrie Jesus laut: Mein Gott, mein Gott, warum hast du mich verlassen?“ Markus 15,34

Impuls für die Stille:
Ich danke Gott im Gebet dafür, dass er um Christi willen an seiner Liebe zu uns festgehalten hat.

15. April

Gut gekontert

Der neue Pastor einer freikirchlichen Gemeinde macht sich am Samstagvormittag auf, um seine Schäfchen zu besuchen. Er ist sehr früh unterwegs, denn er will möglichst viele Gemeindeglieder erreichen. Zunächst hat er jedoch Pech. Schon bei seiner ersten Adresse wird ihm nicht geöffnet, obwohl er im Innern des Hauses deutlich eine Türe zuschlagen hört. Verärgert wegen dieser offensichtlichen Unfreundlichkeit hinterlässt er seine Visitenkarte, versehen mit der biblischen Anspielung: „Offenbarung 3,20". Am nächsten Morgen, als er nach dem Gottesdienst die Kollekte zählt, findet er im Klingelbeutel seine Visitenkarte wieder. Unter seiner Bibelstelle findet er die Notiz: „Lies 1. Mose 3,10!" Zur Erläuterung: in Offenbarung 3,20 heißt es: „Siehe, ich stehe vor der Tür und klopfe an. Wenn jemand meine Stimme hört und auftut, zu dem will ich eintreten." Die Antwort aber lautet 1. Mose 3,10: „Ich hörte dich im Garten und fürchtete mich; denn ich bin nackt, darum versteckte ich mich." Der Pastor ist gleichzeitig erheitert und beschämt. Einerseits muss er schmunzeln angesichts des schlagfertigen biblischen Konters. Andererseits aber wird ihm ganz mulmig zumute. In seiner Verärgerung hatte er nämlich seiner Frau von dem Vorfall berichtet. Und gemeinsam waren sie sofort in einen Disput über „Christsein und Heuchelei" geraten. Wie schnell kann man sich irren, wenn man die Hintergründe nicht kennt!

„Die Frucht des Geistes aber ist Liebe, Freude, Friede, Geduld, Freundlichkeit, Güte und Treue." Galater 5,22

Impuls für die Stille:
Wo bin ich in meinem Urteil besonders voreilig?

16. April

Eine alte Hausinschrift

Die Altstadt von Celle in Niedersachsen ist geprägt von einer Fülle hübscher, liebevoll restaurierter Fachwerkhäuser. Häufig sind in deren Gebälk Sinnsprüche eingearbeitet, die etwas von der Lebenshaltung ihrer früheren Besitzer verraten. Diese Inschriften beim Schlendern durch die Gassen zu studieren ist ebenso lehrreich wie kurzweilig. Und manchmal treffen Vergangenheit und Gegenwart in einer sehr eigenwilligen Konstellation aufeinander. So etwa im Falle eines Hauses, auf dem folgende Inschrift zu finden ist: „Wer mit dem Leben spielt, kommt nie zurecht. Wer sich nicht selbst befiehlt, bleibt immer ein Knecht." – Offenbar muss der Erbauer ein sehr nüchterner und disziplinierter Mensch gewesen sein. Vermutlich wird er jede Form von Leichtfertigkeit verabscheut haben. Ironie des Schicksals: heute befindet sich ausgerechnet in diesem Fachwerkgebäude ein kommerzieller „Spiele-Treff" mit Glücksspielautomaten und seichter Unterhaltung. Ob sich hier der Zufall einen Scherz erlaubt hat? Oder ob ein geschickter Geschäftsmann in dem gezielten Widerspruch von Vergangenheit und Gegenwart einen werbetechnischen Anreiz witterte? – Wie dem auch sei, es zeigt sich, dass eine Lebenshaltung sich nicht konservieren lässt. Weltanschauungen, Moral und vor allem der Glaube müssen von jeder Generation neu überdacht und angeeignet werden. In dieser Hinsicht lässt sich nichts vererben. Zuweilen ist der Widerspruch der Söhne und Töchter gegenüber der Haltung ihrer Eltern sogar notwendig. Etwa dann, wenn die überkommenen Lebensmaximen sich als nicht mehr tragfähig erweisen. Die Chance des Widerspruchs besteht dann darin, dass sich aus ihm etwas Drittes und Überzeugenderes entwickelt.

„Ihr Eltern, behandelt eure Kinder nicht so, dass sie widerspenstig werden. Erzieht sie in Wort und Tat nach den Maßstäben, die der Herr gesetzt hat." Epheser 6,4

Impuls für die Stille:
Welche Glaubensvorstellungen haben mich geprägt – in Abgrenzung und Übereinstimmung?

17. April
Das Heideröslein

Trauer hat eine unglaubliche Sogwirkung. Sie kann einen Menschen, der sich ihrer abgründigen Melancholie hingibt, für ein ganzes Leben lang lähmen.

„Ein junger rheinischer Vikar befindet sich auf dem Heimweg von einer Jugendgruppe. Auf dem Rücken trägt er seine Gitarre, mit der er die Jugendgruppe musikalisch begleitet hat. Als er um eine Straßenecke biegt, stolpert er beinahe über einen Mann, der offensichtlich nicht mehr Herr seiner Sinne ist. „Psssst", lallt der Mann, „nicht verraten! – Ich hab wieder, 'n bisschen ... na, du weißt schon ... getankt!"

„Nicht schlimm", murmelt der Vikar und will weitergehen. Doch da bemerkt der Ältere die Gitarrentasche auf dem Rücken des Vikars. Aufgeregt zeigt er auf die Tasche und ruft: „Komm, Jungchen, spiel mir mal 'n bisschen. Spiel doch mal das ‚Heideröslein'. Kennste doch sicher: ‚Sah ein Knab' ein Röslein stehn ...' – Dat is so schön, da muss ich immer weinen." Erstaunt fragt der Vikar zurück: „Aber warum wollen Sie denn weinen?" Seine Antwort: „Wegen meiner Alten. Die hat mich vor vier Jahren einfach so im Stich gelassen, is einfach gestorben! Seit die tot is, kann ich mich nicht mehr freuen. Aber heulen kann ich! Komm, Jungchen, spiel et ‚Heideröslein'. Ich will weinen."

Vier Jahre schon trauert dieser Mann um seine Frau. Und nichts hat ihm offenbar über diesen Verlust hinweggeholfen. Im Gegenteil: im Versuch, seinen Kummer zu ertränken, ertrinkt auch seine Zukunft in der Flut der Depression. Christus will nicht, dass so etwas geschieht. Christus will nicht, dass unser Leben stecken bleibt in der Trauer oder im resignierten Zurückschauen auf unerfüllte

Träume der Vergangenheit. Er will, dass wir leben! Darum ist es keinesfalls Herzlosigkeit oder mangelndes Verständnis, sondern Liebe, wenn Christus uns losreißt von den Grabstätten unseres Lebens. Es ist Liebe, wenn er uns, so wie einst dem um seinen Vater trauernden Jungen, zuruft:

„Lass die Toten ihre Toten begraben. Du aber geh hin und verkündige das Reich Gottes.“ Lukas 9,60

Impuls für die Stille:

Menschen, Sehnsüchte, Hoffnungen, unerreichte Ziele, die ich betrauere. Ich versuche, sie im Gebet an Gott abzugeben.

18. April

Heiligung

Der Veränderungsprozess, der eintritt, wenn ein Mensch sich dem Wirken des Geistes Gottes öffnet, bezeichnet das Neue Testament als Heiligung. „Heiligung“ – im ersten Moment hört sich dieser Begriff etwas seltsam an. Man fühlt sich an die helle Aura erinnert, mit der sakrale Künstler auf ihren Bildern die großen geistlichen Vorbilder der Vergangenheit ausgestattet haben. Aber kaum jemand wird bei einem Blick in den Spiegel schon einmal einen solchen „Heiligenschein“ an sich festgestellt haben. Oder etwa doch? Es wäre bemerkenswert – hätte aber mit dem in der Bibel Gemeinten vermutlich wenig zu tun. Auch die „Tonsur“, die viele Ehefrauen im Laufe der Jahre an ihrem Gatten beobachten, ist nicht unbedingt auf einen Prozess der Heiligung zurückzuführen. Meist handelt es sich leider nur um die natürliche, erblich bedingte Glatzenbildung.

Nein, Heiligung äußert sich anders! Heiligung äußert sich so, dass ich erstaunliche Erfahrungen mit mir selbst mache, die ich nicht meinen eigenen Bemühungen zu verdanken habe. Dabei geht es meist um ganz alltägliche Dinge. Nehmen wir etwa an, ich bin von Natur aus unversöhnlich und neige zur Strenge im Umgang mit meinen Mitmenschen. Nun kommt es wieder einmal zu einer dieser konfliktträchtigen Schlüsselsituationen: Der Ehepartner hat es verschwitzt, eine wichtige Angelegenheit zu regeln, die er für mich erledigen wollte. Ärgerlich! Doch ich reagiere nicht wie früher mit Anklagen: „Das ist ja mal wieder typisch. Auf dich kann man sich aber auch gar nicht verlassen!" Nein, ich sage, ohne dass es mir schwer fällt: „Komm, es ist nicht so schlimm. Das lässt sich schon noch irgendwie regeln." Oder aber, gesetzt den Fall, ich bin ein überaus ängstlicher Zeitgenosse. Die Sorgen um alles Mögliche zehren mich geradezu auf – die Sorgen um die Zukunft der Kinder, um den Garten, vielleicht sogar um den Wellensittich des Cousins dritten Grades. Eines guten Tages aber stelle ich fest, dass der Glaube an Christus mich zunehmend gelassener werden lässt. Und es zeigt sich, dass ich innerlich loslassen kann, was mir vor Jahren noch schlaflose Nächte bereitet hätte. Solche Erfahrungen sind Erfahrungen der Heiligung. Denn Heiligung bedeutet nichts anderes, als dass man die Auferstehungskräfte Jesu in seinem eigenen Leben heilsam zu spüren bekommt. Es bedeutet, dem Ziel näher zu kommen, das sich Gott mit meiner Schöpfung gesetzt hat. So gesehen ist Heiligung etwas, das man sich auf keinen Fall entgehen lassen sollte!

„Gott hat uns nicht zur Unreinheit berufen, sondern zur Heiligung." 1.Thessalonicher 4,7

Impuls für die Stille:

Welcher Bereich meiner Persönlichkeit bedarf am dringendsten der Heiligung? Ich bitte Gott im Gebet, heilsam an mir zu wirken.

19. April

Simon von Kyrene

In drei der vier Evangelien wird berichtet, dass auf dem Weg Jesu nach Golgatha ein Mann vom Feld herbeigerufen worden sei, um Christus das Kreuz zu tragen. Im Mittelalter hat diese Szene viele

Künstler dazu inspiriert, die Begegnung des Simon von Kyrene mit Jesus figürlich darzustellen. Wer ein solches, zumeist gotisches Andachtsbild in einer Kirche betrachtet, dürfte unter Umständen jedoch überrascht sein. Wieso trägt Christus das Kreuz, während Simon von Kyrene hinter ihm hergehend es allenfalls mit seinen Händen berührt? – Berichtet es die Bibel nicht anders? Und wieso ist Christus in Lebensgröße gestaltet, während die Skulptur des Simon daneben wie ein Zwerg erscheint? Spricht das Neue Testament etwa davon, dass dieser Mensch besonders kleinwüchsig gewesen sei? – Was hier auf den ersten Blick als Eigenwilligkeit erscheint, erweist sich bei näherem Betrachten als ein durchdachtes geistliches Konzept. Für die Künstler des Mittelalters stand fest: Bei dem, was am Karfreitag geschehen ist, spielen wir Menschen allenfalls die Rolle eines Statisten. Denn das Kreuz, das Christus schultert, ist uns zu schwer. Unter dieser Last würden wir zusammenbrechen. Das Entscheidende ist Christus auferlegt und zwar ihm allein. Kein Mensch kann das Versagen dieser Welt entsorgen, so wie er es getan hat. Niemand außer ihm kann unser Leben vor Gott wieder in Ordnung bringen. Und nur er vermag es, die Mächte des Bösen und des Todes zu besiegen. Solus Christus – Christus allein, das ist das Vermächtnis dieser alten Andachtsbilder und die Begründung für das seltsame Größenverhältnis ihrer Figuren.

„Fürwahr, er trug unsere Krankheit und lud auf sich unsere Schmerzen.“ Jesaja 53,4

Impuls für die Stille:

Ich denke über das nach, was mich überfordert und wende mich in meiner Hilflosigkeit an Christus.

20. April

„Ich kaufe, also bin ich?"

Sie hatte ihrem Leben selbst ein Ende gesetzt. Zuletzt war da nichts mehr, was die Depressionen hätte mildern können. Als man ihre Wohnung öffnete, glich der Anblick dem eines Gemischtwarenhandels. Berge von Gläsern, Porzellan, Haushaltgeräten, Kleidern, CDs, Kosmetika und Medikamenten türmten sich neben den ohnehin schon überfüllten Schränken und Ablagen. Das meiste war ungeöffnet und einfach abgestellt. Offensichtlich waren diese Konsumgüter das Dokument eines vergeblichen Versuchs, die Leere in ihrem Innern zu füllen. Ein bedrückendes, aber nicht seltenes Bild. Menschen, die ihr Leben vor allem als Bürde erfahren, entwickeln zuweilen einen solchen Kaufrausch, um wenigstens für einen Augenblick Lust und Lebensqualität zu empfinden. Dabei ist der Übergang von einer normalen Freude am Konsum zum krankhaften Wahn fließend. Der Erwerb von Dingen gerät schnell zum Ausgleich für nicht gelebtes Leben, für nicht erhaltene Zuwendung. Manch überdimensioniertes privates Kraftfahrzeug ist weniger Statussymbol als vielmehr Liebesersatz. Manch eine zusätzlich gebuchte Wochenendreise dient eher der Flucht vor sich selbst als der Erholung. Wir sind gefährdet. Merken wir es?

Christus spricht: „Hütet euch vor allem Haben wollen. Denn niemand lebt davon, dass er viele Dinge hat." Lukas 12,15

Impuls für die Stille:
In welchen Bereichen bin ich gefährdet?

21. April

Herzliche Einladung

Ein Student lädt einen seiner Kommilitonen zu seiner Geburtstagsfeier ein. Der Eingeladene sagt: „Ok, ich bin dabei. Aber wo wohnst du eigentlich?" – „Och, das ist nicht schwer zu finden. Unser Wohnheim liegt am Ortsausgang Richtung Bebenhausen. Mein Apartment liegt im elften Stock. Am besten nimmst du den Aufzug, dann hältst du dich links und gehst den Gang ganz durch. Eine Klingel habe ich nicht. Aber klopfe einfach mit dem Fuß kräftig gegen die Türe, dann hören wir dich schon." – „Mit dem *Fuß* gegen die Tür klopfen?" – „Ja, klar, oder wolltest du etwa mit leeren Händen kommen?"

So sind wir es gewohnt. Mit jeder Einladung verbindet sich ein Gastgeschenk, auch wenn dies nicht immer derart unverfroren zum Ausdruck gebracht wird wie im Beispiel oben. Die Fachliteratur zu Benimm- und Anstandsregeln jedenfalls beschreibt recht präzise, was, in welchen Kreisen, zu welchem Anlass erwartet wird. Da will zuweilen gut überlegt sein, ob man einer Einladung folgen sollte oder nicht. Denn so manche Hochzeit oder Konfirmation kann die Gäste teuer zu stehen kommen. Jesus vergleicht das Reich Gottes mehrfach mit einer Einladung zu einer solchen Festlichkeit. Allerdings ist in der Bibel nie von einem Gastgeschenk die Rede. Im Gegenteil, dort sind es die Gäste, die über und über beschenkt werden. Sogar die angemessene Kleidung empfängt der Eingeladene nach orientalischer Sitte aus den Händen des Hausherrn. Mit anderen Worten: Zu Gott darf ich so kommen, wie ich bin. Es wird nichts von mir erwartet. Ich darf mir alles schenken lassen. Warum sollte ich diese Einladung ausschlagen?

Der König sprach: „Geht hinaus auf die Straßen und ladet zur Hochzeit ein, wen ihr findet. Und die Knechte gingen hinaus und brachten zusammen, wen sie fanden, Böse und Gute; und die Tische wurden alle voll." Matthäus 22,9f

Impuls für die Stille:

Verknüpfe ich unbewusst Bedingungen an Gottes Einladung?

22. April

Et hillige Kölle

Die katholische Kirche kennt viele heilige Stätten, aber nur vier Städte der Christenheit dürfen den Ehrentitel „heilig“ für sich beanspruchen. Zwei dieser Orte sind für ihre Ausnahmestellung berühmt: Jerusalem und Rom. Für die beiden anderen gilt das weitaus weniger. Es handelt sich um Köln und Trier. Was macht eine Stadt wie Köln zur heiligen Stadt? – Den mittelalterlichen Quellen zufolge verdankt sie dieses Prädikat vor allem dem großen Schatz der hier beherbergten Reliquien. So liegen im „hilligen Kölle“ neben dem heiligen Gereon und der heiligen Ursula mit ihren tausend Jungfrauen auch die Heiligen Drei Könige begraben. Eine Galerie von teilweise gestohlenen oder zufällig gefundenen Gebeinen als Garant für geistlichen Segen? Auch die Bibel kennt heilige Stätten. Allerdings ist es dort die spürbare Nähe Gottes, die einen Ort „heilig“ macht. Und diese erfahrene Nähe Gottes verändert Menschen so nachhaltig, dass sie sich von ihm beauftragen und senden lassen. Da stimmt es nachdenklich, dass die Bevölkerung in der unmittelbaren Umgebung Kölns, obgleich es hier bereits um 313 einen Bischofssitz gab, noch Jahrhunderte auf das Evangelium warten mussten. Denn erst ein von Irland aus entsandter Mönch war es, der sich 710 aufmachte, um an Wupper, Ruhr und Lippe den menschenfreundlichen Gott zu verkündigen. Jener St. Suitbert aus Nothumbria liegt heute in Düsseldorf-Kaiserswerth begraben. Sein Beispiel zeigt: wichtiger als heilige Städte sind heilige Männer und Frauen, die ihr Leben Gott zur Verfügung stellen.

„Und Gott rief und sprach: Mose! Mose! Er antwortete: Hier bin ich. Gott sprach: Tritt nicht herzu, ziehe deine Schuhe von deinen Füßen; denn der Ort, darauf du stehst, ist heiliges Land.“ 2. Mose 3,4f

Impuls für die Stille:

Gibt es Orte, die eine besondere geistliche Bedeutung für mich haben? Was geht von ihnen aus?

23. April

Welttag des Buches

Der Genuss des Lesens besteht darin, dass wir in völlig andere, faszinierende Welten eintauchen. So bereitet es bei einem guten Roman fast körperliche Schmerzen, aufzuhören und das angefangene Buch beiseite zu legen. Zu sehr wird man mit jeder neuen Seite ergriffen vom Wohl und Wehe der handelnden Personen. Ich beginne als Leser das Beschriebene mit den eigenen Sinnen wahrzunehmen, es zu sehen, zu riechen, zu schmecken und zu fühlen. Fremdes wird vertraut, der Roman wird zu einem Teil meiner selbst. Diese Form der Ergriffenheit ist etwas unglaublich Schönes, und sie ist dem Wesen des Glaubens nicht fremd. Denn auch Glauben bedeutet Anteil bekommen an einer ganz anderen Welt und mit dieser mehr und mehr verwoben zu werden bis dahin, dass sie all mein Denken, Fühlen und Handeln erfüllt. Von Christus ergriffen zu werden, heißt, die Welt mit seinen Augen wahrzunehmen, sie aus seiner Perspektive zu sehen. Darum hat Glauben etwas mit Identitätsveränderung zu tun. Wen etwa Jesu vorurteilsfreier Umgang mit Menschen beeindruckt, dem wird es zunehmend schwerer fallen, andere zu verurteilen. Wen die Liebe Jesu im Herzen berührt, den wird sie nachhaltig verändern. Es gibt keine echte Ergriffenheit, ohne dass ich selbst dabei ein anderer werde. Darin besteht der Reiz sowohl des Lesens wie des Glaubens – insbesondere wenn das, was ich lese, die Bibel ist.

„Nicht, dass ich das Ziel des Glaubens schon ergriffen habe oder schon vollkommen sei; ich jage ihm aber nach, ob ich's wohl ergreifen könnte, weil ich von Christus Jesus ergriffen bin." Philipper 3,12

Impuls für die Stille:

Bin ich noch derselbe wie vor einem Jahr? Was hat sich, motiviert durch Dinge, die ich gelesen habe, verändert?

24. April

Hinter dem Horizont

Ist es möglich, sich die Ewigkeit bildhaft vorzustellen? Der amerikanische Spielfilm „What dreams may come“ mit Robin Williams in der Hauptrolle versucht es. Der Film erzählt die Geschichte des Kinderarztes Chris, der bei einem Autounfall ums Leben kommt und sich daraufhin im Paradies wiederfindet. Als seine Ehefrau Annie aus Kummer Selbstmord begeht, steigt er in die Hölle hinab, weil er sich mit der ewigen Trennung von ihr nicht abfinden kann. Es ist ein opulentes Werk, das mit grandiosen visuellen Effekten arbeitet, für die es 1998 sogar einen Oscar gab. Doch trotz der Auszeichnung blieb der Film in den USA höchst umstritten und in den deutschen Kinos erwies er sich als finanzieller Flop. Alle tricktechnischen Meisterleistungen konnten nicht verhindern, dass dieses inszenierte Bild des Paradieses die Menschen in ihrer Sehnsucht nach Ewigkeit unbefriedigt ließ. Gottes Reich übersteigt alles, was unsere Fantasie sich vorzustellen vermag. Sogar in unseren kühnsten Träumen können wir nur erahnen, was uns bei ihm eines Tages erwartet. Fast scheint es so, als habe Regisseur Vincent Ward es schließlich selbst eingesehen. Denn der Film endet dort, wo er beginnt: auf der Erde. Sein Paradies ist keines, in dem es sich ewig leben ließe.

„Denn siehe, ich will einen neuen Himmel und eine neue Erde schaffen, dass man der vorigen nicht mehr gedenken und sie nicht mehr zu Herzen nehmen wird.“ Jesaja 65,17

Impuls für die Stille:

Welche Gleichnisse gebraucht Jesus, um das Reich Gottes zu beschreiben? Was bedeuten sie mir?

25. April

Hoffnung, von Sehnsucht durchtränkt

Er stirbt mit noch nicht einmal 28 Jahren an Tuberkulose, völlig verarmt, vom Vater verstoßen, von Freunden enttäuscht, als ein unbekannter Lyriker. Dies ist sein geistliches Vermächtnis.

Endlich bleibt nicht ewig aus,
Endlich wird der Trost erscheinen.
Endlich grünt der Hoffnungsstrauß,
Endlich hört man auf zu weinen,
Endlich bricht der Tränenkrug,
Endlich spricht der Tod: Genug!

Endlich wird aus Wasser Wein,
Endlich kommt die rechte Stunde,
Endlich fällt der Kerker ein,
Endlich heilt die tiefste Wunde.
Endlich macht die Sklaverei
Den gefangnen Joseph frei.

Endlich, endlich kann der Neid,
Endlich auch Herodes sterben,
Endlich Davids Hirtenkleid
Seinen Saum in Purpur färben,
Endlich macht die Zeit den Saul
Zur Verfolgung schwach und faul.

Endlich nimmt der Lebenslauf
Unsers Elends auch ein Ende,
Endlich steht der Heiland auf,
Der das Joch der Knechtschaft wende.
Endlich machen vierzig Jahr
Die Verheißung zeitig wahr.

Endlich blüht die Aloe,
Endlich trägt der Palmbaum Früchte,
Endlich schwindet Furcht und Weh,
Endlich wird der Schmerz zunichte,
Endlich sieht man Freudental,
Endlich, endlich kommt einmal
Johann Christian Günther (1695–1723)

„Und Jesus hob seine Augen auf über seine Jünger und sprach: Selig seid ihr Armen; denn das Reich Gottes ist euer. Selig seid ihr, die ihr jetzt hungert; denn ihr sollt satt werden. Selig seid ihr, die ihr jetzt weint; denn ihr werdet lachen.“ Lukas 6,20f

Impuls für die Stille:
Ich bete für Menschen, die sich in großer Verzweiflung befinden.

26. April

Höfliche Hilfe

Ich mag es nicht, wenn ich im Supermarkt auf mich allein gestellt bin. Ich brauche Beratung, weil mich der Wirrwarr der Regale einfach überfordert. Umgekehrt fände ich es aber auch nicht schön, unmittelbar nach Betreten des Geschäftes von einem Verkäufer bedrängt zu werden: „Schauen Sie mal hier vorne! Also, hier haben wir vorzügliche Kaffeemaschinen, dort drüben finden Sie alles, was zurzeit auf dem Video-Markt zu haben ist. Und außerdem bieten wir gerade eine Sonderaktion mit Staubsaugern an.“ Am liebsten ist es mir, wenn ich mich erst einmal ungestört umschauen kann und mich dann jemand freundlich anspricht: „Womit kann ich Ihnen dienen?“ – Ähnlich geht es wohl Menschen, die neu in einer Gemeinde sind oder das erste Mal einen Gottesdienst besuchen. Sie wollen weder „überfallen“ noch allein gelassen werden. Freundliche Zurückhaltung verbunden mit ehrlichem Interesse sind besser als jeder unsensible Übereifer. Einladendes Christsein äußert sich in der Haltung: „Womit kann ich Ihnen dienen?“ Es ist die Haltung, mit der Christus selbst in diese Welt gekommen ist, um Menschen für sich zu gewinnen.

„Und Jesus sprach zu ihm: Was willst du, dass ich für dich tun soll? Der Blinde sprach zu ihm: Rabbuni, dass ich sehend werde. Jesus aber sprach zu ihm: Geh hin, dein Glaube hat dir geholfen.“ Markus 10,51f

Impuls für die Stille:

Womit kann ich heute jemandem dienen?

27. April

Die Hölle des Tantalos

Was Verdammnis bedeutet, lässt sich wohl am ehesten in Bildern und Geschichten ausdrücken. Die griechische Mythologie versucht es unter anderem mit der Schilderung der Geschichte des phrygischen Königs Tantalos. Der hatte es gewagt, die Götter in frevelhafter Weise hinters Licht zu führen. Daraufhin war er in die Hölle verbannt worden. Seine Strafe bestand darin, in einem Teich stehen zu müssen und dennoch unter brennendem Durst zu leiden. So oft er sich nämlich zum Trinken bückte, versiegte vor ihm das Wasser, und der Teich war wie ausgetrocknet. Hinzu kam ein quälender Hunger. Denn zwar stand in seiner unmittelbaren Nähe ein Baum mit herrlichen Früchten. Aber sobald Tantalos sich aufrichtete, um nach ihnen zu greifen, ließ ein plötzlicher Wind die Zweige bis zum Himmel aufschnellen. In mythologischen Vorstellungen ist hier festgehalten, worin Verdammnis tatsächlich besteht. Die Herrlichkeit Gottes sehen und doch keinen Zugang zu ihr bekommen, die Erlösung schmecken und doch nicht an ihr teilhaben zu dürfen, das ist furchtbar. Die Bibel nennt es den zweiten, ewigen Tod. Wer in dieser Welt ohne Christus auskommen möchte, der darf das tun. Aber, und das bedeutet Verdammnis, er muss es dann auch in Ewigkeit.

Christus spricht: „Geht hinein durch die enge Pforte. Denn die Pforte ist weit, und der Weg ist breit, der zur Verdammnis führt, und viele sind's, die auf ihm hineingehen. Wie eng ist die Pforte und wie schmal der Weg, der zum Leben führt, und wenige sind's, die ihn finden." Matthäus 7,13f

Impuls für die Stille:
Wie sähe unsere Welt ohne Christus aus, ohne Glaube, Liebe, Hoffnung?

28. April

Hören und Gehorsam

Es ist interessant, dass sowohl im Deutschen als auch im Griechischen „Gehorsam" etwas mit Hören zu tun hat. Im Griechischen ist dabei das Verb für „Hören" mit der Vorsilbe „hypo" – zu Deutsch „drunter" verbunden.

Damit wird sprachlich angedeutet, was Gehorsam heißt: Ich höre etwas und stelle mich bewusst unter das, was ich da als Anspruch an mich vernommen habe.

Das folgende Beispiel verdeutlicht dies: Ein junger Mann sitzt im Krankenhaus auf der Entbindungsstation. Plötzlich kommt eine nette Krankenschwester auf ihn zu und verkündet strahlend: „Herzlichen Glückwunsch, Sie sind gerade Vater von Drillingen geworden." Zunächst ist das nur eine Mitteilung: „Sie sind Vater – von Drillingen!" Aber es ist eine Mitteilung, die es in sich hat! Denn mit diesem Satz: „Sie sind Vater geworden!" verbindet sich eine Berufung. Es verbindet sich damit eine Berufung, die auf *Gehorsam* abzielt. Es geht darum, dass derjenige, den es betrifft, nun auch dem Anspruch gerecht wird, der mit dem Ehrentitel „Vater" verbunden ist.

Natürlich kann der frisch gebackene Vater sagen: „Oh, von drei Kindern fühle ich mich aber in meiner Lebensentfaltung zu sehr eingeschränkt. Ich glaube, ich gehe dann doch lieber." Rein theoretisch wäre das möglich. Aber damit würde der junge Mann seiner Berufung als „Vater" untreu. Er würde sich vor Gott und der Welt als Hallotri unzuverlässig und feige herausstellen.

Wie mit der Vaterschaft und der damit verbundenen Berufung verhält es sich auch mit dem christlichen Leben.

Wir können Gottes Wort nicht hören, ohne damit gleichzeitig die ebenso aufregende wie herausfordernde Berufung zu vernehmen, die er sich für uns als Christen ausgedacht hat. Weil wir Gott gehören, hat er einen Anspruch auf unseren Gehorsam.

„Und Samuel sprach: Rede, Herr, denn dein Knecht hört!" 1. Samuel 3,10

Impuls für die Stille:

Worin könnte von Gott her die Herausforderung des heute vor mir liegenden Tages bestehen?

29. April

Ich bat Gott …

Ich bat Gott, mir meine Sorgen zu nehmen. Gott sagte: „Nein! Es ist nicht an mir, dir die Sorgen zu nehmen, sondern an dir, sie an mich abzugeben."

Ich bat Gott, mich mit Geduld zu beschenken. Gott sagte: „Nein! Geduld ist eine Frucht der Anfechtung. Sie wird nicht geschenkt, sie wird erworben."

Ich bat Gott, mir Glück zu verleihen. Gott sagte: „Nein! Ich verleihe dir meinen Segen. Zu Glück wird ihn dein Herz umwandeln."

Ich bat Gott, mir Schmerzen zu ersparen: Gott sagte: „Nein! Leiden lässt dich die Dinge in ihrem wahren Wert erkennen. Es bringt dich näher zu mir hin."

Ich bat Gott, er möge mich an Geist und Verstand wachsen lassen. Gott sagte: „Nein! Ich werde ihn zurechtstutzen. Nur dann kann er Frucht tragen."

Ich bat Gott um alles, was man braucht, um ein genussreiches

Leben führen zu können. Gott sagte: „Nein! Ich gebe dir ein Leben, das dich fähig macht, alles zu genießen."

Ich bat Gott, er möge mir helfen, andere so zu lieben, wie er mich liebt. Gott sagte: „Ah, endlich hast du etwas begriffen!"

„Und der Friede Gottes, der höher ist als alle Vernunft, bewahre Eure Herzen und Sinne in Christus Jesus." Philipper 4,7

Impuls für die Stille:

Mit welchen Wünschen liege ich Gott in den Ohren?

30. April

Ich bete, also bin ich

Wir sind, was wir beten,
wir beten, was wir sind.
Der Horizont unserer Gebete spiegelt die Weite unserer Gedanken.
Aller Reichtum, aber auch alle Armut unseres Lebens finden ihr Echo in der Stille vor Gott.
Darum ist Beten beides zugleich:
Freude daran, dass Gott schon so vieles an uns getan hat,
und Traurigkeit darüber, dass es für ihn noch so viel mehr zu tun gibt.
Wir sind, was wir beten,
wir beten, was wir sind.

„Erforsche mich, Gott, und erkenne mein Herz; prüfe mich und erkenne, wie ichs meine." Psalm 139,23

Impuls für die Stille:

Um welche Themen kreisen meine Gebete am meisten?

1. Mai

Feiertage richtig feiern

„Und warum arbeitet heute keiner?“, fragte der kleine Junge. Mit Erstaunen hatte er vernommen, dass heute der „Tag der Arbeit“ sei. Aber die Eltern und Bekannten hatten doch alle frei. Komisch. Natürlich folgte gleich die Aufklärung, dass ja eigentlich der „Feiertag der Arbeit“ ist und man sich da an die Errungenschaften der Arbeiterbewegung und der Gewerkschaften erinnert. Früher seien die Arbeitsbedingungen manchmal richtig schlimm gewesen. Jetzt wäre das alles viel besser. Darum könne man heute ausschlafen, einen Ausflug machen, vielleicht sogar zum ersten Mal draußen grillen. Auf die Gewerkschaftskundgebung müsse man nicht gehen. Da geht sowieso kaum noch jemand hin. Verständnisvoll nickte der kleine Kerl. Als er jedoch hinzufügte: „Wie sonntags in der Kirche. Da geht ja auch kaum noch einer hin“, herrschte erst einmal betretenes Schweigen. Denn er hatte ein bisschen wenigstens Recht. Weil es uns letztlich so gut geht, ist der 1. Mai nur noch bei ganz aktiven Gewerkschaftern ein Demonstrationstag. Weil wir meinen, unser Leben mit Gott sei so ganz in Ordnung, ist der Sonntag auch oft so ein freier Tag. In der Praxis ist er unser Ruhetag und nicht ein Tag, an dem wir uns ganz besonders mit Gott beschäftigen. Schade eigentlich.

„Du sollst den Feiertag heiligen.“ 2. Mose 20,8

Impuls für die Stille:
Wie fülle ich einen Feiertag mit Inhalt?

2. Mai

Ich sehe was …

Eine lange Autofahrt mit Kleinkindern ist nicht unbedingt ein Vergnügen. Da hat es der gut, der ein paar kurzweilige Spiele parat hält. Ein Spiel, das sich schon seit Generationen großer Beliebtheit erfreut, heißt: „Ich sehe was, was du nicht siehst." Es geht so: Jemand sucht sich einen Gegenstand in der näheren Umgebung aus, der eine bestimmte Farbe hat. Daraufhin wird die Farbe mitgeteilt und der Mitspieler muss den gesuchten Gegenstand erraten. Manchmal erweist sich dieses Raten als so spannend, dass die Kinder gar nicht mehr damit aufhören wollen. Entdeckerfreude verbindet sich mit der Genugtuung, dem anderen auf die Schliche gekommen zu sein. Wie schön wäre es, wenn auch wir Erwachsenen mit der gleichen Entdeckerfreude und Neugierde versuchen würden, Gottes Gedanken nachzusinnen. Denn Gott ist ein spielerischer Gott. Immer wieder versucht er, uns durch seinen Geist auf unerkannte Zusammenhänge oder Wirklichkeiten aufmerksam zu machen. Immer wieder spricht er sein „Ich sehe was, was du nicht siehst ...", damit wir dem Geheimnis des Lebens auf der Spur bleiben. Sein Ziel ist es, unser Bewusstsein zu schärfen. Wir sollen erkennen, woher wir kommen, wohin wir gehen und wozu wir da sind. Das ist das Spiel des Lebens.

„Möge der Glaube, den wir miteinander haben, in dir kräftig werden in Erkenntnis all des Guten, das wir haben, in Christus." Philemon 6

Impuls für die Stille:
Ist mein Lebensgefühl noch von Entdeckerfreude geprägt?

3. Mai

Im Gelobten Land

Es geschieht so schnell. In dem Bemühen, Christus vorbehaltlos zu dienen, übersehen wir die konkreten Herausforderungen, vor die er uns stellt. Selma Lagerlöf thematisiert dieses geistliche Problem in ihrem 1901 erschienenen Doppelroman „Jerusalem". Enttäuscht darüber, dass dem jungen Ingmar die Sorge um den Gutshof seines Vaters vermeintlich wichtiger zu sein scheint als ihre Liebe, öffnet sich die junge Schwedin Gertrud der radikalen Botschaft eines amerikanischen Wanderpredigers. Dieser ist erfüllt von der Vision einer vollkommenen christlichen Gemeinde. Innerhalb kurzer Zeit sammelt er die jungen Leute des Dorfes um sich, um mit ihnen unweit von Jerusalem eine neue geistliche Kolonie zu gründen. Gertrud schließt sich ihnen an. Trotz einiger eindrücklicher mystischer Erfahrungen findet sie im Gelobten Land keine innere Ruhe. Im Gegenteil: eine Erkrankung bringt sie bis an den Rand des Todes. Besorgt um das Wohlergehen seiner Jugendliebe macht sich Ingmar schließlich doch auf die weite Reise nach Israel. Er will Gertrud nach Schweden zurückholen, aber Gertrud widersetzt sich. Sie kann und will nicht vergessen, was geschehen ist. Als Gabriel, ebenfalls ein Jugendfreund Gertruds, dies mitbekommt, stellt er sie zur Rede. Sinngemäß sagt er: „Wie willst du Christus je hier finden, wenn du das nicht vermagst, was er uns geboten hat? – du musst ihm vergeben! Hast du gehört? Du musst ihm vergeben!"

Geistliches Wachstum beginnt nicht mit der Steigerung biblischer Erkenntnis oder der Umsetzung radikaler Lebensentwürfe. Es beginnt mit dem alltäglichen Gehorsam gegenüber dem Gebot der Liebe.

„Und wenn ich prophetisch reden könnte und wüsste alle Geheimnisse und alle Erkenntnis und hätte allen Glauben, sodass ich Berge versetzen könnte, und hätte der Liebe nicht, so wäre ich nichts." 1. Korinther 13,2

Impuls für die Stille:

Was sind die einfachen Dinge, über die mein Glauben „stolpert"?

4. Mai

Im Kreißsaal

Der junge Assistenzarzt im Krankenhaus erlebt „seine erste Geburt". Man hat ihm einen erfahrenen Gynäkologen zur Seite stellt. Er soll den Jüngeren beraten und ihm helfen. Die werdende Mutter wird in den Kreißsaal geschoben. In ihren Wehen ruft sie den

Namen des Ehemannes. Schon möchte der Assistenzarzt herbeieilen und den Geburtsprozess einleiten. Doch sein Kollege hält ihn zurück: „Warte, es ist noch zu früh! Die Frau wird dir selbst sagen, wenn sie dich braucht!" – Dem jungen Mediziner tritt der Schweiß auf die Stirn. Das Leiden der Frau verunsichert ihn. Sie windet sich vor Schmerz. Nach einiger Zeit ruft sie nach ihrer Mutter. Wieder will der junge Mediziner herbeieilen und helfen. Doch erneut hält ihn der andere zurück: „Es ist noch nicht so weit! Warte! Sie wird dir sagen, wenn sie dich braucht!" Die Zeit vergeht. Für den Assistenzarzt wird die Spannung fast unerträglich. Wehenschübe kommen und gehen. Plötzlich bricht es aus der jungen Frau heraus: „Mein Gott! Oh, mein Gott!" – Der erfahrene Gynäkologe stößt seinen Kollegen an: „Hörst du nicht? Sie braucht dich! Jetzt muss es schnell gehen!"

Nicht das überhöhte Selbstverständnis eines „Halbgottes in Weiß" ist es, dass den Arzt die Situation hat erkennen lassen. Es ist vielmehr die Erfahrung, dass Menschen in höchster Bedrängnis wissen, wer nicht nur hilft, sondern retten kann.

Gott spricht: „Rufe mich an in der Not, so will ich dich erretten und so sollst du mich preisen." Psalm 50,15

Impuls für die Stille:

Ich danke Gott für die Erfahrung der Bewahrung in Angst und Not.

5. Mai

In Vergessenheit geraten

„Na, das ist aber eine schöne Lampe, woher hast du die denn?" – So fragten während meiner Amtszeit in der Wetzlarer Domgemeinde viele, wenn sie im Pfarrhaus zu Besuch waren. Und in der Tat: Sie war wirklich schön, diese Deckenlampe im Hausflur. Es war ein Geschenk meines Amtsvorgängers. Ihr Schirm war umbandet von einer Reihe filigraner Laubsägearbeiten, die symbolisch den Lauf des

Kirchenjahres verdeutlichten. So stand etwa für den Buß- und Bettag eine Waagschale, für Gründonnerstag ein Kelch und für den Heiligen Abend natürlich eine Krippe. Mein Vorgänger als Pfarrer, ein begnadeter Bastler und Künstler, hatte sie selbst in liebevoller Handarbeit gefertigt. Was das Erstaunliche ist: Wie tiefgründig und schön dieses Geschenk war, fiel mir erst dann wieder auf, wenn Gäste darauf hinweisen. Ich selbst hatte den Anblick völlig verinnerlicht. Er war mir zu einer Selbstverständlichkeit geworden. Schade eigentlich, denn dieses Kleinod hätte es verdient gehabt, immer wieder einmal bewusst betrachtet zu werden.

Aber geht es uns so nicht mit vielen Dingen? Vielleicht sogar mit den Gaben, durch die Gott uns beschenkt? Haben wir uns erst mal an die Fürsorge Gottes gewöhnt, rührt sie uns kaum mehr. Die Menschen der Bibel haben Denkmäler gegen das Vergessen errichtet. Sie haben überall dort Steine aufeinander geschichtet, wo sie Gottes Güte besonders erfahren hatten. Und jedes Mal, wenn ihr Weg einen solchen Ort kreuzte, hielten sie inne, sprachen ein Gebet oder brachten ein Dankopfer dar. Wir brauchen solche Erinnerungshilfen: gegen das Vergessen und damit auch wider die Unzufriedenheit.

„Und Abram zog an den Ort, wo er früher den Altar errichtet hatte. Dort rief er den Namen des Herrn an.“ 1. Mose 13,4

Impuls für die Stille:
Was hilft mir „gegen das Vergessen“?

6. Mai

Sein Leben verwirkt

Die Fußball-Weltmeisterschaft 1998 in Frankreich war ein aus deutscher Sicht eher betrübliches Ereignis. Nicht nur deshalb, weil „Bertis Buben“ bereits im Viertelfinale gegen die fußballerischen Nobodys aus Kroatien die Segel streichen mussten. Bereits einige Tage vorher waren dunkle Schatten auf die WM geworfen worden. Ein deutscher Hooligan hatte einen französischen Polizisten mit einem Straßenschild derart zusammengeschlagen, dass tagelang unklar war, ob der Schwerverletzte den brutalen Anschlag überleben würde. Wieder einmal geisterte das Bild vom „hässlichen Deutschen“ durch die Presse. Überall in der Welt bestand Einigkeit darüber, dass dieser brutale Überfall nicht ungesühnt bleiben dürfe. Der besagte Hooligan wurde schnell gefasst und zu einer langjährigen Haftstrafe verurteilt. Wer zu einer solchen Tat fähig ist, hat sein Leben verwirkt. In Anbetracht der menschenverachtenden Brutalität des Geschehens, wäre jeder Versuch, mildernde Umstände zu erwirken, zu Recht als zynisch abgewiesen worden.

Das Neue Testament aber berichtet von einem „Hooligan“, dem nicht nur mildernde Umstände gewährt werden, sondern der gänzlich von seiner Schuld freigesprochen wird. Als religiöse Fanatiker den Diakon Stephanus mit Steinen erschlagen, ist ein junger Mann dabei, den man später einmal Paulus nennen wird. Mit Wonne beteiligt er sich an der sadistischen Hetzjagd auf Christen, denn die Apostelgeschichte vermerkt von ihm am Rande: „Saulus aber hatte Gefallen an seinem, d. h. des Stephanus, Tode?“ (Apg. 8,1) Das Unbegreifliche ist, dass Christus diesem menschenverachtenden Hooligan mit Liebe begegnet. Er stellt sich ihm als Auferstandener in den Weg und fragt: „Saul, Saul, warum verfolgst du mich?“ (Apg. 9,4) Obwohl Saulus sein Lebensrecht eigentlich verspielt hat, darf er es als Paulus von neuem beginnen. Für uns ist das Maß der Vergebung, das dem Paulus gewährt wird, nicht nachvollziehbar. Die Vorstellung, dass die Familie des französischen Polizisten, der innerhalb von Sekunden um seine Zukunft betrogen worden ist, eines Tages ein Gnadengesuch für dessen Peiniger formuliert, erscheint geradezu grotesk. Und doch ist genau dies die Vergebung, von der wir leben. Weil Christus am Kreuz gebetet hat: „Vater, vergib ihnen, denn sie wissen nicht was sie tun!“, verpflichtet Gott uns Menschen nicht auf die Konsequenzen unserer Schuld, sondern gewährt uns Freiheit.

„Das ist gewisslich wahr und ein Wort, des Glaubens wert, dass Christus Jesus in die Welt gekommen ist, die Sünder selig zu machen, unter denen ich der Erste bin.“ 1. Timotheus 1,15

Impuls für die Stille:
Gott legt niemand fest auf seine Schuld. Was ergibt sich daraus für mich?

7. Mai

Ein interessantes Hobby

Staunend stehe ich vor einem Modell der Londoner Tower Bridge. Es ist allein aus Streichhölzern gefertigt. Rick Pollard aus Manchester hat sie in 2.386 Arbeitsstunden gebastelt. 13 1/2 Liter Klebstoff, mehrere Liter Leim und vor allem 264.345 Streichhölzer hat er verwendet. Jedes Einzelne hat er dazu vorbehandelt und seiner originalgetreuen Nachbildung eingepasst. Eine enorme Geduldsleistung! Dabei ist dies nicht sein einziges Werk. Insgesamt 550 solcher Streichholzmodelle hat der alte Herr in den vergangenen 15 Jahren gebastelt. Freilich, an Größe und Perfektion kommt kein anderes an die Tower Bridge heran. Aber immerhin, auch die bescheideneren Modelle ringen dem Betrachter Bewunderung ab. Was man nicht alles aus ganz schlichten, abgebrannten Streichhölzern machen kann, die man normalerweise achtlos in den Abfall wirft! Erstaunlich auch, wie der detailverliebte Rick Pollard zu seinem Hobby gekommen ist: es ist für ihn eine Maßnahme gegen die Arthritis, die ihn seit einigen Jahren quält. Durch das bewegungsintensive Basteln an seinen Modellen versucht er, dieser Krankheit therapeutisch möglichst wirksam zu begegnen.

Wir sind es gewohnt, Schwierigkeiten und vor allem Schmerz als Einschränkung oder Störung zu begreifen. Man möchte sie ausräumen, aus dem Weg schaffen. Was aber, wenn Probleme sich nicht lösen lassen, wir uns mit einer chronischen Krankheit abfinden müssen? Die Versuchung ist groß, sich zu verzehren in der Rebellion gegenüber dem, was das Leben schwer macht. Oft aber verbirgt sich in der Krise auch die Chance zum Wachstum. Diese Chance zu erkennen, ist nicht leicht, und es gelingt auch nicht jedem. Rick Pollard aus Manchester scheint es gelungen zu sein.

Seine Arthritis hat er sich mit Sicherheit nicht ausgesucht. Wohl aber das Hobby, das ihn die Arthritis vergessen lässt.

„Wir wissen, dass Bedrängnis Geduld bringt, Geduld aber Bewährung, Bewährung aber Hoffnung.“ Römer 5,3f

Impuls für die Stille:

Gelingt es mir, auch Schmerz und Leid etwas Positives abzugewinnen?

8. Mai

Der Schatz in irdenen Gefäßen

Viele Christen haben Hemmungen, fröhlich von ihrem Glauben zu erzählen, weil sie einer weit verbreiteten Fehleinschätzung unterliegen. In der Meinung nicht erfahren, redegewandt oder überzeugend genug zu sein, halten sie sich für ungeeignet, anderen gegenüber als Zeugen Jesu Christi aufzutreten. Doch Gott denkt anders. Er hat es vorgezogen, sein Lebensangebot nicht in Hochglanzverpackungen und durch ein professionelles Vertriebssystem weiterzugeben, sondern durch einfache und oftmals an ihren Fähigkeiten zweifelnde Vermittler. Der Apostel Paulus beschäftigt sich im 2. Korintherbrief intensiv mit dieser Entscheidung Gottes. In einem Bildwort spricht er davon, dass Gott „den Schatz“ seines Evangeliums in „irdenen Gefäßen“, d. h. zerbrechlichen und unansehnlichen Krügen, aufbewahre. Paulus verrät auch, warum Gott diesen Weg gewählt hat: seiner Überzeugung nach wollte Gott dadurch verhindern, dass Menschen derart von den „Schatzkästchen“ fasziniert werden, dass sie darüber den eigentlichen Schatz vergessen.

Wie sehr wir in genau dieser Gefahr stehen, verdeutlicht das folgende kleine Erlebnis. In einem Seniorenwohnheim fragt eine schon äußerst betagte Frau: „Saren Se Herr Pastur, Sie sind doch ouch ut der Jejend von Köln. Kenne Se noch de Pastur Weißkirsch? Ferdinand Weißkirsch?“ Der angesprochene Pfarrer antwortet:

„Nein, tut mir Leid, ein Pastor Weißkirsch ist mir nicht bekannt. Aber, sagen Sie mal, was hat Sie denn an dem Kollegen Weißkirsch derart begeistert? Hat er etwa sehr gut gepredigt?" – „Ach", wehrt die alte Frau ab, „wat weeß ich, wie dä jepredicht hätt. Ich wor doch nie in der Kirch. Äwwer schön wor de Mann! Nee, wat wor dat ne staatse (stattlich) Mann! De hieß bei us nur: de schöne Ferdinand!"

Sicherlich wird es nie die Absicht des Pfarrers Ferdinand Weißkirsch gewesen sein, mehr durch sein äußeres Erscheinungsbild zu beeindrucken als durch seine Predigten. Dennoch hat es sich offensichtlich nicht immer verhindern lassen. Was ihn als Mann hat attraktiv erscheinen lassen, ist ihm bei der Vermittlung des Evangeliums manchmal vielleicht sogar eine Bürde gewesen.

„Wir haben aber diesen Schatz in irdenen Gefäßen, damit deutlich werde, dass die überschwängliche Kraft von Gott sei und nicht von uns." 2. Korinther 4,7

Impuls für die Stille:

Wie sehr lasse ich mich sowohl in meiner Selbsteinschätzung als auch in meiner Einschätzung anderer von Äußerlichkeiten beeindrucken?

9. Mai

Segeln in Theorie und Praxis

Haben Sie sich schon einmal gefragt, warum Gott die Unsichtbarkeit der Sichtbarkeit vorzieht? Der Glaube an ihn wäre doch leichter, wenn er sichtbar wäre, oder? – Es gibt eine Reihe von Antworten auf diese Frage. Einer der Gründe für Gottes Entscheidung, sich im Hintergrund des Weltgeschehens zu halten, verdeutlicht folgendes Erlebnis: Es geschah in Duisburg-Marxloh während meines Vikariats. Ich wollte auf der Seenplatte in Wedau segeln lernen. Also habe ich fleißig Segeltheorie gebüffelt und dann unter Anleitung meines Lehrers die ersten Versuche gewagt. Eines Tages fuhren wir wieder raus. Es blies ein ordentlicher Wind. Plötzlich fing mein Segellehrer mitten auf dem See an, sich auszuziehen. Ich dachte noch: „Nanu, was ist das denn? Will der jetzt einen Strip vorführen? Ne, wie eklig!" Aber da war er auch schon im Wasser, und ich saß alleine im Boot und hielt verzagt meine Großschoot in der Hand! Welch ein Schreck! So allein im Boot, böiger Wind, und da rast einem auch noch das Ufer mit einem Affenzahn entgegen! Weil alles Schimpfen nicht half, das Ufer wollte sich trotz Stoßgebet nicht fortbewegen, leitete ich dann mein erstes selbstständiges Wendemanöver ein. Und nicht nur das: mit der Zeit bekam ich zunehmend ein Gefühl für das Boot und das, was zu tun ist. Ich habe dann sogar Freude daran gefunden, die Böen richtig auszureiten und hart am Wind zu segeln. Und auch beim Anlegemanöver ist mit Ausnahme einer kleinen Delle im Steg fast alles gut gegangen. Ein wirklich wunderbares Erlebnis! Ein Erlebnis, das ich nur deshalb machen konnte, weil sich der Segellehrer zurückzog und mich dadurch freigab. Ähnlich, wenn auch vielschichtiger, ist es mit der Unsichtbarkeit Gottes. Gott schafft durch seine Unsichtbarkeit eine raumgebende Distanz zwischen sich und uns, damit wir es lernen, eigenverantwortlich zu leben. Christus hat durch seine Himmelfahrt Raum zwischen sich und seinen Jüngern geschaffen, damit diese im Glauben selbstständig werden konnten. Christus will keine gegängelten Christen, keine nur auf Kommando und Zuruf reagierenden Jünger. Er führt uns quasi an der langen Leine durch die Zeit, damit wir als Menschen des Glaubens ihm entgegenreifen.

„Und es geschah, als er sie segnete, schied er von ihnen und fuhr auf gen Himmel." Lukas 24,51

Impuls für die Stille:

Nutze ich die Freiheit, die mir Gott gewährt, oder nutze ich sie aus?

10. Mai

Maler wider Willen

„Ich halte fest, dass heute, am 10. Tag des Mai 1508, ich, Michelangelo, Bildhauer, von der Heiligkeit unseres Herrn, Papst Julius II., 500 Dukaten erhalten habe ... als Anzahlung für das Gemälde an der Decke der Kapelle des Papstes Sixtus, an dem ich heute zu arbeiten beginne." Diese kurze Anmerkung, mit der Michelangelo den Beginn seines Wirkens in der Sixtinischen Kapelle datiert, enthält eine provozierende Spitze. Der Künstler nennt sich bewusst einen „Bildhauer", um damit der Nachwelt seinen vergeblichen Protest gegen die Beauftragung zu dieser monumentalen Freskomalerei mitzuteilen. Immer und immer wieder hatte Michelangelo Buonarroti versucht, Papst Julius II. davon zu überzeugen, dass er für die Ausmalung der Sixtinischen Kapelle nicht der Richtige sei. Er hatte sogar vorgeschlagen, seinen Konkurrenten Raffael zu berufen. Doch alle Versuche waren vergeblich. Je mehr der „Bildhauer" sich zierte, desto energischer bestand der Papst auf seiner Wahl. Die Art und Größe des Auftrags hat Michelangelo in den folgenden Jahren bis an die Grenzen belastet. Die Angst vor Überforderung ist sein ständiger Begleiter gewesen. Vielleicht aber auch zunehmend der Gedanke, doch von Gott und nicht nur durch päpstliche Sturheit an diesen Ort gestellt zu sein.

Denn entstanden ist in jenen Leidensjahren schließlich eines der grandiosesten und tiefgründigsten Werke der Kunstgeschichte: die „Erschaffung Adams".

„Gelobt sei der Herr täglich. Gott legt uns eine Last auf, aber er hilft uns auch." Psalm 68,20

Impuls für die Stille

Wie gehe ich mit Herausforderungen um?

11. Mai

DFB-Pokal

Beim DFB-Pokal, dem Pokal des Deutschen Fußball-Bundes kommt es fast jedes Jahr zu einem interessanten Phänomen. Da geschieht es nämlich immer wieder, dass renommierte Bundesligavereine wie Borussia Dortmund oder Schalke 04 gegen irgendwelche dritt- oder gar viertklassigen ‚Underdogs' verlieren und aus dem Pokalwettbewerb ausscheiden. Darum ist es für Profifußballer alles andere als lukrativ, wenn ihnen eine Amateurmannschaft zugelost wird. Fragt man sich: Wie kann es passieren, dass derart begnadete Kicker vor einem vermeintlich harmlosen Gegner kapitulieren müssen, ist die Antwort einfach. Es ist eine Frage der Motivation. Die Hobbyfußballer haben ein hoch gestecktes Ziel, sie legen sich vorbehaltlos ins Zeug, um ein möglichst gutes Spiel zu zeigen. Für die Profis dagegen handelt es sich lediglich um eine lästige Pflichtaufgabe, und entsprechend ist ihre Leistung auf dem Feld.

Ziele sind wichtig, sie setzen nicht nur Motivation frei, sondern auch Energie, Frische, Freude und Ausdauer. Das gilt nicht nur für den Fußball. Es gilt in ähnlicher Weise auch für unser geistliches Leben. Auch der Glaube braucht Ziele, sonst verkümmert er. Manchmal neigen wir dazu, uns aus Trägheit mit sehr wenig zufrieden zu geben. Gott aber liegt es am Herzen, dass möglichst viel von dem Wirklichkeit wird, was er an Möglichkeiten und Perspektiven in uns hinein gelegt hat. Darum ist es wichtig, unsere jeweilige Lebenssituation auf das hin zu befragen, was an geistlicher Herausforderung in ihr steckt. Und dann ist es natürlich wichtig, diese Herausforderung auch anzunehmen. Wer es wagt, wird feststellen: Überraschende Siege, auch gegen schier übermächtige Gegner, sind möglich.

„Unser Glaube ist der Sieg, der die Welt überwunden hat." 1. Johannes 5,4

Impuls für die Stille:
Wo bedarf es in meinem Leben eines Sieges?

12. Mai

Ostern und Pfingsten für Computerfans

Haben Sie sich schon einmal Gedanken über den inneren Zusammenhang von Ostern und Pfingsten gemacht? Computerfreaks könnten es sich zum Beispiel folgendermaßen verdeutlichen: Mit Ostern und Pfingsten verhält es sich so wie mit Hardware und Software. Die Hardware, also Rechner, Bildschirm, Tastatur, bietet die Rahmenbedingungen, um ein Arbeiten mit dieser hilfreichen Technologie zu ermöglichen. Ohne die Software, also die verschiedenen Anwendungsprogramme, bleibt der Computer jedoch stumm und relativ uninteressant. Was an Möglichkeiten in ihm steckt, offenbart sich dem Anwender erst, wenn er ein Datenverarbeitungs-, Grafik- oder auch Spielprogramm installiert. Umgekehrt funktioniert jede Software nur auf der Basis des vom Computer angebotenen Betriebssystems. Auf den Glauben übertragen hieße dies: Ostern bietet die geschichtlichen Rahmenbedingungen für unseren Glauben. Ohne Kreuz und Auferstehung wäre echtes Christsein überhaupt nicht möglich. Er wäre eine bloße Einbildung oder eine theoretische Spekulation. Ohne Pfingsten aber bliebe das, was an Ostern geschehen ist, eine historische Angelegenheit. Es wäre ein geschichtliches Faktum, mehr aber auch nicht. Erst durch den Geist Gottes, die Software des Glaubens, vermag der Einzelne sich anzueignen, was Christus durch seine Auferstehung, der Hardware des Glaubens, für uns getan hat. Erst durch den Geist Gottes wird in mir lebendig, was Ostern wirklich bedeutet. So braucht „funktionierendes" Christsein beides: Ostern und Pfingsten.

„Christus spricht: Der Tröster, der Heilige Geist, den mein Vater senden wird in meinem Namen, der wird euch alles lehren und euch an alles erinnern, was ich euch gesagt habe." Johannes 14,26

Impuls für die Stille:
Wie erlebe ich den Heiligen Geist?

13. Mai

Der Weg des geringsten Widerstandes

Von Bert Brecht stammt die folgende Geschichte: „Als Herr Keuner, der Denkende, sich in einem Saale vor vielen gegen die Gewalt aussprach, merkte er, wie die Leute vor ihm zurückwichen und weggingen. Er blickte sich um und sah hinter sich stehen – die Gewalt. ‚Was sagtest du?', fragte ihn die Gewalt. ‚Ich sprach mich *für* die Gewalt aus', antwortete Herr Keuner. Als Herr Keuner weggegangen war, fragten ihn seine Schüler nach seinem Rückgrat. Herr Keuner: ‚Ich habe kein Rückgrat. Gerade ich muss länger leben als die Gewalt.'"

Eine Geschichte, die widersprüchliche Gefühle auslöst. Einen Menschen, der sein Fähnchen nach dem Wind dreht, empfinden die Wenigsten als sympathisch. Wir tragen in uns die Sehnsucht nach geraden, aufrichtigen Menschen. Aber wir kennen auch das Spiel mit dem Kalkül. Wir lernen es von Kindesbeinen an, und in vielen Bereichen ist es nicht nur eine Überlebensstrategie, sondern der direkte Weg zum Lebenserfolg. Der Preis für diesen Erfolg ist allerdings hoch: kein Rückgrat. Christus hat die Aufforderung, sich mit den gegebenen Verhältnissen zu arrangieren, für sich als Versuchung interpretiert: „Geh weg von mir Satan" (Mk. 8,33). Dabei ging es ihm nicht einfach um die Ablehnung jeglicher Kompromissbereitschaft oder Diplomatie. Wenn jedoch das berechnende Spiel mit der Wahrheit verdeckt wird, wozu wir von Gott her berufen sind, dann ist höchste Gefahr im Verzug. Ein weißrussisches Sprichwort sagt: „Mit List kannst du um die ganze Welt kommen – nur nicht nach Hause." Christen aber wollen nach Hause – zu Gott.

Christus spricht: „Was hülfe es dem Menschen, wenn er die ganze Welt gewönne und nähme Schaden an seiner Seele?" Markus 8,36

Impuls für die Stille:
In welchem Lebensbereich besteht für mich die größte Gefahr, mich mit dem Geist der Zeit zu arrangieren und *faule* Kompromisse zu schließen?

14. Mai

Wie Goethe für einen Tag zum Prediger wurde

Johann Wolfgang von Goethe erzählt in seinen Aufzeichnungen der „Italienischen Reise" von einer ebenso aufregenden wie eindrücklichen Erfahrung. Es war am Montag, den 14. Mai 1787, als er auf der Rückreise von Sizilien in äußerste Seenot geriet. Auslöser war in diesem Falle jedoch nicht, wie man meinen sollte, ein Sturm, sondern dessen Gegenteil, eine absolute Windstille. Als Folge dieser Windstille wurde der große Dreimaster, auf dem Goethe und zahlreiche andere Reisende sich befanden, vor der Insel Capri in eine der dort anzutreffenden starken Strömungen erfasst, die jedes Schiff unweigerlich an den Klippen zerschellen lässt. Schon sah man das warnende Winken der Inselbewohner und hörte ihre Rufe, als ein Tumult auf Deck ausbrach. Anstatt den Kapitän und der Mannschaft in ihrem Bemühen, das Schiff rudernd aus der Strömung zu bringen, zu unterstützen, ergossen sich die Passagiere in sinnlosen Vorwürfen und kopflosem Aktionismus. Es sei schade um das teure Geld, denn die Verpflegung sei schlecht und die Unterkunft zu eng , und überhaupt habe man von Anfang an den Eindruck gehabt, der Kapitän und die Mannschaft verstünden ihr Handwerk nicht. Angewidert von diesem selbstzerfleischenden Geschrei, ergriff Goethe – so behauptet er es zumindest – das Wort. Statt zu streiten, solle man endlich beten, auf das Christus „für euch tue, was er damals für seine Apostel getan, als auf dem stürmenden See Tiberias er dem Winde zu ruhen gebot, wie er jetzt der Luft gebieten kann, sich zu regen, wenn es anders sein heiliger Wille ist".

Womit der Dichterfürst vermutlich selbst nicht rechnete, geschah. Es kam ein leichter Wind auf, der immerhin stark genug war, um das Segelschiff sicher um die Klippen von Capri herum in den Hafen von Neapel zu bringen.

Geht es uns in akuten Krisen nicht oft ähnlich wie Goethes Reisegefährten? Fast jeder kennt solche Situationen, in denen einem scheinbar der Boden unter den Füßen weg bricht. Und anstatt möglichst gelassen die Situation zu analysieren und das Sinnvollste zu tun, kommt es zu Kurzschlusshandlungen. Da entlädt sich Überforderung in unkontrollierter Aggression. Da steigert sich Hilflosigkeit und Angst bis hin zur Panik. Wie gut, wenn es dann jemand gibt, der uns an den erinnert, der diese Welt mit all ihren Abgründen in seinen Händen hält. Und wie gut, wenn wir es dann schaffen, innezuhalten. Wenn es uns gelingt, uns zu besinnen und das schlichteste Gebet zu sprechen, das die Bibel kennt: Kyrie eleison! Herr erbarme Dich!', dann kehrt Ruhe ein. Oder aber Festgefahrenes gerät in Bewegung. Je nachdem.

„Jesus sprach aber zu ihnen: Wo ist euer Glaube? Sie aber fürchteten sich und verwunderten sich und sprachen zueinander: Wer ist dieser? Auch dem Wind und dem Wasser gebietet er, und sie sind ihm gehorsam." Lukas 8,25

Impuls für die Stille:
Wann neige ich zur Kopflosigkeit?

15. Mai

Wie sich Streit beilegen lässt

Eine der bekanntesten und beliebtesten Schweizer Spezialitäten ist mit Sicherheit das Käsefondue. Zu zweit oder auch im Kreise von Freunden genossen ist es mehr als eine bloße Mahlzeit. Es ist schon fast so etwas wie ein festliches Gemeinschaftsmahl. Um den Ursprung dieser kulinarischen Eigenheit der Eidgenossen ranken sich freilich eine Reihe volkstümlicher Erzählungen. Eine der Herleitungen bezieht sich auf eine geschichtliche Situation, in der das reformierte Zürich mit seinen angrenzenden Kantonen im Streit lag. Eines Tages kamen die Krieger der einen Seite mit großen Milchschüsseln und verteilten diese mitten auf der Grenze. Die Streiter der anderen Seite kamen nach anfänglichem Zögern mit Broten und brockten Stücke davon in die Milch hinein. Es dauerte nicht lange und Freund und Feind setzten sich diesseits und jenseits der Grenze zum friedlichen Essen aus einem Topf und vergessen war der Krieg. Ob die Herleitung tatsächlich zutreffend ist, mag dahingestellt bleiben. Wichtiger ist etwas anderes. Die Episode macht deutlich: Da wo man sich an die gemeinsamen Lebensgrundlagen erinnert, treten alle vordergründigen Streitigkeiten in den Hintergrund. Wer sich darüber bewusst wird, dass wir alle aus einem einzigen großen Topf schöpfen – dem Kelch der Güte und Großzügigkeit Gottes –, der wird das Verlangen spüren, auf den Anderen zuzugehen. Er wird seinen Standpunkt verlassen und einbringen, was ihm anvertraut ist. So werden beide wieder heil und satt, der verfeindete Nächste und ich. Wer weiß? Wäre Christus Schweizer gewesen, vielleicht hätte er das Fondue erfunden, um zu verdeutlichen, was die Besinnung auf ihn bedeutet.

„Herr, alle meine Quellen sind in dir.“ Psalm 87,7

Impuls für die Stille:
Ich besinne mich auf die Gnade, von der ich lebe.

16. Mai

Katzen in Jerusalem

Neben einem bunten Menschenpotpourri von Arabern, Juden und Touristen aus aller Herren Länder sind es vor allem Katzen, die die Plätze und Gassen der Altstadt von Jerusalem bevölkern. Es sind keine gepflegten Katzen, sondern ausgemergelte Kreaturen, denen man den täglichen Kampf ums Überleben auf den ersten Blick ansieht. Ein Tourist hält einer solchen Katze ein Stück Thunfischpizza hin. Zweifellos, er will ihr nur Gutes. Doch was passiert? – Mit verängstigten, scheuen Augen läuft die Katze immer wieder in einem großen Bogen vor ihm hin und her. Der ganze Körper ist angespannt, ständig in Bewegung. Alles in der Katze scheint zu betteln: „Ich habe Hunger. Gib mir doch was zu fressen." – Doch größer noch als der Hunger ist wohl die Angst: die Angst, wieder einmal geschlagen zu werden, wieder einmal Schmerzen zugefügt zu bekommen – so wie es dieses Tier sicherlich schon Hunderte Male in seinem Leben erfahren hat. Der Tourist erkennt die Situation und gibt das Stück Thunfischpizza aus der Hand. Er weiß: eher würde das Tier aus Misstrauen auf die lebenswichtige Nahrung verzichten, als dass es Vertrauen fasst, zu ihm kommt und sich vielleicht sogar von ihm streicheln lässt. Misstrauen schneidet von den Wurzeln des Lebens ab. Es kann „umbringen" – nicht nur eine hungrige Katze um ein Stück Pizza, sondern auch einen Menschen um sein Leben. Christus ist in diese Welt gekommen, um lebenshungrigen Menschen zu geben, was sie brauchen. Wie reagieren wir? Streifen wir unschlüssig um ihn herum oder packen wir zu? Er meint es gut mit uns. Darum hat er sein Leben aus der Hand gegeben, sich selbst angreifbar und verletzlich gemacht – bis hin zum Kreuz. Christus lässt alles los, damit jeder, der vom Leben enttäuscht worden ist, sein Misstrauen loslassen und Vertrauen fassen kann.

„Christus spricht: Kommt her zu mir, alle, die ihr mühselig und beladen seid! Ich will euch erquicken!" Matthäus 11,28

Impuls für die Stille:

Ich spreche mit Christus über Erfahrungen, die mich verletzt haben und die mich daran hindern, anderen Menschen oder Gott zu vertrauen.

17. Mai

Kein Patentrezept notwendig

„Meine Güte, wie hast du bloß wieder diese Lasagne hingekriegt. Die schmeckt ja einfach köstlich!"

„Herr Klinsmann, die Vorstellung Ihrer Mannschaft in der zweiten Halbzeit war eine taktische Meisterleistung. Wie ist es Ihnen nur gelungen, die Spieler so zu motivieren, dass sie trotz Rückstand nach der Pause derart befreit aufspielen konnten?"

„Also, dass du meinen alten VW noch einmal zum Laufen gebracht hast. Ich dachte, der wäre schrottreif. Das ist wirklich genial!"

Sag mal, wie machst du das bloß? Wir fragen gerne nach dem Erfolgsrezept eines Menschen, wenn wir staunend mit einer Fähigkeit konfrontiert werden, die wir vielleicht selbst gerne hätten. Mit dem Glauben-Können ist dies nicht anders. Auch da steht oft die Frage im Raum: „Wie machst du das nur? Ich würde das auch gerne können." Im Unterschied zu den genannten Beispielen gibt es im Bereich des Glaubens allerdings keine Patentrezepte. Er ist weder machbar noch erlernbar. Wirklich schlimm oder gar tragisch ist dies allerdings nicht. Denn zum einen dürfen wir Gott um die Begabung des Glaubens bitten. Und zum anderen bedarf es keines besonderen „Glaubenstalentes", bevor er in unserem Leben zum Zuge kommen kann. Es ist nicht wichtig, einen starken Glauben an Gott zu haben. Viel wichtiger ist es, Glauben an einen starken Gott zu haben. Haben Sie den Unterschied bemerkt? Auf die Stellung des Attributes kommt es an.

„Der Herr sprach: Wenn ihr Glauben hättet so groß wie ein Senfkorn, dann könntet ihr zu diesem Maulbeerbaum sagen: Reiß dich aus und versetze dich ins Meer!, und er würde euch gehorchen." Lukas 17,6

Impuls für die Stille:

Ich glaube nicht an meinen Glauben, sondern an Gott. Ist mir der Unterschied zureichend deutlich?

18. Mai

Keine Alternative?

Als Mahatma Gandhi damit begann, sich als junger Rechtsanwalt öffentlich gegen das Apartheidregime in Südafrika auszusprechen, wurde er von den dortigen Behörden kurzerhand verhaftet und vor Gericht gestellt. Der Richter untersuchte den Fall und war sichtlich beeindruckt von der Klugheit und Eloquenz des Angeklagten. Vor der Urteilsverkündigung nahm er Gandhi beiseite, um sein Bedauern mitzuteilen: „Es tut mir wirklich Leid, aber aufgrund der geltenden Gesetze muss ich Sie verurteilen. Ich habe keine Alternative.“ Gandhi soll darauf höflichst erwidert haben: „Nun, Sie könnten von Ihrem Amt als Richter zurücktreten.“

Vermeintlich fehlende Alternativen beruhen häufig auf einem Mangel an Fantasie oder auch Zivilcourage. Es ist wesentlich einfacher und ungefährlicher, sich mit den bestehenden Verhältnissen zu arrangieren als sie in Frage zu stellen oder sich gegen sie aufzulehnen. Das Praktische liegt näher als das Gebotene. Auch als Christen haben wir uns daran gewöhnt, zu vielem zu schweigen, was weder rechtens noch verantwortlich ist. „Die Dinge sind nun einmal so“, heißt es dann. „Damit muss man sich abfinden.“ – Muss man? Christus hätte seinen Tod am Kreuz mit ein wenig Geschick und Diplomatie durchaus vermeiden können. Er hat es nicht getan, weil er damit seiner Berufung untreu geworden wäre und seinen Auftrag verraten hätte. Gandhis Antwort an seinen Richter erinnert uns daran, dass wir als Christen in erster Linie Gott und erst in zweiter Linie dem gesellschaftlichen Konsens verpflichtet sind. Gerät beides miteinander in Konflikt, müssen wir wissen, wohin wir gehören – selbst wenn es die Karriere kostet.

Christus spricht: „Ihr seid das Salz der Erde. Wenn nun das Salz nicht mehr salzt, womit soll man salzen? Es ist zu nichts mehr nütze, als dass man es wegschüttet und lässt es von den Leuten zertreten.“ Lukas 5,13

Impuls für die Stille:
Gibt es „faule Kompromisse" in meinem Leben?

19. Mai

Keine Frage des Gefühls

Stellen Sie sich vor, Sie sind bis über den Kopf verschuldet. Das belastet Sie. Als der Brief Ihrer Gläubigerbank kommt, öffnen Sie den Umschlag nur sehr ängstlich. Doch dann lesen sie die folgenden, überraschenden Zeilen: „Wir dürfen Ihnen die erfreuliche Mitteilung machen, dass unsere Forderungen Ihnen gegenüber gegenstandslos geworden sind. Es hat sich eine mit Ihnen offenbar sehr eng verbundene Person gefunden, die den offenen Betrag vollständig bei uns eingezahlt hat. Mit freundlichen Grüßen, Ihr Kreditinstitut."

Kurios wäre es, wenn Sie jetzt mit besagtem Brief in der Hand bei Ihrer Bank erscheinen und zu dem verantwortlichen Sachbearbeiter sagen würden: „Hören Sie zu, das ist ja lieb gemeint, alles ganz nett, was Sie mir geschrieben haben, aber ich fühle mich immer noch schuldig. Hier haben Sie 500 Euro als Anzahlung, und ich verspreche Ihnen, ich werde alles tun, um den Rest so schnell wie möglich zurückzuzahlen." Es ist wichtig, dass wir uns immer wieder klar machen: Im Bereich von Schuld und Sühne geht es nicht um ein Gefühl, sondern um objektive, rechtsgültige Tatbestände. Mein Gewissen kann sagen, was es will, wenn ein anderer stellvertretend für mich eintritt, ist meine Schuld getilgt. Ich bin frei. Ich darf aufatmen. Ich darf neu anfangen. Kein Gefühl, vor allem kein Schuldgefühl, hat das Recht, mich länger zu terrorisieren.

„Christus hat den Schuldbrief getilgt, der mit seinen Forderungen gegen uns war, und hat ihn weggetan und an das Kreuz geheftet." Kolosser 2,14

Impuls für die Stille:
Habe ich den Gedanken der „objektiven Vergebung" wirklich verinnerlicht?

20. Mai

Kindliche Naivität?

Amüsiert schaue ich zu, wie unsere Tochter – sie war seinerzeit gerade im berüchtigten Krabbelalter –, vergeblich versucht, ihr Lieblingsstofftier in einen Eimer zu stopfen. Es will ihr einfach nicht gelingen. Es liegt schlicht daran, dass der Eimer längst mit anderen Dingen gefüllt ist. Sie hat bereits einen Ball, mehrere Schuhe, das Aufladegerät meines Notebooks, einige Toilettenutensilien und die CD mit Bachs „Brandenburgischen Konzerten" darin untergebracht. Auf die Idee, den Eimer zu leeren und es dann noch einmal zu versuchen, kommt sie offenbar nicht. Eine belustigende Szene! Gleichzeitig bringt sie mich aber auch ins Nachdenken. Habe ich meiner Tochter eigentlich so viel voraus? Da versuche ich, Gott in meinem Leben Raum zu schenken und bin doch innerlich und äußerlich längst besetzt. Müsste ich mich nicht auch von manchem, was mich beschäftigt, trennen, um für das Evangelium wirklich aufnahmebereit zu sein? Christus hat die Armen selig gepriesen. Und das sicherlich nicht deshalb, weil Armut an sich erstrebenswert wäre. Im Sinne des Evangeliums ist der arm, dessen Leben einem Gefäß gleicht, das Gott zu füllen vermag. „Alles Flaschen leer!" hat der legendäre Giovanni Trappatoni während seiner Zeit als Trainer des FC Bayern München einmal im Zorn über seine Spieler gesagt. Es gibt Schlimmeres: „Alles Flaschen voll!"

„Trachtet zuerst nach dem Reich Gottes und seiner Gerechtigkeit und alles andere wird euch zufallen." Matthäus 6,33

Impuls für die Stille:
Welchen Freiraum findet das Evangelium in meinem Leben vor?

21. Mai

Kindliches Ablenkungsmanöver

Sie hat es wieder einmal geschafft! Diesmal wurde eine geschnitzte Holzfigur Opfer ihrer verspielten Leidenschaft. Vor einer Woche war es die Kaffeemaschine. Seitdem trinkt Papa Tee. Trotz des Ärgers über den neuerlichen Verlust, kann ich mir ein Lächeln nicht verkneifen. Die Szene ist einfach zu putzig: Da steht Hannah neben der zu Bruch gegangenen Figur und schimpft wie ein Rohrspatz. Immer wieder zeigt sie mit ihrem kleinen Finger auf die Einzelteile und brabbelt Worte in ihrer unverständlichen Babysprache, bis sie schließlich rot anläuft. Es ist so, als wolle sie ausdrücken: „Du dumme Holzfigur! Das geschieht dir recht, dass du jetzt kaputt bist! Ich habe dir doch gleich gesagt, dass du mir nicht immer im Weg stehen sollst." Irgendwie kommt mir dieses Verhalten bekannt vor. Da werde ich schuldig oder begehe einen Fehler, und was passiert? – Ich ergieße mich in Selbstrechtfertigungen, suche nach einem Sündenbock und überspiele meinen Kummer mit einer Flut von Worten. Es ist so schwer, Verantwortung für seine Taten zu übernehmen. Es ist so schwer, Schuld kommentarlos zuzugeben. Es ist so schwer, die Traurigkeit, die der Reue folgt, zuzulassen. Die theatralische Szene meiner Tochter hält mir den Spiegel vor. Ertappt!

„Und Josua sprach zu Aschan: Mein Sohn, gib dem Herrn, dem Gott Israels, die Ehre und bekenne es ihm und sage mir, was du getan hast, und verhehle mir nichts." Josua 7,19

Impuls für die Stille:

Ich versuche meinen Ablenkungsmanövern auf die Schliche zu kommen.

22. Mai

Geistliches Missverständnis

In der kleinen lutherischen Landgemeinde spielt neuerdings ein Theologiestudent die Orgel. Er finanziert sich damit sein Studium. Im Laufe der Zeit fällt ihm auf, dass die Predigten des Pfarrers allesamt auf den Satz hinauslaufen: „Nicht die Werke machen uns vor Gott gerecht, sondern allein die Gnade." – „So weit, so gut", denkt sich der Theologiestudent, „es ist ja zweifellos eine zentrale biblische Wahrheit und vielleicht sind die Menschen hier innerlich so angefochten, dass sie nur diesen Satz immer wieder hören müssen."

Also hört er weiterhin geduldig den Predigten zu. Sonntag für Sonntag, im Morgen- wie im Abendgottesdienst vernimmt er die selbe gute Nachricht: „Nicht unsere Werke machen uns gerecht, Gottes Gnade ist es." Als dann eines Tages aber das laute Schnarchen mehrerer Gemeindeglieder bis zu ihm auf die Orgelempore dringt, platzt dem guten Organisten schließlich doch der Kragen. Aufgebracht läuft er nach dem Gottesdienst auf den Pfarrer zu und meint verdrossen: „Ich denke, es ist an der Zeit, dass Sie einmal das Thema Ihrer Predigten variieren sollten. Ich weiß zwar, dass gute Werke einen Menschen nicht gerecht machen. Aber, offen gestanden, ich habe in dieser Gemeinde noch nie jemand bei dem Versuch ertappt, ein gutes Werk zu tun – geschweige denn, sich damit zu rechtfertigen!" Er sprachs und verschwand.

Der Zornausbruch des jungen Theologiestudenten mag etwas lieblos klingen, aber er macht deutlich: auch die kostbarste Wahrheit kann schal und ranzig werden, wenn sie gedankenlos wiederholt wird und ohne Folgen bleibt. Gottes Liebe und Gnade sind keine Ruhekissen, sondern die Kraftquelle für ein aktives Leben in der Nachfolge Christi. Abgehoben von dieser konkret gelebten Nachfolge verliert das Reden von Gottes Gnade seinen Sinn, und es wirkt einschläfernd statt ermutigend.

„So seht nun sorgfältig darauf, wie ihr euer Leben führt, nicht als Unweise, sondern als Weise, und kauft die Zeit aus; denn es ist böse Zeit." Epheser 5,15–16

Impuls für die Stille:
Gibt es biblische Wahrheiten, gegenüber denen ich „immun" bin, weil ich sie zu oft gehört habe, ohne Folgen aus dem Gehörten zu ziehen?

23. Mai

Kleiderwechsel

Wie gerne würden wir manchmal einfach abstreifen, was wir an uns nicht mögen, worüber wir immer wieder stolpern. Negative Gewohnheiten ablegen wie ein zu eng gewordenes Hemd und dafür neue, positive Eigenschaften annehmen, das wäre schön. Aber geht das? Unsere Realität scheint eher dem zu entsprechen, was Goethe in der Studierzimmerszene von Faust I in folgenden Vers fasst: „Setz dir Perücken auf von Millionen Locken. Setz deinen Fuß auf ellenhohe Socken. Du bleibst *doch* immer, was du bist!" Das bedeutet: so sehr wir auch an uns arbeiten, es ist zwecklos. All unser Bemühen um Veränderung entpuppt sich letztendlich als Kosmetik. Doch Vorsicht! Interessant ist, *wem* Johann Wolfgang von Goethe diese resignativen Worte in den Mund legt. Es ist nicht etwa seine Hauptfigur, der Dr. Faustus. Es ist vielmehr Mephisto, der so spricht. Der Dichterfürst will damit verdeutlichen: Es gibt nur eine Macht in dieser Welt, die ein ganz tiefes Interesse daran hat, das alles so bleibt, wie es ist – und das ist der Teufel. Nur dem Bösen ist daran gelegen, dass sich nichts verändert.

Die Wahrheit aber lautet anders. Sie heißt: Veränderung ist möglich. Das Neue Testament spricht mehrfach davon, dass wir in die Realität Christi so hineinschlüpfen können wie in ein wärmendes Kleidungsstück. Von seiner Liebe erwärmt, ergeben sich Möglichkeiten zur Erneuerung, die nicht nur äußerlich sind. Eine schöne Weise, diese umhüllende und gleichzeitig umgestaltende Kraft Gottes zu erfahren, ist das Herzensgebet der Ostkirche. Es besteht darin, einen schlichten Satz im Laufe des Tages immer wieder zu wiederholen, bis er mir so nahe ist, wie die Uhr an meinem Arm oder die Hausschuhe an meinen Füßen. Ein solcher Satz kann lauten: „Du bist ein Gott, der mir hilft!"

„Legt von euch ab den alten Menschen mit seinem früheren Wandel und zieht den neuen Menschen an, der nach Gott geschaffen ist in wahrer Gerechtigkeit und Heiligkeit." Epheser 4,22.24

Impuls für die Stille:
Wie äußert sich die Stimme Mephistos in meinem Leben?

24. Mai

Kommunikationsfehler

Unterwegs auf der A 45 von Siegen in Richtung Wetzlar. Zügig überhole ich vor einem Baustellenbereich noch schnell einen anderen Pkw. Als ich wieder einschere, blinkt der überholte Fahrer aufgeregt mit der Lichthupe. Was soll das? Ärgert er sich, weil er überholt wurde? Ist er der Meinung, ich sei zu knapp vor ihm auf die rechte Fahrspur gewechselt? Die Antwort erhalte ich ein paar Sekunden später. Unmittelbar vor einer großen Talbrücke werde ich geblitzt – Geschwindigkeitskontrolle. Jetzt wird mir einiges klar. Der Verkehrsteilnehmer hinter mir hatte sich gar nicht geärgert. Im Gegenteil, er hatte mich warnen und dazu auffordern wollen, meine Geschwindigkeit den Vorschriften entsprechend anzupassen. Nette Geste, doch leider hatte ich sie missverstanden, da die Ausdrucksmöglichkeiten einer Lichthupe begrenzt und die Interpretationsmöglichkeiten mannigfaltig sind.

Viele Zeitgenossen versuchen, Gottes Wirken in der Natur oder in ihrer eigenen Lebenserfahrung wieder zu entdecken. Doch hier gilt gleiches wie für die Lichthupe. Sowohl die Natur als auch mein Erleben sind sehr zweideutige Erkenntnisquellen. Sie bedürfen in hohem Maße der Interpretation, und da können wir sehr schnell falsch liegen. Wer Gott ist und was er wirklich will, das erfahren wir klar und deutlich nur in Christus. In ihm spricht Gott direkt zu uns Menschen, unverschlüsselt und unmissverständlich. Um den

Unterschied einmal anhand des misslungenen Kommunikationsversuches auf der Autobahn zu illustrieren: Hätte der freundliche Autofahrer mich per Handy direkt warnen können, hätte ich seine Botschaft verstanden und mir wäre das Bußgeld erspart geblieben. – Leider besitze ich kein Handy.

„Alles, was ich von meinem Vater gehört habe, habe ich euch kundgetan.“ Johannes 15,15

Impuls für die Stille:
Woran orientiert sich mein Glaube?

25. Mai
Komplimente

Mit der Gnade Gottes ist es so ähnlich wie mit einem Kompliment. Ein Kompliment kann ich mir eigentlich nur gefallen lassen. Versuche ich dagegen es zu kommentieren, zerstöre ich seine Absicht.

Man stelle sich vor: Da geht jemand auf einen anderen Menschen zu und sagt: „Hören Sie mal, wissen Sie eigentlich, dass Sie eine unglaublich faszinierende Ausstrahlung haben?“ Und der so Angesprochene antwortet: „Aber natürlich weiß ich das! Was glauben Sie denn, ich arbeite immerhin sehr gezielt an meiner Wirkung auf die Außenwelt. Gut, die Feinheiten lassen sich noch ein bisschen optimieren. Aber im Großen und Ganzen bin ich sehr zufrieden.“ – Ein absurder Gedanke, derart auf ein Kompliment zu reagieren. Ein Kompliment ist die freie Ehrerbietung eines Menschen an einen anderen Menschen, und wer sich nicht der Lächerlichkeit oder dem Vorwurf der Arroganz aussetzen möchte, nimmt es am besten dankend oder vornehm schweigend an. Ebenso ist es mit der Gnade Gottes. Es lässt sich mit nichts begründen und ist durch nichts zu rechtfertigen, dass Gott uns seine Liebe zusagt. Es ist einfach seine freie Ehrerbietung an uns Menschen. Entsprechend gibt es auch hier keine adäquatere Reaktion als ein schlichtes: „Danke, guter Gott.“ Alles darüber hinaus wäre eher von Übel als von Nutzen.

„Wir werden ohne Verdienst gerecht aus seiner Gnade durch die Erlösung, die durch Christus Jesus geschehen ist." Galater 3,24

Impuls für die Stille:

Kann ich Gottes „Kompliment" kommentarlos annehmen oder suche ich insgeheim nach Rechtfertigungen für seine Liebe zu mir?

26. Mai

Die Kraft der Verheißung

Missmutig sitze ich am Schreibtisch und quäle mich durch einen Berg von Verwaltungsarbeit. Kopfschmerzen rauben mir die Konzentration und draußen lässt ein wolkenverhangener Himmel keinen Sonnenstrahl mehr an mein Fenster. Es ist einer dieser Tage, an denen man schon am Vormittag bereut, überhaupt aufgestanden zu sein. Plötzlich klopft es an der Tür. Verlockend heißt es: „Heute Mittag gibt es Speckpfannekuchen mit Spinat. Was hältst du davon?" – Was ich davon halte? Für Speckpfannekuchen mit Spinat lasse ich jede Delikatesse stehen. Augenblicklich hellt sich meine Stimmung auf. Die Perspektive des Tages hat sich geändert. Endlich gibt es einen Lichtblick. Zwar ist der Teig noch nicht angerührt, der Speck vielleicht noch nicht einmal eingekauft. Aber allein der Gedanke daran lässt mir das Wasser im Munde zusammenlaufen.

Ähnlich wie mit dem Speckpfannekuchen geht es mir mit den Verheißungen der Bibel. Noch wartet vieles von dem, was sie ankündigen, auf seine Erfüllung. Noch gibt es vieles, was mich beschwert, traurig macht, vielleicht sogar verzweifeln lässt. Aber meine Sehnsucht ist geweckt. Die Aussicht auf Gottes Zukunft hellt mir den Horizont auf. Sie lässt mich träumen von einer Welt, in der Christus alles in allem ist und jedes menschliche Leid überwunden sein wird. Das muss einfach köstlich sein.

„Dein Wort ward meine Speise, sooft ich's empfing, und dein Wort ist meines Herzens Freude und Trost." Jeremia 15,16

Impuls für die Stille:
Gehört die Aussicht auf Gottes Reich zu den Antriebskräften meines Lebens?

27. Mai

Eine Kreditkarte der besonderen Art

Besitzen Sie eine Kreditkarte? Es ist schon erstaunlich, welche Möglichkeiten man durch so ein kleines Stück Plastik hat. Man legt sie einfach hin, leistet elegant eine Unterschrift und schon ist der Fall erledigt. Schauen, aussuchen, kaufen, unterschreiben, konsumieren. Die Welt steht einem offen mit einer guten Kreditkarte. Glanz und Elend jeder Kreditkarte: Sie ist auf meinen Namen ausgestellt. Trotz bargeldlosem Einkaufen: Ich lebe immer auf meine eigene Kappe.

Es gibt allerdings eine Kreditkarte, bei der ist das grundsätzlich anders. Es ist die in kirchlichen Kreisen ausgegebene „Baptisma-Credit-Card", zu deutsch: „Taufurkunde". Ihre Taufurkunde ist vermutlich Ihr einziges Guthabenkonto, das sich nicht an Ihren eigenen Grenzen und Möglichkeiten orientiert. Und der Grund dafür ist der, dass sie auf einen anderen Namen hin ausgestellt ist. Schauen Sie sich Ihren Taufschein einmal genau an. Bei den Urkunden, die wir in unserer Gemeinde überreichen, heißt es immer folgendermaßen: „Michael Mustermann, geboren am …, ist am … im Namen des Dreieinen Gottes in der Ev. Domgemeinde zu Wetzlar getauft worden." Dies bedeutet: Durch die Taufe verbindet sich unser menschlicher Name mit dem Namen eines anderen, der sich bereit erklärt hat, jegliche Haftung für uns zu übernehmen. Wer getauft ist, muss sein Leben also nicht mehr aus seinem eigenen Vermögen heraus bestreiten. Er darf vielmehr seine gesamte Schuld dem überlassen, der sogar für das aufkommt, was sich mit Geld nicht ausgleichen lässt. Diese „Baptisma-Credit-Card" ist ein himmlisches Angebot. Umso verwunderlicher, dass nur wenige etwas mit ihr anzufangen wissen.

„Christus hat den Schuldbrief getilgt, der mit seinen Forderungen gegen uns war, und hat ihn weggetan und an das Kreuz geheftet.“ Epheser 2,14

Impuls für die Stille:
Was bedeutet mir die Taufe?

28. Mai

Woran das Kreuzeszeichen erinnert

Es gehört zum festen Brauch katholischer und auch orthodoxer Christen, dass sie sich bekreuzigen. Beim Betreten einer Kirche z. B. ist das Kreuzeszeichen in Verbindung mit dem Eintauchen der Hand in die Weihwasserschale eine bewusste Erinnerung an die Taufe. Auch während der Liturgie, etwa bei der Lesung des Evangeliums, bekreuzigt sich die Gemeinde. Seinem Ursprung nach dient das Kreuzeszeichen immer der Bewusstmachung eines bestimmten geistlichen Sachverhaltes. Aber manchmal gerät der ursprüngliche Sinn in Vergessenheit und es bleibt nur die Geste.

Dieses Problem scheint auch die Priester der St. Theodorus Kirche in Gerasa, heute Jerash/Jordanien, bewegt zu haben. Inmitten der eindrucksvollen Ruinen dieses alten Bauwerkes findet sich nämlich eine griechische Inschrift. Auf ihr wird erklärt, warum sich die Menschen an einer bestimmten Stelle der Kirche stets unwillkürlich bekreuzigen. Die Inschrift besagt, dass die Kirche einst als ein heidnischer Tempel dem Opferkult gedient habe. Aufgrund der starken Geruchsentwicklung durch die rituellen Schlachtungen hätten sich die Menschen immer die Nase zuhalten müssen, wenn sie an der Opferstelle vorbeigekommen wären. Nach der Umwandlung des Tempels in eine christliche Kirche habe das Problem des Gestankes natürlich sein Ende gefunden. Aus dem „Sich-die-Nase-Zuhalten“ sei jedoch der Brauch entstanden, sich an der früheren Opferstelle zu bekreuzigen. Warum? Um einander daran zu erinnern, dass Christus selbst das eine Opferlamm darstellt, das sich für die Sünde der Welt am Kreuz hat „schlachten“ lassen. Sein Opfer macht alle anderen Opferungen hinfällig.

„Siehe, das ist Gottes Lamm, das da trägt die Sünde der Welt.“ Johannes 1,29

Impuls für die Stille:

Durch welche Gesten und Formen lasse ich mich an das Kreuz Christi erinnern?

29. Mai

Krise oder Chance?

So kannten sie ihn eigentlich gar nicht. Als Geschäftsführer eines mittelständischen Betriebes war es seine Aufgabe, tagtäglich nüchtern und mit klarem Verstand die Entscheidungen zu treffen, die den Erfolg des Unternehmens und seiner Belegschaft sicherten. Seine eigenen Interessen stellte er dabei stets in den Hintergrund, allerdings auch die privaten Sorgen seiner Mitarbeiter. Beides durchaus bewusst, denn seiner Auffassung entsprach es, Persönliches und Berufliches möglichst sauber voneinander zu trennen.

Seit einigen Monaten war dies anders. Der Sekretärin fiel es als erstes auf. Öfter als gewohnt, musste sie beim Diktat den Faden erneut aufnehmen. Nach manchen Wochenenden wirkte ihr Chef seltsam nachdenklich, und zu ihrer völligen Überraschung wies er sie eines Tages an, einen wichtigen Termin zu verschieben: „Es tut mir Leid, ich fühle mich heute nicht wohl.“

Als ein alter Freund anlässlich der Feier zum fünfzigsten Geburtstag ein Dankgebet sprach, da bemerkte man Tränen in seinen Augen. Um die vermeintliche Peinlichkeit des Augenblickes abzuwenden, erhob die Gattin ihr Glas: „Auf dass unser Geburtstagskind seine Midlife-Crisis schnell überwinden möge!“

„Hoffentlich nicht!“, dachten der Freund und die Sekretärin. Denn beide hatten das Gefühl, dass hier zum ersten Mal das andere, bisher verdrängte Gesicht des Jubilars zu sehen war.

„Die gottgewollte Traurigkeit verursacht nämlich Sinnesänderung zum Heil, die nicht bereut werden braucht." 2. Korinther 7,10

Impuls für die Stille:

Kenne ich Zeiten gottgewollter Traurigkeiten? Was haben sie bewirkt?

30. Mai

Getrennt und doch verbunden

Mit ihren beiden Zwillingen schlendert die Mutter durch die Fußgängerzone. Das eine Kind ist ganz fasziniert von dem Schaufenster eines Spielwarengeschäftes. Gebannt starrt es auf die ausgestellten Sachen. Das andere Kind aber schaut unentwegt zum Himmel. Es verfolgt den Zug der Wolken und träumt vielleicht vom Fliegen. So sehen sich die beiden Geschwister gar nicht mehr. Sie sind völlig versunken in ihrer eigenen Welt. Die Mutter aber in der Mitte hält die Kinder fest am Arm. Sie sorgt dafür, dass keines der beiden stolpert oder im Getümmel verloren geht. Solange sich die Zwillinge von ihr nicht losreißen, bleiben sie trotz unterschiedlicher Blickrichtung miteinander verbunden.

Für mich ist diese Szene ein Gleichnis für die Situation von Hinterbliebenen, die um einen geliebten Angehörigen trauern. Wenn ein Mensch stirbt, zerbricht die unmittelbare Gemeinschaft mit ihm. Die Welt der Lebenden und die Welt der Toten ist gekennzeichnet durch völlig unterschiedliche Realitäten. Da gibt es keine fließenden Übergänge, die Blickrichtung ist in jeder Hinsicht entgegengesetzt. Das macht den Schmerz der Trauer aus. Der Trost des Glaubens aber besteht darin, dass es wie bei den Zwillingen jemand gibt, der die Verbindung aufrechterhält: Christus.

Christus ist als der Auferstandene im Diesseits ebenso zu Hause wie in der Welt Gottes. Er hat die Verstorbenen in gleicher Weise im Blick wie uns Lebende. Seine ausgestreckten Arme schaffen die

Verbindung. Wer darum weiß, kann sich dem Diesseits widmen und sich auf das Wiedersehen im Jenseits freuen.

„Leben wir, so leben wir dem Herrn. Sterben wir, so sterben wir dem Herrn. Darum, ob wir leben oder sterben, wir sind des Herrn.“ Römer 14,8

Impuls für die Stille:

Ich denke an Menschen, die mir in die Ewigkeit vorausgegangen sind.

31. Mai

Beherzt und gelassen

Sie war in einer Cessna 150 unterwegs. Erst zum dritten Mal ohne ihren Fluglehrer. Dann passierte es: Ein Manöver in 1700 Meter Höhe ging daneben. Das kleine Flugzeug begann wild Richtung Erde zu trudeln. Sie drückte, drehte und zog an allen Knöpfen und Hebeln, die sie erreichen konnte. Doch es nützte nichts. Von Sekunde zu Sekunde wurde ihre Angst größer. Panik packte Gedanken und Gefühl. Da hörte sie in Gedanken ihren Fluglehrer: „Diese Maschinen können Sie ganz alleine fliegen. Wenn Sie ins Trudeln geraten machen Sie am besten gar nichts!“

Sie lehnte sich zitternd zurück – die Cessna stabilisierte sich. Nach wenigen Augenblicken zog sie wieder ruhig ihre ursprüngliche Flugbahn.

Wie viel Druck und Stress erleben und erleiden wir, weil wir denken: Ohne uns gehts nicht! Dabei geht es oft ausgesprochen gut ohne uns. Wir jammern über Druck und Stress – und verursachen ihn doch selbst.

„Alle eure Sorgen werft auf ihn, denn er sorgt für euch.“ 1. Petrus 5,7

Impuls für die Stille:

An welchem Punkt sollte ich mir Gelassenheit schenken lassen?

1. Juni

Zwanzig

Zwanzig Geburten
Zwanzig Kinderwagen, zwanzig erste Schritte
Zwanzig Kindergärten, zwanzig Bleistifte, zwanzig Schulhefte
Zwanzig erste Bücher, zwanzig Prüfungen,
Zwanzig geflüsterte Geheimnisse, zwanzig freudige Ereignisse,
Zwanzig erste Lieben, zwanzig Enttäuschungen,
Zwanzig Hoffnungen
Zwanzig Grabsteine, zwanzig Gedenkkerzen
Und sie waren noch keine Zwanzig ...

Diese Zeilen stammen von einem Jungen aus Tel-Aviv. Er hat sie im Gedenken an seine Mitschüler geschrieben, die einem der vielen Terroranschläge in Israel zum Opfer fielen. Seinen Zeilen fehlt das Motiv der Rache, des Hasses, der Schuldzuweisungen und des Rufes nach Vergeltung. Dies alles mag politische Fanatiker und religiöse Eiferer bewegen. Ihn bewegt es nicht. Ihn bewegt nur Trauer, nichts als Trauer.

„Gott aber sprach zu Kain: Was hast du getan? Die Stimme des Blutes deines Bruders schreit zu mir von der Erde.“ 1. Mose 4,10

Impuls für die Stille:
Ich bete für die Angehörigen der Opfer von Terror und Gewalt.

2. Juni

Der Lebenszyklus der Schöpfung

Man mache es sich bewusst: Die Eichen und Buchen, die unsere Großeltern pflanzten, werden erst unsere Enkel ernten. Denn so lange dauert es, bis die wichtigsten Baumarten der heimischen Wälder ihre volle Größe erreichen. Eine Douglasie braucht hierzu 90, eine Fichte 100, die Kiefer 120, die Buche 140 und die Eiche sogar 180 Jahre. Immer vorausgesetzt, es gelingt ihnen, Wind und Wetter zu trotzen. Dieser lange Wachstumsprozess der Bäume zeigt: Gott hat alles mit Zeit zur Reifung und Entfaltung belegt. Da ist nichts von jetzt auf gleich zu erreichen. Und es ist auch nichts von jetzt auf gleich zu ersetzen. Dies mahnt zur Vorsicht. Der Lebenszyklus der Schöpfung ist ein anderer als der eines überbeschleunigten Menschen des 21. Jahrhunderts. Unsere Vorfahren wussten um diese Zusammenhänge und achteten sie. So verfügte schon Kaiser Friedrich II. (1194–1250) erste Bestimmungen zum Schutz des Waldes und bereits um 1380 achtete jeder Haus- und Grundbesitzer in Dortmund oder Nürnberg darauf, dass Bäume nicht nur gefällt, sondern auch gepflanzt werden. Hätten sie es nicht getan, es sähe heute öde aus in Deutschland, sehr öde.

„Und Gott der Herr pflanzte einen Garten in Eden gegen Osten hin und setzte den Menschen hinein, dass er den Garten bebaute und bewahrte." 1. Mose 2,8.15b

Impuls für die Stille:
Welche Welt hinterlassen wir unseren Kindern?

3. Juni

Leidenschaftliches Gebet

Wenn sich an der Klagemauer in Jerusalem orthodoxe Juden zum Gebet versammeln, so ist dies ein faszinierender Anblick. Denn bei einem betenden Juden ist der ganze Mensch in Bewegung. Da wiegt sich der Oberkörper rhythmisch hin und her. Da trommeln Männer mit ihren Fäusten gegen die Klagemauer, als wollten sie damit sagen: „Mein Gott, nun höre mir doch endlich zu!" Da wird gelacht, da wird geweint – wohlgemerkt alles im Gebet – es wird gesungen, sich an die Brust geschlagen, geflüstert und auch geschrieen.

Wie dieser Anblick auf unbeteiligte Passanten wirken mag, scheint für die Betenden keine Rolle zu spielen. Dafür ist ihnen das, was sie Gott zu sagen haben, viel zu wichtig.

Sicherlich lässt sich diese Leidenschaft nicht ohne weiteres kopieren. Manches ist sicherlich kulturell bedingt. Und doch möchte ich von einer solchen Art zu beten lernen. Denn wer so klagen und sich vor Gott aussprechen kann, wächst über seinen Jammer hinaus. Er öffnet sich Gottes unermesslichen Möglichkeiten und verlässt damit die Enge des selbstzerstörerischen Grübelns. Zuversicht tritt an die Stelle der Angst, Dankbarkeit keimt aus den Wurzeln begründeten Vertrauens.

„Ich sprach wohl in meinem Zagen: Ich bin von deinen Augen verstoßen. Doch du hörtest die Stimme meines Flehens als ich zu dir schrie." Psalm 31,23

Impuls für die Stille:
Welche Vorbehalte hindern mich daran, Gott leidenschaftlicher im Gebet zu begegnen?

4. Juni

Explosion des Wissens

Die direkt gegenüber dem Kapitol in Washington gelegene „Library of Congress" ist sicherlich eine der größten öffentlichen Bibliotheken der Welt. Auf 965 Regalkilometern findet man hier mehr als 100 Millionen Bücher. Ihr Inhalt repräsentiert, was menschliches Wissen, Kunst und Poesie im Laufe der Zeit zusammengetragen hat. Und täglich nimmt der Umfang dieses riesigen Konglomerats des Wissens zu. Alle sieben Sekunden wird während der Öffnungszeiten in der „Library of Congress" ein neuer Titel aufgenommen, katalogisiert und der Allgemeinheit zur Verfügung gestellt. Führt man sich vor Augen, dass der Grundstock für diese Multimedia-Enzyklopädie erst 1815 mit einem Grundstock von 6.487 Büchern gelegt wurde, so lässt sich erahnen, welche explosionsartige Entwicklung das menschliche Schaffen und Wissen in nicht einmal zwei Jahrhunderten genommen hat. Bei aller Faszination löst ein solches Maß an gedruckter Erkenntnis natürlich auch ein Gefühl der Hilflosigkeit aus. Macht es eigentlich noch Sinn, sich mit irgendeiner Sache tief gehender zu beschäftigen? Schließlich besteht die Gefahr, dass mein Wissen in dem Moment, in dem ich mir einen ungefähren Überblick verschafft habe, bereits wieder veraltet, von der Entwicklung überholt worden ist. Im Bereich der naturwissenschaftlichen oder technologischen Abhandlungen mag dies zweifellos zutreffen, vielleicht sogar im Blick auf Poesie und Kunst.

Aber zumindest ein Buch unter den 100 Millionen Exemplaren der „Library of Congress" gilt als gänzlich unüberholbar und von daher genießt es auch dort einen Ehrenplatz: es ist die Bibel, gedruckt im Jahre 1455 von Johannes Gutenberg. Die im Alten und Neuen Testament aufgezeichnete Liebeserklärung Gottes an uns Menschen ist zeitlos gültig. Und wenn es etwas gibt, das es für alle Menschen zu allen Zeiten unbedingt zu wissen gilt, dann ist es diese durch nichts anderes zu ersetzende Liebeserklärung.

„Öffne mir die Augen, dass ich sehe die Wunder an deinem Gesetz. Denn dein Wort ist meines Fußes Leuchte und ein Licht auf meinem Wege." Psalm 119,18.105

Impuls für die Stille:
Welchen Raum räume ich der Bibel in meinem Alltag ein?

5. Juni

Liebe zum Unsichtbaren

„Glaube ist Liebe zum Unsichtbaren", meint Goethe in seinen Maximen und Reflexionen. Aber ist es überhaupt möglich, einen unsichtbaren Gott zu lieben? Ist Liebe nicht darauf angewiesen, sein Gegenüber zu sehen, zu fühlen und anzufassen? Nicht unbedingt. Viele Christen sagen: „Der Gott, von dem die Evangelien berichten, macht ihn mir derart sympathisch, dass ich unwillkürlich Zuneigung in mir spüre. – Da ist es gar nicht von Bedeutung, dass ich ihn in diesem Leben niemals sehen werde." Eine andere

Zugangsmöglichkeit besteht darin, sich möglichst intensiv vor Augen zu malen, was wir als Menschen Gott zu verdanken haben. Denn Liebe entsteht ungeachtet aller Gefühle vor allem durch Dankbarkeit. Jemandem, der mir in einer bestimmten Situation das Leben rettet, werde ich für immer zutiefst verbunden sein. Die Macht der Liebe zu den Eltern spüre ich als Erwachsener selbst dann, wenn ich um Abgrenzung bemüht bin. Und so gründet auch die Liebe zu Gott vor allem auf Dankbarkeit. Sie beruht darauf, dass er mich erschaffen hat und mit all meinen Ecken und Kanten erträgt. Die Liebe zu Gott erwächst der Tatsache, dass er sich am Kreuz völlig verausgabt und für mich dahingegeben hat. Darum ist sie auf Sichtbarkeit nicht angewiesen.

„Der Herr aber richte eure Herzen aus auf die Liebe Gottes und die Geduld Christi." 2. Thess. 2,5

Impuls für die Stille:
Wie würde ich meine Beziehung zu Gott umschreiben?

6. Juni

Macht und Ohnmacht der Orakel

Der kleine Junge ist sehr begabt und malt für sein Leben gern. Er möchte das Abitur machen und danach Kunstgeschichte studieren. Der Junge hat eine Oma, eine angstbesetzte Frau. Sie hätte in ihrer Jugend auch gerne studiert. Doch dann kam der Krieg dazwischen und in vielem, was sie später versuchte, war sie gescheitert. Sie ist bemüht, den Enkel vor Enttäuschung zu bewahren: „Ach, Junge, lass es lieber sein! Glaub' mir, das ist einfach zu schwierig. Das schaffst du nie!" – Der Junge spürt die liebende Absicht der Großmutter. Seine Seele glaubt ihren Worten. Er scheitert tatsächlich. Zwar nicht beim Abitur, aber bei der Aufnahmeprüfung zum Studium. Erfüllte Prophetie. „Das schaffst du nie!" – Ein Satz wie dieser steht als Leitmotiv über vielen Lebensbiografien. Und diejenigen, die sich unter dem Einfluss eines solchen Orakels befinden, können sich nur schwer davon lösen. Es bedarf einer besonderen Kraftquelle, um die Macht des Orakels zu brechen. Der Glaube an Christus ist diese Kraftquelle. Denn der Glaube orientiert sich allein an den Möglichkeiten Gottes. Das bedeutet im Klartext: Was aus mir wird, hängt davon ab, welches Ziel Gott sich mit mir als seinem Geschöpf gesetzt hat. Seine guten Absichten für mein Leben sind der entscheidende Machtfaktor. Lebenserfahrungen oder von Generation zu Generation weiter vermittelte Familienmottos dürfen demgegenüber zurücktreten. Es gilt in Abwandlung des bekannten Sprichwortes: Wo Gottes Wille ist, da ist auch ein Weg!

„Ich vermag alles durch den, der mich mächtig macht, Christus." Philipper 4,13

Impuls für die Stille:

Welche übernommenen „Orakel" üben in meinem Leben Wirkung aus?

7. Juni

Zeuge sein verpflichtet

Ein Junge beobachtet zwei Klassenkameraden, die auf dem Schulhof mit Drogen handeln. Er behält es für sich. Er macht sich schuldig. Zeuge sein verpflichtet.

Im Straßengraben liegt ein lädierter Pkw. Der Fahrer des Lastzuges steuert achtlos daran vorbei. Er macht sich schuldig. Zeuge sein verpflichtet.

„Frau Doktor, sagen Sie ehrlich: Wie steht es um mich?" – Die Ärztin hüllt sich in Schweigen. Sie macht sich schuldig. Zeuge sein verpflichtet.

Ein Nachbar hört lautstarkes Wüten der Eltern und das Wimmern von Kindern. Er stellt sein Radio lauter. Er macht sich schuldig. Zeuge sein verpflichtet.

Es ist Sonntagmorgen, und voll Inbrunst singt er den Choral: „Ich weiß, woran ich glaube." Verraten wird er allerdings niemand, was er weiß. Er macht sich schuldig. Zeuge sein verpflichtet.

„Wir können's ja nicht lassen, von dem zu reden, was wir gesehen und gehört haben." Apostelgeschichte 4,20

Impuls für die Stille:
Bin ich mir meiner Verantwortung als Zeuge Jesu bewusst?

8. Juni

Mit der Vergangenheit versöhnt

Im Zusammenhang mit der Vereidigung des ersten farbigen Staatspräsidenten Südafrikas kam es zu einer bewegenden Szene. Nelson Mandela entdeckte in der Masse der Zuschauer den Menschen, der ihn während seiner langjährigen Haft auf der Gefängnisinsel Robben Island bewacht hatte. Sofort ließ er den Mann zu sich nach vorne rufen. Nur langsam folgte der ehemalige Gefängniswärter der Aufforderung. Würde er für seinen Dienst im Auftrag des Apartheidregimes nun öffentlich bloßgestellt und beschimpft werden? Nein, es kam ganz anders. Präsident Mandela führte den Mann zur Ehrenloge seiner Familie. Sinngemäß soll er gesagt haben: „Wir haben so viel zusammen erlebt – du gehörst hierhin."

Diese Geste Nelson Mandelas ist nicht nur ein bewundernswertes Beispiel für Vergebung und praktizierte Feindesliebe. Sie zeigt auch, dass es möglich ist, sich mit schmerzhaften Erfahrungen der Vergangenheit so zu versöhnen, dass sie zu einem bejahten Bestandteil der eigenen Biografie werden. Zweifellos wird der Häftling Mandela unter seinem Häscher gelitten haben. Aber er ist über diesen Schmerz hinausgewachsen. Auch das Böse und Abgründige auf dem langen Weg zur Freiheit hat ihn geformt. Es hat ihn zu dem Menschen gemacht, der ihn zum Präsidenten eines Vielvölkerstaates reifen ließ. Darum braucht er die Zeit auf Robben Island nicht zu verdrängen. Er muss die Menschen, die ihn verletzten, nicht hassen. Im Gegenteil: sie gehören zu ihm – wie die eigene Familie.

„Und Josef sprach: Ihr gedachtet es böse mit mir zu machen, aber Gott gedachte es zum Guten zu wenden, so wie es jetzt offenbar ist.“ 1. Mose 50,20

Impuls für die Stille:
Lebe ich versöhnt mit meiner Geschichte?

9. Juni

Examen auf marokkanisch

Ein in Marokko tätiger Missionar entwickelt ein theologisches Programm zur Ausbildung der einheimischen Gemeindeleiter und Pastoren. Natürlich ist das Bildungsniveau der Kursteilnehmer höchst unterschiedlich. So ist zum Beispiel auch nur ein Teil der Kandidaten des Lesens und Schreibens mächtig. Als die Zeit der Prüfungen gekommen ist, entschließt sich der Missionar zu einem gestaffelten Prüfungsverfahren. Die schulisch erfahrenen Studenten erhalten einen Prüfungsbogen mit verschiedenen Fragen zur Bibelkunde und zur Lehre der Kirche. Die Analphabeten unter den Prüflingen dagegen werden zu einer mündlichen Prüfung gebeten. Als es an das Glaubensbekenntnis und die Rechtfertigungstheologie geht, stellt der Missionar folgende Frage: „Nehmen wir einmal an, Sie wären gestorben und stehen vor der Himmelspforte. Was würden Sie Christus, der dort steht, sagen, damit er Sie einlässt?“ Darauf einer der Studenten entrüstet: „Wieso sollte er mich nicht einlassen? Er kennt mich doch!“

„Er kennt mich doch!“ – eine schlichtere und gleichzeitig treffendere Antwort lässt sich kaum geben auf die Frage, was uns vor Gott rechtfertigt und in Ordnung bringt. Es sind nicht unsere Taten, die ihn beeindrucken. Es ist nicht das, was wir schaffen oder als Lebensleistung vorzeigen können, was unserem Leben Wert verleiht. Es ist einzig und allein dies, dass Christus sagt: „Ja, dich kenne ich! Für dich bin ich gestorben. Du bist mir nachgefolgt und wir haben einen vertrauten Umgang miteinander gehabt.“ Der marokkanische Student hat die Prüfung aufgrund seiner entrüsteten Rückfrage bestanden. Die Wahrheit des Evangeliums will mit dem Herzen verstanden werden, der Kopf kann nachkommen.

Christus spricht: „Meine Schafe hören meine Stimme, und ich kenne sie, und sie folgen mir; und ich gebe ihnen das ewige Leben." Johannes 10,27

Impuls für die Stille:

Was bedeutet es für mein Leben, dass ich meinen Wert nicht an meinem Tun ablesen muss, sondern an der Beziehung zu Christus festmachen darf?

10. Juni

Menschenwürde

„Die Würde des Menschen ist unantastbar. Sie zu achten und zu schützen ist Verpflichtung aller staatlichen Gewalt." So lautet Artikel 1 des Grundgesetzes der Bundesrepublik Deutschland. Aber worin besteht eigentlich die besondere Würde des Menschen, die ihn von allen anderen Geschöpfen abhebt? Die Kulturgeschichte gibt uns unterschiedliche Antworten auf diese Frage. Im antiken Griechenland beispielsweise sah man im Philosophen oder auch im Athleten die Idee des wahren Menschseins verwirklicht. Intelligenz bzw. Ästhetik als Ausweis des Vollkommenen. Mit der Konsequenz, dass selbst ein Aristoteles sich für die Tötung behinderten Lebens aussprechen konnte. Zu anderen Zeiten galten Sprache und Kommunikationsfähigkeit als herausragendes Kennzeichen des Menschen. Weil man die Ureinwohner Afrikas nicht verstand, durfte man sie versklaven. Schließlich handelte es sich offensichtlich nicht um menschliche Geschöpfe. Seit der Aufklärung schließlich macht man die Würde des Menschen gerne an seiner Individualität, an seiner Freiheit zur Lebensgestaltung fest. Doch was bleibt von diesen Kriterien übrig, wenn Gebrechlichkeit am Personenkern nagt?

Jeder Versuch, die Menschenwürde am Menschen selbst festzumachen, erweist sich letztlich als brüchig. Die einzig tragfähige Verankerung liegt vielmehr darin, dass es jemand gibt, der uns von außen her zusagt: „Du bist mir unendlich viel wert. Denn ich habe dich gekannt, bevor die Welt überhaupt einen Gedanken an dich verschwendet hat. Und ich werde dich im Gedächtnis behalten, selbst dann, wenn du dich selbst vergessen haben wirst." Der liebende Blick Gottes, er ist der eine Pfeiler, an dem sich die Würde des Menschen festmachen lässt.

„Und Gott schuf den Menschen zu seinem Bilde, zum Bilde Gottes schuf er ihn." 1. Mose 1,27

Impuls für die Stille:

Ich spreche vor Gott aus, wo ich die Achtung vor der Würde des Menschen gefährdet sehe.

11. Juni

Wenn nichts mehr schmeckt

Eine Frau versucht ihren gestressten Ehemann zu trösten. „Mein Liebster, kann ich irgendetwas Gutes für dich tun? Soll ich dir einen Kaffee machen?" – „Nein."

„Möchtest du vielleicht etwas Leckeres essen?" – „Bloß nicht!"

„Und wenn ich dir kalte Umschläge mache, könnte ja sein, dass das etwas hilft!" – „Ich weiß, es ist gut gemeint, aber lass es lieber."

Die arme Frau. Sie überlegt sich alles erdenklich Gute, um ihren Mann zu verwöhnen, doch er kann es nicht wertschätzen. Er kann es nicht wertschätzen, weil der Kopfschmerz ihn derart quält, dass selbst das eingenommene Aspirin keine Wirkung zeigt.

Eine ebenso alltägliche wie eindrückliche Erfahrung: Wenn unser Körper rebelliert und er sich irgendwie schmerzhaft äußert, dann gibt es nichts, was uns anzusprechen vermag. Da kann es sogar sein, dass sich beim Anblick einer Lieblingsspeise, bei der uns normalerweise das Wasser im Munde zusammenlaufen würde, schier der Magen umdreht. Wem solches widerfährt, der weiß unweigerlich: „Mit mir stimmt etwas nicht. Ich bin wohl krank."

Es wäre gut, wenn wir die gleiche Sensibilität auch im Blick auf unsere Seele aufbringen würden. Denn auch unser Inneres kennt diesen Schmerz. Der Schmerz der Seele besteht in einer tiefen Freudlosigkeit. Darin, dass es nichts mehr zu geben scheint, wofür wir dankbar sein können, selbst dann nicht, wenn rein äußerlich Grund zur Freude und zur Dankbarkeit bestehen würde. Ein freies Wochenende – und ich empfinde es als fade. Ein Besuch bei Freunden – und er ist mir lästig.

Wir sind es nicht gewohnt, auf diese Schmerzsymptome der Seele zu reagieren, sondern übergehen sie meist. Doch es ist wichtig, in sich hinein zu horchen. Denn ebenso wie körperlicher Schmerz seine Ursache hat, so hat es auch seine Ursachen, wenn die Seele rebelliert. Häufig besteht die Ursache für eine solche Rebellion in einem Sinnverlust, in der Ahnung, dass Lebensentwurf und tatsächlich gelebtes Leben nicht mehr übereinstimmen. Spätestens dann ist es Zeit, mit Gott darüber zu reden.

„Was betrübst du dich, meine Seele, und bist so unruhig in mir? Harre auf Gott, denn ich werde ihm noch danken, dass er meines Angesichts Hilfe und mein Gott ist." Psalm 42,6f

Impuls für die Stille:
Ich spreche mit Gott über das, was meine Seele betrübt.

12. Juni

Mit den Wölfen heulen?

Einem breiteren Publikum bekannt geworden sind sie eigentlich erst durch ihre Verfilmung und Ausstrahlung im Fernsehen: die Tagebücher des Victor Klemperer. Die Tagebücher beschreiben die Lebenswelt eines jüdischen Intellektuellen im Deutschland der Dreißiger Jahre. Professor Victor Klemperer arbeitet zu jener Zeit als anerkannter Geisteswissenschaftler an der Universität Dresden.

Natürlich merkt er, dass sich nach der Machtergreifung Hitlers seine Arbeitsbedingungen verschlechtern und die Luft für Juden in Deutschland zunehmend dünner wird. Und natürlich ist er schockiert, als die ersten jüdischen Kollegen vom Dienst suspendiert werden. Aber Klemperer beruhigt sich damit, dass er im I. Weltkrieg Frontsoldat war, mit einer arischen Frau verheiratet ist und trotz verschärfter Rassengesetze sogar die Genehmigung zum Bau eines Häuschens bekommen hat. Und so bedeutet es für ihn zunächst auch keine Schwierigkeit, den für Professoren obligatorischen Eid auf Hitler abzulegen. Das ändert sich erst einige Tage später, als er erfährt, dass sich einer seiner ehemaligen Kollegen aus Gewissensgründen im Universitätsgebäude aufgehängt hat. Da bricht er zusammen, weil ihm schlagartig klar wird: „Ich habe mit den Wölfen geheult. Ich habe durch den Eid auf Hitler meine jüdische Identität verraten. Ich bin ein feiger Opportunist, der sein Mäntelchen stets nach dem Wind dreht."

Es sind noch nie so viele Menschen um ihres Glaubens willen verfolgt worden wie in der Gegenwart. Hilfswerke wie „Open Doors International" versuchen diese Tatsache stets in das Bewusstsein unserer Kirchen und Gemeinden zu rufen. Dabei wird immer wieder deutlich: konsequent gelebter Glaube führt fast unweigerlich in den Konflikt mit den geltenden Verhältnissen und Maßstäben. Was uns Christen in der westlichen Welt vor Verfolgung schützt, sind nicht nur die Toleranz und Freiheit unserer Gesellschaftsordnung. Es ist auch unsere Fähigkeit, dort Kompromisse zu schließen, wo Widerstand und ein klares Bekenntnis gefragt wäre. Fragen wir uns selbstkritisch: Hätten unsere verfolgten Schwestern und Brüder nicht allen Grund, den Kopf darüber zu schütteln, wozu wir teilnahmslos schweigen? Bedürfen wir nicht auch der reinigenden Selbsterkenntnis eines Victor Klemperer?

„Da sprach Jesus zu seinen Jüngern: Will mir jemand nachfolgen, der verleugne sich selbst und nehme sein Kreuz auf sich und folge mir. Denn wer sein Leben erhalten will, der wird's verlieren; wer aber sein Leben verliert um meinetwillen, der wird's finden."
Matthäus 16,24f

Impuls für die Stille:
Wie verstehe ich konsequentes Christsein?

13. Juni

Zweifelhafte Therapie

Der Äskulapstab gilt noch heute als Symbol der Ärzte und Apotheker. Er geht zurück auf den griechischen Gott der Gesundheit, Asklepios, dem in der Antike eine Fülle von Heilstätten geweiht waren. Manche der Behandlungsmethoden jener Zeit haben ihre Gültigkeit über die Jahrhunderte bewahrt, manche dürften moderne Mediziner eher befremden. Dies gilt z. B. für eine Schocktherapie, mit der man Menschen von psychischen Beschwerden zu befreien versuchte. Einer Inschrift zufolge kam es zu dieser Behandlungsform folgendermaßen: Ein stummes Mädchen wurde zur Behandlung in das Asklepiosheiligtum nach Epidaurus gebracht. Zur Vorbereitung wurde es in einen fensterlosen, dunklen Raum geführt, um in der Abgeschiedenheit in einen Zustand innerer Ruhe zu kommen. Als man am nächsten Morgen die Türe öffnete und das Mädchen plötzlich erwachte, löste sich ihre Zunge und sie begann laut zu schreien. Sie hatte von Schlangen geträumt und war durch das unvermittelte Aufwecken von der Angst befallen worden, ihr Zimmer sei voller giftiger Reptilien. Für die Priester von Epidaurus war diese Heilung ein eindeutiger Hinweis für die segensreiche Wirkung des Schreckens. Es wurde fortan zu einer beliebten Behandlungsmethode, seelisch Leidende dadurch zu „schocken“, dass man sie in ein abgedunkeltes Zimmer mit zwar harmlosen, aber Ekel erregenden Reptilien einschloss. Ob weitere Patienten durch diese Vorgehensweise geheilt wurden oder ob sich nicht die meisten zu Tode erschrocken haben, berichten die Annalen freilich nicht!

Ein drastisches Beispiel, das zeigt, wie sehr man sich davor hüten muss, Einzelerfahrungen zu systematisieren. Oft ist das, was mir geholfen hat, genau das, was einem anderen schadet. Dies gilt nicht nur im medizinischen Bereich, sondern auch in der Seelsorge. Ein Wort, ein Ratschlag, der für mich wertvoll war, kann einen anderen verletzen. Darum ist Behutsamkeit angesagt. Ich muss zunächst genau hinhören, bevor ich helfen kann. Eine angemessene und genaue Diagnose ist die Voraussetzung für eine hilfreiche Therapie. Gott um Offenheit und Weisheit zu bitten, ist die beste Hilfe zur Vorbereitung auf sensible Gesprächs- und Lebenssituationen.

„Wenn es jemanden unter euch an Weisheit mangelt, so bitte er Gott, der jedermann gern gibt." Jakobus 1,5

Impuls für die Stille:

Ich bereite mich im Gebet auf die wichtigen Gespräche dieses Tages vor.

14. Juni

Mitten im Leben

Genussvoll beiße ich in mein knuspriges Frühstücksbrötchen. Trinke selbstgemahlenen Kaffee. Lese das Neueste von gestern in der Zeitung von heute.

Ich stehe im Leben, mitten im Leben an einem sonnigen Frühjahrsmorgen.

Dienstbeflissen ordne ich meinen papierüberfluteten Schreibtisch. Vervollständige Akten. Sichte Unterrichtsmaterialien. Erledige die liegen gebliebenen Routinearbeiten einer ganzen Woche.

Ich stehe im Leben, mitten im Leben an einem sonnigen Frühjahrsvormittag.

Sendungsbewusst steige ich in meinen vernachlässigten, schmutzblaugrauen Wagen. Jage jenseits aller Geschwindigkeitsbegrenzungen über die Autobahn, um nicht zu spät zu kommen. Erzähle auf einer kirchlichen Veranstaltung Gehaltvolles über die Haltlosigkeit des Menschen. Ernte lebhafte Zustimmung.

Ich stehe im Leben, mitten im Leben an einem sonnigen Frühjahrsnachmittag.

Gedankenverloren steuere ich auf der Heimfahrt eine Raststätte an. Zapfe bleifreies Benzin. Bemerke eine Unregelmäßigkeit am Profil meines rechten Hinterreifens. Ein Mechaniker nimmt sich meines Wagens an. Er zeigt sich entsetzt: „Um Himmels willen, der steht ja unmittelbar vor dem Platzen!"

Ich bin sprachlos, erschrocken, verwirrt. Sage nur: „Bitte auswechseln, den Reifen."

Ich stand wohl am Abgrund. Haarscharf am Abgrund an einem sonnigen Frühjahrsspätnachmittag.

Zufrieden sitze ich mit dir auf der Veranda. Fröhliches Plaudern über dieses und jenes. Liebevoll versponnene Gedanken zu tausendundeiner Nebensächlichkeit. – Aber da war doch noch etwas, das ich dir erzählen wollte. Was war es nur? Ich hab es vergessen.

Ich stehe im Leben, mitten im Leben am Ende eines sonnigen Frühjahrstages.

„Ein Mensch ist in seinem Leben wie Gras, er blüht wie eine Blume auf dem Felde; wenn der Wind darüber geht, so ist sie nimmer da, und ihre Stätte kennet sie nicht mehr. Die Gnade aber des Herrn währt von Ewigkeit zu Ewigkeit über denen, die ihn fürchten." Psalm 103,15–17

Impuls für die Stille:

Gedanken, Worte, Tatenheere, müsst Ihr Gottes Licht nicht scheu'n?

Wenn ich jetzt grad gestorben wäre, wo würde meine Seele sein? (nach Lavater)

15. Juni

Der Riss in der Schöpfung

„Schafft das Unvollkommene weg, dann allein könnt ihr Gott demonstrieren. Man kann das Böse leugnen, aber nicht den Schmerz; nur der Verstand kann Gott beweisen, das Gefühl empört sich dagegen. Merke es dir, Anaxagoras: warum leide ich? Das ist der Fels des Atheismus. Das leiseste Zucken des Schmerzes, und rege es sich nur in einem Atom, macht einen Riss in der Schöpfung von oben bis unten." (Dantons Tod, 3. Akt)

Warum leide ich? Vielleicht ist dies die älteste aller Menschheitsfragen. Wer sie stellt, den beschäftigt meist weniger ein philosophisches Problem als vielmehr eine bedrängende Wirklichkeit – der Schmerz. Darum verfehlt jede rein philosophische Antwort den Kern des Problems. In der Bibel wird die Frage, warum Gott das Leiden in der Welt zulässt, selten theoretisch erörtert. Ihr Ansatz ist eher zupackend. Sie berichtet, wie Gott immer wieder heilend eingreift, Schmerz „wegschafft". Sie stellt in Aussicht, dass Gott eines Tages alles Böse und Unheilstiftende aus seiner Schöpfung verbannen wird, weil es ihm selbst ein stechender Dorn im Auge ist. Die Bibel spricht davon, dass Menschen in ihrem Schmerz nicht verlassen sind. Christus ist da, der am Kreuz selbst unsäglich gelitten hat. Er steht ihnen zur Seite. Die Antworten der Bibel können den fragenden Intellekt nicht vollends befriedigen. Aber sie lassen den hoffen, der den „Riss in der Schöpfung" am eigenen Leib zu spüren bekommt.

„Gott wird abwischen alle Tränen von ihren Augen, und der Tod wird nicht mehr sein, noch Leid noch Geschrei noch Schmerz wird mehr sein; denn das Erste ist vergangen." Offenbarung 21,4

Impuls für die Stille:

Zuweilen gebraucht Gott Menschen, um einen „Riss in seiner Schöpfung" zu kitten. Was steht im Bereich meiner Möglichkeiten?

16. Juni
Mr. Bean in der Kirche

Kennen Sie Mr. Bean? Mr. Bean, alias Rowan Atkinson, ist ein englischer Komiker, der in einer unnachahmlich typisch englischen Weise menschlich allzu Menschliches auf die Schippe nimmt. Ständig tappt er in kurzen Szenen von einer Peinlichkeit in die nächste. In einem dieser Sketche zieht es den schlaksigen Mr. Bean in die Kirche. Sofort wird deutlich, dass er selten in die Kirche geht. Der Fernsehzuschauer leidet unwillkürlich mit ihm mit, wenn er sieht, wie Mr. Bean angestrengt bemüht ist zu vertuschen, dass er nicht weiß, wie die Liturgie abläuft, wann man sich zu setzen und wann man aufzustehen hat usw. Es gibt nur eine Szene, da spürt man: „Jetzt geht es Mr. Bean richtig gut!" – Es ist die Stelle im Gottesdienst, an der die Gemeinde ein Lied singt, bei dem im Refrain ein „Halleluja" vorkommt. Mit strahlendem Gesicht singt Mr. Bean voller Begeisterung: „Halleluja! Halleluja!" Dabei irritiert es ihn nicht im Geringsten, dass er ob seiner quakenden Stimme die verstörten Gesichter der Banknachbarn auf sich zieht. Mr. Bean singt, was er mitsingen kann! Er gibt Gott an Lobpreis, was er zu geben hat! Nicht schön, aber laut!

Es ist so wichtig, dass wir als Christen mehr Mut zum Singen entwickeln. Selbst dann, wenn die Töne, die wir entwickeln, eher an das Brummen eines Bärs oder – wie bei Mr. Bean – an die Laute eines Froschs erinnern.

In der Bibel ist das Singen und Loben gemeinsam mit dem Beten die ursprünglichste Ausdrucksform des Glaubens. Ein gesunder Glaube singt mit derselben Selbstverständlichkeit, wie er betet und sich in Gemeinschaft begibt. Es waren Lieder wie das der Mirijam in 2. Mose 15, durch die der Name Gottes bekannt geworden ist unter den Völkern. Und für viele Menschen ist es ein geistliches Lied gewesen, dass die Grundstimmung für ihren späteren Glauben gelegt hat – ein Vers, den die Mutter vor dem Schlafengehen anstimmte oder eine Melodie, die der Vater vor sich hin pfiff, wenn er von der Arbeit nach Hause kam. Nichts erreicht unsere Seele so tief wie die Musik. Was sie in uns zum Klingen bringt, prägt uns mehr, als Worte allein es je vermögen.

„Halleluja! Lobe den Herrn, meine Seele! Ich will den Herrn loben, solange ich lebe, und meinem Gott lobsingen, solange ich bin.“ Psalm 146,2

Impuls für die Stille:
Welche Lieder begleiten und prägen mich?

17. Juni
Die Mahnung des „Nazaräerevangeliums“

Neben den uns bekannten vier Evangelien kursierten in der Urchristenheit noch eine Reihe anderer Berichte über das Leben und Wirken Jesu, von denen uns einige in Fragmenten erhalten geblieben sind. Manchmal werfen sie ein interessantes Licht auf bekannte Geschichten des Neuen Testamentes. So findet sich zum Beispiel in dem in jüdisch-christlichen Gemeinden des 2. Jahrhunderts verbreiteten „Nazaräer-Evangelium“ eine bemerkenswerte Erweiterung des Gespräches Jesu mit dem reichen Jüngling (Markus 10,17–21). Auf dessen Behauptung, er habe Zeit seines Lebens alle Gebote gehalten, antwortet Jesus: „Wie kannst du sagen, du habest Gesetz und Propheten erfüllt? Im Gesetz steht doch: Liebe deinen Nächsten wie dich selbst. Doch viele deiner Brüder und Schwestern, Kinder Abrahams wie du, starren vor Dreck und sterben vor Hunger. Und derweil ist dein Haus voll von vielen guten Dingen, und nichts davon kommt heraus zu ihnen.“

Wir stehen als Christen in Europa oft in der Gefahr zu glauben, Gehorsam gegenüber Gottes Geboten erschöpfe sich darin, uns im privaten Bereich moralisch einwandfrei zu verhalten. Doch so wichtig es sein mag, sich im Familien- und Freundeskreis als glaubwürdig zu erweisen, Nachfolge Jesu hat einen wesentlich weiteren Horizont. Dieses Teilstück eines verloren gegangenen Evangelienberichtes erinnert daran, dass es uns als den Reichen dieser Welt nicht gleichgültig sein darf, wenn anderenorts Kinder Gottes im Elend verzweifeln. Unsere Verantwortung schließt den fernen Nächsten nicht aus, sondern ein.

„Und Jesus sprach zu ihnen: Liebe Kinder, wie schwer ist's, ins Reich Gottes zu kommen." Markus 10,24

Impuls für die Stille:
Was lösen Berichte über fremdes Leid in mir aus?

18. Juni

Not verbindet

Stimmengewirr und Lachen dringt aus dem Gemeinschaftsraum einer Krankenhaus-Station. Wer dort wohl beieinander sitzt und sich angeregt unterhält? Es sind drei Frauen. Eine gepiercte Jugendliche mit Knopf in der Nase sitzt neben einer alten Dame mit Dutt im Haar. Die Dritte im Bund ist eine korpulente türkische Frau mit Kopftuch und Billigschlappen von Hertie oder Woolworth an den Füßen. Eine seltsame Mischung. Aber augenscheinlich haben sie eine gemeinsame Sprache. Sie scheinen sich zu verstehen. Der Beobachter geht weiter. Im Zimmer des Bekannten, den er besuchen möchte, befindet sich noch ein weiterer Patient. Während des Gesprächs fängt der Mann im Nebenbett an zu röcheln und zu husten. Der Besucher misst dem keine Bedeutung bei und denkt: „Na, das hängt wohl mit der Krankheit zusammen, dass der ein bisschen schwer Luft bekommt." – Doch der Bekannte wendet sich aufgeschreckt seinem Leidensgenossen zu und sagt: „Du, Ernst, was hast du? Geht es dir nicht gut? Soll ich die Schwester rufen?" – *„Du, Ernst?"* – „Komisch", denkt der Besucher, „die beiden duzen sich, dabei haben sie sich doch augenscheinlich erst hier im Krankenhaus kennen gelernt."

Ob solche gestandenen Mannsbilder in der „freien Wildbahn", in der Welt der Gesunden, wohl auch derart sensibel aufeinander achten würden? – Ob außerhalb des Krankenhauses drei so unterschiedliche Frauen jemals Freude miteinander teilen würden?

Not verbindet, das Bedürfnis nach Zuwendung, die gemeinsame Hoffnung auf Besserung verbindet.

Es ist bezeichnend, dass es in der Geschichte von der Heilung der zehn Aussätzigen in Lukas 17 zunächst gar keine Rolle spielt, dass einer der zehn Samaritaner ist und die anderen neun Juden. Es ist belanglos, denn die Krankheit schließt sie unterschiedslos aus der Gemeinschaft der Gesunden aus. Sie sind vereint in dem Ruf um Erbarmen. Erst nach der Heilung trennen sich ihre Wege, und das Evangelium verrät uns im Blick auf die Dankbarkeit des Einen: „Das aber war ein Samaritaner."

Es muss uns zu denken geben, wenn erst Not eine Gemeinschaft zu stiften vermag, die uns ungeachtet unserer Lebensgeschichte sensibel füreinander macht.

„Und sie erhoben ihre Stimme und sprachen: Jesus, lieber Meister, erbarme dich unser!" Lukas 17,13

Impuls für die Stille:

Ich denke nach über Menschen, denen ich ausweiche, obwohl sie meine Gemeinschaft brauchen.

19. Juni

Nur nicht liegen bleiben

Es gibt Denkgewohnheiten, die die gesunde Entwicklung eines Menschen behindern. Das sind nicht nur negative „Familienmottos" oder erstarrte Überlieferungen. Sogar geistliche Wahrheiten können das Schicksal erleiden, entstellt zu werden und dadurch eine gefährliche Wirkungsgeschichte entwickeln. So wird etwa die biblische Rede von der Sündhaftigkeit des Menschen von vielen Christen missverstanden in dem Sinne: „Ich bin ein Sünder. Am besten ist, ich gebe mich geschlagen und versuche in keiner Weise, diesbezüglich weiter zu kommen. Damit mache ich alles nur noch schlimmer. Das Einzige, was mir bleibt, ist, mich darüber zu freuen, dass Christus am Kreuz für mich gestorben ist." – Das Vertrackte an dieser Denkweise ist, dass hier Wahrheit und Unfug, Frömmigkeit und Gleichgültigkeit so eng miteinander verzahnt sind, dass sich beides kaum voneinander trennen lässt. Der erste Satz ist ja richtig. „Ich bin ein Sünder." – Ja, das ist wahr. Es stimmt, dass ich mit meinem Leben vor Gott nicht bestehen kann. Wer wollte das schon bezweifeln? Und die letzte Konsequenz: „Ich will mich freuen, dass Christus am Kreuz für mich gestorben ist", die ist ja auch richtig. Nur das, was dazwischen steht, lässt sich nirgendwo aus der Bibel herauslesen: die Behauptung, dass es im Blick auf die Auseinandersetzung mit der Sünde keinen Fortschritt gebe. Und diese Behauptung verdreht somit alles zur Lüge.

Denn eine solche Behauptung lässt völlig außer Acht, dass Christus durch die Macht seines Heiligen Geistes in uns wirksam sein und uns verändern will. Ein Christ ist nicht dazu berufen, als ein frommer Jammerlappen immer wieder vor den gleichen Dingen zu kapitulieren. Er ist vielmehr dazu berufen, sich der Herausforderung durch das Böse zu stellen und mit Gottes Hilfe darüber zu triumphieren. Das Neue Testament nennt dies Heiligung.

Gelegentliche Niederlagen dürfen dabei durchaus einkalkuliert werden. Es ist keine Schande zu fallen, solange ich nicht vergesse, im Vertrauen auf Gott wieder aufzustehen. Ob nicht die schwermütig melancholische Ausstrahlung vieler Christen, speziell bei uns in Deutschland, genau damit zusammenhängt, dass wir zwar verinnerlicht haben, worin die Macht der Sünde besteht, aber wenig davon wissen, was die Kraft des Heiligen Geistes vermag?

„Das Gesetz des Geistes, der lebendig macht in Christus Jesus, hat dich frei gemacht von dem Gesetz der Sünde und des Todes."
Römer 8,2

Impuls für die Stille:

Veränderung zum Guten: Welcher Herausforderung möchte ich mich stellen?

20. Juni

Nur zur Erinnerung

Es ist schon eine Weile her, da erhielt ich folgende E-Mail: „Grüß dich. Als du heute Morgen aufgestanden bist, sah ich dich und hoffte, du würdest mit mir reden. Vielleicht nur ein paar Worte über das, was gestern war. Aber ich merkte, dass du sehr damit beschäftigt warst, das Richtige zum Anziehen zu finden. Als du aus dem Haus gestürzt bist, ging ich davon aus, dass sich später ein paar Minuten für uns beide finden würden. Tatsächlich war dann auch etwas Leerlauf im Büro. Du hast dich gemütlich hingesetzt, und ich dachte, du wolltest mit mir reden. Aber dein Griff ging zum Telefon. Irgendjemand erzählte dir den neuesten Tratsch. Na ja, war wohl auch wichtig! Beim Essen, während der Mittagspause, hatte ich den Eindruck, dass es dir peinlich wäre, mich anzusprechen. Kann ich nachvollziehen, schließlich warst du nicht allein. So habe ich mich innerlich auf den Abend vertröstet. Aber was will man machen? Der Spielfilm im Ersten war wirklich gut. Danach warst du sichtlich müde und wohl auch etwas angetrunken. Ich weiß, du liebst Rotwein. Ach, es ist schon mühsam, ständig Selbstgespräche führen zu müssen. Dabei hätte ich dir doch so viel zu sagen. Aber Morgen ist auch ein Tag, und ich werde wieder für dich da sein. Vielleicht wecke ich dich etwas früher, und es ergibt sich dann ein Gespräch. Also, gute Nacht, mein Freund! Schlaf gut."

„Und am Morgen, noch vor Tage, stand Jesus auf und ging an eine einsame Stätte und betete dort." Markus 1,35

Impuls für die Stille:

Wie lässt sich Stille, das Gespräch mit Gott, gestalten?

21. Juni

Auf die Anwendung kommt es an

Gespräch zwischen einem Seifenfabrikanten und einem Priester. Der Seifenfabrikant fasst seine kirchliche Gleichgültigkeit in die Worte: „Ihr Engagement in Ehren, aber seien Sie doch mal ehrlich: Was hat die Kirche in den zweitausend Jahren ihrer Geschichte denn schon erreicht? Die Welt ist durch den christlichen Glauben kein bisschen besser geworden. Nach wie vor hat das Böse die Überhand und es wimmelt nur so von bösen Menschen." Der Priester schweigt zunächst. Doch dann zeigt er auf einen kleinen Jungen am Straßenrand:

„Sehen Sie diesen kleinen Schmutzfink? Da produzieren Sie in Ihrer Firma schon jahrzehntelang Seife, und es gibt immer noch Schmutz und schmutzige Kinder in der Welt." Der Fabrikant lacht: „Na ja, Seife nutzt eben nur, wenn sie auch angewendet wird!" Darauf der Priester: „Eben – der Glaube auch!"

Christus spricht: „Wer diese meine Rede hört und tut sie, der gleicht einem klugen Mann, der sein Haus auf Fels baute. Aber wer diese meine Rede hört und tut sie nicht, der gleicht einem törichten Mann, der sein Haus auf Sand baute." Matthäus 7,24.26

Impuls für die Stille:
Welche praktischen Konsequenzen ziehe ich aus meinem Glauben?

22. Juni

Gewinner

Fernsehwerbung kann so richtig nervtötend sein. Zuweilen gelingt es ihr aber auch, wunderbar aufbauend und befreiend zu wirken. So ist es etwa bei den Spots der „Aktion Mensch", früher „Aktion Sorgenkind".

Die Ausgangssituation ist stets ähnlich gewählt. Ein Pärchen mit dem „Down-Syndrom" oder auch ein einzelner mongoloider Jugendlicher in Begleitung eines Erwachsenen machen sich mit einem geheimnisvollen Koffer auf den Weg. Sie suchen einen ganz bestimmten Menschen. Mal ist dies ein unscheinbares Zimmermädchen in einem Hotel, mal ein hart arbeitender Metzger, mal ein ermüdeter Fabrikarbeiter am Fließband. Mühsal und Schwere scheint deren Situation zu kennzeichnen. Aber wenn dieser ganz bestimmte Mensch schließlich gefunden ist, kommt es immer aufs Neue zu einer beglückenden Szene. Der Koffer wird geöffnet und hervor tritt eine Unmenge an Banknoten, die jauchzend und jubelnd vor Freude in die Luft geworfen wird. Wie aus einem Füllhorn regnet es auf die Beteiligten herab und es ist klar: Hier hat sich eine Lebenssituation von Grund auf geändert.

Aktion Mensch – Kaum eine Werbung wie diese vermag es, das Gefühl von Segen, Befreiung und einer neu gewonnenen Leichtigkeit des Seins zu vermitteln. Dabei geht es hier „nur“ um Geld. Um wie viel größer müsste eigentlich der Jubel darüber ausfallen, was uns mit Christus geschenkt ist?

Durch ihn haben wir Zugang zu allen Schätzen des Himmels. Durch ihn ist uns zugesagt, dass nicht nur unsere äußeren Lebensumstände, sondern sogar unser innerstes Wesen sich ändern darf. Durch ihn sind alle Grenzen gesprengt. Wir sind frei, zu dem zu werden, was wir immer sein wollten. Manchmal vergesse ich diesen wertvollsten aller Gewinne. Darum bin ich der „Aktion Mensch“ dankbar, wenn sie mich durch ihre Werbung an mein eigenes großes Los erinnert.

„Das Himmelreich gleicht einem Schatz, verborgen im Acker, den ein Mensch fand und verbarg; und in seiner Freude ging er hin und verkaufte alles, was er hatte, und kaufte den Acker.“ Matthäus 13,44

Impuls für die Stille:
Worin sehe ich das „große Los“ meines Lebens?

23. Juni
Ein himmlischer Anwalt

Der Heilige Geist wird im griechischen Neuen Testament häufig als „Parakletos“ bezeichnet. Dieser Begriff kommt ursprünglich aus der Gerichtssprache und meint so viel wie „Anwalt“. Nun kennen wir Anwälte in sehr unterschiedlicher Funktion. Da gibt es zum einen den Staatsanwalt. Seine Aufgabe ist es, der Wahrheit Geltung zu verschaffen. Häufig bedeutet dies, einen Menschen seiner Schuld zu überführen, die belastenden Tatsachen ans Licht zu bringen. Das Gesetz braucht solch einen Staatsanwalt. Ohne ihn stünde es in der Gefahr, der Beliebigkeit und Willkür anheim zu fallen. Zum anderen gibt es da aber noch den Rechtsanwalt. Er ist der Fürsprecher des Angeklagten vor Gericht. Seine Funktion besteht darin, einen Menschen zu entlasten. Er sorgt vor allem dafür, dass das Gesetz nicht zu unbarmherzig abstrakten Prinzipien wird. Er bringt die individuelle Situation eines Menschen, seine Motive, seine Lebensgeschichte und vielleicht auch seine Reue zur Sprache. Wenn das Neue Testament, insbesondere das Johannesevangelium, vom Heiligen Geist als „Parakletos“ spricht, hat es beide Ausprägungen des Anwaltberufs vor Augen. Es gehört zum Wesen des Heiligen Geistes, dass er uns sensibel dafür macht, wie und wo wir Gottes Willen missachten, das Gebot seiner Liebe übertreten. Gleichzeitig aber erinnert er uns als tröstender Beistand auch daran, was uns entlastet. Er ruft Christus für uns in den Zeugenstand. Er lässt ihn für uns vor Gott und unserem Gewissen aussagen. Und er schenkt uns die Gewissheit, dass Christus die Konsequenzen unserer Schuld getragen hat.

„Wenn der Heilige Geist kommt, wird er der Welt die Augen auftun über die Sünde und über die Gerechtigkeit und über das Gericht, euch aber wird er in alle Wahrheit leiten.“ Johannes 16,8.13

Impuls für die Stille:
Empfinde ich den Heiligen Geist eher als Staats- oder als meinen Rechtsanwalt?

24. Juni

Päpstliche Grundsätze

Johannes XXIII., der berühmte Reformpapst, hat sich für seinen Alltag eine Litanei der Entschlossenheit, eine Grundregel geschrieben, die er sich jeden Morgen vergegenwärtigte. Seine Grundsätze lauten sinngemäß so:

1. Ich werde mich bemühen, den Tag zu erleben, ohne alle Probleme meines Lebens auf einmal lösen zu wollen.
2. Ich werde nicht danach streben, andere zu korrigieren oder zu verbessern. Nur mich selbst.
3. Ich werde in der Gewissheit leben, zum Glück berufen zu sein, in der Ewigkeit wie auch in dieser Welt.
4. Ich werde mich an die Umstände anpassen, ohne zu verlangen, dass sich die Umstände an mich und meine Wünsche anpassen.
5. Ich werde zehn Minuten meiner Zeit einer guten Lektüre widmen.
6. Ich werde eine gute Tat vollbringen und niemand davon erzählen.
7. Ich werde etwas tun, was mir schwer fällt, und ich werde dafür sorgen, dass es niemand merkt.
8. Ich werde mir einen Plan für den Tag machen und mich vor zwei Übeln hüten: vor der Hetze und der Unentschlossenheit.
9. Ich werde fest daran glauben, dass die gütige Vorsehung Gottes sich um mich kümmert, als gäbe es sonst niemand auf der Welt.
10. Ich werde keine Angst haben, mich an allem zu freuen, was schön ist und werde Gott dafür danken.

„Gott hat alles schön gemacht zu seiner Zeit, auch hat er den Menschen die Ewigkeit ins Herz gelegt, nur dass der Mensch nicht ergründen kann das Werk, das Gott tut, weder Anfang noch Ende.“
Prediger 3,11

Impuls für die Stille:
Welche Grundsätze helfen mir, den Alltag positiv zu gestalten?

25. Juni

Personenschutz? Ja, bitte!

Je prominenter ein Mensch ist, desto dringender braucht er sie. Sie begleiten jeden seiner Schritte und weichen nach Möglichkeit nicht von seiner Seite. Befindet sich der Prominente an seinem Arbeitsplatz oder in häuslicher Atmosphäre, geht es ihnen gut. Sie können aufatmen, entspannen, ausruhen. Begibt sich ihr VIP jedoch in die Öffentlichkeit, ist erhöhte Aufmerksamkeit angesagt. Dann durchstreift der nervöse Blick jeden Winkel, alle Sinne sind voll konzentriert. Ihre gekünstelte Gelassenheit verrät sie noch mehr als der kleine Knopf im Ohr. Ihr Job ist hoch dotiert, denn das Schicksal ihres Schutzbefohlenen ist mit der eigenen Existenz eng verknüpft. Die Rede ist von so genannten „Bodyguards". Wo immer ein bekannter Politiker, Sportler oder Schauspieler sich zeigt, sind sie zur Stelle. Und sie sind darauf vorbereitet, wenn nötig, das eigene Leben zu opfern. Der „Bodyguard" bürgt für die Sicherheit dessen, der seinem Schutz anbefohlen ist.

Auch in der Bibel lesen wir von einem solchen „Bodyguard". Die Bibel spricht davon, dass Christus am Kreuz mit seinem Leben in die Bresche gesprungen ist, um die Menschheit vor dem Mordanschlag des Bösen zu retten. Dabei reicht seine Macht über die Grenzen des irdischen Lebens hinaus. Als Auferstandener begleitet er tagtäglich jeden Einzelnen von uns. Auf Schritt und Tritt sind wir umfangen von seiner schützenden Gegenwart. Ich bin so froh über diesen Bodyguard! Er warnt mich vor gefährlichem Leichtsinn. Er geht mir voraus, wenn Wege unübersichtlich werden. Und wenn sich eine Katastrophe über mir zusammenbraut, haut er mich wieder heraus. Wohl dem, der solch einen Bodyguard hat!

„Niemand hat größere Liebe als der, dass er sein Leben hingibt für seine Freunde." Johannes 15,13

Impuls für die Stille:
Wie schwer hat es der himmlische Bodyguard wohl mit mir?

26. Juni

Ein persönliches Glaubensbekenntnis

Im Konfirmandenunterricht hieß die Aufgabe: Versuche einmal, deinen Glauben mit eigenen Worten zu beschreiben. Anselm, ein aufgeweckter, naturwissenschaftlich interessierter Junge, brachte folgende Bekenntnissätze zu Papier:

Ich glaube an die Dreieinigkeit Gottes.

Ich glaube an den Schöpfer der ersten Zelle und der gesamten Evolution und von uns.

Er ist überall und passt auf uns auf.

Er ist der Teil Gottes, der über uns ist.

Ich glaube an Jesus, den Erretter, der für uns gestorben ist und unsere Schuld weggenommen hat. Er wird wiederkommen, um uns zu erlösen.

Er ist der Teil Gottes, der für uns da war und für uns da sein wird.

Ich glaube an den Heiligen Geist, der in uns lenkt und uns Glauben schenkt.

Er ist der Teil Gottes, der in uns ist.

Ja, daran glaube ich, Anselm. Amen

„Niemand kann es bestreiten: Groß und einzigartig ist die geheimnisvolle Wahrheit unseres Glaubens." 1. Timotheus 3,16a

Impuls für die Stille:
Mit welchen Worten beschreibe ich meinen Glauben?

27. Juni

Kaiser contra Papst

„Nun komm aber mal von deinem hohen Ross herunter!“ – Wer einem anderen diese Aufforderung entgegen schleudert, der hat sich meist über die Überheblichkeit oder Arroganz seines Gegenübers geärgert. Der Ursprung dieser Redensart liegt vermutlich im frühen Mittelalter. Zu jener Zeit gab es nämlich die Sitte, dass ein König oder Kaiser von seinem „hohen Ross“ herabzusteigen hatte, wenn seine Wege die des Papstes kreuzten. Für einen Augenblick wurde dann der Herrscher zum Knecht, indem er dem kirchlichen Würdenträger die Steigbügel hielt, damit dieser ebenfalls bequem absitzen konnte. Dem deutschen Kaiser Friedrich Barbarossa ging diese Demutsgeste zu weit, allerdings nicht aus mangelnder Ehrfurcht vor Gott. Er hatte vielmehr den Eindruck, dass die Päpste die Selbsterniedrigung der weltlichen Regenten dazu missbrauchten, ihre eigene Würde und damit sich selbst zu erhöhen. Die geschichtlichen Quellen berichten jedenfalls, Kaiser Barbarossa habe den Papst bei einer Begegnung mit der Bemerkung abblitzen lassen, er solle doch gefälligst selbst sehen, wie er von seinem „hohen Ross“ herunterkomme. Immerhin reagierte der Papst gelassen und erwies sich beim Absitzen als ebenso flink wie bodenständig.

Die Frage, wer vor wem die Knie zu beugen hat, ist so alt wie die Menschheit. Dies gilt nicht nur im Blick auf das Verhältnis von Staat und Kirche, sondern auch für die ganz alltäglichen zwischenmenschlichen Beziehungen. Solange es dabei als Niederlage empfunden wird, von seinem „hohen Ross“ herunterkommen zu müssen, wird ein Streit nie beigelegt werden können. Nur die freiwillige Überwindung des eigenen Stolzes und der freiwillige Verzicht auf Recht und Macht schlägt eine Brücke zwischen Menschen.

Christus spricht: „Wer unter euch groß sein will, der sei euer Diener; und wer unter euch der Erste sein will, der sei euer Knecht.“ Matthäus 20,28

Impuls für die Stille:
Gibt es Menschen, denen gegenüber ich auf dem „hohen Ross" sitze?

28. Juni
Prägung und Entwicklung

Basilius von Cäsarea, einer der großen Kirchenväter des 4. Jahrhunderts, beschreibt die prägende Bedeutung der Kindheit für seinen späteren Glauben so: „Die Unterweisung über Gott, die ich als Junge von meiner gesegneten Mutter und meiner Großmutter Makrina empfangen hatte, habe ich immer mit wachsender Überzeugung bewahrt. Als ich in die Reifejahre meines Verstandes kam, schwankte ich mit meinen Meinungen nicht hierhin und dorthin, sondern hielt mich an die Prinzipien, die mich meine Eltern gelehrt hatten. Genau wie die Saat beim Wachsen zunächst klein ist und dann immer größer wird, aber immer ihre Identität wahrt, so ist meiner Meinung nach ein und dieselbe Lehre in meinem Fall durch eine Abfolge von Etappen gewachsen. Was ich jetzt vertrete, hat nicht das verdrängt, was ich am Anfang geglaubt habe."

„Nehmt euch die Worte des Herrn zu Herzen … und lehre sie eure Kinder, dass du davon redest, wenn du in deinem Hause sitzt oder unterwegs bist, wenn du dich niederlegst und wenn du aufstehst." 5. Mose 11,18f

Impuls für die Stille:
Ich danke Gott für Menschen, die mein Glauben und Denken positiv geprägt haben.

29. Juni

Ein Psalm

Der Herr schafft Schwingen der Raupe,
er beschenkt mit Flügeln die Larve,
dass zu den Wolken emporsteigt,
was auf der Erde kriecht,
dass die Herrlichkeit des Lichtes sieht,
was sich ins Dunkle vergraben hat.
Warum schaust du nicht auf und erträumst dir die Zukunft?
Der Herr segnet den,
der die Arme ausbreitet zum Flug,
den, der sich nicht ängstigen lässt von den Stimmen,
die da sagen:
„Du bist ein Wurm!
Hat man je einen Wurm fliegen gesehen?"
Der Herr schafft Schwingen der Raupe,
er beschenkt mit Flügeln die Larve.
Gelobt sei der Herr täglich!

„Gott ist mein Fels, meine Hilfe und mein Schutz, dass ich gewiss nicht fallen werde." Psalm 62,3

Impuls für die Stille:
Was prägt mich mehr: die Erfahrung meiner Begrenzungen oder das Vertrauen auf Gottes Möglichkeiten?

30. Juni

Was wirklich zählt

1981 wurde der damalige Präsident der Vereinigten Staaten, Ronald Reagan, Ziel eines Attentats. Von mehreren Schüssen niedergestreckt, sank er vor seinem Hotel zusammen. Natürlich waren sofort Sicherheitsbeamte und Kongressabgeordnete präsent, um den Präsident vor den vielen Kameras abzuschirmen. Hätte es sich bei diesem Attentat um eine weniger prominente Persönlichkeit gehandelt, wäre der Verletzte sicherlich so schnell wie möglich in das nächste Krankenhaus abtransportiert worden. Da es sich jedoch um den Staatspräsidenten handelte, war es um der Handlungsfähigkeit der Regierung willen von höchster Dringlichkeit, dass dieser zunächst alle Entscheidungsgewalt an den Vizepräsidenten abgab. So baten die anwesenden Kongressabgeordneten Ronald Reagan, dies mit ein oder zwei kurzen Sätzen zu tun. Doch zu ihrer Überraschung fragt der um sein Bewusstsein ringende Präsident: „Tell me, are you all Republicans?“ („Sagt mir, seid Ihr alle Republikaner, d. h. gehört Ihr zu meiner Partei?“) Geistesgegenwärtig antwortet einer der Kongressabgeordneten: „Mr. President, *today* we are all Republicans“ („Herr Präsident, *heute* sind wir alle Republikaner.“), woraufhin Ronald Reagan die Regierungsgewalt aus den Händen gibt und zur Behandlung in ein Krankenhaus gebracht werden kann.

Ein geistesgegenwärtiger Abgeordneter, der erkennt, was die Stunde geschlagen hat und sich von daher über das hinwegsetzt, was dem hier und jetzt notwendigen Handeln im Wege stehen würde. Ob es diese Courage ist, die unseren Kirchen und Gemeinschaften oft fehlt? – Da entfremdet sich unsere Gesellschaft in fast dramatischer Weise von den Wurzeln des Evangeliums und die christlichen Gemeinden sind vielerorts entweder mit sich selbst beschäftigt oder damit, ihre mehr oder weniger nebensächlichen Lehrstreitigkeiten auszutragen. „Mr. President, today we are all Republicans“, auf die Situation der Kirche übertragen ist dies ein Aufruf zur Einheit in Christus, damit wir uns als Christen in dieser Zeit als handlungsfähig erweisen.

Christus betet: „Wie du, Vater, in mir bist und ich in dir, so sollen auch meine Jünger in uns eins sein, damit die Welt glaube, dass du mich gesandt hast.“ Johannes 17,21

Impuls für die Stille:

Ich bete für die Einheit der Kirchen und Gemeinden.

1. Juli

Grenzen der Rechtschreibreform

Sprache ist nichts Statisches. Sie steht nicht ein für alle Mal fest. Sie ist vielmehr ein lebendiger Prozess. Darum sind Linguisten und Germanisten immer wieder bemüht, veraltete Sprachregelungen und Sprachformen durch Reformen zu überwinden und die Rechtschreibung den neuen Sprachgewohnheiten anzupassen.

Allerdings sind diesem positiven Bemühen irgendwo auch Grenzen gesetzt – es sei denn, man riskiert inhaltliche Missverständnisse.

So könnte man etwa auf den Gedanken kommen, den alten biblischen Begriff „selig" zukünftig mit einem doppelten „e" zu schreiben, um so den inneren Zusammenhang mit dem Wort „Seele" herzustellen.

Genau dies aber wäre inhaltlich fatal. Denn das uns so vertraute „selig" der Bergpredigt leitet sich sprachgeschichtlich eben nicht von dem Wort „Seele" her, sondern von dem lateinischen „salus", zu Deutsch „Rettung, Heil". Diese Tatsache gilt es sprachlich unbedingt festzuhalten. Denn das, was unsere Seele *selig* macht, ist nicht etwas, das in ihr selbst vorhanden ist. Vielmehr werden wir *selig* durch eine Rettung, die uns von außen zugesprochen ist. Heil werden wir dadurch, dass Christus sich unserer Seele annimmt, ihr zusagt: „Du bist geliebt – ganz egal, was du von dir selbst auch denken magst." Ich kann das, was in mir zerbrochen ist, nicht aus eigener Kraft heil machen. Damit bin ich überfordert. Alles, was ich kann, ist, mich Christus betend in die Arme werfen und ihm sagen: „Komm, mach du mich heil!"

Aus diesem Grund ist es gut, „selig" auch zukünftig nur mit einem „e" zu schreiben.

„Aus Gnade seid ihr selig geworden durch Glauben, und das nicht aus euch: Gottes Gabe ist es." Epheser 2,8

Impuls für die Stille:

Ich suche innerlich eine Erfahrung auf, die mich verwundet hat, und bitte Christus, sich ihr anzunehmen.

2. Juli

Ein reines Gewissen

Ein Mensch behauptete, er habe ein reines Gewissen. Das mochte ich ihm wohl glauben – denn er gebrauchte es nie.

Als ich mich nach seinem Vater erkundigte, meinte er, es gehe ihm gut. Er wohne jetzt in einem Seniorenheim. Ein Leben in einem derart hektischen Haus wie dem seinigen sei dem alten Herrn schließlich nicht zuzumuten. Wir sprachen von seiner Frau. Doch, sie seien auch nach dreiundzwanzig Ehejahren noch glücklich miteinander. Man müsse sich nur gewisse Freiheiten zugestehen. Ich wisse schon, was er damit meine. Die Frage nach seinen Kindern machte ihn kurzfristig ein wenig verlegen. Die seien eben in schlechte Gesellschaft geraten. Aber das gebe sich schon wieder. Warum sich ein Mitarbeiter seiner Firma vor kurzem versucht habe, das Leben zu nehmen, könne er sich auch nicht erklären. Irgendwie wäre der ihm aber schon immer etwas sonderbar vorgekommen. So unterhielten wir uns über Gott und die Welt. Über das unmögliche Steuerrecht, das jemand wie ihn dazu zwinge, sein Kapital ins Ausland zu verlegen. Über die Undankbarkeit der Menschen, weshalb er sich schon lange nicht mehr ehrenamtlich engagiere. Schließlich sogar über die Scheinheiligkeit des Papstes, die ihn als aufrichtigen Christenmenschen dazu bewogen habe, aus der evangelischen Kirche auszutreten. Nachdem er so das Füllhorn seines gerechten Zorns über allem entleert hatte, was seinem unbestechlichen Sinn für Aufrichtigkeit nicht standzuhalten vermochte, meinte er, ihm sei nur eines wichtig: mit einem reinen Gewissen vor sich selbst dastehen zu können!

„Der Hochmut deines Herzens hat dich betrogen, weil du in Luftschlössern wohnst und sprichst in deinem Herzen: Wer vermag mich herabzustürzen?“ Obadja 3

Impuls für die Stille:

Wo stehe ich in der Gefahr, mir Illusionen über mich selbst zu machen?

3. Juli

Den Ernst nicht erkannt

Der Bruderkrieg zwischen den amerikanischen Nord- und Südstaaten gehört zu den blutigsten Auseinandersetzungen der Geschichte. Allein in der Schlacht von Gettysburg Anfang Juli 1863 verloren innerhalb von 72 Stunden ca. 51.000 Menschen ihr Leben oder wurden verwundet. Angesichts dieser furchtbaren Ereignisse scheint es fast unbegreiflich, mit welcher Sorglosigkeit nur wenige Monate vorher die sich anbahnenden Ereignisse beobachtet wurden. Zeitgenössische Berichte beschreiben, dass die Bewohner Washingtons den ersten Kämpfen um die Hauptstadt interessiert beiwohnten und es anfangs wie ein willkommenes Wochenendvergnügen begrüßten. Ganze Familien machten sich auf, um von den Hügeln rund um die Stadt das Aufeinandertreffen der Armeen aus sicherer Entfernung anzuschauen. Wer es sich leisten konnte, ließ sich dabei sogar Tee und Gebäck reichen.

Viele Dinge, die wir mehr oder weniger sorglos betrachten, erweisen sich langfristig gesehen als ein hochexplosives Pulverfass. Die Bilder von Flüchtlingen, schreiender Armut und verhungernden Menschen, die durch die Medien in unsere Wohnzimmer gelangen, sind ein solch gefährliches Potenzial. Wir mögen diesen Dokumentationen menschlichen Leids wenig Bedeutung beimessen, weil wir uns an sie gewöhnt haben oder uns in der „Festung Europa" sicher wähnen. Doch Elend lässt sich auf Dauer nicht eingrenzen. Es ähnelt wie der Krieg einem Flächenbrand. Darum dürfen uns solche Bilder nicht ruhen lassen. Wir dürfen sie nicht bei Tee und Gebäck oder bei Chips und einer Flasche Bier teilnahmslos zur Kenntnis nehmen. Wir sind vielmehr aufgefordert, alles in unserer Macht Stehende dazu beizutragen, eine Eskalation der Not zu verhindern. Christus erwartet von seinen Leuten ebenso leidenschaftliches Gebet wie entschiedenes Handeln. Das Vorrecht, in einer Demokratie zu leben, gibt uns zu beidem die Möglichkeit.

„Weh den Sorglosen, die ihr meint vom bösen Tag weit ab zu sein, und trachtet immer nach Frevelregiment." Am. 6,3

Impuls für die Stille:

In welcher Weise nehme ich meine „weltliche" Verantwortung als Christ wahr?

4. Juli

Ein Reisegebet

„Im Namen Gottes, des Großzügigsten und Gnädigsten: Ehre sei ihm, der uns alle Möglichkeiten zur Verfügung stellt, ohne den wir nichts erreichen können und zu dem wir eines Tages wieder zurückkehren werden.

Oh Gott, ich bitte dich um Demut und Rechtschaffenheit für unsere Unternehmung, auf dass wir nur tun mögen, was dir wohlgefällig ist. Oh Gott, schenke uns eine angenehme Reise und behüte uns während des ganzen Weges.

Oh Gott, du bist ein treuer Begleiter derer, die sich aufmachen und ein Beschützer derer, die daheim bleiben. Oh Gott, bei dir suche ich Schutz vor den Gefährdungen der Reise, vor bösen Mächten und vor einer unglücklichen Heimkehr in die Heimat, zu den Verwandten und Kindern."

Dieses kurze Gebet vernimmt jeder, der mit Kuwait Airlines zu irgendeinem Zielort dieser Welt fliegt. Es gehört zu den Startvorbereitungen ebenso wie der technische Check-up und die Erläuterungen zu den Sicherheitsmaßnahmen im Notfall. Für arabische Fluggesellschaften ist es eine Selbstverständlichkeit, Allah in dieser Weise die Ehre zu geben und die Reisenden seiner Fürsorge anzubefehlen. Darüber hinaus wird während des Fluges angezeigt, in welcher Richtung sich die Ka'aba befindet, das Zentralheiligtum der Muslime in Mekka. So ist der muslimische Reisende jederzeit darüber informiert, in welche Richtung er sich zum Gebet wenden kann. Wir als europäische Christen kennen derartige öffentliche Hilfestellungen zum geistlichen Leben nicht. Umso mehr steht es in der Verantwortung des Einzelnen, seinem Verhältnis zu Gott in den unterschiedlichsten Lebenssituationen Gestalt zu geben.

„Der Herr behüte deinen Ausgang und Eingang von nun an bis in Ewigkeit." Psalm 121,6

Impuls für die Stille:

Ich lerne den Psalm 121 auswendig und mache ihn zu meinem Reisegebet.

5. Juli

Rekordverdächtige Medikamente

Das meistverschriebene Medikament aller Zeiten ist nach Angaben des Guiness Buch der Rekorde das amerikanische Anti-Depressivum „Prozac". Seit seiner Zulassung im Januar 1988 verspricht es zahllosen Menschen Linderung, die sich durch Schwermut in ihrer Lebensqualität beeinträchtigt sehen. Noch wesentlich rasanter als der Siegeszug von „Prozac" verläuft zurzeit der des Pfizer Produktes „Viagra". Hatte der Weg von der Entwicklung bis hin zur Vermarktung des Antidepressivums immerhin mehrere Jahre in Anspruch genommen, so reduziert sich dieser Zeitraum bei „Viagra" auf ein paar Monate. Erst am 27. Mai 1998 von der amerikanischen Kontrollbehörde zugelassen, war es bereits am 10. April überall erhältlich. Bis zum Ende der Jahresfrist 1998 belief sich der Umsatz der „Männlichkeitsdroge" auf rund 750 Millionen Euro.

Was bedeutet es, wenn nicht therapeutische Medikamente die Hitliste der Arzneien anführen, sondern stimmungsaufhellende und leistungssteigernde Rezepturen? Offensichtlich ist es häufiger, dass schmerzlicher Leidensdruck durch eine verletze Seele hervorgerufen wird als durch einen kranken Körper. Und es scheint so, als ob nichts dem modernen Menschen so schwer fällt, wie ein unverkrampftes Ja zu seinen seelischen und körperlichen Begrenzungen. Der christliche Glaube ist keine Garantie für ein unbeschwertes und jederzeit glückliches Leben. Aber er befreit zur Geschöpflichkeit.

„Darum werden wir nicht müde; sondern wenn auch unser äußerer Mensch verfällt, so wird doch der innere von Tag zu Tag erneuert.“ 2. Korinther 4,17

Impuls für die Stille

Welche Gefühle löst der Gedanke des Älterwerdens in mir aus?

6. Juli

Eine Rettung mit Folgen

Der Schotte hieß Fleming und war ein armer Bauer. Eines Tages hörte er während der Arbeit einen Schrei aus dem nahe gelegenen Moor. Sofort ließ er sein Werkzeug liegen und eilte in das Sumpfgebiet. Ein Junge war in dem tückischen Morast eingesunken und versuchte ebenso verzweifelt wie vergeblich seiner aussichtslosen Lage zu entkommen. Sofort erkannte der Bauer den Ernst der Lage. Vorsichtig näherte er sich dem Jungen, reichte ihm einen langen Ast und rettete ihn so vor dem sicheren Tod. Am Tag darauf hielt eine feine Kutsche auf dem ärmlichen Anwesen des Schotten. Ein elegant gekleideter Mann stieg aus und stellte sich als Vater des geretteten Jungen vor. „Ich möchte mich erkenntlich zeigen für das, was Sie für mich getan haben.“

„Oh, nein“, antwortete der Bauer, „das war doch selbstverständlich!“ – Just in diesem Moment kam der Sohn des bescheidenen Lebensretters aus dem Haus. „Ist das Ihr Sohn?“, fragte der elegante Herr. „Ja“, antwortete der Bauer stolz. „Dann mache ich Ihnen einen Vorschlag. Ich nehme ihn mit und sorge dafür, dass er eine hervorragende Ausbildung bekommt. Und wenn er auch nur ein wenig von der Wesensart seines Vaters mitbekommen hat, dann wird er seinen Weg machen.“ So geschah es. Der Sohn des armen Bauers studierte, legte in London das medizinische Examen ab und erlangte als Sir Alexander Fleming schließlich Weltruhm. Er entdeckte nämlich das Penicillin, das unzähligen Menschen das Leben retten sollte. Unter anderem übrigens Sir Winston Churchill – den

Mann, den der arme schottische Bauer Flemming als kleinen Jungen aus dem Sumpf gezogen hatte. Oft ist es so, dass wir nicht absehen können, was unser Tun bewirkt. Unsere Aufgabe besteht im schlichten „Zupacken". Das Wunderbare, das daraus entstehen kann, ist Gott überlassen.

„Groß und wunderbar sind deine Werke, Herr, allmächtiger Gott! Gerecht und wahrhaftig sind deine Wege, du König der Völker." Offenbarung 15,3

Impuls für die Stille:

Gott segnet das einfache Zupacken – eine Erfahrung auch in meinem Leben?

7. Juli

Und dennoch bringt er Frucht

Er ist krank. Er ist nicht alt, aber bereits in jungen Jahren verkrüppelt. Ihn zieren unnatürliche Wucherungen und Verdickungen an den unterschiedlichsten Stellen. Ein Bild des Jammers. Was ihn am Dasein erhält, bleibt jedem schleierhaft, der ihn schon einmal gesehen hat. Im Frühjahr erholt er sich nur mühsam von der Kälte des Winters. Selbst im Mai scheint ihn noch zu frösteln. Seine Verwundungen zu zählen wäre zwecklos, und sobald sich so etwas wie Leben in ihm zu regen beginnt, fallen auch schon Insekten über ihn her. Sie laben sich am Sekret seiner Geschwüre. Sie scheinen auch noch das Letzte aus ihm heraus saugen zu wollen, das ihm an Kraft geblieben ist. Wer *er* ist? *Er* ist ein kleiner Kirschbaum in unserem Garten. Eine Leidensgestalt, die offenbar weder sterben noch leben kann. Er steht direkt im Schatten eines prächtigen anderen Kirschbaums, der jedes Jahr eine reiche Ernte an süßen dunkelroten Früchten abwirft. Eigentlich verschandelt die abstoßende knorrige Baumruine mit ihren ungepflegt kahlen Ästen und ihren spillerigen, beinahe blattlosen Zweigen einen schönen Teil unseres Gartens. Schon oft bin ich darum von Gästen oder Nachbarn daraufhin angesprochen worden, ob ich dieses störende und „lebensunwerte" Holzkonglomerat nicht endlich beseitigen wolle. Aber ich habe es bisher einfach nicht fertiggebracht. Denn jeden Sommer ereignet sich aufs Neue ein Wunder. Da trägt dieses arme, von Pflanzen, Tieren und Menschen verachtete Gehölz ein paar vereinzelte Früchte. Es sind nicht viele, man kann sie zählen. In manchen Jahren sind es siebzig, in anderen fünfzig, zuweilen sogar gerade mal nur dreißig Kirschen. Doch gerade diese wenigen, einsam an den ausgemergelten Zweigen hängenden Kirschen sind mir kostbarer und daher auch köstlicher als alles andere in unserem Garten. Denn ich weiß: diese kleinen blutroten Früchte verdanken sich nicht der Fülle und der Selbstverständlichkeit überfließenden Lebens. Ihr Fleisch ist vielmehr der Macht des Sterbens und des Todes abgetrotzt. In jeder einzelnen dieser Kirschen steckt der Kampf und das Aufbäumen gegen die Sinnlosigkeit und das Vergehen. In jeder Einzelnen von ihnen verbirgt sich das Ringen eines kranken Geschöpfes um Würde und Anerkennung. Ich habe Achtung vor dieser bewundernswerten Kraftanstrengung eines schwer verletzten und aus tausend Wunden blutenden Baumes. Darum lasse ich mir jede Einzelne seiner Früchte auf der Zunge zergehen, genieße sie mit besonderer Andacht.

Um seines tapferen Leidens willen, ich liebe diesen Baum. Er wird nicht gefällt. Nein, er wird nicht gefällt!

„Ich bin ein Wurm und kein Mensch, ein Spott der Leute und verachtet vom Volke. Meine Kräfte sind vertrocknet wie eine Scherbe, und meine Zunge klebt mir am Gaumen. Aber du, Herr, sei nicht ferne; meine Stärke, eile, mir zu helfen." Psalm 22,7.15–16.20

Impuls für die Stille:

Was heißt eigentlich „lebenswert"? Wer entscheidet darüber?

8. Juli

Ein prophetischer Satz

Anfang der Siebzigerjahre gab es für kurze Zeit eine kleine christliche Gemeinde in Kabul, der Hauptstadt Afghanistans. Doch es dauerte nicht lange, bis die Regierung eine Verordnung erließ mit der Anweisung, die gerade errichtete Kirche sei umgehend niederzureißen. Die Christen leisteten keinen Widerstand. Wie sollten sie auch? Es heißt sogar, einige Mitglieder der Gemeinde hätten die Arbeiter mit kleinen Kuchen und Wasser versorgt. Unter dem Eindruck der einstürzenden Kirchenmauern meinte ein Gemeindeältester damals: „Das wird Afghanistan ins Unglück stürzen.“ Er sollte Recht behalten. Am 17. Juli 1973 wurde der König durch einen Militärputsch seines Amtes beraubt und die Republik ausgerufen. Der lange Leidensweg des afghanischen Volkes begann. Es wäre sicherlich verfehlt, wollte man in der politischen Entwicklung Afghanistans so etwas wie eine Strafe Gottes für die Zerschlagung der kleinen christlichen Gemeinde in Kabul sehen. Gott straft keine unschuldigen Menschen für das, was ihre Obrigkeit zu verantworten hat. Richtig aber ist, dass die Anwesenheit von Christen sich segensreich für ein Volk auswirkt. Und richtig ist auch, dass die Mächte des Chaos sich dort ausbreiten, wo die Stimme des Evangeliums verstummen muss.

„Der Herr sprach: Finde ich fünfzig Gerechte zu Sodom in der Stadt, so will ich um ihretwillen dem ganzen Ort vergeben.“ 1. Mose 18,26

Impuls für die Stille:

Ich bete für die Regierungen solcher Länder, die sich dem Evangelium verschlossen haben.

9. Juli

Das Märchen vom modernen Lebensgefühl

Es war einmal vor langer Zeit, als es noch keine virtuellen Wirklichkeiten gab, keine Videotheken und Spartenprogramme – in einer Zeit, in der sich hin und wieder sogar so etwas wie Langeweile einstellen konnte –, da fragte sich der Mensch nach dem Sinn des Lebens. Dann aber kamen die Propheten aus dem Reich der Unterhaltung, die Animateure und Produzenten, die Werbeagenturen und Beschäftigungstherapeuten.

Sie predigten die gute Nachricht vom Genuss des Augenblicks. Und Jung und Alt huldigte ihnen, weil diese Botschaft ihnen wohl gefiel. Das war der Tag, vor dem Gott, der Herr, sich gefürchtet hatte. Denn fortan vergaßen die Menschen ihre eigentliche Berufung. Es gab keine Ewigkeit mehr in ihren Herzen, nur die Illusion vom immer währenden Glücksmoment. Die Dörfer und Städte hallten wider von der Flut von Liedern. die sie sangen, von den Gedichten, die sie schrieben und den Predigten, denen sie lauschten. Und in immer neuen Varianten erklang stets das eine, unscheinbare Motiv: „Der Weg ist das Ziel! Der Weg ist das Ziel!"

Nur ein alter Eremit mochte in den allgemeinen Lobpreis nicht einstimmen. Auf einen Stock gestützt wanderte er von Ort zu Ort. An jedem Marktplatz, den er erreichte, hielt er inne, bückte sich nieder und schrieb mit ungelenker Hand einen Satz auf das Pflaster:

„Herr, lehre mich doch, dass mein Leben ein Ziel hat und ich davon muss." Psalm 39,5

Impuls für die Stille:

Bedeutet „Freizeit" für mich auch „freie Zeit" zum Nachdenken?

10. Juli

Sag es mit Liebe

Welchen Eindruck vermitteln wir Christen wohl als Erstes, wenn wir uns in Gemeinschaft mit anderen über den Glauben unterhalten? Bestätigen wir das Bild eines Moralapostels oder wird auch etwas von der Liebe und dem Verständnis Jesu sichtbar? Über John Wesley, den Begründer der methodistischen Glaubensfamilie erzählt man sich folgende Geschichte:

Eines Tages kehrte der bekannte Prediger in ein wohlhabendes Haus zum Mittagessen ein. Die Tochter der Familie, ein hübsches junges Mädchen, war sehr angetan von John Wesley's Ansprache am Vormittag. Im Laufe des Gespräches entdeckte Wesley's Reisegefährte, dass die junge Frau eine stattliche Anzahl von kostbaren Ringen an ihren Händen trug. Wohlwissend um die Abneigung des Predigers gegenüber Reichtum und Schmuck ergriff der eifrige Begleiter eine Hand des Mädchens, hielt sie Wesley dicht vor die Augen und fragte mit zorniger Miene: „Was meinen Sie, Sir, sollte so die Hand einer methodistischen Christin aussehen?“ Die junge Frau errötete und blickte verschämt zu Boden. John Wesley aber erwiderte nach einem Augenblick des Nachdenkens lächelnd: „Es ist zweifellos eine sehr schöne Hand.“

„Und wenn ich alle meine Habe den Armen gäbe und ließe meinen Leib verbrennen, und hätte die Liebe nicht, so wäre mir's nicht nütze.“ 1. Korinther 13,3

Impuls für die Stille:

Gelingt es mir, andere zu korrigieren, ohne sie zu kompromittieren?

11. Juli

Schlagfertig oder unverfroren?

Es ist Sonntagmorgen. Ein Bettler sitzt wie jede Woche vor dem Kirchenportal und bittet um Almosen. Einer der Gottesdienstbesucher tritt an ihn heran und wirft eine Münze in seinen Hut. „Wie, nur fünfzig Cent? Letzte Woche haben Sie mir doch noch einen Euro gegeben!" Darauf erwidert der Mann: „Wissen Sie, mein Sohn hat gerade mit dem Studium begonnen. Das kostet mich jetzt eine Menge Geld." Doch der Obdachlose kontert verschmitzt: „Das finde ich aber gar nicht gut, dass *Ihr* Sohn auf *meine* Kosten studiert!" – Der Wohltäter ist verdutzt. Mit einer solchen Reaktion konnte er nun wirklich nicht rechnen.

Es lässt sich darüber streiten, ob man das Verhalten des Bettlers als Schlagfertigkeit oder Unverfrorenheit gewertet wissen möchte. Es besteht jedoch keinerlei Grund, sich über ihn aufzuregen. Denn seine Einstellung illustriert sehr anschaulich unser eigenes Verhalten gegenüber Gott. Wir haben unserem Schöpfer nichts zu bringen. Alles, was wir haben und sind, das sind wir durch ihn. Und dennoch meinen wir Beschwerde erheben zu dürfen, wenn die Dinge einmal nicht so laufen, wie wir es uns vorgestellt haben. Dann fühlen wir uns unfair behandelt, und schnell steht der Vorwurf im Raum: „Gott, es ist nicht gerecht, wie du mit mir umgehst." Wenn wir uns an Gottes Gnade allzu sehr gewöhnen, steht die Anspruchshaltung schon vor der Tür.

„Habe ich nicht Macht zu tun, was ich will, mit dem, was mein ist? Siehst du scheel drein, weil ich so gütig bin?" Matthäus 20,15

Impuls für die Stille:

Ist mir bewusst, was Gnade heißt?

12. Juli

Schlicht und ergreifend

Ein eifriger Journalist interviewt den „barmherzigen Samariter". „Was haben Sie eigentlich gedacht, als Sie damals dem Überfallenen so furchtlos halfen? Waren Sie erfüllt von dem Wunsch, rassistische Vorurteile zu überwinden? Oder haben Sie gedacht: Man muss etwas Liebe in diese lieblose Welt hereinbringen? – Oder wollten Sie ein Zeichen setzen, damit der Mensch dem Menschen ohne Ansehen der Person endlich zum Bruder werde?" Der Samariter antwortete: „Ich habe eigentlich nur gedacht: Hoffentlich rutscht er mir jetzt nicht vom Esel herunter!"

Ein fiktives Gespräch. Aber das wäre es doch: Die Kirche und jeder einzelne Christ lernt wieder, einfach das Nächstliegende zu tun. Nüchtern, praktisch, hilfreich. Keine Zeit für weltverbessernde Überlegungen, kein Bedürfnis nach theologischen Debatten, kein Anlass zur Abgrenzung. Einfach so denken und handeln wie der Samariter es verkörpert. Den Nächsten in seiner Bedürftigkeit sehen, sich ihm zuwenden, beseelt von der Liebe Gottes zu seiner Rettung beitragen. Das hat Christus gewollt. Dazu hat er seine Jünger in die Welt gesandt.

„Christus sprach: Was steht im Gesetz geschrieben? Was liest du? Der Schriftgelehrte antwortete und sprach: ‚Du sollst den Herrn, deinen Gott, lieben von ganzem Herzen, von ganzer Seele, von allen Kräften und von ganzem Gemüt, und deinen Nächsten wie dich selbst.' Christus aber sprach zu ihm: Du hast Recht geantwortet; tue das, so wirst du leben." Lukas 10,26f

Impuls für die Stille:

Der Journalist und der Samariter: Welche Haltung liegt mir näher?

13. Juli

So ein Schlingel!

Wer versucht, einem anderen Menschen den christlichen Glauben nahe zu bringen, muss sich innerlich darauf vorbereiten, dass er zunächst auf folgende Reaktion stößt: Der Gesprächspartner denkt kurz nach und präsentiert dann mit einem bemerkenswerten Erinnerungsvermögen all das, was er jemals für andere Menschen getan oder für karitative Zwecke gespendet hat. Hinter diesem Aufweis guter Taten steckt das Missverständnis, Christsein bedeute, Gott etwas von dem zurückerstatten zu müssen, was er uns geschenkt hat. Doch genau darum geht es nicht, und das mag das Folgende verdeutlichen:

Stellen Sie sich vor, da ist ein kleiner Junge. Und dieser kleine Junge geht eines Tages zu seiner Mutter. Stolz baut er sich vor seiner Mutter auf und sagt: „Du, Mutti, ich muss mit dir reden. Hier hast du sieben Euro. Das ist mein ganzes Taschengeld, das ich in den letzten drei Wochen gespart habe. Aber eins muss damit auch klar sein: liebe Mami, damit sind wir quitt. Mehr brauchst du von mir nicht zu erwarten!" – Eine skurrile Situation, nicht wahr? Einem solchen Dreikäsehoch, wenn es ihn denn gäbe, müsste man die Ohren lang ziehen. Ihm müsste gesagt werden: „Also hör mal, dir geht es wohl noch gut!? Du verdankst deiner Mami dein Leben, und jetzt willst du das mit sieben Euro aus der Welt schaffen? Du solltest dich schämen!" Was in diesem Bild sicherlich sofort einleuchtet, wartet darauf, dass wir es auf unsere Situation vor Gott übertragen. Wir werden Gott nicht gerecht, indem wir versuchen, uns aus der Beziehung zu ihm in irgendeiner Weise herauszukaufen. Wir werden Gott nur dadurch gerecht, indem wir ihm das schenken, was seiner Beziehung zu uns entspricht: Liebe und Vertrauen. Um in dem Bild mit dem kleinen Jungen zu bleiben: Ein Christ ist jemand, der zu Gott sagt: „Du, Mutti bzw. Vati, ich hab dich lieb. Es ist so schön, dass es dich gibt. Wenn ich bei dir bin, fühle ich mich wohl."

„Durch den Glauben seid ihr alle Gottes Kinder in Christus Jesus." Galater 3,26

Impuls für die Stille:
Wo entdecke ich den „Schlingel“ in mir?

14. Juli

Das Schlitzohr

Als ein „Schlitzohr“ wird landläufig jemand bezeichnet, der als hinterlistig gilt und dem man deshalb nicht über den Weg traut. Aber woher kommt dieser Ausdruck: „Du Schlitzohr“?

In Zeiten, als die Handwerksgesellen noch übers Land zogen, um nach ihrer Ausbildung die erlernten Fähigkeiten heute hier, morgen dort anzubieten, trugen sie als Zeichen ihrer Qualifikation einen kleinen Ohrring.

Wenn sich nun ein Geselle als unredlich und damit als Schande für seine ganze Zunft erwies, so wurde ihm als Strafe der Ring gewaltsam aus dem Ohr gerissen. Es entstand eine klaffende Wunde und in deren Folge ein deutlich sichtbarer Riss im Ohrläppchen, der nur unvollkommen zuheilte. So war also fortan an diesem „Schlitzohr“ für jeden zu erkennen, dass es sich bei einem solchen Gesellen nicht um einen ehrbaren Handwerker, sondern um einen Gauner oder Schlendrian handelte.

Eine äußerlich sichtbare Narbe als Strafe für eine begangene Verfehlung. Wie gut, dass es heutzutage derartige Praktiken nicht mehr gibt – zumindest in unserem abendländischen Kulturkreis. Denn ein solches Stigma zeichnet einen Menschen für sein ganzes Leben, legt ihn auf seine Verfehlung fest und macht unter Umständen jeden Neuanfang unmöglich. Allerdings, eins sollte man sich vor Augen halten: Sünde prägt! Laster, schlechte Gewohnheiten prägen! Und dort, wo ich ihnen Raum gebe, anstatt sie zu bekämpfen, da werden sie mich prägen und ihre Narben hinterlassen – wenn nicht äußerlich, so doch auf jeden Fall innerlich, in meiner Seele.

Auch ein seelisches „Schlitzohr“ ist eine gebrochene Existenz!

„Wahrlich, wahrlich, ich sage euch: Wer Sünde tut, der ist der Sünde Knecht.“ Johannes 8,34

Impuls für die Stille:
Wo stehe ich in der Gefahr, mich an Fehler zu gewöhnen, anstatt sie mit Gottes Hilfe zu bekämpfen?

15. Juli

Schmerzhafte Einsichten

Ich habe das Stehen erst durchs Fallen gelernt.
Trost empfand ich, als jemand mir die Tränen
von den Wangen strich.
Geborgenheit streichelte mir die Seele nach dem Schauer
der Angst.
Ich wüsste nichts von Hoffnung ohne das Verlangen
der Sehnsucht.
Woran sollte sich die Dankbarkeit erinnern,
wenn nicht an den Mangel?
Was wäre mein Glaube ohne sein Wissen um Zweifel?
Ich habe das Stehen durchs Fallen gelernt.
Darum seid ihr mir lieb:
Ihr meine blauen Flecken, ihr meine Wunden, ihr mein Ich.

„Ich habe es gelernt, mich in jeder Lage zurechtzufinden: Ich weiß Entbehrungen zu ertragen, ich kann im Überfluss leben. In jedes und alles bin ich eingeweiht: in Sattsein und Hungern, Überfluss und Entbehrung. Alles vermag ich durch ihn, der mir Kraft gibt." Philipper 4,11–13

Impuls für die Stille:
Kann ich Narben und Verwundungen als Teil meiner Selbst bejahen?

16. Juli

Zeichen menschlicher Größe

Unweit des Deutschen Ecks in Koblenz liegt die traditionsreiche Basilika St. Castor. Vor deren Portal befindet sich ein Brunnen mit einer bemerkenswerten Inschrift, oder besser gesagt, eine Inschrift mit bemerkenswertem Kommentar. Errichtet wurde dieser Brunnen anlässlich des Einzugs der napoleonischen Truppen in Moskau vom damaligen Präfekten der französischen Besatzungstruppen. Stolz weist dabei der unterzeichnende Jules Doazan auf die Glorie Frankreichs hin, was dem Brunnen natürlich sowohl den Charakter des Triumphes als auch der Demütigung seiner Feinde verleiht. Womit der eitle Präfekt natürlich nicht rechnen konnte, war die Tatsache, dass bereits kurze Zeit später ein russischer General mit seinen Truppen in Koblenz einmarschieren würde, nachdem die Franzosen einen schmachvollen Rückzug hatten antreten müssen. Dieser General sah das historische Memento und seine Inschrift. Doch anstatt den Brunnen niederzureißen oder seine Gravuren zu entfernen, ergänzte er sie um die kurze Bemerkung: „Von uns gesehen und genehmigt. Koblenz, am 1. Januar 1814."

Gott ist es, der früher oder später alle Dinge zurecht bringt. Wer darum weiß, kann Niederlagen mit Würde ertragen und wird nicht überheblich, wenn er am Ende auf der Seite des Siegers steht. Er muss es nicht auskosten, die Oberhand behalten zu haben. Er ist nicht darauf angewiesen, Gleiches mit Gleichem zu vergelten. Menschliche Größe besteht darin, den anderen „stehen zu lassen", zuweilen sogar mit seinen Irrtümern. Wer um Gottes Gericht weiß, kann selbst Gnade vor Recht walten lassen.

„Nehmt keine Rache, holt euch nicht selbst euer Recht, meine Lieben, sondern überlasst das Gericht Gott. Er sagt Ja in den Heiligen Schriften: ‚Ich bin der Rächer, ich habe mir das Gericht vorbehalten, ich selbst werde vergelten.'" Römer 12,19

Impuls für die Stille:

Prägt die Größe des russischen Generals auch mein Handeln?

17. Juli

Schönheitsfehler?

Fernsehreportage über die unterschiedlichen Behandlungsmethoden der kosmetischen Chirurgie. Der Chefarzt einer renommierten Fachklinik wird gefragt, was Patienten dazu bewegt, sich einem operativen Eingriff zu unterziehen. Seine Antwort: „Ehrlich gesagt, in achtzig Prozent der Fälle frage ich mich das auch. Da sitzen durchaus attraktive Menschen vor mir, an denen eigentlich nichts Abstoßendes festzustellen ist. Oft gebe ich den Patienten dann einen Spiegel in die Hand und sage: ‚Schauen Sie sich doch mal an. Wo ist denn da Handlungsbedarf?‘ Manch einer weigert sich, überhaupt in den Spiegel zu blicken, andere antworten entrüstet: ‚Aber, Herr Doktor, sehen Sie denn nicht diese hässliche Krümmung an meiner Nase?‘ oder ‚Sehen Sie nicht die vielen Fältchen um meine Augen?‘“

Die Erfahrung des kosmetischen Chirurgen zeigt: Ob ein Mensch sich in seiner Haut wohl fühlt oder nicht, hängt nur sehr bedingt an seinem tatsächlichen Erscheinungsbild. Entscheidender ist wohl, wie er sich selbst wahrnimmt. Und bei dieser Selbstwahrnehmung geschieht es leicht, dass ein vermeintlicher Schönheitsfehler als Platzhalter für ein viel tieferes Problem fungiert. Da steht die Furcht vor Fältchen unter Umständen stellvertretend für die Angst vor dem Älter werden und der schmerzlichen Erfahrung der Grenzen der Geschöpflichkeit. Da steht der Wunsch nach einer „neuen“ Nase und einem wohlgeformten Körper für die Sehnsucht, generell ein ganz anderer sein zu wollen. Zweifellos wird der gezielte Eingriff des Arztes manchem zu etwas mehr Selbstvertrauen verhelfen können. Die aufrichtende Kraft des Evangeliums aber zielt auf noch mehr. Christus geht es darum, dass wir in der Tiefe unserer Seele ein volles und ungeteiltes Ja zu uns finden können. Es ist ein Ja, das alles einschließt: unsere Vorzüge wie auch unsere vermeintlichen oder tatsächlichen Makel. Möge Gott uns die Augen für die eigene Schönheit öffnen, sodass wir von Herzen sagen können:

„Ich danke dir dafür, dass ich wunderbar gemacht bin, wunderbar sind deine Werke, das erkennt meine Seele.“ Psalm 139,14

Impuls für die Stille:

Bin ich mir selbst Anlass zum Gotteslob oder befremdet mich dieser Gedanke?

18. Juli

Sinnvolle Schöpfungsordnung

Nicht wenige Menschen überkommt manchmal der Zweifel, ob Gott in seiner Weisheit alles richtig gemacht hat. Ein Ereignis im Alltag liefert den Anstoß – und schon meldet sich der Philosoph in uns. Einem werdenden Vater mag es so mit der Schwangerschaft seiner Frau gehen. Er schaut sie an, wie sie sich gedankenverloren über den runder werdenden Bauch streicht und dabei ein Buch liest. Diese Szene weckt in ihm etwas Neid. Natürlich nimmt er innerlich Anteil an allem, was in und mit seiner Frau vor sich geht. Und dennoch merkt er: als Mann kommt er über die Situation des Außenstehenden nie ganz hinaus. Er wird das Baby in sich eben nie hüpfen spüren. Am Prozess des werdenden Lebens bekommt er nur indirekt Anteil. Der spontane Gedanke: „Warum hat Gott es eigentlich nicht so eingerichtet, dass wir Menschen wie die Vögel Eier legen? – Dann könnte ich ein bißchen mitbrüten und wäre so in gleicher Weise am Wunder des Lebens beteiligt wie meine Frau. Außerdem wäre der Vorgang des Gebärens nicht so beschwerlich.“ Der Gedanke des Brütens fasziniert den werdenden Vater! Doch da: in einem Moment der Unachtsamkeit fegt sein Arm über den Tisch und eine teure Vase zerspringt klirrend auf dem Boden. Das zerbrechliche Gefäß ist hin, sein geistliches Weltbild aber ist im selben Augenblick wieder gekittet. Er sagt sich: „Wie gut hat Gott doch die Welt eingerichtet, dass unser Baby im Innern meiner Frau heranwächst. Bei einem derart tolpatschigen Vater hätte jedes Ei von vorne herein keine Überlebenschance!“

„Herr, wie sind deine Werke so groß! Deine Gedanken sind sehr tief.“ Psalm 92,6

Impuls für die Stille:
Ich denke nach über die „Wunder des Alltags“.

19. Juli

Macht der Gewohnheit

Schon relativ bald nach der Erfindung der modernen Schreibmaschine in den Sechzigerjahren des 19. Jahrhunderts merkte man, dass die Anordnung der Buchstaben auf der Tastatur nicht gerade optimal gewählt ist. Christopher Sholes hatte sich bei ihrer Entwicklung rein pragmatisch für eine Tastenbelegung entschieden, die mechanisch einwandfrei funktionierte. Als man schreibtechnisch bessere Alternativen gefunden zu haben glaubte, war es für eine Veränderung zu spät. Das Ursprungsmodell hatte längst seinen Siegeszug durch die Büros und Zeitungsredaktionen rund um den Globus angetreten, war inzwischen patentiert, standardisiert, akzeptiert und angenommen. So kommt es, dass selbst die High-Tech-Welt der Computerbranche sich noch heute einer Tastatur bedient, deren Mängel zwar niemand anzweifelt, aber deren Veränderung auch niemand ernsthaft erwägt.

Ein klassisches Beispiel für die Macht der Gewohnheit. Hat sich erst einmal ein Handlungsschema durch ständige Wiederholung in uns so festgesetzt, dass es quasi von selbst abläuft, ist es kompliziert, dieses Schema aufzubrechen oder rückgängig zu machen. Haben sich Überzeugungen im Denken von vielen Menschen verfestigt, ist es schwer, diesem geistigen Sog zu widerstehen. Im Falle der Zuweisung von Buchstaben auf Schreibmaschinentastaturen fällt dies nicht so ins Gewicht. Damit lässt sich leben. Wesentlich schlimmer ist es, wenn *Menschen* sich im Blick auf ihre persönliche Zukunft festlegen lassen auf angeblich unumstößliche Erfahrungsweisheiten. Denn wer dies tut, der nimmt Gott damit eine Möglichkeit zum gestalterischen Handeln. Dabei will der gestalterisch an uns tätig werden. Die Bibel sagt, dass Gott jeden einzelnen Menschen wertschätzt und zu dem Ziel führen möchte, das seinem innersten Wesen entspricht.

Wie schade, wenn wir diese einmalige Tastaturbelegung vorschnell eintauschen gegen ein standardisiertes Einheitsmodell. Gottes Absicht ist, dass wir nicht rein pragmatisch funktionieren, sondern leben. Er will unser Bestes. Legen wir uns in unserem Denken und Handeln nicht fest, bevor wir seine Alternativen kennen gelernt haben.

„Gott will, dass allen Menschen geholfen werde und sie zur Erkenntnis der Wahrheit kommen." 1. Timotheus 2,4

Impuls für die Stille:
Ich denke kritisch nach über Erfahrungs- und Handlungsmuster, die mich prägen.

20. Juli

Eine schwache Entschuldigung

Viele Menschen verzichten heutzutage darauf, die Frage nach dem Sinn und Ziel ihres Lebens zu stellen. Man könnte sagen: „Dies ist ihr gutes Recht. Niemand kann dazu gezwungen werden, sich solchen Fragen auszusetzen."

Die Bibel aber lässt keinen Zweifel daran, dass Gott als Schöpfer jedes einzelne Leben mit Sinn belegt hat. Dies wiederum ist *sein* gutes Recht. Gott hat uns ein Ziel vorgegeben. Dieses Ziel gilt es zu erreichen, denn vor ihm stehen wir in der Verantwortung. Dazu ein Beispiel: Stellen Sie sich vor, Sie sind Außendienstmitarbeiter einer großen Firma in Frankfurt. Der Geschäftsführer schickt Sie in einer wichtigen Angelegenheit zu einem Kunden nach Stuttgart. Sie machen sich auch brav auf den Weg. Aber Sie nehmen nicht die A5 oder eine andere Autobahn in Richtung Süden. Nein, Sie sagen sich: „Oh, es ist so ein schöner Tag heute! Ich fahre einfach einmal los. Mal sehen, was sich so ergibt. Stuttgart ist so eine große Stadt. Irgendwie führen sicher alle Wege dorthin." Es wird Nachmittag, es wird Abend, die Nacht bricht herein. Natürlich erreichen Sie Ihr Ziel nicht. Wie auch, wenn man derart planlos durch die Gegend fährt. Aber Sie gehen am nächsten Morgen zu Ihrem Chef und entschuldigen sich selbstbewusst mit den Worten: „Also, ich war zwar nicht in Stuttgart, das stimmt. Aber eins sage ich Ihnen: Ich bin den ganzen Tag unterwegs gewesen!"

„Ich bin den ganzen Tag unterwegs gewesen." Diese Auskunft klingt charmant, sie klingt umtriebig, aber sie ist völlig ungeeignet als Rechtfertigung für einen nicht erledigten Auftrag. Das muss uns bewusst sein im Blick auf unser Verhältnis zu einem Gott, der eine bestimmte Absicht mit jedem Menschenleben verfolgt.

„Ich strecke mich aus nach dem vorgesteckten Ziel, dem Siegespreis der himmlischen Berufung Gottes in Christus Jesus." Philipper 3,14

Impuls für die Stille:

Gibt es eine Beziehung zwischen meinen persönlichen und beruflichen Zielvorstellungen und meinem Leben als Christ?

21. Juli

Die Zedern des Libanon

Es ist eine alte jüdische Parabel: Am dritten Tage der Schöpfung, nachdem er die Pflanzen und Bäume gesät und ihnen Wachstum geschenkt hatte, sah sich Gott unerwarteten Problemen ausgesetzt. Die hohen Zedern des Libanon schienen zu hoch geraten, sodass sie regelrecht zur Arroganz neigten. Also entschloss sich Gott, das Eisen zu erschaffen. Die Bäume spürten die Bedrohung, die von diesem Metall ausging, war es doch dazu geeignet, zu Äxten geschmiedet zu werden. Doch Gott beruhigte die Bäume: „Seid versichert, ohne Griff ist eine Axt nur eine harmlose Anhäufung von Metall. Ein solcher Griff aber wird aus Holz gefertigt. Lebt also in

Eintracht miteinander, haltet zusammen, lasst euch nicht gegeneinander ausspielen, und das Eisen wird keine Macht über euch gewinnen." Merke: Es gibt Schwierigkeiten, deren Sinn darin besteht, mich vor Übermut zu bewahren. Es gibt Menschen, die durch ihren Widerspruch dazu beitragen, das ich geistlich und menschlich reife.

„Ertragt einer den andern und vergebt euch untereinander, wenn jemand Klage hat gegen den andern; wie der Herr euch vergeben hat, so vergebt auch ihr." Kolosser 3,13

Impuls für die Stille:
Ich denke nach über „Wachstumsringe" meines Lebens.

22. Juli

Schweizer Uhren

Traditionell ist die Schweiz weltweit berühmt für ihre Uhrenindustrie. Jahrzehntelang galt eine Schweizer Uhr als Inbegriff der Präzision und dessen, was eine Uhr ausmacht. Eindrücklich lässt sich dies auch in Marktanteilen wirtschaftlich fassen. 1968 lag ihr Marktanteil bei 65 Prozent, und sogar 80 Prozent der Gewinne in der Uhrenindustrie wurden in der Alpenregion gemacht. Dann aber kam ein dramatischer Einbruch. Nur 10 Jahre später war die Bedeutung Schweizer Uhren auf unter 10 Prozent gesunken, mehr als 50.000 der insgesamt 65.000 Beschäftigten mussten entlassen werden. Gleichzeitig war der Verkauf japanischer Uhren von Null auf mehr als 70 Prozent der weltweiten Produktion gestiegen. Was war passiert? 1968 präsentierte man auf verschiedenen Ausstellungen eine Weltneuheit, die so genannte Quarzuhr. Dabei handelte es sich um eine in Neuchâtel entwickelte Schweizer Erfindung. Die Eidgenossen selbst aber verwarfen diese Neuentwicklung, weil sie durch ihren Verzicht auf ein mechanisches Innenleben mit seinen Federn und Zahnrädchen nicht dem entsprach, was sich ein zünftiger Schweizer unter einer Uhr vorstellt. Man hielt das Konzept der Quarzuhr sogar für derart abwegig, dass man auf eine Patentanmeldung der Erfindung verzichtete. Ein haarsträubender Fehler, wie sich herausstellen sollte. Denn die Japaner stellten sich vorurteilsfrei und pragmatisch dem neuen Produkt, entwickelten es weiter und vermarkteten es erfolgreich.

Dieses Beispiel aus dem Wirtschaftsleben zeigt: Es ist gefährlich, sich allein auf seine Erfahrung und bewährte Vorstellungen zu verlassen, wenn es um die Gestaltung der Zukunft geht. Im Gegenteil, oft blockiert eine erfolgreiche Vergangenheit sogar eine klare Sicht auf die vor uns liegenden Herausforderungen. In der Bibel ist der Begriff der „Verheißung" daher wesentlich wichtiger als jener der „Erfahrung". Gottes Handeln orientiert sich nicht an der Vergangenheit, sondern an dem, was er sich vorgenommen hat zu tun. Dabei ist es oft so, dass Gottes Vorhaben die Grenzen unserer Vorstellungen und Erfahrungen schlichtweg sprengen. Abraham wird ein Sohn verheißen, obwohl dies biologisch unmöglich erscheint. Dem Volk Israel wird Freiheit verheißen, obwohl es sich in der Sklaverei befindet. Jesus spricht von seiner Auferstehung im Angesicht des Todes. Glauben heißt, sich der Zukunft vorurteilsfrei und offen zu stellen. Wir dürfen Gottes Zusagen mehr zutrauen als unseren Erfahrungen. Riskieren wir es doch einfach, es lohnt sich!

„Denn siehe, ich will ein Neues schaffen, jetzt wächst es auf, erkennt ihr's denn nicht?" Jesaja 43,19

Impuls für die Stille:

Wie möchte ich dem begegnen, was an diesem Tag auf mich zukommt?

23. Juli

Schwindelfrei?

Wir befanden uns auf einer Segelfreizeit mit Jugendlichen auf der Ostsee. Dazu hatten wir für eine Woche so einen richtig großen alten Dreimaster aus der Zeit der Jahrhundertwende gechartert. Um dieses Schiff besegeln zu können, mussten unsere Jugendlichen mit Hand anlegen und hinaufsteigen bis ganz oben in die Toppsegel. Einigen unter den eingefleischten Landratten fuhr schon bei dem Gedanken an den Aufstieg der Schwindel in die Glieder. Umso aufmerksamer lauschten sie den Instruktionen des Kapitäns. Bevor er die Jugendlichen zum ersten Mal an die Rahen schickte, meinte er: „Eins ist ganz wichtig. Wenn ihr da oben arbeitet und plötzlich Angst bekommt: Schaut nie nach unten! Dann wird es noch schlimmer. Schaut immer nur nach oben! Dann kann nichts passieren."

Der unbeirrte Blick nach oben ist nicht nur hilfreich für das Segeln auf einer Windjammer. Er kann geradezu lebenswichtig werden, wenn ein Schicksalsschlag uns innerlich ins Taumeln bringt. Eine unerwartete ärztliche Diagnose, der Verlust des Arbeitsplatzes, der Abschied von einem geliebten Menschen – solche oder ähnliche Erfahrungen lösen Schwindel aus, entziehen einem Menschen den Boden unter den Füßen. Wer da nach unten blickt, in die Abgründe der Verzweiflung und des Todes, befindet sich in akuter Gefahr. Stabilisierend wirkt allein der Blick auf den auferstandenen Christus. Die Gewissheit, dass er uns vom Himmel her sieht und nicht fallen lässt, gibt uns in unserer Haltlosigkeit Halt. Darum: „Schaut nie nach unten! Dann wird es noch schlimmer. Schaut immer nur nach oben! Dann kann nichts passieren."

„Lasst uns aufsehen zu Jesus, den Anfänger und Vollender des Glaubens." Hebräer 12,2

Impuls für die Stille:
Was bereitet mir Schwindel, und wie begegne ich dem?

24. Juli

Ironie der Geschichte

„Wer von euch ohne Sünde ist, der werfe den ersten Stein!" Für eine Frau erwies sich dieser Satz einmal als lebensrettend. Ihre Ankläger verzichteten daraufhin, sie wegen Ehebruchs öffentlich zu steinigen. Dass nicht nur die Frau, sondern auch ihre Ankläger damit gut bedient waren, zeigen die Verwicklungen um einen anderen Ehebruch aus der jüngeren Vergangenheit. Im Frühjahr 1998 erhärteten sich Gerüchte über eine sexuelle Beziehung zwischen dem Präsidenten der USA und einer ehemaligen Praktikantin des Weißen Hauses. Öffentlicher Druck zwang den Präsidenten schließlich dazu, sich unter Eid zu den Vorwürfen zu äußern. Als der geleistete Eid sich als handfester Meineid herauszustellen schien, überschlugen sich die Ereignisse.

Viele hielten den Zeitpunkt für gekommen, den in die Defensive gedrängten Bill Clinton persönlich wie politisch zu demontieren. Das Eingeständnis seiner Schuld galt als zu spät und unzureichend. Die Bitte vieler Bischöfe um ein versöhnendes Handeln verhallte ungehört. Im September begann man, die ersten Steine in Richtung Abberufungsverfahren zu werfen. Dies brachte aber nun ausgerechnet den Herausgeber eines amerikanischen Pornomagazins auf den Plan. Anfang Oktober setzte Larry Flint 1 Million Dollar Belohnung für jeden Hinweis aus, der zum Nachweis außerehelicher Beziehungen eines Kongressabgeordneten führe. Und siehe da, er wurde fündig! Rund ein Dutzend „heißer" Geschichten spielte man Larry Flint innerhalb von wenigen Wochen zu. Prominentes Opfer: Bob Livingston. Der gerade erst zum Sprecher seiner Partei gekürte Abgeordnete sah sich genötigt, sofort seinen Rücktritt vom Amt zu erklären. Ironie der Geschichte: den besagten Republikaner hatte man zu den schärfsten Kritikern Bill Clintons gezählt.

„Was siehst du den Splitter in deines Bruders Auge und nimmst nicht wahr den Balken in deinem Auge?" Matthäus 7,3

Impuls für die Stille:

Ich denke nach über vorschnelle Urteile, die ich getroffen und noch nicht zurückgenommen habe. Wo habe ich in letzter Zeit ganz schnell geurteilt? Wie hätte Jesus an meiner Stelle gehandelt?

25. Juli

Selbstbedienung

Folgender Werbetext lässt sich im Schaufenster eines renommierten Optikers in Wetzlar lesen: *Selbstbedienung?* – Selbst kann man sich nicht bedienen, auch wenn es im Deutschen ein Wort dafür gibt. Deshalb beraten und bedienen *wir* Sie. – Damit Sie mit Ihren Brillen bestens beraten und nicht „bedient" sind. Ihr Augenoptiker am Dom.

Recht hat der Mann! Der Begriff „Selbstbedienung" ist ein Unwort. Sowohl von seinem sprachlichen Ursprung her als auch im biblischen Gebrauch ist dienen auf ein du hin angelegt. Dienen und sich dienen lassen hat etwas damit zu tun, dass ich Wertschätzung weitergebe und empfange. Indem Menschen einander dienen, bringen sie Zuwendung zum Ausdruck. Und wer sich dienen lässt, erkennt damit an, dass er die Hilfe eines anderen braucht oder zumindest gerne in Anspruch nimmt. Freilich: Selbstbedienung mag schneller gehen, billiger sein und die Möglichkeit eröffnen, sich das Danken zu ersparen. Gleichzeitig aber hinterlässt sie den kalten Hauch der Vereinzelung, die jeden Menschen einsamer und auch ärmer werden lässt. Letzteres scheint sogar im buchstäblichen Sinne zu gelten. Volkswirtschaftler zumindest hegen immer mehr Zweifel am Sinn unserer Selbstbedienungskultur. Sie sehen in der Schwäche des Dienstleistungsgewerbes einen maßgeblichen Faktor für die schon seit Jahren bestehenden beschäftigungspolitischen Schwierigkeiten. Umkehr zur Demut, dem Mut zu dienen und sich dienen zu lassen, erscheint daher als ein geistliches wie wirtschaftliches Gebot der Stunde.

„Dient einander, ein jeder mit der Gabe, die er empfangen hat, als die guten Haushalter der mancherlei Gnade Gottes." 1. Petrus 4,10

Impuls für die Stille:

Welchen Klang haben die Worte „dienen" und „sich dienen lassen" in meine Ohren?

26. Juli

Selbstbeweihräucherung ausgeschlossen

Nachdem ich Christ wurde, habe ich diese wichtige Kehrtwendung meines Lebens gerne in solche Sätze gefasst wie: „Bekehrt habe ich mich im November 1978." Oder: „Mit 17 habe ich mich für Jesus entschieden." Wenn ich das damals so sagte, dann war das einfach nur ehrlich gemeint. Es war Ausdruck der Erfahrung: „Ja, ich habe den Ruf Jesu in die Nachfolge gehört, und ich habe ihm Folge geleistet." Ich habe mir nichts auf diese Bekehrung eingebildet, wirklich nicht! Schwierig wurde es erst in dem Moment, als ich Menschen begegnete, die glaubhaft versicherten: „Tut mir Leid! Ich kann nicht glauben!" Da spürte ich, wie ich innerlich ungehalten reagierte: „Wie? Was soll das heißen: ‚Ich kann nicht glauben!' Jeder kann glauben! Man muss den Dingen nur konsequent genug nachgehen. Das habe ich schließlich auch getan!" – Ohne dass ich es gemerkt hätte, war der Glaube zu einem Ergebnis meiner eigenen Suchbewegung geworden. Erst viel später wurde mir klar, dass sich in Wahrheit alles ganz anders verhielt. Ich erinnerte mich an den Kinofilm „Jesus Christ Superstar". Er hatte mich als Konfirmand sehr ins Nachdenken gebracht. Ich erinnerte mich an die kleine Gideonbibel, die wir im Religionsunterricht überreicht bekamen. Und ich erinnerte mich an den pummeligen, aufdringlichen Mitschüler – heute ist er ein Freund –, der uns bis auf die Toilette verfolgte, nur um in den Jugendgottesdienst einzuladen. Kurzum: ich entdeckte eine Fülle von Einzelereignissen, die Gott wie kleine Mosaiksteinchen dazu gebraucht hatte, um mich überhaupt erst an den Punkt zu bringen, eine Glaubensentscheidung treffen zu können. Er war längst am Werk, bevor meine Suche nach ihm begann. Nach wie vor erinnere ich mich lebhaft an die Zeit „meiner" Bekehrung. Aber ich weiß: Jede Selbstbeweihräucherung diesbezüglich ist ausgeschlossen. Gott allein gebührt die Ehre für unseren Glauben.

„So liegt der Glaube nun nicht an jemandes Wollen oder Laufen, sondern an Gottes Erbarmen." Römer 9,16

Impuls für die Stille:
Wie hat Gott mich „bekehrt"?

27. Juli

Was wäre, wenn ...

Was wäre, wenn Gott sich nicht die Zeit nähme, uns heute zu segnen, weil wir gestern keine Zeit erübrigten, um ihm für seinen Segen zu danken?

Was wäre, wenn Gott entschiede, uns morgen nicht mehr durch den Tag zu geleiten, weil wir ihm heute nicht folgten?

Was wäre, wenn wir keine Blume mehr sähen, weil wir uns beschwerten, dass es zu oft regnet?

Was wäre, wenn die Türen der Kirchen so verschlossen wären wie unsere Herzen?

Was wäre, wenn die Erhörung unserer Gebete abhinge von der Ernsthaftigkeit unserer Worte?

Was wäre, wenn Gott uns der Bibel beraubte, weil wir zu selten in ihr lesen?

Was wäre, wenn Gott uns die Schuld vergäbe, wie wir sie unseren Schuldigern vergeben?

Was wäre, wenn ...? Es wäre nicht auszudenken! Gott sei Dank, er ist anders! Wir leben davon, dass er unserem Handeln nicht entspricht, sondern seinen eigenen Weg mit uns geht.

„Er handelt nicht mit uns nach unseren Sünden, und vergilt uns nicht nach unserer Missetat." Psalm 103,10

Impuls für die Stille:
Ich formuliere einige „Was wäre, wenn ..." Sätze im Blick auf meine eigene Situation.

28. Juli

Ungewöhnlicher Lebensstil

Eine der vielen christlichen Sondergruppen, die der nordamerikanische Kontinent hervorgebracht hat, ist die der Shaker. In Europa vor allem wegen ihrer hochwertigen handgefertigten Möbel wertgeschätzt, erfüllten sie im Massachusetts und New Hampshire des 19. Jahrhunderts auch eine wichtige soziale Funktion. Waisenkinder wurden zu den Shakern gebracht, wo sie Erziehung und Ausbildung erhielten. Witwen und Ledige schlossen sich dieser zölibatär lebenden Gemeinschaft an, um dort die Geborgenheit einer familienähnlichen Gruppe zu erfahren. Neben ihren ekstatischen Gottesdiensten (Shaker = Schüttler) zeichneten sich Shaker durch eine Reihe von Eigenheiten aus. Manche dieser Eigenheiten mögen skurril anmuten, wie etwa der Leitspruch: „There is no dust in heaven – Im Himmel gibt es keinen Staub!“, der zu einem überhöhten Sauberkeitsideal anleitete. Andererseits aber beinhaltet der fromme Lebensstil dieser Gemeinschaft einige Herausforderungen, die nichts an Aktualität verloren haben. So wurde etwa für jedes Kind, das bei den Shakern aufgenommen wurde, ein Baum gepflanzt. Für die Pflege dieses Baumes war der Junge oder das Mädchen selbst verantwortlich. Eine Maßnahme, die schon die Kleinsten zur Übernahme von Verantwortung und zur Achtung vor dem Leben erzog. Natürlich war im Gegensatz zur „Welt“ bei den Shakern Besitz im Sinne von Eigentum verpönt. Entsprechend gelassen reagierte man daher auf Begehrlichkeiten von außen. Wurden Früchte oder Vorräte von Dieben entwendet, so ging man davon aus, dass dieser Mensch die gestohlenen Lebensmittel dringender benötigte als die Gemeinschaft. Die Antwort der Schwestern und Brüder auf solche Vorkommnisse bestand dann nicht im Errichten von Zäunen und verschließbaren Vorratsräumen, sondern schlicht in einer gesteigerten landwirtschaftlichen Produktion, die den zu erwartenden „Schwund“ von vornherein einkalkulierte. Mag die Glaubenshaltung der Shaker zunächst auch kindlich naiv anmuten, sie ist nichtsdestoweniger eine Anfrage an unser heutiges Christsein und die Konsequenz konkret gelebter Nachfolge.

„Stellt euch nicht dieser Welt gleich, sondern ändert euch durch Erneuerung eures Sinnes, damit ihr prüfen könnt, was Gottes Wille ist, nämlich das Gute und Wohlgefällige und Vollkommene." Römer 12,2

Impuls für die Stille:

Spricht mein Lebensstil erkennbar von dem, woran ich glaube?

29. Juli

Sieben Seufzer und ein Staunen

Vater, wir lieben unsere Berufe, die Anerkennung,
die Herausforderung –
doch oft wird es uns zu schwer.
Vater, wir lieben unsere Familien, den Partner, die Kinder –
doch oft wird es uns zu schwer.
Vater, wir lieben es ledig zu sein, unabhängig, ungebunden –
doch oft wird es uns zu schwer.
Vater, wir lieben unsere Gemeinden, die Beziehungen,
das Engagement –
doch oft wird es uns zu schwer.
Vater wir lieben den Genuss, den Urlaub, die Freizeit –
doch oft wird es uns zu schwer.
Vater, wir lieben unsere Sorgen und Probleme, leiden, ertragen –
doch oft wird es uns zu schwer.
Vater wir lieben das Leben, geheimnisvoll, überraschend –
doch oft wird es uns zu schwer.

Herr, wir bewundern dich, dass dir die Last deiner Welt nicht zu schwer wird, dass du mit ihr auch uns trägst.

Und doch: Maranatha! Komm bald wieder, Herr!

„Ich habe den guten Kampf gekämpft, ich habe den Lauf vollendet, ich habe Glauben gehalten; hinfort liegt für mich bereit die Krone der Gerechtigkeit, die mir der Herr, der gerechte Richter, an jenem Tag geben wird, nicht aber mir allein, sondern auch allen, die seine Erscheinung lieb haben.“ 2. Timotheus 4,7f

Impuls für die Stille:
Was fällt mir schwer, obgleich ich es liebe?

30. Juli

Sprachen und Dialekte

6.691 Sprachen werden nach dem gegenwärtigen Stand des Wissens auf der Erde gesprochen. In 2.479 dieser Sprachen gibt es inzwischen eine Übersetzung zentraler Texte des Alten und Neuen Testaments. Damit ist die Bibel unangefochtene Weltmeisterin in der Bücherlandschaft. Urheber des Erfolges sind Missionsgesellschaften wie die Wycliff-Bibelübersetzer, die sich mit Liebe und Akribie der Aufgabe verschrieben haben, möglichst allen Menschen auf der Erde Gottes Wort in ihrer Muttersprache nahe zu bringen. Gegenwärtig arbeiten die Mitarbeiter der verschiedenen Missionsgesellschaften an ca. 2.250 weiteren Übersetzungsprojekten. Ein gewaltiges und oft mühsames Unterfangen. Was diese Menschen antreibt, ist das Wissen um einen Gott, der in Christus Mensch geworden ist und alles auf sich genommen hat, um unsere Sprache zu lernen.

Dabei gehen Gottes Verständigungsbemühungen weit über das Maß linguistischer Anstrengungen hinaus. Seine Kenntnis unserer Sprache besteht darin, dass er den „Lebensdialekt“ jedes einzelnen Menschen versteht. Mit dem Traurigen spricht er auf „tröstlich“, mit dem Fröhlichen verständigt er sich auf „freundlich“ und den Sensiblen erreicht er auf „nachdenklich“. Ein Muslim, der seinen Glauben ernst nimmt, wird immer darum bemüht sein, arabisch, die heilige Sprache des Koran, zu lernen. Im christlichen Glauben ist das anders. Dort gibt es keine „heilige" Sprache. Es gibt nur einen heiligen Gott, der sich in seinem Reden mit den Menschen immer wieder als Sprachgenie erweist.

„Und sie sangen Christus ein neues Lied: Du bist würdig, zu nehmen das Buch und aufzutun seine Siegel; denn du hast Menschen für Gott erworben aus allen Stämmen und Sprachen und Völkern und Nationen." Offenbarung 5,9

Impuls für die Stille:
Rede ich als Christ von Gott in einer verständlichen Sprache?

31. Juli

Wir töten, was wir lieben!

Am 31. Juli 1944 bestieg der bekannte Schriftsteller Antoine de Saint-Exupéry als Soldat der alliierten Streitkräfte sein Flugzeug, um einen Aufklärungsflug über der südfranzösischen Küste durchzuführen. Von dieser Mission kehrte der Autor des „kleinen Prinzen" nie zurück. Jahrzehntelang galt er als verschollen, die näheren Umstände seines Verschwindens als nicht rekonstruierbar. Erst als 2004 östlich der Ile de Riou südlich von Marseille gefundene Wrackteile eines seit dem Krieg vermissten Aufklärungsflugzeugs eindeutig identifiziert werden konnten, kam Licht in das Dunkel. Es dauerte schließlich noch weitere vier Jahre, bis sich der Mann meldete, der St. Exupéry seinerzeit als Jagdflieger abgeschossen hatte. Es war Horst Rippert, Bruder des bekannten, 2008 verstorbenen Sängers Ivan Rebroff. Auf die Frage von Journalisten, warum er seine Tat so lange verschwiegen hatte, antwortete Rippert sinngemäß: „Ich habe Antoine de St. Exupéry sehr verehrt. Zunächst wusste ich nicht, wen ich damals abgeschossen hatte. Als ich es erfuhr, war ich unendlich traurig und habe mich einfach nur noch geschämt."

Sollten diese Aussagen zutreffend sein, werfen sie nicht nur ein bezeichnendes Licht auf die Tragik des Krieges, sondern auf die Situation des Menschen überhaupt. Jemand hat einmal gesagt: „Wir töten, was wir lieben!“ Es gehört zu den abgründigsten Erfahrungen des Lebens, dass wir uns manchmal dazu hinreißen lassen, Menschen weh zu tun, die uns unendlich nahe stehen. Warum dies so ist, bleibt rätselhaft. Die Bibel sieht darin eine Auswirkung der Macht der Sünde, unserer unerklärlichen Abwendung von Gott. Wichtig ist, dass wir dieser Macht nicht hilflos ausgeliefert sind. Der junge Horst Rippert hätte vermutlich niemals geschossen, wenn er vorher das Gesicht des Mannes im anderen Flugzeug erkannt hätte. Lassen wir uns von Christus das Gesicht dessen zeigen, auf den wir im Streit schießen. Oder noch besser: Steigen wir erst gar nicht als „Jagdflieger“ in die Lüfte. Niemand zwingt uns dazu. Wir können einseitig „abrüsten“, uns von der Liebe Christi entwaffnen lassen.

„Eigentlich will ich das Gute, doch ich vollbringe es nicht. Denn nicht das Gute, das ich will, tue ich; sondern das Böse, das ich nicht will, das tue ich.“ Römer 7,18b–19

Impuls für die Stille:
Konflikte in der letzten Zeit: Ist der Streit die Folgen wert?

1. August

Die Sorge schleicht durchs Schlüsselloch

Der sicherste Weg, sich das Leben schwer zu machen, ist die Sorge. „Was soll ich tun, wenn …? Wie kann ich verhindern, dass …?“ Die Sorge macht vor niemand Halt. Sie bedroht sogar den Glücklichen, und zwar in Gestalt der Angst, das Glück zu verlieren. In einer Mitternachtsszene in Faust II lässt Johann Wolfgang von Goethe die Sorge wortwörtlich durchs Schlüsselloch schlüpfen. Plötzlich steht sie als „graues Weib“ vor dem Gelehrten und umgarnt ihn mit ihrem unwiderstehlich abgründigen Wesen: „Würde mich kein Ohr vernehmen, müsst es doch im Herzen dröhnen. Wen ich einmal mir besitze, dem ist alle Welt nichts nütze; ewiges Düstre steigt herunter, Sonne geht nicht auf noch unter, bei vollkommnen äußren Sinnen wohnen Finsternisse drinnen, und er weiß von allen Schätzen sich nicht in Besitz zu setzen. Glück und Unglück wird zur Grille, er verhungert in der Fülle; sei es Wonne, sei es Plage, schiebt er's zu dem andern Tage, ist der Zukunft nur gewärtig, und so wird er niemals fertig." So sehr sich Dr. Faust auch im Dialog mit der Sorge zur Wehr setzt, er vermag sie nicht zu überwinden. Im Gegenteil: am Ende der Szene haucht sie den Gelehrten an, und ihr Atem lässt ihn erblinden. – Ist also keinerlei Kraut gegen dieses schicksalsträchtige „graue Weib" gewachsen? Die Hauptnahrungsquelle der Sorge besteht in dem Glauben, nur ich selbst könne meine Zukunft sichern. Durch ihn gebe ich der Sorge Macht über mich. Wenn ich mich dagegen mit meiner Furcht Gott überlasse, der mich sowohl versorgen als auch mit mütterlicher Liebe umsorgen möchte, ist ihre magische Anziehungskraft gebrochen. Ich darf im Heute leben und das Morgen Gott anbefehlen.

„Alle eure Sorge werft auf ihn; denn er sorgt für euch." 1. Petrus 5,7

Impuls für die Stille:
Was trennt mich von sorgloser Heiterkeit?

2. August

Spaß verdorben!

Ich war eigentlich immer eine Niete im Turnen. Während mir andere Sportarten wie Leichtathletik und vor allem Handball großen Spaß bereiten, konnte ich dem Geräteturnen schon im Sportunterricht in der Schule nichts abgewinnen. Vermutlich hängt dies mit einem Ursprungserlebnis zusammen. Als kleiner Junge hatte ich mich für kurze Zeit einem Turnverein angeschlossen. Die unterschiedlichen Sportgeräte faszinierten mich. Doch der Jugendtrainer des Vereins machte einen entscheidenden Fehler. Ich stand in einiger Entfernung vor einem Seitpferd, um es mit Anlauf zu überqueren. Als ich loslaufen wollte, pfiff mich der Trainer zurück.

Mit großem Ernst klärte er mich darüber auf, was passieren könne, wenn der Bewegungsablauf während des Sprungs nicht stimme. Detailliert beschrieb er jede Phase der Bewegung: die richtige Fußstellung, den Winkel des Oberkörpers zum Gerät, die Haltung in der Landephase. Damit war es um meine Unbefangenheit geschehen. Als ich schließlich zum Anlauf ansetzte, brach ich ihn kurz vor dem Gerät ab. Die Freude am Sprung war der Angst gewichen, irgendetwas falsch zu machen und sich zu verletzen. Immer wieder setzte ich an – vergeblich. Als schließlich andere Kinder über meine erfolglosen Versuche zu kichern begannen, lief ich beschämt aus der Sporthalle nach Hause. Ich bin danach nie wieder zum Training erschienen.

Wie wäre die Geschichte wohl ausgegangen, wenn der Trainer mir anstatt theoretischer Erläuterungen praktische Hilfestellung während des Sprungs gegeben hätte? Vermutlich hätte ich das Gerät fröhlich überquert und wäre langsam in diese Sportart hineingewachsen.

Auch für unser Verhalten als Christen ist es wichtig, dass wir anderen Menschen bei ihrer Suche nach Gott aktive Hilfestellung geben. Es ist nicht unsere Aufgabe, sie wie ein überbesorgter Trainer mit einer Fülle von Verhaltensregeln, Konventionen und Vorschriften zu belasten. Denn das Evangelium ist kein kompliziertes Koordinatensystem von Geboten. Es ist vielmehr die unbefangene Freude an einem Gott, der uns liebt und annimmt. In der Nähe dieses Gottes sind auch Wagnisse möglich. Wir brauchen keine Angst vor solchen Wagnissen zu haben. Sollten wir zu fallen drohen, wird Christus selbst es sein, der uns auffängt.

Christus sagt: „Euer Herz soll sich freuen, und Eure Freude soll niemand von euch nehmen.“ Johannes 16,22

Impuls für die Stille:

Ist mein Reden von Gott dazu geeignet, andere zum Glauben zu ermutigen?

3. August

Verheißung und Erfüllung

Die Propheten des Alten Testamentes kündigen leidenschaftlich das Kommen eines Messias an, der die Welt von der Macht des Bösen erlösen und Gottes Reich aufrichten wird. Wir sind es gewohnt, diese Verheißungen in Jesus Christus als erfüllt anzusehen. Aufmerksamen Bibellesern dürfte allerdings kaum entgehen, dass die alttestamentlichen Weissagungen das Maß dessen übersteigen, was seit Christi Tod und Auferstehung an Erlösung in der Schöpfung sichtbar ist. So ist es nicht verwunderlich, dass es den meisten Juden bis heute schwer fällt, in Christus den angekündigte Messias zu erkennen. Aber nicht nur Juden, auch viele Christen empfinden hier eine Diskrepanz. Die biblischen Verheißungen und ihre tatsächliche Erfüllung scheinen auseinander zu klaffen. Ein zutreffender Eindruck? –

Von der Terrasse unseres Ferienhauses geht mein Blick über die weite Ebene Umbriens. Wie auf einer Perlenschnur aufgereiht liegen auf der gegenüberliegenden Hügelkette geschichtsträchtige Orte wie Perugia, Assisi, Spello, Foligno. Aus der Ferne betrachtet scheint es so, als könne man von Assisi aus Spello bequem bei einem Nachmittagsspaziergang erreichen. Am nächsten Tag wird jedoch vor Ort sehr schnell deutlich, wie die Distanz unsere Einschätzung verzerrte. Vermeintliche Nähe entpuppt sich als beträchtliche Entfernung. Mit einem Nachmittag ist es da nicht getan, wir entscheiden uns für zwei Tagesausflüge.

Ähnlich wie mit dieser Erfahrung verhält es sich auch mit den biblischen Verheißungen. Die alttestamentlichen Propheten sehen in ihrer visionären Schau ganz nahe beieinander liegen oder sogar ineinander fließen, was für den Lauf der Geschichte eine erhebliche Wegstrecke bedeutet. Ihre Beschreibung der Erlösung ist richtig und zutreffend. Aber es ist eine verdichtete Wirklichkeit. Tatsächlich vollzieht sich Gottes Heilswerk in Etappen. Jede dieser Etappen hat ihren eigenen Sinn, ihre Zeit und Berechtigung. Keine von ihnen lässt sich überspringen. Indem ich dies erkenne, lerne ich die

Spannung von Verheißung und Erfüllung auszuhalten. Mehr noch: Ich bin neugierig auf den nächsten Abschnitt und auf das, was es dort mit Gott zu erleben gibt.

„Jede Weissagung wird erfüllt zu ihrer Zeit. Wenn sie sich hinzieht so harre ihrer; sie wird gewiss kommen und nicht ausbleiben.“ Habakuk 2,3

Impuls für die Stille:

Welche biblischen Verheißungen sind bereits seit Ostern erfüllt, welche stehen noch aus?

4. August

Ein Gebet?

„Allmächtiger Vater, der du die Gebete jener erhörst, die dich lieben, wir bitten dich, denen beizustehen, die sich in die Höhe des Himmels wagen und den Kampf bis zu unseren Feinden vortragen. Behüte und schütze, wir bitten dich, wenn sie ihre befohlenen Einsätze fliegen. Mögen sie, so wie wir, von deiner Kraft und Macht wissen, und mögen sie mit deiner Hilfe diesen Krieg zu einem schnellen Ende bringen. Wir bitten dich, dass das Ende dieses Krieges nun bald kommt und dass wir wieder einmal Frieden auf Erden haben. Mögen die Männer, die in dieser Nacht den Flug unternehmen, sicher in deiner Hut sein, und mögen sie unversehrt zu uns zurückkehren. Wir werden im Vertrauen auf dich weiter unseren Weg gehen; denn wir wissen, dass wir jetzt und für alle Ewigkeit unter deinem Schutz stehen. Amen.“

Dieses Gebet wurde gesprochen in einem Gottesdienst im Vorfeld des Abwurfs der Atombombe über Hiroshima am 6. August 1945. Die Bitte um Unversehrtheit der Piloten wurde nicht erhört. Es kehrten zwar alle Flugzeuge vom Einsatz zurück, doch mehrere Besatzungsmitglieder zerbrachen innerlich an Schuldgefühlen. Ihre Seele war sensibler, als die Seelsorger des Militärs dies vermutet hatten.

„Du sollst den Namen des Herrn, deines Gottes, nicht missbrauchen; denn der Herr wird den nicht ungestraft lassen, der seinen Namen missbraucht.“ 2. Mose 20,7

Impuls für die Stille:
Wann wird ein Gebet zur Gotteslästerung?

5. August

Heldin des Alltags

Es war kurz nach den verheerenden Überschwemmungen an Donau, Elbe und deren Nebenflüssen im August 2002. Eine ältere Frau aus der Nachbarschaft war nach Sachsen gefahren, um dort Bekannte zu treffen. Sie sah das ganze Ausmaß der Katastrophe und vor allen Dingen die Mutlosigkeit in den Augen vieler Menschen. In Gesprächen mit den Betroffenen erfuhr sie dann von den zahlreichen, größtenteils ganz praktischen Problemen. Unter anderem erzählte man ihr, dass es in Sachsen weit und breit keine Raumentfeuchtungsanlagen mehr gebe. Die brauchte man dringend, um die Nässe aus den Wänden zu bekommen. Aber sie waren einfach nicht mehr zu bekommen, ausverkauft! Die Frau beließ es aber nicht bei unverbindlichen Gesten des Mitleids. Kaum nach Wetzlar zurückgekehrt, sammelte sie bei Freunden und Bekannten Geld, klapperte die Baumärkte der Region ab und brachte schließlich aus eigener Initiative sieben der so wichtigen Geräte nach Sachsen.

Dies ist sicherlich nur eines der vielen Beispiele von privatem Einsatz und Engagement, die es in diesen Tagen und Wochen gab. Mehr noch als ihre Geschichte wird aber denen, die die unscheinbare ältere Frau in diesen Tagen trafen, ihr Gesichtsausdruck im Gedächtnis geblieben sein. Sie sprudelte nämlich nur so vor Energie. Eine vorher nicht gekannte Begeisterung war in ihre Mimik und Bewegungen eingezogen. Offenbar war sie dermaßen erfüllt von der Freude, mit ihren kleinen, bescheidenen Möglichkeiten etwas Großes bewirken zu können, dass es eine belebende und geradezu verjüngende Wirkung auf sie hatte. Genau darin besteht das Geheimnis echter Nächstenliebe. Sie ist kein moralischer Kraftakt, zu dem man sich mühsam überwinden müsste. Sie vermittelt vielmehr die beglückende Erfahrung: Gott kann mich gebrauchen! Christus selbst hat mir diese Situation vor die Füße gelegt. Ich darf ihm dienen. Echte Nächstenliebe beschenkt beide; den, der sie zeigt, und den, der sie empfängt. Das strahlende Lächeln der Nachbarin mag für die Entdeckung stehen: Es macht Spaß, eine Heldin des Alltags zu sein.

„Ein Schriftgelehrter aber sprach zu Jesus: Wer ist denn mein Nächster?" Lukas 10,29

Impuls für die Stille:
Kenne ich die Entdeckung dieser „Heldin des Alltags"?

6. August

Zahlen, die für sich sprechen

Pro Jahr gibt die Weltgemeinschaft mehr als 800 Milliarden US-Dollar für die Herstellung von Massenvernichtungswaffen aus. Dies entspricht ca. 1,5 Millionen pro Minute. 20 Prozent dieses Betrages werden in die Neu- und Weiterentwicklung von Waffen gesteckt, von denen man sich ein noch höheres und effizienteres Zerstörungspotenzial verspricht. In vielen Ländern der Welt übertrifft die Zahl der vorhandenen Landminen die seiner aktuellen Bevölkerung. So besitzt Kambodscha nachweislich mehr als zehn Millionen dieser verabscheuungswürdigen Verstümmelungsapparate bei einer Bevölkerungszahl von knapp neun Millionen. Während die Herstellungskosten für eine Tellermine sich auf nicht einmal drei Dollar belaufen, betragen die Kosten für deren Entfernung je nach Gebiet zwischen 1.000 und 3.000 Dollar. Dass die Säuberung verminter Landstriche sich derart aufwendig gestaltet, hängt nach Angaben der UN vor allem damit zusammen, dass man sich im

Gegensatz zur Waffenherstellung bei deren Entsorgung noch einer Technologie bedient, die im Wesentlichen dem Stand von 1920 entspricht. Offenbar fällt es dem menschlichen Geist leichter, Fantasie und finanzielle Ressourcen für Zwecke der Zerstörung freizusetzen als für Aufbau und humanitäre Hilfe. Dies zeigt auch der Blick auf das Jahresbudget der Vereinten Nationen. Gerade einmal 1,25 Milliarden Dollar steht der Friedensorganisation für ihre Arbeit in den Krisengebieten dieser Welt zur Verfügung. Ein verschwindend geringer Betrag, wenn man sich als Vergleichszahlen vor Augen führt, dass dies nur etwa 4 Prozent des öffentlichen Haushaltes von New York oder 50 Prozent der jährlichen Ausgaben für den Katastrophenschutz der Hauptstadt Japans (Tokio Fire Department) entspricht.

„Und Gott sprach: Ich will hinfort nicht mehr die Erde verfluchen um der Menschen willen; denn das Dichten und Trachten des menschlichen Herzens ist böse von Jugend auf.“ 1. Mose 8,21

Impuls für die Stille:

Ich rufe mir die Nachrichten der vergangenen Tage ins Gedächtnis und bete für die Krisenherde dieser Welt sowie für die Arbeit der Menschenrechtsorganisationen.

7. August

Sprichwörtliche Punkte

Archimedes sagte einmal: „Gib mir einen Punkt außerhalb der Welt, an dem ich stehen kann, und ich werde sie aus den Angeln heben.“ Der griechische Mathematiker und Konstrukteur meinte damit, dass auch die kleinste menschliche Kraft imstande ist Berge zu versetzen, vorausgesetzt sie findet die richtige Stelle, um den Hebel anzusetzen. Seitdem spricht man vom „archimedischen Punkt“. Aristoteles, ein anderer griechischer Denker, entdeckte eines Tages im Weißen eines Vogeleis einen kleinen Punkt, der unaufhörlich hüpfte und zuckte. Er war auf das Herz eines werdenden Vögelchens gestoßen. Dieser „springende Punkt“ wurde ebenfalls sprichwörtlich und bezeichnet den entscheidenden Kern einer Sache.

Der archimedische und der springende Punkt: im Glauben kommt beides zusammen. Denn einerseits versetzt uns der Heilige Geist in die Lage, die Welt aus einer völlig anderen Perspektive wahrzunehmen. Einer Perspektive, für die nichts unmöglich und erst recht nichts zu schwer ist. Und andererseits nimmt der Heilige Geist in unseren Herzen Wohnung, durchdringt und erfüllt jeden im Innersten, der sich nach Gemeinschaft mit Gott sehnt. Ob Archimedes mit einer solchen Möglichkeit gerechnet und Aristoteles sie ins philosophische Kalkül gezogen haben mag?

„Wahrlich ich sage euch: Wenn ihr Glauben habt wie ein Senfkorn, so könnt ihr sagen zu diesem Berge: Hebe dich dorthin! so wird er sich heben; und euch wird nichts unmöglich sein.“ Matthäus 17,20

Impuls für die Stille:
Ich bitte Gott um die Kraft seines Heiligen Geistes.

8. August

Sorge der Konfirmanden

„Müssen wir bei Ihnen viel auswendig lernen?“ – Regelmäßig war dies eine der ersten Fragen, die Jugendliche bei ihrer Anmeldung zum Konfirmandenunterricht stellen. Dahinter steckt die Vorstellung: „Auswendig lernen“ bedeutet, sich mühsam viele Dinge aneignen, die später ohnehin nicht zu gebrauchen sind. Meist antwortete ich sinngemäß: „Nein, ihr müsst gar nichts auswendig lernen, aber ihr werdet nach einiger Zeit viel inwendig wissen.“ Und dann erkläre ich, dass wir zu Beginn und am Ende jeder Unterrichtsstunde einige wichtige Psalmen beten werden. Biblische Gebete, von denen sich gezeigt hat, dass sie ein ganzes Menschenleben zu tragen vermögen, gerade in den schwersten Stunden. De facto verflüchtigt sich die Sorge der Konfirmanden bereits nach wenigen Wochen. Mehr noch: die Jugendlichen entwickeln einen gewissen Stolz, sich eines größer werdenden Fundus biblischer Kernaussagen bedienen zu können. Der deutsche Begriff des „Auswendig Lernens" ist im Blick auf die Vermittlung von Glaubensinhalten denkbar irreführend. Viel angemessener sind da die französischen und englischen Entsprechungen. Denn wer die Worte der Bibel „par coeur" (französisch) bzw. „by heart" (englisch), also mit dem Herzen aufnimmt, der hat sie sich wirklich angeeignet.

„Diese Worte, die ich dir heute gebiete, sollst du zu Herzen nehmen und sollst sie deinen Kindern einschärfen und davon reden, wenn du zu Hause sitzt oder unterwegs bist, wenn du dich niederlegst oder aufstehst." 5. Mose 6,6f

Impuls für die Stille:
Welche Kernaussagen der Bibel habe ich verinnerlicht?

9. August

Die Stellung unserer Augen

Es ist wirklich ein Segen, dass die Augen eines Menschen normalerweise in die gleiche Richtung schauen. Wie wichtig dies ist, merkt man vielleicht erst, wenn man ihnen bewusst eine unterschiedliche Blickrichtung gibt. Denn wer schielt, der sieht dadurch nicht nur unvorteilhaft aus, sondern verliert auch seine Orientierung. Das Gehirn schafft es einfach nicht, die sich überlagernden Bilder zusammenzubekommen. Es muss vor diesen gegenläufigen Impulsen schlichtweg kapitulieren. Wer dennoch versucht, auch nur ein paar Meter schielend seinen Weg zu gehen, wird massive Schwierigkeiten bekommen.

Was für die Blickrichtung unserer Augen gilt, trifft dem Neuen Testament zufolge auch für unser seelisches Leben zu. Es ist unmöglich, sich innerlich nach allen erdenklichen Zielen auszustrecken, ohne dabei Schaden zu nehmen. Ich brauche ein klares Leitbild, um dem Gewirr der Möglichkeiten heiter und gelassen begegnen zu können. Der Glaube an Christus bietet diese Orientierung. Er sagt mir, worauf es zu achten gilt und wonach zu streben es sich lohnt. Christus bei allen Entscheidungen im Blick zu behalten heißt, seine Kräfte zu bündeln und Sicherheit zu gewinnen.

Christus spricht: „Wo dein Schatz ist, da ist auch dein Herz. Das Auge ist das Licht des Leibes. Wenn dein Auge lauter ist, so wird dein ganzer Leib licht sein." Matthäus 6,22f

Impuls für die Stille:

Lasse ich zu, dass meine Seele „schielt"?

10. August

Stellvertretender Glaube

Er war immer dabei, wenn im Jugendkreis der Gemeinde eine Bibelarbeit auf dem Programm stand. Fast jede Woche traf man ihn im Gottesdienst an. Und doch er war der ewige Zweifler. So fühlte sich mancher von ihm gestört, wenn er im Gespräch über biblische Geschichten alles und jeden in Frage stellte. „Warum bleibst du eigentlich nicht zu Hause, wenn du das sowieso alles nicht für wahr hältst?", brach es aus einem der Jugendlichen heraus. „Weil es mich interessiert!", war die Antwort. Es war also keine leichte Aufgabe für den Leiter der Gruppe. Eines Tages ging es inhaltlich um das Apostolische Glaubenskenntnis. Beim Thema „Jungfrauengeburt" meldete sich wieder der Zweifler: „Tut mir Leid, aber das kann ich nicht glauben!" Genervtes Stöhnen in der Runde. Einer aber lächelte gelassen und meinte: „Ich mache dir einen Vorschlag. Wir glauben das vorerst einfach mal für dich mit." Erstaunt blickte der so Angesprochene auf und begann neu und ganz anders nachdenklich zu werden. Es muss ein Wendepunkt im Leben des 17-Jährigen gewesen sein. Denn einige Monate später war aus dem distanzierten Beobachter ein engagierter Mitarbeiter geworden. Heute ist er Pfarrer der Ev. Kirche im Rheinland.

„Bei Tag und Nacht bitten wir inständig darum, euch wieder zu sehen und an eurem Glauben zu ergänzen, was ihm noch fehlt.“ 1. Thessalonicher 3,10

Impuls für die Stille:
Ich danke Gott für Menschen, die mich auffangen, wenn ich falle.

11. August

Auf der Suche nach Verborgenem

In der Renaissance war die Suche nach Trüffeln eine beliebte Freizeitbeschäftigung italienischer Adeliger. Da die Pilze verborgen und teilweise unter der Erdoberfläche wachsen, sind sie nur schwer zu finden. Deshalb bediente man sich oft der Hilfe von Hausschweinen. Man band die Tiere, die diese erlesene Köstlichkeit dank ihrer feinen Nase aufspüren können, an eine lange Leine und jagte ihnen nach. Von außen betrachtet werden die italienischen Fürsten bei ihrem Treiben ein recht eigentümliches Bild abgegeben haben. Zumindest in Deutschland mokierte man sich über diese seltsamen „Jäger“. Gleich einem Bauer einfältigen Schweinen hinterher zu laufen und unter lautem Jubel unmotiviert im Dreck zu graben – wie unaristokratisch, wie grotesk! Wem der Grund einer Sache verborgen ist, dem muss eben manches verrückt erscheinen – nicht nur im Blick auf die Trüffelsuche. Auch viele Verhaltensweisen eines christlichen Lebens muten von außen betrachtet seltsam an.

Welchen Sinn macht es, ein zweitausend Jahre altes Buch aufzuschlagen und darin nach Antworten für unseren Alltag hier und heute zu suchen? Wenn ich nichts von Gottes Reden in diesem Buch weiß: keinen!

Welchen Sinn hat es, einem anderen Menschen seine Schuld anzuvertrauen? Wenn ich nichts von Vergebung weiß: keinen!

Welchen Sinn hat es, wider allen Augenschein an die Macht der Liebe zu glauben? Wenn ich nichts vom Gekreuzigten weiß: keinen!

Die italienischen Trüffelliebhaber werden den Spott ihrer ausländischen Standesgenossen gut verkraftet haben. Und vermutlich hat sich spätestens beim Gastmahl so mancher deutsche Herzog davon überzeugen lassen, dass sich die Suche nach den verborgenen Schätzen lohnt.

„Der natürliche Mensch aber vernimmt nichts vom Geist Gottes; es ist ihm eine Torheit, und er kann es nicht erkennen, denn es muss geistlich beurteilt werden. Der geistliche Mensch aber beurteilt alles und wird doch selber von niemand beurteilt." 1. Korinther 2, 14f

Impuls für die Stille:

Ich bitte Gott um Liebe für Menschen, die meinem Lebensstil als Christ mit Unverständnis begegnen.

12. August

Sportgeschichte

Eine Reihe der noch heute praktizierten olympischen Disziplinen geht auf die so genannten „Isthmischen Spiele" in Korinth zurück, die schon zur Zeit des Paulus Tausende von Besuchern anlockten. Zu diesen Sportarten gehören etwa das Diskuswerfen, der Weitsprung und der Staffellauf. Während sich bei den ersten beiden Disziplinen seit den Tagen der Antike kaum etwas verändert hat, verlief der Staffellauf anders. Anstelle eines Stabes reichten sich die Läufer damals eine brennende Fackel weiter. Dies bedeutete natürlich, dass nicht unbedingt die Mannschaft gewonnen hatte, die als Erste die Ziellinie erreichte. Es ging vielmehr darum, das Licht unversehrt aber schnell ans Ziel zu bringen. Wen wundert es da, dass der Staffellauf bei den Isthmischen Spielen die größte Aufmerksamkeit genoss. Den Zuschauern stockte vermutlich der Atem, wenn etwa dem führenden Läufer die Fackel zu erlöschen drohte. Nur wer sorgfältig und flink zugleich war, hatte Aussicht auf den Siegeskranz. In einer Zeit, die auf Effizienz und Schnelligkeit programmiert ist, erinnert dieses Beispiel aus der Sportgeschichte an Wesentliches. Wir mögen als christliche Gemeinde so umtriebig sein wie wir wollen. Das Ziel, zu dem wir berufen sind, erreichen wir nur unter einer Prämisse: das Licht des Evangeliums darf nicht in uns erlöschen. Es will unversehrt weitergereicht sein, solange der Lauf dauert.

„Erweist euch als Gottes Kinder, ohne Makel mitten unter einem verdorbenen und verkehrten Geschlecht, unter dem ihr scheint als Lichter in der Welt, dadurch dass ihr festhaltet am Wort des Lebens." Philipper 2,15f

Impuls für die Stille:
In welchem Verhältnis stehen Aktivität und Sorgfalt in unserem Gemeindeleben?

13. August

Die Türme von San Gimignano

San Gimignano in der Toskana ist berühmt für seine Altstadt, vor allem wegen der dreizehn noch erhaltenen Geschlechtertürme, die jeweils fast fünfzig Meter hoch in den Himmel ragen. Im Mittelalter gab es insgesamt sechsundfünfzig dieser beeindruckenden Gebäude. Auf die Menschen des 14. Jahrhunderts muss San Gimignano eine ähnliche Faszination ausgeübt haben, wie auf uns etwa die Skyline von Manhattan oder Philadelphia. Was mag die Bewohner dieser Stadt wohl dazu bewegt haben, derart aufwendig und gewagt zu bauen? Ob es einfach das Bedürfnis war, während der Hitze des Sommers ein luftiges Plätzchen zu haben? Weit gefehlt.

Der wirkliche Auslöser für den Bau der Wohntürme ist ebenso traurig wie trivial: es war ein Streit.

Die beiden Geschlechter der Ardinghelli und der Salvucci hatten sich jahrzehntelang befehdet. An den ursprünglichen Auslöser konnte sich bald so richtig niemand mehr erinnern. Was blieb, waren die beständigen Auseinandersetzungen – und das auf engstem Raum. Schließlich eskalierte das Ganze derart, dass man sich nicht länger nur mit Vorwürfen überschüttete, sondern einander Vergeltung androhte und sich in immer höher werdenden Wohnfestungen voreinander verbarrikadierte.

Türme als Ausdruck der Macht und des Reichtums, aber auch als Ausdruck des Starrsinns und der Angst.

Touristisch gesehen sicherlich ein Glücksfall. Doch welch ein Vermögen haben die Familien Ardinghelli und Salvucci in ihre Unversöhnlichkeit investieren müssen! Der Preis des Recht-behalten-Wollens ist hoch. Man kann sogar alles dabei verlieren.

„Zürnt ihr, so sündigt nicht; lasst die Sonne nicht über eurem Zorn untergehen." Epheser 4,26

Impuls für die Stille:
Gibt es einen länger schwelenden Konflikt, den ich zu bearbeiten, oder einen Menschen, mit dem ich mich zu versöhnen habe?

14. August

Übersehene Gottesboten

Die Bibel geht davon aus, dass Gott sich selbst nicht unbezeugt lässt, sondern sich seinen Geschöpfen auf unterschiedliche Art und Weise mitteilt. Gleichzeitig fällt es vielen Menschen zunehmend schwer, das Wirken Gottes in ihrem Leben zu entdecken. Gibt es das, was die Bibel „Engel" oder „Boten" Gottes nennt, nicht mehr, oder übersehen wir sie vielleicht nur, weil sie unseren Vorstellungen von solchen Boten nicht entsprechen?

Da ist z. B. der Engel „Kindergebet": Erinnern Sie sich noch an ihn? Erinnern Sie sich noch an die Verse, die vielleicht ihre Mutter oder die Großmutter mit Ihnen gebetet hat? – „Lieber Gott, mach mich fromm, dass ich in den Himmel komm." Was ist mit diesem Kindergebet geschehen? Es hat sie auf Gott aufmerksam machen wollen, auch wenn es inzwischen längst abgeschoben, verdrängt und zur Entsorgung ans Archiv des individuellen Unterbewussten übergeben worden ist.

Da ist der Engel „Physiklehrer“: alle Geheimnisse der Natur konnte er großartig erklären und in griffige Formeln fassen. Jeder Schüler wunderte sich, dass dieser rationale Mensch nicht nur Physik, sondern auch Religion unterrichtete. Als er in Physik eines Tages den zweiten thermodynamischen Hauptsatz durchnahm, meinte er nur: „Seht ihr, Kinder, es gibt keinen Zufall. Von nichts kommt nichts.“

Was ist mit diesem Boten Gottes geworden? Oh, vielleicht ist er längst gestorben. Aber lebt das, was er Ihnen als Schüler beibringen wollte, noch in Ihnen?

Da ist der Engel „Nervenzusammenbruch“: Damals sind Sie ins Grübeln gekommen und Sie haben gedacht: „Meine Güte, wenn es jetzt nicht dein vegetatives Nervensystem, sondern das Herz erwischt hätte ...“

Was haben Sie mit diesem Boten Gottes gemacht? Haben Sie ihn einfach übergangen und vergessen, nachdem der akute Zusammenbruch überstanden war?

Da ist der Engel „Kirche“: Jeder Kirchturm, der in den Himmel ragt, jede Glocke, die zum Gottesdienst läutet, ist ein Rufen Gottes: „Hier bin ich. Ich will dir begegnen. Weiche mir nicht aus.“

„Zwar hat Gott in den vergangenen Zeiten alle Menschen ihre eigenen Wege gehen lassen, und doch hat er sich selbst nicht unbezeugt gelassen, sondern er hat viel Gutes getan und euch vom Himmel Regen und fruchtbare Zeiten gegeben, er hat euch genährt und eure Herzen mit Freude erfüllt.“ Apg. 14,16.17

Impuls für die Stille:

Ich versuche Gottes Wirken im alltäglichen Geschehen der vergangenen Tage zu entdecken und danke ihm dafür.

15. August

Menschliche Nähe gesucht

In vielen angloamerikanischen Gemeinden ist die herzliche Umarmung oder sogar ein geschwisterlicher Kuss ein fester Bestandteil der gottesdienstlichen Liturgie. Auf die Aufforderung des Pfarrers: „Gebt einander ein Zeichen des Friedens!“, reicht man sich nicht nur schüchtern die Hand, sondern fällt sich tatsächlich wortwörtlich in die Arme.

Allerdings ist diese uralte christliche Tradition nicht immer unumstritten. Ein methodistischer Pfarrer erzählt: „Vor ein paar Jahren kamen einmal nach dem Gottesdienst einige Gemeindeglieder auf mich zu und meinten, dieses Umarmen und Küssen sei doch nun wirklich nicht wichtig für den Ablauf des Gottesdienstes, im Gegenteil, manche Gemeindeglieder fühlten sich dadurch sogar eher gestört. ‚Kann man diese überflüssige Unterbrechung der Liturgie nicht abschaffen?‘

Es wurde eine Versammlung einberufen, in der über die besagte Frage entschieden werden sollte. Nach relativ kurzer Zeit schien man sich fast einig zu sein. Da meldete sich eines der ältesten Gemeindeglieder, eine Witwe, zu Wort. Ihr schüchternes Votum lautete: ‚Ich kann mir vorstellen, dass ihr das Friedenszeichen nicht braucht. Aber eins sollt ihr wissen: ich freue mich die ganze Woche auf diesen Moment am Sonntagmorgen. Für mich ist es nämlich die einzige Gelegenheit, bei der mich einmal jemand drückt und in die Arme nimmt.‘

Nach ein paar Augenblicken betretenen Schweigens wurde die Diskussion fortgesetzt. An ihrem Ende stand der einstimmige Beschluss, die bisher geübte Praxis der gegenseitigen Umarmung fortzuführen. Sie ist seitdem in dieser Gemeinde nie mehr in Frage gestellt worden.“

„So zieht nun an als die Auserwählten Gottes, als die Heiligen und Geliebten, herzliches Erbarmen, Freundlichkeit, Demut, Sanftmut, Geduld. Über alles aber zieht an die Liebe, die da ist das Band der Vollkommenheit.“ Kolosser 3,12.14

Impuls für die Stille:
Menschen, die mich umgeben, Menschen in meiner Nähe: Wen habe ich mit seinen Bedürfnissen und Nöten bisher nicht wahrgenommen?

16. August
Ein wertloses Umfrageergebnis

Das US-Magazins Newsweek hatte seine Meinungsforscher losgeschickt mit der Frage: „Wer kommt in den Himmel?" Auf einer Liste von Prominenten, die als Kandidaten für die Ewigkeit vorgestellt wurden, rangierte Mutter Teresa mit 79 Prozent der Nennungen unangefochten auf Platz 1. Es folgten mit 66 Prozent die schwarze Fernsehmoderatorin Ophrah Winfrey sowie Basketballstar Michael Jordan mit 65 Prozent. Sogar Politikern wurden recht gute Chancen in Aussicht gestellt. So hielten immerhin 61 Prozent den ehemaligen Golfkrieg-Oberbefehlshaber und späteren Außenminister der Bush-Regierung, Colin Powell, für einen ungefährdeten Himmelsstürmer. Eine solche Beurteilung sähe in Deutschland vermutlich ganz anders aus.

Das markanteste Einzelergebnis betraf jedoch nicht die Fremd-, sondern die Selbsteinschätzung der Befragten. Nicht weniger als 87 Prozent waren sich sicher, ein guter Mensch zu sein und entsprechend in den Himmel zu kommen.

Wie kommt ein Nachrichtenmagazin zu einer solchen Umfrage? Es gibt offenbar ein großes Bedürfnis im Menschen, sich selbst zum Maßstab aller Dinge zu erheben. Und auf dieser Linie liegt es, auch darüber befinden zu wollen, wer denn nun vor Gottes ewiger Gegenwart bestehen wird und wer nicht. Dabei zeigt das Umfrageergebnis vor allem, wie willkürlich und selbstzufrieden jede menschliche Einschätzung ausfällt. Glücklicherweise aber ergeht die Entscheidung über den Aufenthalt im Himmel nicht per Volksabstimmung. Gott hat es sich vorbehalten, jedem Menschen sein Urteil zu sprechen. Dabei wird es manche Überraschung geben.

Auf der sicheren Seite steht allein, wer nicht auf seine Selbsteinschätzung vertraut, sondern auf das, was Christus am Kreuz für uns getan hat.

„So halten wir nun dafür, dass der Mensch gerecht wird ohne des Gesetzes Werke, allein durch den Glauben." Römer 3,28

Impuls für die Stille:
Gibt es in meinem Leben Bereiche, wo ich mich zum Maßstab aller Dinge setze?

17. August

Umsonst!

„Umsonst!" – Häufig trägt dieses Wort den Charakter des Negativen. Da hat sich jemand aufopferungsvoll um etwas bemüht, doch seine Anstrengungen waren nicht von Erfolg gekrönt. Ein Sportler wird so reden, der auf ein großes Ziel hin trainiert und sich kurz vor dem Wettkampf verletzt. Einem Arzt wird es über die Lippen gehen, wenn er nach Stunden resigniert das Skalpell aus den Händen legt. Operation gelungen, Patient verstorben. Vergebliches Tun, umsonst! Doch das ist nur die halbe Wahrheit über dieses kleine unscheinbare Wort. Es kann nämlich auch einen ganz anderen, positiven Bedeutungsinhalt annehmen. Dann steht „umsonst" für den Geschenkcharakter einer Sache und heißt so viel wie „gratis". So ist es etwa in der Bibel gemeint, wenn davon die Rede ist, dass gelungenes, sinnerfülltes Leben nur „umsonst" zu haben ist. Im Alltag wird es immer wieder beides geben: Erfahrungen von Vergeblichkeit und Erfahrungen geschenkten Glücks. Wichtig wird sein, dass wir gerade dann, wenn wir innerlich seufzen: „Alles umsonst!", Gottes Nähe suchen. Denn Gott allein vermag auch dem Enttäuschenden und vermeintlich Sinnlosen einen Sinn abzuringen. Und zwar „gratis", aus Gnade.

„Wen da dürstet, der komme; und wer da will, der nehme das Wasser des Lebens umsonst." Offenbarung 22,17

Impuls für die Stille:
Alles-Umsonst-Erfahrungen meines Lebens. Was ist aus ihnen geworden?

18. August

Uneingeschränkter Zugang

Jede Berufsgruppe hat bekanntlich so ihre Eigenheiten. Zu den speziellen Verhaltensweisen der meisten Pfarrer gehört es, dass sie sich an bestimmten Tagen völlig von der Außenwelt abschotten. Mir geht das auch so. Wenn ich etwa donnerstags am Schreibtisch sitze und an einer Predigt schreibe, dann erlaube ich es normalerweise nicht, dass mich jemand stört. Kein Telefon, keine Besucher, niemandem ist es dann erlaubt, das Arbeitszimmer zu betreten. Aber es gab bis vor einigen Jahren eine einzige Ausnahme – unsere kleine Tochter. Sie wusste es mit ihren 3 Jahren noch nicht anders und brauchte es auch nicht anders zu wissen. Wenn sie ein dringendes Anliegen hatte, durfte sie kommen, denn es hätte mir schier das Herz gebrochen, wenn sie vor der geschlossenen Tür säße und weinend nach ihrem Papi riefe. Für meine Tochter wollte und will ich *immer* ansprechbar sein.

Die Bibel sagt: Genauso steht es um unser Verhältnis zu Gott. Es mag sein, dass wir als Erwachsene vieles lernen und uns auch vieles verkneifen müssen. Das gehört zur Reifung und zum Erwachsenwerden einfach dazu.

Aber in einem können und sollen wir getrost Kinder bleiben: in der Unmittelbarkeit, mit der wir uns in jeder Lebenssituation an Gott wenden dürfen. Es gibt für ihn nichts Dringenderes, als das, was uns am Herzen liegt. Er mag die Geschicke des Kosmos lenken, das Weltall regieren und doch ist es sein größtes Anliegen, für uns da zu sein. Das verbindet ihn mit jedem irdischen Vater, der diesen Ehrentitel verdient. Von daher wäre es verfehlt, Gott irgendetwas vorzuenthalten. Die Frage, ob das eigene Anliegen es auch wert ist, vor Gott gebracht zu werden, stellt sich nicht. Einen Vater bewegt, was sein Kind bewegt.

„Denn ihr habt nicht einen knechtischen Geist empfangen, dass ihr euch abermals fürchten müsstet; sondern ihr habt einen kindlichen Geist empfangen, durch den wir rufen: ‚Abba, lieber Vater!'" Römer 8,15

Impuls für die Stille:

Nutze ich den Zugang zum „Vaterherz Gottes" so wie ich es dürfte?

19. August

Ein unerhörtes Gebet?

Der junge Pastor besucht eine alte Dame im Seniorenwohnheim. Sie sitzt schon einige Jahre im Rollstuhl und hadert mit ihrem Schicksal. Nichts vermag sie aufzumuntern. Weder die Frühlingssonne, noch das muntere Zwitschern der Vögel, noch nicht einmal der lang ersehnte Besuch – einfach nichts! So bricht es aus ihr heraus: „Ach Herr Pfarrer, es ist alles so traurig! Was soll ich denn noch mit diesem Leben? Ich würde am liebsten sterben. Bitte beten Sie doch, dass der liebe Gott mich zu sich holt!" Immer wieder formuliert die Frau diesen Wunsch. Der junge Theologe ist verunsichert. Darf man denn tatsächlich um den Tod eines Menschen bitten? – Er wagt es. Verklausuliert und sichtlich bemüht, Gottes Freiheit einerseits und dem Begehren der Frau andererseits gerecht zu werden, ringt er tapfer um jede sprachliche Wendung. Kaum hat er aber erleichtert sein Amen gesagt, als ihn die Frau begeistert anstrahlt: „Wunderbar! Herr Pfarrer, das haben Sie ganz wunderbar gesagt! – Jetzt geht es mir auch schon viel besser!"

Gesagtes und tatsächlich Gemeintes können zuweilen weit auseinander liegen. Schwer zu entscheiden, ob die Frau ihren Gebetswunsch wirklich wörtlich gemeint hat. Vielleicht lag ihr auch nur daran, dass ein anderer ihre Klage vor Gott bringt. Etwa so wie jemand, der ankündigt: „Ich bringe mich um!" und eigentlich meint: „Helft mir doch bitte! Ich weiß allein nicht mehr weiter!" – Es gehört viel Fingerspitzengefühl dazu, solche versteckten Botschaften herauszuhören. Das Beispiel macht Mut, unkonventionell zu reagieren und ohne jede Scheu auch unkonventionell zu beten. Was Gott aus einem solchen Gebet macht, weiß ohnehin er selbst am besten.

„Mich ekelt mein Leben an. Ich will meiner Klage ihren Lauf lassen und reden in der Betrübnis meiner Seele.“ Hiob 10,1

Impuls für die Stille:
Kennt mein Gebetsleben auch die Dimension der vorbehaltlosen Klage?

20. August

Unerkannte Kostbarkeit

Es ist eine alte persische Sage: Ein Mann entdeckt während eines Abendspaziergangs am Meer ein kleines Säckchen. Unterwegs, die Dämmerung ist inzwischen weit fortgeschritten, greift er hinein und findet lauter kleine Steine. Er spaziert weiter, lässt die Steinchen durch die Finger gleiten, wirft sie hinaus ins Wasser, wo sie schnell in den Wellen versinken. Einen einzigen Stein nimmt der Mann mit nach Hause. Als er ihn im Schein des Herdfeuers betrachtet, gefriert ihm das Blut in den Adern. Es ist ein Diamant, den er funkelnd in den Händen hält. Dem Mann wird bewusst: Er hatte ein Vermögen in seinen Händen gehalten. Aber er hatte es gedankenlos fortgeworfen.

Ob wir irgendwann einmal im Rückblick auf unser Leben genauso erschrecken? Jeder Tag ist eine Kostbarkeit, und doch gehen wir mit vielen von ihnen um, als seien sie wertlos. Wir tun es nicht bewusst. Meist ist es eher so, dass wir gar nicht erkennen, welcher Reichtum mit unserer Zeit verbunden ist. Wir halten für unscheinbar, was in Wirklichkeit den Charakter des Einmaligen trägt – auch im Alltag. Am ehesten entdecken wir die Kostbarkeit jedes Tages, wenn wir ihn im Licht der Gegenwart Gottes betrachten. Schon ein paar stille Minuten am Morgen können unsere Wahrnehmung für die vor uns liegenden Stunden entscheidend verändern.

„Lass mich am Morgen hören deine Gnade; denn ich hoffe auf dich. Tu mir kund den Weg, den ich gehen soll; denn mich verlangt nach dir.“ Psalm 143,8

Impuls für die Stille:
Ich suche den „Diamanten“ im gestrigen Tag.

21. August

Unerkannter Lebensretter

War ich schon neunzehn oder noch achtzehn? – Ich weiß es nicht mehr! Woran ich mich aber noch gut erinnere, ist jene Straße, die ich überqueren musste, um zu der Freien Evangelischen Gemeinde in meiner Heimatstadt Solingen zu kommen. Der Pastor der Gemeinde hatte mich gebeten, Kurzandachten für die dortige Einrichtung des dort beheimateten „Telefonkurzpredigtdiensts“ zu verfassen. Die galt es nun im Gemeindehaus aufzunehmen. Ich war sehr in mich selbst versunken an jenem Tag. Fast hatte ich einen Fuß schon auf der Straße, als ich mit einem mächtigen Ruck nach hinten gezogen wurde. Just in dieser Sekunde raste unmittelbar vor mir ein Auto vorbei. Ich musste es wohl übersehen haben. Noch benommen von einem lähmenden Gefühl in der Brustgegend, blickte ich mich um. Ich wollte sehen, wer mich da im letzten Augenblick vor dem herannahenden Auto zurückgezogen hatte. Doch außer mir selbst war weit und breit niemand zu sehen. Es gab niemand, dem ich für seine Geistesgegenwart hätte danken können. Niemand? Ich habe damals gar nicht erst versucht, mir einen Reim auf diese Erfahrung zu machen. Zu sehr steckte mir der Schreck in den Gliedern. Aber Jahre später ist die Erinnerung an dieses Ereignis für mich noch einmal wichtig geworden. Als ich während des Theologiestudiums in eine schwere Krise geriet, innerlich nicht mehr aus noch ein wusste, dachte ich hin und wieder an jene seltsame Begebenheit. Und dann sagte ich mir: „Du darfst jetzt nicht aufgeben! Gott muss noch etwas mit dir vorhaben! Wenn die Bewahrung damals einen Sinn gehabt haben soll, dann darfst du jetzt nicht aufgeben!" Diese Gewissheit hat mich in dunkler Zeit getragen.

„Denn Gott hat seinen Engeln befohlen, dass sie dich behüten auf allen deinen Wegen." Psalm 91,11

Impuls für die Stille:

Ich vergegenwärtige mir Erfahrungen der Bewahrung und danke Gott dafür.

22. August

Unerlaubtes Nachbessern

Pablo Picasso war in seinem Alter ein ausgesprochen ungern gesehener Gast in Museen und Galerien. Insbesondere dann, wenn es sich um Ausstellungen seiner eigenen Kunstwerke handelte. Denn Picasso konnte keines dieser Bilder betrachten, ohne dabei etwas zu finden, das in seinen Augen nicht noch verbesserungswürdig gewesen wäre. Immer wieder versuchte er zum Pinsel zu greifen und hätte so durch nachträgliche Veränderungen einige seiner wertvollsten Werke zerstört. Was hier stark nach Altersverwirrung aussieht, offenbart doch einen Grundzug menschlichen Wesens. Es fällt uns schwer, Dinge stehen zu lassen, Unvollkommenes zu akzeptieren, Frieden über Vergangenes zu finden, das nun einmal abgeschlossen und nicht zu verändern ist. Wer besonders gewissenhaft oder sensibel ist, empfindet den Druck zum „Nachbessern" besonders stark. Da ist es gut zu wissen: Gott schaut mein Leben mit Liebe an. Er kann auch das als gelungen betrachten, was meiner Meinung nach allenfalls den Charakter des Vorläufigen trägt. Gott sieht mein Tun und Lassen mit wohl wollenden Augen. Er weiß, dass es das widerspiegelt, was er selbst an Möglichkeiten und Begrenzungen in mich hineingelegt hat. Natürlich mag es da auch komplett Misslungenes geben. Doch darüber lächelt Gott in seiner unendlichen Nachsicht.

„Siehe, um Trost war mir sehr bange. Du aber hast dich meiner Seele angenommen, dass sie nicht verdürbe, denn du wirfst alle meine Sünden hinter dich zurück." Jesaja 38,17

Impuls für die Stille:
Kenne ich den Drang zum Nachbessern? An welcher Stelle packt er mich?

23. August

Unerwartete Einladung

Während meines Studiensemesters in Washington D.C. ergab es sich, dass ich an einem Sonntag genau von dem Platz aus einem Gottesdienst beiwohnte, auf dem schon Winston Churchill 1941 bei einem Staatsbesuch gesessen hatte. Allerdings erfuhr ich hinterher, dass der englische Premierminister seinerzeit nur höchst unwillig in der Kirche zugegen war. Churchill, noch ermattet von der Reise und den Strapazen seines Amtes, hatte gehofft, den Sonntagmorgen in aller Ruhe angehen und genüsslich seine Zigarre rauchen zu können. Doch dann war sein Gastgeber, Präsident Roosevelt, erschienen. Entsetzt darüber, den englischen Premier noch im Nachtgewand vorzufinden, soll Roosevelt geäußert haben: „Lieber Freund, sie werden doch wohl nicht den wichtigsten Termin der Woche verpassen wollen?" Churchills Reaktion ist nicht überliefert. Tatsache ist jedoch, dass sich nur kurze Zeit später beide Staatsmänner aufmachten, um Gott in der Foundry United Methodist Church gemeinsam zu loben und die Ehre zu geben.

Man mag darüber streiten, inwieweit Roosevelts Einladung zum Gottesdienst höflich zu nennen ist. Wenn Gastfreundschaft aber beinhaltet, dass ich einem Gast an allem Anteil gebe, was mein Leben erfüllt, dann ist sein Verhalten ebenso aufrichtig wie nachahmenswert. Warum sollte ich ausgerechnet meinen Glauben verbergen wollen?

„Es ist ein köstlich Ding, dem Herrn danken und lobsingen deinem Namen, du Höchster, des Morgens deine Gnade und des Nachts deine Wahrheit verkündigen." Psalm 92,2f

Impuls für die Stille:
Wie kann ich lernen, meiner Frömmigkeit natürlich und unaufgesetzt Ausdruck zu verleihen?

24. August

Verschwiegene Wahrheit

Der neu gewählte Pfarrer verabschiedet sich am Ausgang von den Gottesdienstbesuchern. „Eine wunderbare Predigt!", schwärmt eine ältere Dame. „Ja, ganz ausgezeichnet!", pflichtet ihr ein anderes Gemeindeglied bei. Nachdem er mehrere Komplimente erhalten hat, kommt ein Mann im Rollkragenpullover an die Reihe: „Langweilig! Das war ja gar nichts!" Der junge Pfarrer ist etwas konsterniert angesichts dieses unerwarteten Kommentars. Erstaunt stellt er fest, dass sein Kritiker nicht fortgeht, sondern sich erneut hinten in der Schlange einreiht. Doch schon reicht ihm ein weiterer Gottesdienstbesucher die Hand. „Ach, Herr Pfarrer, ihre Beispiele sind so treffend!", tönt es ermutigend. „Ja, nur weiter so!", meint ein Nächster. Schließlich ist wieder die Gestalt im Rollkragenpullover an der Reihe: „Fürchterliche Illustrationen! Absolut geschmacklos und flach!" Der aufstrebende Theologe sackt innerlich zusammen. Ein erfahrenes Kirchenvorstandsmitglied nimmt den neuen Seelsorger zur Seite und versucht ihn mit den Worten zu trösten: „Herr Pfarrer, das müssen Sie nicht ernst nehmen. Ich kenne den Mann. Der ist immer so. Der plappert einfach nur nach, was er von anderen hört!"

Wäre da nicht der missglückte Beschwichtigungsversuch des Presbyters gewesen, der junge Theologe hätte einen völlig falschen

Eindruck von der Wirkung seiner Predigt gewonnen. Und vermutlich wäre er in seiner Weise zu predigen fortgefahren, angeregt durch die vermeintliche Bestätigung der Gemeinde. Ein typisches Beispiel für die Unaufrichtigkeit, mit der Menschen häufig miteinander umgehen. Es hat nichts mit Höflichkeit zu tun, wenn wir einander die Kritik ersparen, die wir hinter vorgehaltener Hand äußern. Es ist eher ein Zeichen von Lieblosigkeit. Es ist lieblos, weil wir damit den anderen um die Möglichkeit zur Korrektur und zur Weiterentwicklung seiner Persönlichkeit und seiner Gaben bringen. Es ist lieblos, weil geschmeicheltes Lob jedes Vertrauensverhältnis im Ansatz untergräbt. Echtes Vertrauen wächst nur auf der Gewissheit beidseitiger Ehrlichkeit und Wahrhaftigkeit. Unverbindliche Freundlichkeit trägt dagegen den Keim des Misstrauens in sich.

„Darum legt die Lüge ab und redet die Wahrheit, ein jeder mit seinem Nächsten, weil wir untereinander Glieder Christi sind.“ Epheser 4,25

Impuls für die Stille:

Wie verhalte ich mich, wenn Höflichkeit und Ehrlichkeit in Konflikt miteinander geraten?

25. August

Der Bischof und das Aschenputtel

Als Kronprinz Haakon am 25. August 2001 seine Braut Mette-Marit zum Traualtar in den Osloer Dom führt, ist dies ein Ereignis, das ganz Norwegen bewegt. Es handelt sich um eine ungewöhnliche und umstrittene Verbindung, nicht nur wegen der bürgerlichen Herkunft der zukünftigen Prinzessin, sondern vor allem wegen ihrer anrüchigen Vergangenheit. Man weiß um Drogenexzesse in ihrer Jugend, um flüchtige Liebschaften und als Resultat eines solchen Verhältnisses um ihren unehelichen, vierjährigen Sohn Marius. Wird Bischof Gunnar Stalsett in seiner Trauansprache all dies übergehen und so tun, als gäbe es das Vorleben des „Aschenputtels“ von Kristiansand nicht? Mitnichten. Ausführlich geht er in seiner Predigt auf alles ein, was die norwegische Boulevardpresse zu despektierlichen Schlagzeilen vermarktet hatte. Allerdings gibt er den Dingen eine völlig andere Bedeutung. Er spricht vom Hunger nach Leben, der jeden Menschen beseelt und der ihn zuweilen auf Irrwege führen kann. Er spricht von der Größe, die darin besteht, sich Fehler einzugestehen und Reue empfinden zu können. Und er spricht von der Reife und dem Verantwortungsgefühl, die sich in der liebenden Zuwendung der allein erziehenden Mutter zu ihrem Kind erweist. So wird durch die Worte des Bischofs aus der skandalträchtigen Sünderin eine würdevolle Prinzessin. Es gehört zum Wesen der Liebe Christi, dass sie einen Menschen nicht einfach auf seine Schuld reduziert. Sie sieht ihn mit seiner ganzen Geschichte, gewährt Vergebung und traut ihm Veränderung zu. Ja mehr noch: Manchmal gebraucht die Liebe Christi sogar unsere beschämendsten Fehlleistungen, um uns daran innerlich wachsen zu lassen. Bischof Stalsett hätte die Situation vom Evangelium her nicht besser deuten können. Darüber waren sich an diesem Tag sogar die kritischsten Journalisten einig.

„Ich sage dir: Ihre vielen Sünden sind vergeben, denn sie hat viel Liebe gezeigt; wem aber wenig vergeben ist, der liebt wenig.“ Lukas 7,47

Impuls für die Stille:
Kenne ich schuldhafte Verstrickungen, die mich durch Gottes Gnade haben reifen lassen?

26. August

Ein unkonventionelles Altarbild

Die evangelische Kirche auf der ostfriesischen Nordseeinsel Langeoog besitzt ein ebenso außergewöhnliches wie eindrückliches Altarbild. Dargestellt ist im Hintergrund ein modernes Fährschiff.

Doch es ist wohl gerade auf eine Sandbank aufgelaufen. Außerdem befinden sich auf dem Bild zahlreiche Passagiere: Erwachsene und Kinder, Paare und Alleinstehende. Offenbar haben sie sich an den Strand retten können. Einige von ihnen betrachten nachdenklich das leck geschlagene Gefährt, andere unterhalten sich angeregt, wieder andere blicken in die Ferne und halten Ausschau nach Rettung. Der Vordergrund des Bildes wird von einem großen Tisch dominiert. Um ihn herum stehen Stühle. Sie laden dazu ein, Platz zu nehmen und zur Ruhe zu kommen. Es handelt sich zweifelsohne um einen Abendmahlstisch. Was für den Betrachter unübersehbar ist, scheinen die Gestrandeten jedoch nicht wahrzunehmen. Sie sind dem Tisch mit dem Rücken zugewandt oder schauen an ihm vorbei, vertieft in das, was sie gerade bewegt. So ist dieses Altarbild für die versammelte Inselgemeinde eine Einladung und Mahnung zugleich:

„Der Menschensohn ist gekommen zu suchen und selig zu machen, was verloren ist.“ Lukas 19,10

Impuls für die Stille:

Das Abendmahl als „Wohltat für den Gestrandeten“ – was bedeutet es mir?

27. August

Unsichtbar geleitet

Wer sich spät abends auf der A 5 von Süden kommend Frankfurt nähert, dem bietet sich ein eindrucksvolles Schauspiel. Wie an einer Perlenschnur aufgereiht setzen Flugzeuge in ganz kurzen Abständen dicht über der Autobahn zur Landung auf Deutschlands größtem Flughafen an, um nur einige Momente später sicher auf dem Boden zum Stillstand zu kommen. Als Laie fragt man sich natürlich unwillkürlich, wie das alles so reibungslos und geordnet im Dunkeln funktionieren kann. Das Geheimnis ist im Grunde ganz einfach. Es besteht in einem unsichtbaren Leitstrahl, in den sich die

Flugzeuge nur einfädeln müssen, um dann fast automatisch zu ihrem Ziel geführt zu werden. Ohne diesen Funkleitstrahl wäre es für die Piloten allerdings schwierig und bei einem Verkehrsaufkommen wie in Frankfurt vermutlich auch gefährlich, sich in der Nacht zurecht zu finden.

Angesichts der Dunkelheit und der vielen Irrlichter unserer Zeit wäre es nicht schlecht, wenn es einen solchen Leitstrahl auch für unser Leben gäbe. Gäbe? Es gibt ihn. Die Bibel spricht an dieser Stelle vom Heiligen Geist. Unaufhörlich sendet Gott Signale, mit denen er uns Orientierung und Wegweisung geben möchte. Die Bibel, der Gottesdienst, ein eindrücklicher Traum, ein klärendes Gespräch, ein Aha-Erlebnis, ein Gebetseindruck, eine treffende Bemerkung, das alles sind Impulse des Heiligen Geistes, die aufgenommen und ausgewertet sein wollen. Gott hält den Kontakt zu uns aufrecht, gerade dann wenn es unübersichtlich wird. Er möchte uns unbedingt zu einer sicheren Landung verhelfen. Vorläufig in Frankfurt/Main, Hamburg, Berlin – oder wo auch immer – und eines Tages in seiner Ewigkeit.

„Wenn aber jener, der Geist der Wahrheit, kommen wird, wird er euch in alle Wahrheit leiten.“ Johannes 16,13

Impuls für die Stille:
Kenne ich Erfahrungen der Leitung durch den Heiligen Geist?

28. August

Die Ursprache des Menschen

Folgendes Experiment gehört zu den grausamsten Versuchsanordnungen des wissbegierigen Stauferkaisers Friedrich II. (1194–1250). Gequält von der Frage, ob nun Hebräisch, Griechisch, Latein oder gar Arabisch die natürliche Muttersprache des Menschen sei, ließ er ein paar verwaiste Säuglinge auf besondere Art aufwachsen. Die Ammen wurden angewiesen, es den Säuglingen an nichts fehlen zu lassen außer eben an liebender, verbaler Zuwendung. Das Ergebnis war eindeutig. Alle Säuglinge starben. Der Kaiser hielt sein Experiment für misslungen und war dementsprechend enttäuscht. Er wollte offenbar nicht sehen, was er an diesem Tag hätte begreifen können: die natürliche Muttersprache des Menschen ist die Liebe. Wo Worte der Liebe fehlen, verkümmert unser Leben, ganz gleich, wie es um den äußeren Rahmen bestellt ist. Es ist die Liebe, die uns am Leben erhält. Es ist die Liebe, durch die wir miteinander in Kontakt treten. Es ist die Liebe, die durch nichts anderes ersetzt werden kann. Nimm die Liebe aus deinem Leben und du wirst unweigerlich sterben – nicht nur als Säugling.

„Lasst uns lieben, denn Gott hat uns zuerst geliebt.“ 1. Johannes 4,19

Impuls für die Stille:
Ich danke Gott für Menschen, die mich mit ihrer Liebe beschenken.

29. August

Im Staub der Jahrhunderte verborgen

Was ein gründlicher Hausputz zuweilen offenbaren kann, entdeckten die Verantwortlichen des wunderschönen Heideklosters Wienhausen Anfang der Fünfzigerjahre.

Anlässlich der Renovierung der herrlich ausgemalten Nonnenempore wurde nämlich auch das Chorgestühl entfernt. Zutage trat all das, was den Nonnen während ihrer Gebetszeiten im Laufe der Jahrhunderte vielleicht vom Schoß gefallen und unwiederbringlich durch die Ritzen des Gestühls gefallen war. So fanden sich eine Fülle bemerkenswerter Gebrauchsgegenstände: unter anderem einige der ältesten erhaltenen Brillen Deutschlands, Kämme, Haarnadeln usw. Interessanterweise entdeckte man verborgen im Staub auch ein Einzelstück, dass man so nicht in einer Kirche, geschweige denn in einem Kloster vermuten würde: eine so genannte „Alraune“, ein Wurzelmännchen, das als Glücksbringer im heidnischen Volksglauben der Gegend verbreitet war. Ein heidnischer Glücksbringer an einer Gott geweihten Stätte? Ob sich hier eine der Bewohnerinnen des Klosters doch nicht so ganz ihres Glaubens sicher war, dass Christus allein der Herr unseres Schicksals ist? Ob sie meinte, sich noch irgendwie anders ihres Wohlergehens versichern zu müssen?

Wichtiger als die Beantwortung dieser Frage ist die Antwort darauf, was bei uns so alles „durch die Ritzen" fällt. Wahrscheinlich ist jeder, der mit Ernst Christ sein möchte, darum bemüht, Gott in allen Lebensbereichen Vertrauen zu schenken. Und doch wird es wohl immer wieder geschehen, dass das urtümlich „Heidnische" fast unbemerkt an Boden gewinnt. Sei es, dass tief in uns steckende Ängste geweckt werden, sei es, dass unser Ehrgeiz, unser Neid oder auch unsere Sehnsucht angesprochen werden. Das sind die Situationen, in denen das Wurzelmännchen, die Alraune, Gott den Rang streitig macht und wir aufgefordert sind, Christus neu die Treue auszusprechen.

„Ich bin der Herr dein Gott. Du sollst keine anderen Götter haben neben mir." 2. Mose 20,2

Impuls für die Stille:

Vieles ist dazu geeignet, mein Vertrauen auf Christus zu beeinträchtigen. An welcher Stelle bin ich gefährdet?

30. August

Der Gekreuzigte im Wald

Die letzten Tage im August des Jahres 1938 wird der damals 27-jährige Edward Collins wohl zeit seines Lebens nie vergessen haben. Gerade aus einer mehrmonatigen Haft entlassen, befindet er sich auf der Straße nach Reno (Nevada), als er zwei ehemaligen Mitgefangenen begegnet. Sogleich versuchen sie ihn als Komplizen für einen geplanten Raubüberfall zu gewinnen. Doch Edward Collins war inzwischen durch ein persönliches Bekehrungserlebnis Christ geworden und fest entschlossen, auf diesem Weg weiter zu gehen. Als er seinen Schicksalsgenossen von seiner Erfahrung berichtet, reagieren diese mit Verachtung. Wütend schnaubt einer der beiden: „Wenn du wirklich Christus spielen willst, dann können wir dir dabei helfen." Edward Collins wird gefesselt und in einen Wald geschleppt. Vor seinen Augen stellen die Verbrecher ein Kreuz auf und nageln den 27-Jährigen daran fest. Blutend und vor Schmerz fast ohnmächtig hängt Collins mehrere Stunden an seinem Kreuz, bis ihn schließlich Passanten gerade noch rechtzeitig befreien und in ein Krankenhaus bringen können.

Es scheint unbegreiflich, dass eine Bekehrung eine solche Gewalttat provozieren kann. Bedauernswerterweise wird jedoch bis heute fast überall auf der Welt die Hinwendung zu Christus mit Sanktionen geahndet. Die Ausdrucksformen solcher Sanktionen mögen je nach Milieu und Kultur unterschiedlich sein. Sie sind in Verbrecherkreisen anders als in der bürgerlichen Gesellschaft, der Islam reagiert drastischer als der europäische Liberalismus. Und doch gilt: mit Schwierigkeiten um Jesu willen ist immer und überall zu rechnen.

„Ihr werdet gehasst werden von jedermann um meines Namens willen. Wer aber bis an das Ende beharrt, der wird selig werden."
Matthäus 10,22

Impuls für die Stille:
Ich trete im Gebet für Menschen ein, die um ihres Glaubens willen unter Verfolgung leiden.

31. August

Verfehlte Frömmigkeit

Stellen Sie sich einmal vor, Sie bekommen einen Anruf von einem alten Bekannten. Der sagt ganz offen: „Du, ich hatte einfach das Bedürfnis, endlich mal wieder mit dir zu sprechen. Wir haben uns ja schon ewig nicht mehr gesehen. Sag, wie geht's dir denn? Erzähl doch mal!" Sie freuen sich über diesen unvermuteten Anruf und sind bereit, dem Freund ihre kleinen und großen Sorgen anzuvertrauen. Doch kaum haben Sie begonnen, da unterbricht Sie der andere schon wieder: „Du, ich will es kurz machen. Wir ziehen nächste Woche um. Und da wollte ich eigentlich nur mal fragen, ob du uns beim Möbelpacken helfen kannst." – Wie würden Sie auf einen solchen Anruf wohl reagieren? Ob Sie sich da wertgeschätzt und in Ihrer Person ernst genommen fühlen könnten? Wohl kaum! Vermutlich wären Sie eher verärgert über das eigennützige Interesse des Anrufers.

Doch Christus sagt: Genauso geht es Gott mit vielen, die vorgeben, an ihn zu glauben. Es gibt viele Menschen, die sich bewusst im Gebet an Gott wenden. Aber sie beten rein bedürfnisorientiert, suchen einen „geistlichen Möbelpacker" für ihre Sorgen. Ähnliches gilt für den Umgang mit der Bibel. Manche Christen kennen sich gut in der Bibel aus, weil sie täglich in ihr lesen. Aber sie lesen sie unter einer eigennützigen Voraussetzung. Sie suchen in ihr einzig und allein nach erbaulichen und tröstlichen Gedanken für den Alltag. Alles andere wird dagegen ausgeblendet. Der entscheidende Reifungsschritt im Leben eines Christen besteht daher in einem radikalen Perspektivewechsel. Es ist der Schritt weg von der Haltung: „Was tut mir gut?" hin zu der Bereitschaft „Herr, hier bin ich. Ich will hören, was du sagst!" Es ist der Schritt weg von dem: „Was erwarte ich von Gott?" hin zu dem „Christus, was erwartest du von mir?" Dieser Reifungsschritt ist nichts Beliebiges, sondern geistlich notwendig, denn nur er erweist unser Interesse an Christus als echt.

Jesus sagt: „Ihr sucht in der Schrift in der Meinung, das ewige Leben darin zu finden. Aber ihr wollt nicht zu mir kommen, dass ihr das Leben hättet." Johannes 5,39

Impuls für die Stille:

Wie eigennützig bzw. uneigennützig ist mein Verhältnis zu Christus?

1. September
Vergeben und vergessen

Ein Mann hatte vor vielen Jahren schwere Schuld auf sich geladen. Mittlerweile war der Fehltritt längst einem Seelsorger gebeichtet und die Folgen des Tuns, soweit dies möglich war, bereinigt. Äußerlich lief das Leben des Mannes seitdem auch wieder in geregelten Bahnen, beruflich wie privat. Innerlich jedoch fand er keine Ruhe. Immer wieder wurde er im Schlaf von Angstbildern geplagt und wachte am nächsten Morgen schweißgebadet auf. Eines Tages schließlich begegnete der Mann Christus in einem seiner Träume. Eilig lief er auf die ihm vertraute Gestalt zu. „Herr!“, sagte der Mann, „antworte mir ehrlich: Was denkst du über das, was ich vor fünfzehn Jahren getan habe?“ Christus aber runzelte nur die Stirn, zeigte dem Mann seine Wunden und meinte: „Beim besten Willen, daran kann ich mich gar nicht erinnern.“

„Ich tilge deine Übertretungen um meinetwillen und gedenke deiner Sünden nicht.“ Jesaja 43,25

Impuls für die Stille:
Stehe ich auch in der Gefahr, längst Vergangenes immer wieder hervorzuholen?

2. September
Vergebliche Liebesmüh

Geburtstagsbesuch des Pfarrers bei einer älteren Dame. Die Jubilarin ist über sein Kommen derart erfreut, dass sie sofort in der Küche verschwindet, um ein paar Leckereien herbeizuzaubern. Mehrfach versucht der Theologe etwas zu sagen. Er hat gerade zu Mittag gegessen und ist eigentlich pappsatt. Doch so sehr er sich auch bemüht, das Geburtstagskind zum Sitzen aufzufordern – keine Chance. Immer scheint noch etwas zu fehlen, der Sekt, die Serviette etc. Schließlich gibt der Pfarrer auf. Er lässt die Frau gewähren. Nach knapp einer Dreiviertelstunde muss er jedoch weiter, der Konfirmandenunterricht ruft. Als er sich von der Jubilarin verabschiedet, meint diese enttäuscht: „Ach, Herr Pfarrer, das ist aber schade, dass Sie schon gehen müssen. Jetzt haben wir uns gar nicht richtig unterhalten." – „Stimmt!", denkt der Pfarrer geknickt, denn auch er hatte sich den Verlauf seines Besuches ganz anders vorgestellt.

Im Neuen Testament finden wir eine ähnliche Begebenheit. Zwei Schwestern erhalten unerwartet Besuch von Jesus. Maria und Marta, so die Namen der beiden, reagieren unterschiedlich darauf. Während die eine auf ihren Gast eingeht und ihm zuhört, stürzt die andere sich kopfüber in häusliche Aktivitäten. Marta meint zu wissen, was es heißt, Jesus zu dienen. Sie will sein Bestes, wird sofort aktiv und doch nimmt sie Jesus nicht wirklich wahr. Ausgerechnet ihre Geschäftigkeit, ihr guter Wille verhindert, dass er ihr nahe kommen kann. Marta hat nicht verstanden, dass Jesus zu dienen zunächst einmal heißt, sich von ihm dienen zu lassen – durch sein Wort, durch seinen Rat und seine Hilfe.

„Der Herr aber antwortete und sprach zu ihr: ‚Marta, Marta, du hast viel Sorge und Mühe. Eins aber ist Not. Maria hat das gute Teil erwählt; das soll nicht von ihr genommen werden.'" Lukas 10,42

Impuls für die Stille:
Verrenne auch ich mich zuweilen in vergeblichen Liebesmühen?

3. September

Vergiss es!

Ein Jugendlicher borgt sich bei dem Leiter seiner Gemeindegruppe eine CD. „Ich will nur mal rein hören. Nächste Woche bekommst du sie zurück." Doch nach ein paar Tagen merkt der Junge, dass er die CD irgendwie verlegt haben muss. Er findet sie einfach nicht wieder. Peinlich berührt vermeidet er in der Gruppenstunde das

Thema anzuschneiden. Als die CD in der darauf folgenden Woche trotz intensiver Suche unauffindbar bleibt, beschließt er, solange nicht in die Gemeinde zu gehen, bis die Leihgabe wieder auftaucht und er sie zurückgeben kann. Nach ein paar Wochen läuft der Jugendliche seinem Gruppenleiter jedoch unvermittelt in die Arme. Der Mitarbeiter spricht ihn an: „Sag mal, du warst lange nicht im Jugendkreis. Und irgendwie habe ich das Gefühl, dass du mir aus dem Weg gehst. Stimmt etwas nicht mit dir?“ Der Jugendliche versucht erst gar nicht, sich herauszureden: „Es ist wegen der CD. Ich finde sie nicht mehr, und das ist mir einfach unheimlich peinlich.“ Der Ältere nimmt den Jungen in den Arm: „Weißt du was? Vergiss es! Vergiss die dumme CD! Ich möchte nicht, dass so etwas zwischen uns steht. Dazu bist du mir viel zu wichtig!“

„Vergiss es!“ Genau dies ist auch Gottes Antwort, wenn Selbstvorwürfe uns quälen und wir den Eindruck haben, wir dürften ihm nicht mehr unter die Augen treten. Es gibt kein peinliches Versagen, kein Missgeschick, keine noch so große Schuld, die es wert wäre, uns von ihm zu trennen. Gott hat es schon vor 2000 Jahren vergeben und vergessen. Als er seinen Sohn am Kreuz für uns sterben sah, ist ihm alles andere gleichgültig geworden. Seitdem will Gott nur noch lieben. Seitdem will er nur noch heilen. Seitdem will er nur noch in die Arme schließen. Machen wir uns auf zu ihm. Gestehen wir ihm, was uns belastet. Es ist so befreiend, verziehen zu bekommen. Gerade dann, wenn man sich selbst nicht mehr verzeihen kann. Gott schenkt uns einen neuen Anfang und die Achtung vor uns selbst zurück.

„Mein Herz ist in meinem Leibe wie zerschmolzenes Wachs. Aber du, Herr, sei nicht ferne; meine Stärke, eile, mir zu helfen.“ Psalm 22,15b.20

Impuls für die Stille:

Welche Erfahrungen nagen an meiner Selbstachtung? Ich bringe sie in der Beichte oder im Gebet vor Gott.

4. September

Spektakulärer Lebensretter

Als die psychisch kranke Leslie Ann Wallace am 4. September 2001 zum Gewehr greift, befindet sich ihr Sohn Kenneth auf dem Weg in die Kirche. Kurz bevor der 16-Jährige das Gotteshaus erreicht, hält plötzlich neben ihm ein Fahrzeug. Völlig entgeistert sieht der Junge, wie seine Mutter aus dem Wagen steigt und eine Waffe auf ihn richtet. In einer Art Reflex drückt er die Bibel fest an sein Herz. Die Mutter schießt mehrfach, doch Kenneth kommt mit leichten Armverletzungen davon. Eine der Kugeln war von seiner Bibel aufgefangen worden. „Sie hat ihm gewiss das Leben gerettet!“, meint später Polizist Larry King im Gespräch mit Journalisten.

Es ist glücklicherweise selten, dass die Bibel sich in einer derart spektakulären Weise als lebensrettend erweisen muss. In geistlicher Hinsicht jedoch illustrieren die Ereignisse von Fort Myres in Florida durchaus etwas von ihrer Bedeutung für uns Menschen. Denn allein die Bibel erzählt davon, was unser Leben vor der Heimtücke des Bösen bewahrt. Allein sie berichtet von der Liebe, die all das aufgefangen hat, was uns von Gott trennt. Nur die Bibel vermag zu zeigen, worin gelungenes Dasein besteht. Ohne Gottes Wort sind wir hochgradig gefährdet. Darum gehört sie fest ans Herz gedrückt.

Christus spricht: „Wer mein Wort hört und glaubt dem, der mich gesandt hat, der hat das ewige Leben und kommt nicht in das Gericht, sondern er ist vom Tode zum Leben hindurchgedrungen.“
Johannes 5,24

Impuls für die Stille:
Was bedroht mein Lebensglück?

5. September

Verletzlich und doch gewappnet

Der historische Roman „Wie ein Lamm unter Löwen“ erzählt die Geschichte eines Knappen, der zur Zeit des Stauferkönigs Heinrich VI. lebt. Es beginnt alles damit, dass Lupold, so der Name des Knappen, dazu auserwählt wird, seinem Herrn die Nachricht von der anstehenden Geburt eines Sohnes zu übermitteln. Weil aber die Ehe zwischen Kaiser und Kaiserin nicht so glücklich ist, wird Lupold des Betruges verdächtigt und für einige Wochen in ein dunkles, enges Loch gekettet. Dies bleibt nicht ohne Folgen. Der angehende Ritter wird fortan von schweren Ängsten geplagt. Sobald er Rüstung und Helm anlegt, schnürt es ihm förmlich den Hals zu, und er ist unfähig, sich im Kampf zu bewähren. So versagt Lupold bei einem festlichen Turnier in Gegenwart der Kaiserin Konstanze jämmerlich. Dennoch nimmt jene ihn in ihren Dienst auf und macht ihn sogar zu ihrem Leibwächter. Ihre Lösung für sein Problem ist ganz einfach: Sie gebietet Lupold, auf Kettenhemd und Rüstung zu verzichten und stattdessen allein auf das zu vertrauen, was seine Stärke ist: Flinkheit und Klugheit. So gewappnet erweist sich Lupold im weiteren Verlauf nicht nur als erstklassiger Leibwächter der Kaiserin, sondern auch als kluger Ratgeber ihres Sohnes, des späteren Kaisers Friedrich II.

Es lebt sich leichter ohne Rüstungen und Kettenhemden. Dies gilt nicht nur für mittelalterliche Schildknappen. Wir dürfen ablegen, was uns zwar vermeintlich Sicherheit bietet, sich aber bei näherer Betrachtung oft als einengend und belastend erweist. Gottes Wort macht uns Mut, in erster Linie darauf zu vertrauen, dass Gott selbst durch seinen Segen sich als ein wirksamer Schutzmantel für unser Leben erweist. In seinem Segen geborgen, können wir frei agieren. Es kann sich ungehindert entfalten, was an Möglichkeiten in uns steckt.

„Es soll nicht durch Heer oder Kraft, sondern durch meinen Geist geschehen, spricht der Herr Zebaoth.“ Sacharja 4,6

Impuls für die Stille:
Worin bestehen meine Kettenhemden?

6. September

Von Verlust und Gewinn

Kennen Sie das Märchen vom „Pechhansel"? Es beschreibt die Geschichte eines Müllerburschen, der durch verschiedene Tauschgeschäfte um den Ertrag seiner Lehrjahre gebracht wird und am Ende mit leeren Händen nach Hause kommt. Die Geschichte beginnt damit, dass der Meister dem jungen Mann einen Goldklumpen als Lohn für seine Arbeit mitgibt. Dieser wird ihm aber bald zu schwer, sodass er ihn gegen ein Pferd eintauscht. Das Pferd lässt sich jedoch nicht bändigen, also bietet er es einem Bauern für eine Kuh an. Die Kuh ist jedoch schon alt und gibt keine Milch mehr, also wird daraus ein Schwein. Ein übler Geselle behauptet, das Schwein sei gestohlen, und übernimmt es als Gegenwert für seine Gans. Die Gans wiederum gefällt einem Schleifer. Der schenkt dem Jungen dafür seinen Schleifstein. Der Schleifstein aber fällt schließlich in einen Brunnen, als Pechhansel versucht seinen Durst zu löschen. So endet die Verkettung unvorteilhafter Tauschgeschäfte und damit die Erzählung.

Aber Moment mal! Heißt das Märchen nicht in Wirklichkeit „Hans im Glück?" In der Tat: erstaunlicherweise haben die Brüder Grimm ihre Geschichte nicht „der Pechhansel", sondern „Hans im Glück" genannt. Warum wohl? – Vermutlich weil der Junge auf seinem Weg das Entscheidende hat festhalten können: die Fähigkeit, in allem das Gute zu sehen, den unverstellten Zugang zur Freude. Was mir widerfährt, ist das eine. Ob daraus Glück oder Unglück erwächst, ist jedoch immer auch eine Frage meiner Interpretation. So heißt es am Ende, als der Schleifstein in der Tiefe versinkt: „Hans aber sprang vor Freuden auf, kniete nieder und dankte Gott mit Tränen in den Augen, dass er ihm auch diese Gnade noch erwiesen und ihn auf eine so gute Art und ohne dass er sich einen Vorwurf zu machen brauchte, von den schweren Steinen befreit hätte, die ihm allein noch hinderlich gewesen wären."

„Wir wissen aber, dass denen, die Gott lieben, alle Dinge zum Besten dienen." Römer 8,28

Impuls für die Stille:

Wie gelingt es mir, mit „Pechsträhnen" umzugehen?

7. September

Zuwendung gratis

Erlebnis einer jungen Frau: In ihrer Nachbarschaft wohnt eine hilfsbedürftige ältere Dame. Da die junge Frau eine Pflegeausbildung besitzt, versucht sie, sich ein bisschen um die Nachbarin zu kümmern. Sie hilft ihr am Morgen aus dem Bett, wäscht sie, und bringt ihr bei ihrem eigenen Weg in den Supermarkt das Nötigste zum Leben mit. Dies macht ihr Freude, zumal sie sich der alten Dame durch die jahrelange Bekanntschaft innerlich verbunden weiß. Nur manchmal ist die junge Frau etwas beschämt, fast gekränkt. Und zwar immer dann, wenn die Hand der alten Dame nach einem dieser pflegerischen Grunddienste oder Gefälligkeiten zum Portemonnaie geht. Sie möchte für das bezahlen, was doch eigentlich als Zeichen der Zuneigung und Verbundenheit gedacht war. Der Wunsch der hilfsbedürftigen Frau, sich irgendwie erkenntlich zu zeigen, ist verständlich. Trotzdem ist er in diesem Falle der Beziehung der beiden Nachbarinnen zueinander eher abträglich als förderlich.

Woher mag es kommen, dass es uns so schwer fällt, uns einfach beschenken zu lassen? Ob es damit zusammenhängt, dass Liebe unseren Lebensgesetzen von Lohn und Leistung widerspricht? Es gibt eine gute Übung, es zu lernen, sich beschenken zu lassen. Diese Übung ist der Glaube. Denn Christus gegenüber kommen wir niemals aus der Haltung des Beschenkten heraus. Seine Liebe zu uns lässt sich durch nichts rechtfertigen oder vergelten. Und sie braucht auch nicht vergolten zu werden. Christus geht es nämlich wie der jungen Frau: es macht ihm Freude, uns glücklich zu machen und glücklich zu sehen. Einfach so!

„Christus wohne durch den Glauben in euren Herzen und gründe und verwurzele euch in der Liebe.“ Epheser 3,17

Impuls für die Stille:

Welchen Einfluss hat das Schema von Lohn und Leistung auf mein Leben?

8. September

Verräterischer Irrtum

Nach dem Gottesdienst kommt ein Gemeindeglied aufgebracht auf den Pfarrer zu: „Herr Pfarrer, haben Sie eigentlich mitbekommen, dass einige der Jugendlichen während Ihrer Predigt Briefchen schreiben?“ Der Pfarrer geht der Sache nach, und es stellt sich heraus, dass besagte Jugendliche tatsächlich während des Gottesdienstes geschrieben hatten. Allerdings hatten sie die Kernsätze der Predigt festgehalten, um so deren Gedankengang besser folgen zu können. – Wie leicht geschieht es doch, dass wir anderen Motive und Absichten unterstellen, die mehr über uns aussagen als über unseren Nächsten. Wir haben uns angewöhnt, eher das Schlechteste voneinander zu denken als das Beste. Christus fordert uns auf, den Nächsten mit dem Blick der Liebe wahrzunehmen. Der Blick der Liebe aber legt nicht fest. Er bildet keine Vorurteile, sondern fragt danach, wie der andere sich selbst verstanden wissen will. Der Blick der Liebe versucht stets, das Schöne, das Wertvolle und Gott Wohlgefällige zu entdecken. Natürlich ist dies ein Wagnis, und Irrtümer sind nicht ausgeschlossen. Aber stellen wir uns nur einmal vor, die Jugendlichen hätten tatsächlich Briefchen geschrieben und die Frau hätte gedacht: „Na ja, sicherlich werden sich die Kinder die Predigt aufzeichnen.“ – Wäre diese Fehleinschätzung nicht wesentlich sympathischer als die eingangs Beschriebene? – Die Irrtümer der Liebe sind verzeihlich, die, die der Missgunst entspringen, aber in jedem Fall Sünde.

„So legt nun ab alle Bosheit und allen Betrug und Heuchelei und Neid und alle üble Nachrede, da ihr ja geschmeckt habt, dass der Herr freundlich ist.“ 1. Petrus 2,1.3

Impuls für die Stille:

Welche Menschen betrachte ich mit Argwohn? Ich bitte Christus, mir einen anderen Blick für sie zu schenken.

9. September

Versagt

Was würde wohl geschehen, wenn der Angestellte einer Firma einen lukrativen Auftrag derart schlecht erledigt, dass der wirtschaftlich äußerst potente Kunde sich zurückzieht und besagter Firma auf unbestimmte Zeit die Zusammenarbeit kündigt?

Und wie würden Sie wohl reagieren, wenn ein Bekannter, dem Sie etwas Privates anvertraut haben, mit diesem Geheimnis hausieren geht?

Zum ersten Beispiel: Wenn der Angestellte Glück hat, bleibt es vielleicht bei einer Abmahnung. Hat er Pech, wird er entlassen.

Zum zweiten Beispiel: Sie werden sich in Zukunft im Blick auf eine solch schwatzhafte Person mit Vertraulichkeiten zurückhalten, sofern Sie sich nicht ganz von ihr zurückziehen.

So reagieren wir eben auf Enttäuschungen, privat oder geschäftlich. Versagen zieht Konsequenzen nach sich.

Nach unseren Maßstäben hätte daher ein Mensch wie Petrus nach seinem Verrat nichts mehr zu erwarten gehabt. Christus aber misst anders. Er zieht sich nicht nur nicht von Petrus zurück, sondern befördert ihn sogar.

„Und wenn du dich dermaleinst bekehrt haben wirst, dann stärke deine Brüder“, heißt es im Evangelium (Lukas 22,32). Diese Tatsache, die Beförderung eines Versagers in eine Leitungsposition, ist so verquer für unser menschliches Denken, dass selbst einige Abschreiber des Neuen Testamentes ihre Schwierigkeiten damit hatten. So heißt es in einer Handschrift aus dem 9. Jahrhundert: „Und wenn du dich dermaleinst bekehrt haben wirst, dann schärfe deine Augen." Mit anderen Worten: Pass demnächst besser auf! Moralische Zurechtweisung statt Beauftragung zum Dienst.

Doch das ist Evangelium, dass Christus uns nicht auf unser Unvermögen behaftet, sondern uns sein unerschütterliches Vertrauen zusagt. An diesem Vertrauen dürfen Versager gesunden.

„Ich tilge deine Missetat wie eine Wolke und deine Sünden wie den Nebel. Kehre dich zu mir, denn ich erlöse dich!" Jesaja 44,22

Impuls für die Stille:

Ich gestehe mein Versagen vor Christus ein und lasse mir vergeben.

10. September

Das Gegenwärtige von seiner Vollendung her sehen

Als Ludwig van Beethoven durch seine Taubheit längst in seiner Tätigkeit eingeschränkt war, kündigte er der Öffentlichkeit die Komposition einer großen Sinfonie an. Viele seiner Zeitgenossen erklärten ihn daraufhin für verrückt. Sie trauten dem hörgeschädigten Musiker die kompositorische Gestaltungskraft zu einem solchen Werk nicht mehr zu. Halb scherzhaft bat man ihn eines Tages um eine Kostprobe der Sinfonie. Beethoven summte ihnen, so gut es ging, mit brüchiger Stimme ein paar Takte des in der Entstehung begriffenen Werkes vor. Hinter vorgehaltener Hand spottete man über den Komponisten: „Eine derart kindliche Abfolge von Tönen als Leitmotiv für eine Sinfonie!?" Sie hatten eben nur Töne gehört, nichts als einige unbeholfen vorgetragene Töne. Beethoven dagegen hörte etwas anderes. Er hörte in seinem Innern schon jetzt das ganze Orchester. Er sah vor seinem inneren Auge all die vielen unterschiedlichen Partituren: die Taktfolgen der Streicher, Bläser und Pauken bis hin zu den Chören. Alles kreiste in seinen Gedanken um dies schlichte Motiv. Es war alles schon fertig und wartete eigentlich nur darauf, sich mit seiner ganzen Pracht und Klangfülle zu einer Sinfonie entfalten zu können. Dies tat es dann auch. Die Uraufführung der 9. Sinfonie geriet zu einem grandiosen, überschwänglich gefeierten Triumph – sehr zum Erstaunen der verdutzten Spötter und Zweifler.

Christen mag es zuweilen ähnlich gehen wie Beethoven. Sie reden davon, dass Christus die Welt erlöst habe. Mancher Spötter mag dagegen einwenden: „Ich sehe noch nicht viel von dieser Erlösung." Doch Christen nehmen die Schöpfung von ihrer Vollendung her in den Blick. Sie entdecken schon heute Spuren der herrlichen Zukunft Gottes mitten in den bruchstückhaften Erfahrungen der Geschichte. Sie sehen mehr, sie hören mehr als andere Menschen. Sie tragen die vollendete Schönheit der erlösten Schöpfung in ihren Herzen.

„Wir schauen nicht auf das Sichtbare, sondern auf das Unsichtbare. Denn was sichtbar ist, das ist zeitlich; was aber unsichtbar ist, das ist ewig." 2. Korinther 4,18

Impuls für die Stille:

Was bedeutet der Gedanke einer vollendeten Welt für mein alltägliches Erleben?

11. September

Welterschütterung

Der 11. September 2001 wird sich tief in das Gedächtnis der Menschheit eingraben. Denn mit den beiden Türmen des World Trade Centers in New York brach gleichzeitig auch ein Mythos in sich zusammen. Seit diesem Tag glaubt niemand auf dieser Welt mehr ernsthaft an die Sicherheit vor dem Bösen, an die Unbesiegbarkeit einer einzelnen Nation, an den Schutz vor Willkür und Gewalt. In seiner Abgründigkeit hat dieser Terroranschlag eine Fülle von Fragen aufgeworfen – auch die Frage nach Gott. In einem Fernsehinterview wurde die Tochter des bekannten amerikanischen Evangelisten Billy Graham gefragt: „Wie konnte Gott das alles zulassen?" Sie antwortete: „Ich glaube, dass Gott das alles genauso traurig gemacht hat wie uns ... aber wir haben ihn ja jahrelang aufgefordert, sich aus allem herauszuhalten: aus unseren Schulen, aus unserer Politik, aus unserem Leben. Und weil ich glaube, dass Gott ein Gentleman ist, hat er sich dann still zurückgezogen. Wie können wir erwarten, dass er uns seinen Segen und seinen Schutz zuspricht, wenn wir von ihm verlangen, dass er uns in Ruhe lassen soll?"

„Im sicheren Glück dachte ich einst: Ich werde niemals wanken. Herr, in deiner Güte stelltest du mich auf den schützenden Berg. Doch dann hast du dein Gesicht verborgen. Da bin ich erschrocken." Psalm 30,7f

Impuls für die Stille:

Hat der 11. September 2001 mein Leben in irgendeiner Weise verändert?

12. September

Innerer Halt

Die drei höchsten Gebäude der Welt sind gegenwärtig die beiden Petronas Towers in Kuala Lumpur, Malaysia (450 m), der Sears Tower in Chicago (443 m) und der Jin Mao Tower in Shanghai (421 m). Was diesen imposanten Kolossen ihren Halt gibt, ist nicht etwa die Stärke der beim Bau verwendeten Materialien. Es ist vielmehr die innere Dynamik dieser Gebäude, die es ihnen erlaubt, Belastungen, etwa bei einem Sturm, zu widerstehen. Was diese innere Beweglichkeit wert ist, zeigte sich bei dem Terroranschlag auf das World Trade Center (417 m) am 11. September 2001 in New York. Wie durch einen Airbag wurden die mit hoher Geschwindigkeit und voller Wucht in die beiden Türme einschlagenden Jumbojets aufgefangen und zunächst neutralisiert. Die Gebäude schwankten meterweit hin und her, aber sie fielen nicht. Allein dieser Tatsache verdanken 25000 Menschen ihr Leben. Mehr als 90 % der im World Trade Center befindlichen Personen konnten innerhalb der einen Stunde, die die beiden Türme der Gewalt aus Hitze und Feuer trotzten, evakuiert und damit gerettet werden. Am Ende war es nicht die Statik, sondern das Material, das den Belastungen nicht mehr standhielt und zum Zusammenbruch führte.

Die Flexibilität der Statik garantiert den Halt. Das gilt auch für unser Leben. Es liegt im Wesen des Menschen, dass er versucht, sich rein äußerlich abzusichern, durch ein Bündel von Versicherungen, Anhäufung von Kapital, Vorsorge etc. Der Halt, den der Glaube vermittelt, sieht anders aus. Der Beitrag Gottes für unser Leben besteht darin, dass er uns zusagt: „Wohin du auch gehst, ich gehe mit. Egal, was dir geschieht, ich bin dabei." Diese Gewissheit allein vermittelt die innere Beweglichkeit, die es braucht, die vielen Stürme und Einschläge des Lebens abzufangen. Auf die geistliche Statik kommt es an, nicht auf äußere Stärke.

„Es sollen wohl Berge weichen und Hügel hinfallen, aber meine Gnade soll nicht von dir weichen, spricht der Herr, dein Erbarmer." Jesaja 54,10

Impuls für die Stille:
Was bedeutet die Zusage Gottes: „Ich bin bei dir" heute für mich?

13. September

Was in uns schlummert

Unmittelbar nach den Terroranschlägen von New York und Washington D.C., begann am 12. September 2001 eine umfassende Suche nach den Schuldigen. Im Zuge der Ermittlungen führte eine Spur nach Hamburg, wo drei der vier mutmaßlichen Selbstmordattentäter an unterschiedlichen Hochschulen als Studenten eingeschrieben waren. Doch niemand dort ahnte etwas von der kriminellen Energie der arabischen Kommilitonen. Äußerlich zeichneten sich alle drei durch eine geradezu vorbildliche Lebensführung aus. Ein Sprecher der Hamburger Innenbehörde sagte in einem Interview: „So absurd es klingt: sie sind nur dadurch aufgefallen, dass sie immer ihre Rundfunkgebühren bezahlt haben. Das machen Studenten ansonsten fast nie." – Menschen, die jahrelang unscheinbar vor sich hin leben, aber auf Abruf zu allem bereit sind: für dieses völlig neue Täterprofil wurde der Begriff des „Sleepers" geprägt. Zu Deutsch: „Schläfer." – Eine treffende Bezeichnung. Was schläft nicht alles in uns und wartet nur darauf, geweckt zu werden. Seit den Zeiten eines „Kains" ist der Mensch prinzipiell zu allem fähig. Er ist grenzenlos verführbar. Es bedarf lediglich eines Motivs, der entsprechenden Ideologie sowie eines ausreichenden Leidensdrucks. Wer um die schlummernden Abgründe im eigenen Herzen weiß, tut gut daran, sich immer wieder an Christus zu wenden und zu beten:

„Und führe uns nicht in Versuchung, sondern erlöse uns von dem Bösen!" Matthäus 6,13

Impuls für die Stille:

Kenne ich meine Abgründe?

14. September

Vom Hinschauen und Wegsehen

Kennen Sie die Geschichte vom barmherzigen Samariter? Offen gesagt, mir tun an dieser Stelle immer der Priester und der Levit etwas Leid, weil sie in der Geschichte so schlecht weg kommen. Dabei tun sie das Natürlichste von der Welt: Sie ergreifen die Flucht, angesichts der offenkundigen Gefahr, der bereits ein Mensch zum Opfer gefallen ist. Nicht sie verhalten sich außergewöhnlich, sondern der barmherzige Samariter. Es fordert nämlich eine Menge Zivilcourage, sich einzumischen und trotz aller Gefahren zu helfen. Von Natur aus ist der Mensch ein „Flüchter", auf Verdrängung und Vermeidung programmiert. Es ist klar, dass wir das nicht wahrhaben wollen. In unserem Gewissen tragen wir das Bewusstsein, dass es so etwas wie eine moralische Verpflichtung gibt, dem Hilflosen zu helfen. Und so sind wir uns relativ sicher in einer Selbsteinschätzung die besagt: „Ach was, wenn in meiner Nähe irgendeiner unter die Räuber fiele, ich wäre doch der Erste, der da was unternehmen würde. Zumindest würde ich die Polizei verständigen." Die Erfahrung allerdings spricht eine andere Sprache. Nur ein Beispiel dazu: In vielen Grundschulen ist es so, dass die Lehrer mit den Kindern hin und wieder darüber sprechen, wenn sie etwa von einem Unbekannten angesprochen oder irgendwie bedroht werden. Zu den wichtigsten Aufgaben gehört es dabei, den Kindern beizubringen in der Situation der Angst nicht etwa „Hilfe!", sondern „Feuer!" zu rufen. Der Grund dafür ist einfach: Ein Hilfeschrei löst keine Hilfe aus. Im Gegenteil, er wirkt lähmend. Der Ruf „Feuer" dagegen weckt Neugier oder aber die Angst, selbst betroffen zu sein. Er bringt Menschen zusammen, die dann gemeinsam etwas unternehmen. Also, der barmherzige Samariter tut zwar das einzig Richtige und von Gott Gebotene, aber es ist nicht das Normale. Zivilcourage ist dem Menschen nicht in die Wiege gelegt. Es bedarf dazu eines Muts und einer Liebe, die den Menschen dazu befähigt, über sich selbst hinauszuwachsen. Genau diese Kraft ist aber all jenen verheißen, die nicht auf sich selbst, sondern auf Gottes Kraft vertrauen.

„Fürchte dich nicht, ich bin mit dir; weiche nicht, denn ich bin dein Gott. Ich stärke dich, ich helfe dir auch." Jesaja 41,10

Impuls für die Stille:

Wo könnte mein Hinsehen, meine Zivilcourage gefordert sein?

15. September

Von Armutsstudien und Reichtumsgrenzen

Beinahe jedes Land gibt Armutsstudien heraus, die festhalten, wer als arm und deshalb als gefährdet anzusehen ist. Für die Bewertung von Armut gibt es dabei genaue Maßstäbe. So gilt weltweit als arm, wer täglich weniger als einen US-Dollar zur Verfügung hat. Für die Länder der Europäischen Union gibt es aufgrund der allgemeinen Lebensbedingungen andere Maßstäbe. Hier gilt als arm, wer sich mit einem Einkommen begnügen muss, das unter der Hälfte des durchschnittlichen Nettoeinkommens im jeweiligen Land liegt. Armutsgrenzen sind demnach klar definiert. Beim Reichtum ist dies anders. Da gibt es keine Studien oder Analysen im Blick auf etwaige Reichtumsgrenzen. Da gibt es weltweit keine Richtwerte für das Maß dessen, was an Besitz und Reichtum als angemessen, vernünftig und vertretbar gelten dürfte. Warum eigentlich nicht?

Eine Antwort könnte lauten: Armut ist etwas, das Menschen bedroht und deshalb bekämpft werden muss. Vom Reichtum dagegen geht keine direkte Gefahr aus. Im Gegenteil, er erscheint geradezu als ein Mittel zur Steigerung der Lebensqualität. Doch es gibt Anzeichen, die dieser optimistischen Einschätzung widersprechen. So zeigen Kinder, die in äußerst wohlhabenden Familien heranwachsen, ähnliche Verwahrlosungssymptome wie solche aus ärmlichen Verhältnissen. So nimmt die Fähigkeit des Erwachsenen zum Genuss ab einem bestimmten Grenzwert nicht etwa zu, sondern ab. So fordert der seelische Überdruss ebenso seine Opfer wie die körperliche Unterernährung. Machen wir uns nichts vor. Auch der Wohlstand birgt massive Gefahren. Christus benennt sie und warnt davor. Der Arme mag aus Not sein irdisches Leben verlieren. Der Reiche aber mag sich sicher wähnen und nicht merken, dass er das ewige Leben verspielt.

Jesus sprach: „Wie schwer kommen die Reichen in das Reich Gottes! Denn es ist leichter, dass ein Kamel durch ein Nadelöhr gehe, als dass ein Reicher in das Reich Gottes komme." Lukas 18,24f

Impuls für die Stille:
Was bedeutet mein Glaube konkret für mein Verhältnis zu Geld und Besitz?

16. September

Von Fixierungen befreit

Männern sagt man nach, dass sie meist zielorientiert handeln. Das hängt wohl mit dem entwicklungsgeschichtlichen Erbe als Sammler und Jäger zusammen. Allerdings kann diese Zielgerichtetheit zuweilen auch in eine gewisse Zwanghaftigkeit umschlagen. Vielleicht kennen Sie das: Sie nehmen sich vor, sich neu einzukleiden, etwa ein neues Hemd zu kaufen. Es entsteht im vornherein ein klares Bild von diesem Hemd. Sie überlegen sich, welche Farben es haben soll, welchen Schnitt, was für eine Art von Kragen, welche Knöpfe. Und so begeben Sie sich in ein Einkaufszentrum und suchen nach einem Hemd, das möglichst exakt Ihren Vorstellungen entspricht. Allerdings erfolglos, und so sinkt die Stimmung von Geschäft zu Geschäft. Welch ein Glück, wenn Sie dann mit einem Menschen an Ihrer Seite gesegnet sind, der Sie aufmuntert und Ihnen seelsorglich zur Seite steht. Oder aber der Sie unvermittelt am Arm zupft und sagt: „Du, schau mal! Was für ein schönes Sweatshirt! Das steht dir bestimmt super. Zieh es doch mal an."

Und dann verschwinden Sie in der Umkleidekabine, lassen sich überzeugen, kaufen es und sind fröhlich. Mag sein: das Sweatshirt hat nichts mit dem ursprünglich avisierten Hemd zu tun. Andere Farben, andere Machart, andere Form. Aber trotzdem finden Sie es gut, es erweist sich eben als eine echte Alternative. Solch ein Mensch an Ihrer Seite ist ein echtes Instrument des Heiligen Geistes. Denn der Heilige Geist wirkt genau so. Er reißt uns heraus aus unseren engen Fixierungen. Er nimmt uns die zwanghaften Vorstellungen von dem, was richtig und wichtig ist und stellt uns in den Freiraum der Weite Gottes. Der Heilige Geist hält uns offen für Alternativen. Und das macht fröhlich und getrost.

„Der Herr ist der Geist; wo aber der Geist des Herrn ist, da ist Freiheit.“ 2. Korinther 3,17

Impuls für die Stille:

An welcher Stelle meines Lebens bedarf es der Befreiung durch den Geist Gottes?

17. September

Von Werbung und Sponsoren

Wir haben uns an den Anblick längst gewöhnt: Breitflächig und unübersehbar tragen die Größen des Sports das Emblem derer auf ihrem Outfit, denen sie viel zu verdanken haben. Bei den Spielern des FC Schalke 04 ist das seit einigen Jahren ein russischer Energieversorger, Einzelsportler wie das deutsche Skisprung-As Martin Schmitt scheinen eher eine Vorliebe für eine lilafarbene Schokoladenmarke zu haben. Ihre Ausstrahlung dient dem Ansehen des jeweiligen Sponsors. Vor einigen Jahren unterwanderten jedoch vor allem brasilianische und afrikanische Bundesligaspieler diese etablierte Marketingstrategie. Sie entledigten sich nach einem Torerfolg kurzerhand ihres Vereinstrikots und trugen stattdessen auf dem Unterhemd jubelnd folgende Botschaft in die Öffentlichkeit: „Dank sei Jesus!“ oder „Jesus liebt dich!“ – Anfangs reagierten Sportreporter sichtlich irritiert auf dieses Gebaren. Noch empfindlicher zeigte sich der Internationale Fußballverband, der dieses öffentliche Bekenntnis zum eigenen Glauben schließlich sogar untersagte. Aber nicht nur sie, selbst unter Christen scheint es umstritten, ob eine solch offensive Darstellung der eigenen Glaubensüberzeugung angemessen ist. Aber was spricht eigentlich dagegen? – Ist Christus, dem wir nicht weniger als alles zu verdanken haben, etwa nicht unseres öffentlichen Dankes wert? – Kurfürst Friedrich von Sachsen, Luthers Landesherr, kannte diesbezüglich offenbar keine Skrupel. Schon er ließ nämlich 1522 auf dem rechten Ärmel seiner Bediensteten eine Buchstabenkombination aufnähen: VDMIAE. Dies sind die Anfangsbuchstaben des Satzes: *Verbum Domini Manet In Aeternum.* Zu Deutsch: Gottes Wort bleibt in Ewigkeit!

Christus spricht: „Wer nun mich bekennt vor den Menschen, den will auch ich bekennen vor meinem himmlischen Vater." Matthäus 10,32

Impuls für die Stille:
Wie wird öffentlich deutlich, zu wem ich gehöre?

18. September

Vorschnelle Antworten

Der Religionskurs einer 10. Klasse diskutiert über die Frage: „Was ist der Sinn des Lebens?" Kaugummi kauend räkelt sich ein Schüler lässig auf seinem Stuhl: „Sinn des Lebens? – Ist doch klar: Fortpflanzung!" – Dabei unterstreicht der 16-Jährige seine Antwort mit ebenso eindeutigen wie anzüglichen Bewegungen. Die Klasse bricht in Gelächter aus. Eine hübsche Mitschülerin kontert spontan: „ Ach ja, und was machst du, wenn sich herausstellt, dass du zeugungsunfähig bist? Dann siehst du aber ganz schön alt aus!" – Erneutes Kichern und Gelächter, sichtlich zum Missvergnügen des so bloßgestellten Schülers. Die kleine Episode aus dem Schulalltag macht deutlich: wir geben manchmal allzu simple Antworten auf wichtige und zentrale Fragen. Wer etwa dem Sinn des Lebens auf die Spur kommen will, der muss nach etwas suchen, das unabhängig ist von Lebensumständen, die dem Wandel unterworfen sind. Der Sinn des Lebens darf nicht abhängig sein von meinem Gesundheitszustand, meinen beruflichen Leistungen, nicht einmal von meiner privaten Situation. Ein Leben ohne Kinder muss ebenso sinnvoll sein können wie ein Leben mit Kindern. Das Leben eines Arbeitslosen muss die gleiche Würde besitzen wie das eines erfolgreichen Unternehmers. Wer so nachdenkt, wird irgendwann feststellen: Wert, Sinn, Würde kann ich meinem Leben nicht selbst beilegen, sondern es wird mir zugesprochen. Es ist dem Urteil eines anderen vorbehalten, darüber zu entscheiden, ob mein Leben tatsächlich zu seinem Ziel gelangt ist. Die philosophische Frage nach dem Sinn des Lebens fordert eine theologische Antwort. Gott selbst muss sie einem Menschen geben, wenn sie denn Gültigkeit haben soll.

„Von Gott her, durch ihn und zu ihm hin sind alle Dinge zu verstehen." Römer 11,36

Impuls für die Stille:
Wie gehe ich mit der Frage nach dem Sinn des Lebens um?

19. September

Wachsende Hingabe

Leo Tolstoi, der bekannte russische Schriftsteller, geht eines Tages mit seinem Zimmermann Simeon durch Moskau. Sie begegnen einem Bettler. Der arme Zimmermann will dem in Lumpen gekleideten Mann eine Kopeke geben. Er hat aber nur ein einziges Dreikopekenstück in der Tasche. Natürlich kann der Bettler nicht herausgeben. Kurz hält Simeon inne, dann bekreuzigt er sich und überlässt dem Ärmeren die Münze. Auch Tolstoi lässt sich nicht lumpen. Er gibt dem Bettler zusätzlich zwanzig Kopeken. Wieder daheim lässt diese Begebenheit den Schriftsteller nicht los. Er fragt sich: „Wie viel hätte ich eigentlich geben müssen, wenn ich im Verhältnis dem entsprechen wollte, was mein armer Zimmermann gab?" Er rechnet es nach und kommt auf einen Betrag von mehreren tausend Rubeln. Obwohl Tolstoi an diesem Tag besonders intensiv spürt, wie sehr er noch dem Besitzstandsdenken und seinen materiellen Gütern verhaftet ist, verändert das Geschehene sein Leben. Zukünftig wird der begnadete Denker nicht mehr fragen: „Herr, was muss ich geben?", sondern „Christus, was darf ich behalten?" Gegen Ende seines Lebens schließlich kommt Tolstoi dem nach, was er in literarischer Gestalt den jungen Adligen Nechljudow in seinem Roman „Auferstehung" tun lässt. Er trennt sich von seinem ererbten Besitz und stellt sich mit allem, was er hat und ist, Christus zur Verfügung.

Und Jesus sprach: „Wahrlich ich sage euch: Diese arme Witwe hat mehr in den Gotteskasten gelegt als alle, die etwas eingelegt haben. Denn sie haben alle von ihrem Überfluss eingelegt; diese aber hat von ihrer Armut ihre ganze Habe eingelegt, alles was sie zum Leben hatte." Markus 12,43

Impuls für die Stille:

Ist mir bewusst, dass ich nichts *besitze*, sondern Gott alles *verdanke*?

20. September

Warum er nicht redete

Eine Familie, irgendwo in Deutschland. Fünf Kinder sind ihr gegeben, und eigentlich sind alle gesund. Nur dass der jüngste Sohn nicht sprechen lernen will, bereitet den Eltern Sorgen. Da helfen keine Untersuchungen, Besuche bei den verschiedensten Ärzten bleiben ergebnislos. Inzwischen ist der Junge fünf Jahre alt, doch kein Wort kommt über seine Lippen. Eines Tages sitzt die Familie bei Tisch. Der Vater spricht ein Tischgebet. Da bricht es aus dem Kind heraus: „Bäh, die Suppe schmeckt nicht!" Die Eltern sind außer sich vor Freude: „Er kann sprechen! Ein Wunder, er kann sprechen!" – „Selbstverständlich kann ich sprechen", sagt darauf der Kleine. Die Mutter erstaunt: „Aber warum hast du es dann bisher nie getan?" Die Antwort des Kindes: „Warum sollte ich? Bisher hat die Suppe doch immer geschmeckt."

Natürlich handelt es sich um eine erdachte Geschichte. Aber sie ist so typisch, dass sie fast wahr sein könnte.

Wann schweige ich? Wozu öffnet sich mein Mund? Die Inflation des Kritischen fördert die Verneinung und lässt die Dankbarkeit verstummen. Doch mit der Dankbarkeit verstummt vor allem auch die Freude. Darum möchte ich neu lernen, Worte für alles Schöne,

Gute und Wertvolle zu finden. Ich möchte von dem reden, was Mut macht. Ich möchte meine Lippen dazu einladen, sich am „Ja" zu erfreuen.

„Herr, tue meine Lippen auf, dass mein Mund deinen Ruhm verkündige." Psalm 51,17

Impuls für die Stille:

Wie steht es bei mir um das Verhältnis von konstruktiven und negativen Aussagen?

21. September

Was einen Schelm ausmacht

Ob Sie es wissen oder nicht: Sie sind ein Schelm! Aber machen Sie sich nichts draus, ich bin auch einer. Wie das kommt, erkläre ich sofort. Im Mittelalter bezeichnete man all diejenigen als Schelme, die mit dem Abdecken toter Tiere oder auch mit dem Abtransport von Leichen zu tun hatten. Was das mit uns zu tun hat? Moment, die Geschichte geht weiter. – Wegen ihrer unappetitlichen Tätigkeit wohnten die Schelme meist am Rande und man vermied tunlichst jedwede Berührung mit ihnen. Eines Tages jedoch ergab es sich in der freien Reichsstadt Gelnhausen, dass Kaiser Friedrich Barbarossa nebst seiner Gemahlin einen Maskenball in ihrer dortigen Kaiserpfalz veranstalteten. Dabei erwies sich einer der vermummten Tänzer als derart galant, dass Kaiserin Beatrix mit keinem anderen zu tanzen wünschte. Als Barbarossa jedoch um Mitternacht alle Gäste dazu aufforderte, ihre Masken fallen zu lassen, kam es zum Eklat. Es war der örtliche Schelm, der sich in die vornehme Gesellschaft eingeschlichen und den ganzen Abend mit der Kaiserin getanzt hatte. Der Kaiser schäumte vor Wut und wollte den Schelmen enthaupten lassen. Doch die kluge Beatrix zog ihren Gemahl beiseite. „Hör zu", flüsterte sie ihm ins Ohr, „so kannst du zwar ihn strafen, aber nicht meine Ehre wiederherstellen. Meiner Ehre wirst du nur gerecht, indem du ihn auf der Stelle adelst." Gesagt, getan. In Erwartung seines Todesurteils kniete der Übeltäter nieder, um sich nur einen Moment später als „Schelm von Bergen" zu erheben.

Ist Ihnen jetzt klar, warum Sie ein Schelm sind?

Fast jeder Mensch lebt in dem Bewusstsein, sich Gott vorbehaltlos nähern zu dürfen. Das Wissen darum, dass wir aufgrund unserer Schuld vor seiner Heiligkeit nicht bestehen können, scheint längst verloren gegangen. Wie gut ist es da, dass Gott sich in seiner Liebe dafür entschieden hat, uns nicht zu strafen, sondern zu adeln.

„Durch Christus wollte Gott uns als seine mündigen Söhne und Töchter annehmen." Galater 4,5

Impuls für die Stille:

Ich schmunzle über den Schelm von Bergen und freue mich meiner Gotteskindschaft.

22. September

Gewissen hat ein Langzeitgedächtnis

Am Dienstag, den 22. September 1998 stellte sich in Kansas City der 38-jährige Daniel L. Crocker freiwillig der Polizei. Er gestand einen Mord, den er vor 19 Jahren unter Drogeneinfluss begangen hatte. Was bringt einen Menschen dazu, nach so langer Zeit die Folgen einer Tat auf sich zu nehmen, die nach menschlichem Ermessen niemals aufgeklärt worden wäre? Daniel L. Crocker hatte nach außen hin immer das Leben eines unbescholtenen Christen und Vaters von zwei Kindern gelebt. Der Wendepunkt für ihn kam, als der Pfarrer seiner Kirchengemeinde ihn bat, im Auftrag der Gemeinde einen reuigen Kriminellen im Gefängnis zu besuchen und ihn seelsorgerlich zu begleiten. Schon nach dem ersten Besuch rebellierte das Gewissen des Familienvaters: „Wie kann ich ins Gefängnis gehen und diesem Menschen von Gott erzählen, wenn ich in meinem Herzen weiß, dass ich eigentlich selbst dorthin gehöre.

Sein Vergehen war wesentlich geringer als meines. Wie soll ich das aushalten?" Nach einer Zeit der intensiven Aussprache mit seiner Familie tat Daniel L. Crocker das, was sich ihm als unausweichlich aufgedrängt hatte. Seinem 9-jährigen Sohn Isaak und seiner 8-jährigen Tochter Analiese erklärte er: „Ich muss einfach gehen. Ich wäre ein Heuchler, wenn ich euch zum Gehorsam gegenüber Gottes Wort erziehen würde und es selbst nicht täte. Ich kann nicht länger damit leben."

Es ist eine geistlich schwer zu entscheidende Frage, ob begangene Schuld nicht nur vor Gott, sondern in jedem Fall auch öffentlich bekannt werden muss. Wo allerdings Gott selbst einem Menschen das Gewissen anrührt, da ist es gut, ihm Folge zu leisten.

„Denn als ich meine Sünde wollte verschweigen, da verschmachteten meine Gebeine durch mein tägliches Klagen. Denn deine Hand lag Tag und Nacht schwer auf mir." Psalm 32,3

Impuls für die Stille:
Wie gehe ich mit der Stimme meines Gewissens um?

23. September

Wird der Vogel fliegen?

Ein für seine Weisheit bekannter Rabbi trifft auf einen für seinen beißenden Spott nicht minder bekannten Zyniker. „He Rabbi", fährt ihn der Spötter an, „in meiner Hand befindet sich ein Sperling. Sage mir, wird der Vogel fliegen, wenn ich sie öffne, oder wird er sitzen bleiben?" – Der Rabbi durchschaut, dass der Fragesteller keine echte Antwort hören, sondern ihn nur der Lächerlichkeit preisgeben möchte. Denn würde er sagen: „der Vogel wird fliegen", so würde der Zyniker seine Faust etwas fester schließen und dem Sperling damit die Flügel brechen. Würde er aber antworten: „der Vogel wird auf deiner Hand sitzen bleiben", so würde der andere seine Faust öffnen und den Sperling in die Freiheit entlassen. Also beschließt der Rabbi, sich auf ein längeres Wortgefecht nicht einzulassen. Unverdrossen geht er ein paar Schritte weiter, wendet sich dann um und ruft dem Zyniker zu: „Frag deine Hand. Sie ist es, die dir die Antwort geben wird."

„Frag deine Hand!" – dieser Ratschlag des Rabbis trifft auf viele Situationen zu, in denen Probleme angesprochen werden, für deren Lösung wir zumindest Mitverantwortung tragen. „Warum lässt Gott so viel Elend und Ungerechtigkeit auf der Welt zu?" – Frag deine Hand! Hunger und Armut sind kein gottgewolltes Verhängnis, sondern das Ergebnis menschlicher Unzulänglichkeit im Blick auf die gerechte Verteilung der Güter dieser Erde. „Warum kümmert sich keiner um die Obdachlosen in unserer Stadt?" – Frag deine Hand! Vielleicht bin ich derjenige, durch den Christus eine erste kleine Initiative starten möchte. „Gibt es niemand, der mich wirklich mag?" – Frag deine Hand! Warte nicht, bis jemand mit dem Angebot der Freundschaft auf dich zukommt, sondern schenke Vertrauen, Zeit und Zuwendung. Wird der Vogel fliegen? Du selbst hast es in der Hand.

„Und Jesus sah die Pharisäer mit Zorn an und war betrübt über ihr verstocktes Herz. Zu dem Kranken aber sprach er: Strecke deine Hand aus! Und er streckte sie aus; und seine Hand wurde gesund." Lukas 3,5

Impuls für die Stille:

Welches Problem bewegt mich zurzeit am meisten? Hilft der Ratschlag des Rabbis weiter?

24. September

Was Wert verleiht

Sie ist klein, blau und unscheinbar, und doch gäbe so mancher Zeitgenosse ein Vermögen dafür, könnte er sie nur irgendwie in seinen Besitz bringen. Gemeint ist die blaue Mauritius, die zweifellos berühmteste Briefmarke der Welt. Noch wertvoller aber ist eine andere Marke, obwohl oder vielleicht gerade weil es sich dabei um einen Fehldruck handelt. Es ist die „Tre Skilling Banco“, eine schwedische Marke. 1885 entdeckte ein Sammler zufällig bei einem Besuch bei seiner Großmutter, dass sie eine Marke besaß, die gelb statt wie üblich grün eingefärbt war. Am 8.November 1996 wurde sie zuletzt bei David Feldmann S.A. in Genf im Kundenauftrag ersteigert und wechselte für über 2,8 Millionen Schweizer Franken den Besitzer. Für einen Unbeteiligten ist es kaum nachvollziehbar, wie ein derart winziges bedrucktes Stück Papier einen solchen Preis erzielen kann. Aber seltene Briefmarken wie eine Tre Skilling Banco oder eine blaue Mauritius beziehen ihren Wert nicht aus sich selbst. Es ist die Leidenschaft der Sammler, die sie zu einer Kostbarkeit macht. Dass da jemand sein Herz an eine solche Marke verliert und bereit ist, alles für sie zu geben, das bestimmt ihren Wert und lässt sie unbezahlbar erscheinen. Ähnliches gilt für jeden Menschen. Unser Materialwert liegt nach Erkenntnis der Wissenschaft bei genau 15 Euro und 40 Cent. Was wir wirklich wert sind, erkennen wir jedoch erst dann, wenn wir uns vergegenwärtigen, welchen Preis Gott für uns zu zahlen bereit war.

„Ihr seid teuer erkauft; darum preist Gott mit eurem Leibe.“ 1. Korinther 6,20

Impuls für die Stille:
Entspricht mein Selbstwertgefühl dem, was ich Gott wert bin?

25. September

Wegweisung

Ein Missionar verirrt sich im afrikanischen Urwald. Es dringt kaum Licht durch das eng bewachsene Dickicht, keine Lichtung verschafft Überblick. Hilflos irrt der Europäer umher. Schließlich trifft er auf eine kleine Siedlung. Einer der Stammesältesten bedeutet dem Fremden, dass er ihm helfen wolle. Der vertraut sich dem Eingeborenen an. Zunächst ist der Missionar erleichtert und guten Mutes. Nach einiger Zeit und etlichen, vermeintlich sinnlosen

Richtungsänderungen in dem nach wie vor dicht bewaldeten Gelände wird es dem Verirrten jedoch mulmig. Zaghaft fragt er seinen Gefährten: „Wo ist der Weg? Ich sehe keinen Weg!“ Ein erheitertes Lächeln huscht über das Gesicht des Afrikaners. „Hier ist kein Weg. Ich bin der Weg“, antwortet er und tippt dabei wiederholt auf seine breite schwarze Brust. Und tatsächlich, es dauert nicht lange und in Gestalt einiger Telegrafenmasten werden die ersten Vorboten der Zivilisation sichtbar.

Christus spricht: „Ich bin der Weg, die Wahrheit und das Leben, niemand kommt zum Vater denn durch mich.“ Johannes 14,6

Impuls für die Stille:
Wie ist es um mein Vertrauen zu Gottes Wegweisung bestellt?

26. September

Bin ich's?

Ich verstehe den Judas, weil ich Judas bin.
Ich verstehe die Jünger, weil ich Jünger bin.
Ich verstehe den Petrus, weil ich Petrus bin.
Ich verstehe den Pilatus, weil ich Pilatus bin.
Ich verstehe die Masse, weil ich Masse bin.

Herr, bin ich's?
Ich will es nicht sein.
Und bin es doch, bin einer von ihnen.
Heute der und morgen der andre.
Und manchmal bin ich wie alle zusammen.

Herr, bin ich's?
Ich bin es und will es nicht bleiben.
Laß mich verstehen dein Wort,
laß mich sein dein Freund,
laß mich nicht so, wie ich bin.

Und ich werde ein Mensch sein,
wie du es willst.
F. K. Barth

„Schaffe in mir, Gott, ein reines Herz und gib mir einen neuen, beständigen Geist." Psalm 51,12

Impuls für die Stille:
Wo bedarf es bei mir einer inneren Erneuerung?

27. September
Die verstimmte Nachtigall

„Singe doch, liebe Nachtigall!", rief ein Schäfer der schweigenden Sängerin an einem lieblichen Frühlingsabend zu. „Ach!", sagte die Nachtigall, „die Frösche quaken so laut, dass ich alle Lust am Singen verliere. Hörst du sie etwa nicht?" – „Freilich höre ich sie", antwortete der Schäfer. „Aber nur dein Schweigen ist schuld, dass ich sie höre."

Wie oft geht es mir wie diesem missgelaunten, kleinen Vogel. Ich mache die widrigen Umstände oder andere Menschen für mein Verhalten verantwortlich. Das ist ja auch äußerst bequem. Ich brauche der eigenen Unlust nicht ins Gesicht zu sehen und kann mich zudem als Opfer bemitleiden lassen. Lessing, dem die kleine Geschichte zugeschrieben wird, lässt eine solche Haltung nicht gelten. Ich bin niemals nur das Opfer, sondern immer auch Teil des Problems. Verantwortung lässt sich nicht abschieben, sie will angenommen sein. Zudem darf ich als Christ damit rechnen, dass Christus mir die Kraft schenkt, Herausforderungen anzunehmen. Mit seiner Hilfe lassen sich auch schwierigste Situationen meistern.

„Es ist das Herz ein trotzig und verzagt Ding; wer kann es ergründen? Ich, der Herr, kann das Herz ergründen und die Nieren prüfen und gebe einem jeden nach seinem Tun, nach den Früchten seiner Werke." Jeremia 17,9f

Impuls für die Stille
In welchen Situation drücke ich mich besonders gerne vor der Verantwortung?

28. September

Der Wert des Lächelns

Vor einigen Jahren hatte das Bezirksgericht in Boston eine schwierige Entscheidung zu treffen. Die damals sechsjährige Mary Shafter war bei einem Verkehrsunfall schwer verletzt worden. Die gravierendste Nachwirkung bestand in einer teilweisen Lähmung ihrer Gesichtsmuskulatur. Seit dem Unfall konnte das Mädchen einfach nicht mehr lächeln. Was ist diese Fähigkeit wert? Das Gericht sprach der kleinen Mary Shafter einen Betrag von 10.000 Dollar zu. In einem ähnlichen Fall kam ein anderes Gericht zu folgendem Ergebnis: die Versicherung des Beklagten wurde verpflichtet, einem Jungen, dessen rechte Gesichtshälfte durch Verbrennungen in seiner Ausdrucksfähigkeit eingeschränkt worden war, 20.000 Dollar als Entschädigung zu zahlen. 10.000, 20.000, 50.000 oder sogar 100.000 Dollar? – Ernsthaft lässt sich vermutlich nicht bemessen, was ein verlorenes Lächeln für einen Menschen bedeutet. Andererseits aber ist es erstaunlich und vielleicht sogar erschreckend, wie wenig wir im Alltag von dieser wertvollen Gabe Gebrauch machen. Haben wir tatsächlich so wenig Grund zur Freude? Es kommt wohl auf die Wahrnehmung an. Eine der Vorlieben Gottes besteht jedenfalls darin, uns sein Lächeln ins Gesicht zu zeichnen. Dazu bedarf es nicht viel. Haben wir ihn in seiner Liebe und Güte in den Blick bekommen, ist das Wichtigste geschafft. Angesteckt von Gottes gelassener Heiterkeit werden sich unsere Gesichtszüge von selbst erhellen.

„Ich habe den Herrn allezeit vor Augen; steht er mir zur Rechten, so werde ich fest bleiben. Darum freut sich mein Herz und meine Seele ist fröhlich.“ Psalm 16,8–9

Impuls für die Stille:
Worauf möchte ich mich an diesem Tag freuen?

29. September

Inspiration ist wichtiger als Perfektion

Zwei Jahre lang arbeitete der schwäbische Bildhauer Johann Heinrich von Dannecker an einer monumentalen Christusstatue. Danach schien sie ihm gelungen. Um herauszufinden, ob auch andere Menschen in seiner Skulptur den Heiland wieder erkennen würden, lud der Künstler ein kleines Mädchen in sein Studio ein. Er stellte es vor sein Kunstwerk und fragte: „Was meinst du? Wer ist das?"

Das Mädchen zuckte mit den Achseln: „Ein berühmter Herrscher vielleicht?"

Dannecker war frustriert. Er hatte das Idealbild eines majestätisch schönen Mannes modelliert, doch der Heiland und große Menschenfreund war darin offenbar nicht zu erkennen. Monatelang lag der Künstler daraufhin im Gebet, Gott möge ihm die wahren Konturen Christi in die Seele schreiben. Danach griff er erneut zu Hammer und Meißel. Als er nach sechs Jahren sein Werkzeug aus den Händen legte, war ein ganz anderes Bildnis entstanden – nämlich der Christus seines Herzens. Wieder rief Dannecker ein kleines Mädchen zu sich. Als das Kind die Statue erblickte, rief es begeistert aus: „Du hast ja Jesus gemacht!" Diesmal wusste Dannecker, dass er zufrieden sein konnte.

„Wenn der Herr nicht das Haus baut, so arbeiten umsonst, die daran bauen." Psalm 127,1

Impuls für die Stille:
Aus welcher Kraft heraus verrichte ich mein Tagewerk?

30. September

Wesenselemente des Glaubens

Was bedeutet eigentlich Glaube? Ist es ein Gefühl? Ist es das Für-Wahr-Halten eines ausgeklügelten Dogmenkataloges? Ist es ein spezieller Lebensstil? Philipp Melanchthon, ein Freund und langjähriger Mitstreiter Luthers hat versucht, das Wesen des Glaubens in drei präzise Begriffe zu fassen. Er unterscheidet dabei die Aspekte der „Notitia", des „Assensus" und der „Fiducia". Als „Notitia" bezeichnet man die Kenntnisnahme von wesentlichen geschichtlichen Fakten und Glaubensinhalten. Glaube ist also nicht nur ein vages Ahnen, sondern die Auseinandersetzung mit bestimmten Inhalten, die Gott in diese Welt hinein geoffenbart hat. Unter dem „Assensus" wird die innere Zustimmung zu diesen Inhalten verstanden, nachdem der einzelne Mensch sie für sich geprüft hat. Die „Fiducia" schließlich steht für das begründete Vertrauen, dass sich aus der Kenntnisnahme und der Zustimmung zum geoffenbarten Wort Gottes ergibt. Diese Unterscheidung mag theoretisch klingen, sie ist aber wichtig. Denn nur da, wo „Notitia", „Assensus" und „Fiducia" zusammenfinden, entwickelt sich ein gesundes Verhältnis zu Gott. Ein Glaube, dem das Element der Kenntnisnahme fehlt, steht in der Gefahr, zur Schwärmerei oder Gefühlsduselei zu verkommen. Eine Kenntnisnahme ohne Zustimmung versteigt sich gerne zu einer rein intellektuellen Spekulation. Wo aber das Vertrauen fehlt, ist dem Glauben die Seele genommen. Er bleibt folgenlos und besitzt den Wert einer nutzlosen Mogelpackung.

„Und nun höre, Volk Israel: Der Herr, euer Gott verlangt von euch nur das Eine, das ihr ihn ernst nehmt, seinen Weisungen folgt und ihn mit ganzem Herzen und mit allen Kräften liebt und ehrt."
5. Mose 10,12

Impuls für die Stille:

Kommen alle drei Wesenselemente des Glaubens ausgewogen bei mir vor? Gibt es eine „Schieflage"?

1. Oktober

Wie im Himmel so auf Erden?

Dialog in einem Duisburger Pfarrhaus. Der sechsjährige Sohn fragt seinen Vater: „Papa, wer ist eigentlich größer, Gott oder der Himmel?" – „Na, Gott natürlich", antwortet der Theologe. „Aber dann passt der doch gar nicht in den Himmel rein", gibt darauf der Sprössling zu bedenken. Recht hat er, der Junge. Gott passt nicht in den Himmel, und darum hat es ihn auch schon immer danach gedrängt, in diese Welt zu kommen, sie durch und durch mit seiner Liebe und Wahrheit zu erfüllen. Das Problem ist nur: Irgendetwas treibt uns immer wieder dazu, ihn in bestimmten Bereichen auszugrenzen und so in seinen Entfaltungsmöglichkeiten einzuschränken. An manchen Orten sehen wir Gott gerne, ja, da suchen wir ihn sogar: in der Kirche, in der Natur, am Sonntag, bei manchen Festen und Feiertagen, im Krankenhaus, in der Stille. Dort darf er sein. Aber wehe, Gott mischt sich ungefragt ein: im Alltag, bei finanziellen Entscheidungen, in Streitsituationen, bei der Zukunftsplanung, in der Ehe, an der Wahlurne, in Erziehungsfragen. Da erscheint Gott uns im Himmel gerade weit weg genug, um unbesorgt der eigenen Willkür dienen zu können. Das schier Unbegreifliche ist, dass Gott sich diese Ausgrenzung gefallen lässt. Er erduldet sie. Und er leidet, denn er weiß: Am Ende schadet der Mensch sich selbst. Und das will er nun wirklich nicht.

„Dein Reich komme. Dein Wille geschehe wie im Himmel so auf Erden." Matthäus 6,10

Impuls für die Stille:

Wo liegen die „Sperrbezirke" meines Glaubens?

2. Oktober

Wiedergeburt

Im Neuen Testament wird der Durchbruch von einem gesetzlichen Glauben hin zu einem fröhlichen, geistgewirkten Christsein als Wiedergeburt bezeichnet. Der Vergleich mit einer Geburt ist ein sehr schönes Bild, bezeichnet es doch den Inbegriff einer Leben schaffenden Passivität. Dass wir als Babys geboren wurden, kommt einfach über uns. Dazu haben wir nichts beigetragen, außer vielleicht, dass wir uns unbewusst in die richtige Richtung gekugelt haben. Man stelle sich nur einmal den verrückten Gedanken vor, ein Baby würde, wenn es keine Lust mehr hat, auf die Idee kommen zu trommeln und versuchen, von innen Kommandos zu geben: „Mama, pressen! Fester! Pressen!“ – Ein wirklich abstruser Gedanke! Das Baby würde mit seinen Aktivitäten die Geburt nicht etwa beschleunigen, sondern vielleicht sogar noch gefährden. Ähnlich ist es mit dem Glauben und den Früchten des Glaubens. Auch sie lassen sich aus einem Menschen nicht herauspressen. Sie müssen geboren werden. Um ein Beispiel zu nennen: Da möchte ich vielleicht gerne einem anderen vergeben, der mich zutiefst verletzt hat. Eigentlich will ich vergeben. Aber ich merke, es geht nicht. Ich kann es noch nicht! Wenn ich jetzt dennoch versuche, Vergebung aus mir herauszupressen, so wird das, was dabei herauskommt, eher an Heuchelei erinnern als an echtes Verzeihen. Besser ist es, darauf zu warten, dass Gott mir durch seinen Geist die Kraft zur Vergebung schenkt. Das mag vielleicht etwas länger dauern, aber dafür ist es echt. Befreiter Glaube kommt über uns – wie die Geburt eben!

„Es sei denn, dass jemand geboren werde aus Wasser und Geist, so kann er nicht in das Reich Gottes kommen.“ Johannes 3,5

Impuls für die Stille:

Wo stehe ich in der Gefahr „zu pressen“, anstatt Gottes Handeln Raum zu geben?

3. Oktober

Gesetz gegen Zeitverschwendung

Unter dem kommunistischen Diktator Ceausescu gab es in Rumänien eine ganz besondere Verordnung. Rumänischen Staatsbürgern war es bei Strafe verboten, zum „gemeinsamen Kartenspiel, unkontrollierten Alkoholgenuss oder anderen zeitverschwendenden Tätigkeiten" zusammenzukommen. Zur Zielscheibe dieses Gesetzes wurden jedoch nicht nur Müßiggänger und Faulenzer. Es erwies sich auch als ein wirksames Instrument zur Einschüchterung christlicher Gruppen und Kreise. So wurden im Rückgriff auf die Bestimmung unter der Nummer 153/190, Artikel 1-D Gebetsgruppen gewaltsam aufgelöst. Die betenden Gemeindeglieder wurden vorübergehend festgenommen.

Offenbar konnten oder wollten die despotischen Machthaber in den Gebeten der Gläubigen nichts anderes sehen als eine unproduktive und daher „sinnlose Zeitverschwendung". Der Gang der Ereignisse zeigt, wie sehr sie sich geirrt haben. Als sich Ende der 80er Jahre im sozialistischen deutschen Brudervolk die Massen aufmachten, um mit dem Ruf „Wir sind das Volk" ihrer Freiheit entgegenzugehen, hatten sie Kraft und Mut dazu in genau solchen zeitverschwendenden Veranstaltungen gefunden. Der friedliche Sturz der Mächte und Gewalten, er war Gottes Antwort auf das Loben und Beten seiner Kinder – sowohl in der DDR als auch in Rumänien. Als staatlicher Feiertag steht der 3. Oktober als Fest der Einheit für die Erinnerung an den Fall der Berliner Mauer als Symbol der Überwindung von politischer Zwangsherrschaft. Für Christen verbindet sich mit dem 3. Oktober 1990 darüber hinaus die Ermutigung zum inständigen Gebet. Wer betet, der verschwendet seine Zeit nicht, sondern widmet sich höchst folgenreicher Beschäftigung. Einer Beschäftigung, die selbst Tyrannen das Fürchten lehrt.

„Des Gerechten Gebet vermag viel, wenn es ernstlich ist." Jakobus 5,16

Impuls für die Stille:
Ich danke Gott für die Deutsche Einheit und die Überwindung der Grenzen zwischen Ost und West.

4. Oktober

Worin Erbarmen besteht

Nordöstlich des Victoria-Sees lebt in einer Bergregion Kenias der Stamm der Sabaot. Dieser Volksstamm besitzt nicht nur eine ausgeprägte Kultur, sondern auch eine eigene Sprache. Seit einigen Jahren bemüht sich ein Team von Linguisten, die Bibel in die Sprache der Sabaot zu übersetzen. Im Dezember 1997 konnte die Arbeit am Neuen Testament abgeschlossen werden. Bis zum Sommer 2010, so hofft man, soll auch das Alte Testament vollständig übersetzt vorliegen. Schon bei der Beschäftigung mit den Evangelien zeigte sich, wie viel Kreativität und Einfühlungsvermögen bei einer solchen Bibelübersetzung notwendig ist. So tauchte bei der Übertragung von Lukas 18,38 ein Problem auf. Der Blinde von Jericho ruft an dieser Stelle: „Du Sohn Davids, hab Erbarmen mit mir!“ Nun gibt es aber in der Sprache der Sabaot kein Wort für „Erbarmen“. Was also tun? Man beobachtete, dass die Kultur dieses Bergvolkes eine Sitte des miteinander Weinens kennt. Hieraus ergab sich ein Anknüpfungspunkt. Einer, der Erbarmen mit mir hat, das ist jemand, der sich zu mir setzt und mit mir weint. Darin also besteht Gottes Erbarmen, dass er um meinetwillen Tränen vergießt. Eine wunderbare Umschreibung für einen biblischen Kernbegriff! Darüber hinaus auch ein wunderbares Bild für den Gott, den das Neue Testament uns in Jesus Christus vorstellt. Nicht nur die Sabaot, sondern auch wir dürfen gewiss sein, dass es Gott im Innersten anrührt, wenn wir ihn um sein Erbarmen bitten.

„Und als Jesus das Volk sah, jammerte es ihn; denn sie waren verschmachtet und zerstreut wie die Schafe, die keinen Hirten haben.“ Matthäus 9,36

Impuls für die Stille:
Bin ich jemand, mit dem man weinen kann?

5. Oktober
Im Wörterbuch nicht vorgesehen

Moderne Textverarbeitungsprogramme für Computer zeichnen sich unter anderem dadurch aus, dass sie die Funktionen „Auto-Korrektur" bzw. „Rechtschreibprüfung" enthalten. Sie untersuchen den geschriebenen Text auf Fehler hin. Allerdings hat diese benutzerfreundliche Einrichtung einen Haken. Das Wörterbuch dieser Programme ist beschränkt. So werden zuweilen durchaus richtig geschriebene Begriffe als fehlerhaft gekennzeichnet, weil sie im installierten Programm nicht vorgesehen sind. Genau dies widerfuhr den Verwendern einer früheren Version von Word etwa dann, wenn sie das Wort „Feindesliebe" eingaben. Sofort erschien eine rotgestrichelte Linie, die zur Korrektur dieses vermeintlichen Fehlers aufforderte. Klickte der überraschte Benutzer dann auf die rechte Maustaste, wurden ihm als Korrekturvorschläge die Begriffe „Feindselige" und „Feindseligere" angeboten. Erst der erneute Klick auf den Befehl „Hinzufügen" ließ die gestrichelte Linie verschwinden und nahm die Feindesliebe in das Repertoire des Textverarbeitungsprogramms auf.

Feindesliebe nicht vorgesehen, Korrekturvorschlag Feindselige: dieser Mechanismus wirkt nicht nur in unseren Computer-, sondern auch in unseren Lebensprogrammen. Feindesliebe gehört nicht zum Horizont menschlicher Möglichkeiten, sondern sie wird unseren Möglichkeiten hinzugefügt durch die Kraft der Liebe Gottes. Bitten wir Gott um diesen „Mausklick", durch den sein Sprachschatz den unseren erweitert.

„Lasst uns aber wahrhaftig sein in der Liebe und wachsen in allen Stücken zu dem hin, der das Haupt ist, Christus." Epheser 4,15

Impuls für die Stille:
Welche Menschen in meiner Umgebung machen mir Mühe? Ich bitte Gott um die Kraft, ihnen anders begegnen zu können.

6. Oktober

Was unsere Würde ausmacht

Ich kenne eine Frau, die ging regelmäßig in andere Haushalte putzen, um ihre schmale Witwenrente aufzubessern. Eigentlich hat sie diese Arbeit auch gerne gemacht. Aber dann ist sie öfter herablassend behandelt worden. Von einem „Danke schön!" soll gar nicht erst die Rede sein. Wofür auch danken, sie wird ja bezahlt für ihr Tun. Wir sprachen manchmal miteinander, und eines Tages platzte es aus ihr heraus: „Bin ich eigentlich nur gut genug für den Wassereimer? Bin ich denn nichts anderes als eine billige Putze? So etwas wie eine Fußmatte, an der man sich die Schuhe abtreten darf?" Aus diesen Sätzen klang sehr viel Verbitterung. Sie gaben als Selbstwertgefühl schlicht das wider, was andere ihr vermittelt hatten, wer sie sei. Es kann kränkend und verletzend sein, wenn wir Menschen das Recht zugestehen, unsere Selbsteinschätzung zu bestimmen. Es kann dazu führen, dass wir uns wie „der letzte Dreck" fühlen, nur weil andere uns wie „den letzten Dreck" behandeln. Oftmals geschehen solche Verletzungen unbedacht und sogar dort, wo man es nicht vermuten sollte: im Kreis der Familie, im Verhältnis von Kindern zu ihren Eltern, zwischen Ehepartnern. Letztlich wird es sich nie ganz vermeiden lassen, dass Menschen sich gegenseitig erniedrigen und dadurch wehtun. Umso wichtiger ist es, dass wir, wenn es um unser Selbstwertgefühl geht, nicht ihnen, sondern Gottes Wort Glauben schenken. Dieses Wort sagt uns zu, wer wir in Wahrheit sind: Kinder Gottes – unendlich geliebt, unendlich kostbar. Diese Würde können wir durch nichts verlieren. Diese Würde kann uns keiner nehmen. Nicht Fußmatte, nicht Putzlappen, nicht der letzte Dreck, sondern Erbe und Kind Gottes, so darf ich mich ansehen. Selbstbewusst und fröhlich will ich daher tun, was ich zu tun habe, sei es putzen, bügeln, reparieren, lehren oder regieren.

„So bist du nun nicht mehr Knecht, sondern Kind; wenn aber Kind, dann auch Erbe durch Gott." Römer 4,7

Impuls für die Stille:

Ich bringe Gott meine Traurigkeit über erfahrene Demütigungen und bitte: Herr, richte mich auf!

7. Oktober

Gebet wider die Trägheit

„Ich bin müde, o Herr. Ich kann nicht mehr. Zieh mich dir nach, damit ich nicht anfange, in meinem Leben abzukommen von dir und anderen nachzulaufen. Ziehe mich dir nach! Es ist mir lieber, du tust mir Gewalt an, du schreckst mich und drohst mir und drillst mich und schlägst mich, du ziehst mich aber damit nach dir; das ist mir lieber, als wenn du mich schonst in meiner Trägheit und lässest mich in Ruhe! Und wenn ich nicht mit will, so ziehe mich, bis ich will. Ziehe mich faulen Menschen und bringe mich wieder zum Laufen."

(Bernhard von Clairvaux, 1091–1153, Gründer des Zisterzienserordens)

„Ich bezwinge meinen Leib und zähme ihn, damit ich nicht andern predige und selbst verwerflich werde." 1. Korinther 9,27

Impuls für die Stille:

Wie wirkt das Gebet des Bernhard auf mich? Könnte ich es nachsprechen?

8. Oktober

Der wichtigste Applaus

Wochenlang hatte er geübt. Jetzt war es so weit. Sein erster öffentlicher Auftritt vor einem größeren Publikum.

Fast wie im Schlaf spielte der junge Pianist das erste der drei Stücke, die er mit so viel Hingabe und Akribie einstudiert hatte. Kaum war der letzte Ton erklungen, stellte sich auch schon der anerkennende Applaus des Publikums ein. Doch der Junge nahm es fast nicht wahr. Es folgte ein zweites, weitaus schwierigeres Stück. Auch dieses meisterte er fehlerlos und mit scheinbarer Leichtigkeit. Wieder applaudierten seine Zuhörer, zumeist Schulkameraden und deren Eltern. In seinen letzten Vortrag legte der Junge soviel Leidenschaft und Energie, dass es die Besucher nicht mehr auf den Stühlen hielt. Voller Begeisterung erhoben sich viele, um den jugendlichen Virtuosen mit stehenden Ovationen und Bravo-Rufen zu feiern. Doch auf dessen Gesichtszügen lag nach wie vor ein tiefer Ernst verbunden mit einer letzten Ungewissheit. Erst als auch eine würdevolle ältere Dame mit ergrautem Harr sich erhob und dem Jungen ermunternd zunickte, schien er zufrieden. Jetzt war er bereit, sich feiern zu lassen, den Augenblick zu genießen und im Jubel zu schwelgen. Die stille Geste seiner Klavierlehrerin war das, worauf er gewartet hatte. Ohne ihre Anerkennung hätte er sich über das Bad in der jubelnden Menge nicht recht freuen können. Denn *ihr* Urteil, das wusste er, war die wahre Standortbestimmung für den künstlerischen Wert seines Vortrags.

Es geschieht leicht, dass Menschen sich über ihren wahren Wert täuschen. Wer beliebt ist, wem es gelingt, bei anderen Sympathie oder vielleicht sogar Begeisterung auszulösen, der hält sich selbst sehr schnell für einen ‚Superstar'. Dazu muss man gar nicht unbedingt Heidi Klum oder Dieter Bohlen heißen. Es ist jedoch wichtig, sich vor Augen zu halten, dass nicht unsere Freunde und Bekannten über die Qualität unseres Lebensvortrages entscheiden. Es ist Gott, dem dies vorbehalten ist. Kommen wir bei ihm an, nickt er uns anerkennend zu, dürfen wir uns wirklich freuen. Sein Urteil ist die Hauptsache. Sollten dabei sowohl Gott als auch unsere Mitmenschen zu dem gleichen positiven Ergebnis finden, umso besser. Es gilt nur, beides nicht miteinander zu verwechseln.

„Weil Gott uns für wert geachtet hat, uns das Evangelium anzuvertrauen, darum reden wir nicht, als wollten wir den Menschen gefallen, sondern Gott, der unsere Herzen prüft.“ 1. Thess. 2,4

Impuls für die Stille:
Wem versuche ich zu gefallen?

9.Oktober
Die falsche Sorge

Nachdem der alte Ephraim seinen 80. Geburtstag gefeiert hatte, begann er zu spüren, dass er wohl nicht mehr lange zu leben habe. Immer öfter dachte er über die zurückliegenden Jahre und Jahrzehnte nach, immer tiefer vergrub er sich in seinen Erinnerungen. Und meist machten ihn solche Reisen in die Vergangenheit traurig. Eines Tages beschloss er den Dorfrabbi aufzusuchen und ihm von seinen Anfechtungen zu erzählen. „Ach Rabbi“, begann er, „schon bald werde ich diese Welt verlassen und ich kann nicht mehr viel ändern.“

„Das ist wohl wahr“, bestätigte der Geistliche, „aber sag, was ist daran für dich so schlimm?“ Ephraim begann zu weinen. „Ich habe so wenig erreicht. Wenn ich zu den Vätern versammelt werde, werden sie mich sicherlich fragen, warum ich kein Gelehrter oder ein reicher Mann geworden bin oder warum ich nicht wenigstens eine Familie gegründet habe? Was soll ich ihnen dann antworten? Rabbi, was soll ich nur sagen?“ – Darauf der Rabbi: „Mache dir keine Sorgen, die Frage, die man dir dort stellen wird ist eine andere. Sie lautet: Ephraim, warum wolltest du nicht einfach nur Ephraim sein?“

„Durch Gottes Gnade bin ich, was ich bin.“ 1. Korinther 15,10

Impuls für die Stille:
Bin ich versöhnt mit meiner Lebensgeschichte?

10. Oktober
Die rettende Tat

„Heute Abend um sechs Uhr, wenn die Glocke vom Dom ertönt, soll das Haupt des Verurteilten fallen." Feierlich verkündet ein Herold den Richterspruch, den der englische Lord-Protektor Oliver Cromwell verfügt hat. Je näher der Zeitpunkt rückt, desto mehr Schaulustige finden sich auf dem Domplatz ein, um Zeugen der Hinrichtung zu werden. Schließlich kann es sich nur noch um Minuten handeln. Das Murmeln der Menge verebbt. Gespannt wartet man auf das Glockenzeichen. Doch das vereinbarte Signal bleibt aus. Einige der diensthabenden Soldaten werden zum Glöckner geschickt. Der zieht wie immer kräftig am Seil und zuckt ratlos mit den Schultern. Es ergeht das Kommando, weiter nach oben in den Turm zu steigen. Als die Abordnung das Glockengerüst erreicht, bietet sich ihr ein grausiger Anblick. Eine Frau hat sich an den Klöppel der größten Glocke gehängt, um dessen Schwingungen abzudämpfen. Immer und immer wieder wird sie mit der massiven Eisenstange hin- und hergeschlagen. Sofort befiehlt man, die Glocke anzuhalten, um die ohnmächtige Frau schwer verletzt zu bergen. Es stellt sich heraus, dass es sich um die Ehefrau des Verurteilten handelt. Ob sie die Vollstreckung der Hinrichtung so verhindern wollte oder schlicht gemeinsam mit ihrem Ehemann in den Tod gehen wollte, bleibt zunächst unklar. Oliver Cromwell jedenfalls berührt diese Liebestat so sehr, dass er seinen Urteilsspruch im Sinne einer Begnadigung auslegt. Da kein Glockenschlag zu hören gewesen war, muss auch kein Haupt fallen. Enttäuscht gehen an jenem Abend allenfalls die blutlüsternen Gaffer nach Hause.

Gottes richtendes Urteil über uns Menschen besteht zu Recht. Wenn der Tod dennoch eines Tages ebenso leer ausgehen wird wie die Schaulustigen bei diesem denkwürdigen Ereignis, so hat dies seinen Grund:

„Christus aber hat uns erlöst vom Fluch des Gesetzes, da er zum Fluch wurde für uns; denn es steht geschrieben: ‚Verflucht ist jeder, der am Holz hängt.'" Galater 3,13

Impuls für die Stille:

Ich lasse die Geschichte auf mich wirken.

11. Oktober

Die große Falle

Einst lebte ein Schwarm von Wachteln in einem großen, dichten Wald. Es gab dort keinerlei natürliche Feinde außer einem alten Vogelfänger, der von Zeit zu Zeit sein Revier durchstreifte. Dieser Vogelfänger hatte die Gabe, das Rufen der Wachteln zu imitieren. Sein Lockruf zog die Wachteln an, und immer wenn einige von ihnen sich versammelt hatten, fing er sie mit seinem großen Netz ein und verkaufte die Vögel dann auf dem Markt. Eines Tages aber kam einer klugen Wachtel ein Gedanke. Sie sagte: „Es ist ganz einfach. Wenn der Fänger demnächst sein Netz über uns ausbreitet, dann stecken wir einfach unsere Köpfe durch das Netz und schlagen auf ein Kommando gleichzeitig mit den Flügeln. Zusammen können wir es anheben und damit fortfliegen. Und genau so geschah es. Einige Wochen lang fing der Vogelfänger keine einzige Wachtel, so dass er bereits ernsthaft überlegte, sich nach einem anderen Broterwerb umzusehen. Doch dann kam es zu Unstimmigkeiten unter den Wachteln. „Du Drückeberger", fauchte eine die andere an, „du hast dich beim letzten Mal an der Last des Tragens überhaupt nicht beteiligt. Alles hast du mir und den anderen überlassen." Die andere Wachtel wollte diesen Vorwurf nicht auf sich sitzen lassen, und so dauerte es nicht lange, bis der ganze Schwarm sich in heller Aufregung befand. Da sah der Vogelfänger seine Chance. Erneut imitierte er den Schrei der Wachteln, und weil diesmal keiner der Vögel bereit war, die Initiative zu ergreifen, gingen sie ihm alle ins Netz. Der Preis der Zwietracht ist hoch. Sie kann all das zerstören, was durch Verständigung möglich wäre. Wer die Einheit riskiert, der kalkuliere vorher die Kosten.

„Woher kommen die Kriege bei euch, woher die Streitigkeiten? Doch nur vom Kampf der Leidenschaften in eurem Innern.“ Jakobus 4,1

Impuls für die Stille:

Lohnt der Streit? In der Familie, im Bekanntenkreis, in der Gemeinde?

12. Oktober

Ehre, wem Ehre gebührt

Am Stadtrand meiner Heimatstadt Solingen gibt es unweit einer reizenden Hofschaft ein beliebtes Ausflugsziel, den so genannten Rüdenstein. Mit diesem Denkmal verbindet sich folgende Geschichte: Als im Jahre 1424 der junge Herzog Robert von Schloss Burg mit einer Jagdgesellschaft unterwegs war, scheute plötzlich dessen Pferd und warf seinen Reiter ab. Schwer verletzt blieb Robert unterhalb eines steilen Abhangs im Tal der Wupper liegen. Da die übrige Gesellschaft sich zu diesem Zeitpunkt bereits auf dem Rückweg befand, hatte niemand seinen Sturz bemerkt. Der Hund des jungen Adeligen aber fand seinen Herrn, jagte zurück zur Stammburg, alarmierte laut bellend deren Besatzung und rettete damit Herzog Robert das Leben. Aus Dankbarkeit ließ der Herzog nach seiner Genesung die Züge seines treuen Rüden in Stein meißeln und stiftete damit das noch heute weithin sichtbare Denkmal. Als ich einmal bei einem Sonntagsspaziergang meiner seinerzeit knapp 4-jährigen Tochter diese Episode erzählte, schien sie nicht sehr beeindruckt. Eher geringschätzig betrachtete sie den steinernen Hund von allen Seiten und meinte dann: „Papi, und wo ist da Jesus?“ Erstaunt gab ich zurück: „Wieso Jesus?“ Darauf die Tochter: „Jesus hat doch dem Hund den Weg zu dem Mann gezeigt. Wo ist Jesus?“ Es dauerte noch ein paar Sekunden, bis es mir endlich dämmerte. Unsere Hannah-Sophia war davon überzeugt, dass die Ehrung in erster Linie Jesus und nicht dem Rüden gebühre. Darum vermisste sie ihn auf dem Denkmal. Verschämt konnte ich ihr nur beipflichten: „Du hast Recht, Jesus fehlt, an den hat der Herzog nicht gedacht.“ Schon erstaunlich, woran unsere Kinder uns oft erinnern müssen. Und ebenso erstaunlich, was wir Erwachsenen oft vergessen.

„Und Jakob sprach: Lasst uns aufbrechen und nach Bethel ziehen, dass ich dort einen Altar errichte, dem Gott, der mich erhört hat zur Zeit meiner Trübsal und mit mir gewesen ist auf dem Wege, den ich gezogen bin.“ 1. Mose 35,3

Impuls für die Stille:
Gibt es Altäre der Dankbarkeit in meinem Herzen?

13. Oktober

Herbstgedicht

Die Blätter fallen, fallen wie von weit,
als welkten in den Himmeln ferne Gärten;
sie fallen mit verneinender Gebärde.
Wir alle fallen. Diese Hand da fällt.
Und sieh dir andre an: es ist in allen.
Und doch ist Einer, welcher dieses Fallen
unendlich sanft in seinen Händen hält.
Rainer Maria Rilke

Der Herbst erinnert uns in seinem Wesen an die Vergänglichkeit des Lebens, an das Werden und Vergehen aller Dinge. Er macht uns deutlich, welche Spuren die Zeit in uns hinterlässt. Der Blüte und der Reife folgt das Welken und das Fallen. Es bestünde viel Anlass zur Trauer und zur Melancholie, wäre da nicht der Eine, der ‚wie

Rainer Maria Rilke es so schön ausdrückt, „dieses Fallen unendlich sanft in seinen Händen hält“. Allein jener Eine ist unsere Zuflucht im Wandel der Zeiten. Eine Zuflucht, in der ich mich bergen kann, wenn meine Kräfte schwinden, meine Gesundheit anfälliger wird, wenn ich von Menschen Abschied nehmen muss. Du, Herr, umfängst mein Fallen. Wie gut, dass es dich gibt.

„Herr, du bist unsere Zuflucht für und für. Ehe denn die Berge wurden und die Erde und die Welt geschaffen wurden, bist du, Gott, von Ewigkeit zu Ewigkeit.“ Psalm 90,1–2

Impuls für die Stille:
Ich denke an liebe Menschen, die im Frieden Gottes heimgegangen sind.

14. Oktober

Besser spät als nie

Im Mittelpunkt einer Erzählung von Werner Bergengruen steht die Geschichte des mailändischen Feldherrn Trivulzio. Viele Jahrzehnte lang hatte er Frankreich gedient. Als jedoch ein neuer König den Thron besteigt, legt man auf seinen Dienst keinen Wert mehr. Der alte Feldherr wird entlassen, er gerät in finanzielle Not. Bitter enttäuscht zieht sich Trivulzio zurück und klagt seinem Diener Matteo sein Leid. „Durch Jahrzehnte habe ich der Krone Frankreichs gedient und nichts gewonnen“, so räsoniert er. „Aber es geschieht mir recht. Hätte ich nur ein einziges Jahr Gott gedient, ich würde mehr erlangt haben.“

„Ich habe reden hören, vor Gott seien tausend Jahre wie *ein* Tag und *ein* Tag wie tausend Jahre“, antwortet darauf Matteo.

Der Feldherr versteht. Er zieht sich zurück, um Abschied von all dem zu nehmen, was sein bisheriges Leben ausgemacht hatte. Sichtlich erleichtert trifft er am nächsten Tag auf seinen Diener. „Matteo“, sagt er, „welch ein Glück, dass ich Frankreich nur ein paar Stunden gedient habe, Gott aber tausend Jahre.“

Die Vergangenheit mit all ihren Fehlentscheidungen oder verpassten Gelegenheiten zu betrauern, mag für eine kurze Zeit wichtig sein. Viel wichtiger aber ist es, den Blick nach vorn zu richten. Solange wir leben, besteht die Chance zur Kurskorrektur. Sie zu nutzen, ist unsere Aufgabe. Dies gilt sowohl im Blick auf unseren Glauben als auch im Blick auf die ganz praktischen Herausforderungen des Lebens. „Metanoia", auf deutsch „Sinnesänderung" oder „Umkehr" nennt es das Neue Testament. Es ist eines seiner Zentralworte.

„Die Zeit ist erfüllt, das Reich Gottes ist nahe. Kehrt um und glaubt an das Evangelium." Markus 1,15

Impuls für die Stille:

Gibt es in meinem Leben wesentliche Kurskorrekturen? Wie lange liegen sie zurück?

15. Oktober

Der Ärger des Anständigen

Glaubt man dem mit acht Oscars ausgezeichneten Kinofilm „Amadeus", so muss das Leben des Wiener Hofkomponisten Antonio Salieri von einem tiefen Trauma überschattet gewesen sein. Er hörte die Musik des jungen Mozart und war verzweifelt. Denn während seine eigenen Kompositionen zwar durchaus ansprechend stets den Geist des Handwerklichen atmeten, begegnete ihm hier eine virtuose Heiterkeit, die sich über alles Gewohnte souverän hinwegsetzte. Dies allein jedoch hätte Salieri nicht kränken können. Was ihn wirklich in der Tiefe erschütterte, war die Verbindung von Genie und oberflächlicher Leichtlebigkeit, die er in Mozart zu sehen glaubte. Bis ins Gebet hinein verwirrte ihn die Frage: „Wie kannst Du, der heilige Gott, Dich von einem solchen Flegel verherrlichen lassen. Warum hast Du Deine schöpferische Kraft in ein derart unsauberes Gefäß gelegt? Warum ist die Pracht dieser Musik nicht mir anvertraut, der ich versuche, mich Deiner als würdig zu erweisen?"

Das, was Antonio Salieri bewegt, ist nicht nur Ausdruck von Neid und Missgunst. Seine Fragen spiegeln die Irritation darüber wider, dass Gottes Handeln sich eines Instrumentes bedient, das seiner Erhabenheit nicht zu entsprechen scheint. Wir würden im Dunstkreis des Göttlichen gerne nur das Heilige, Vorbildhafte und Intakte wirksam sehen, er aber gebraucht sogar das Zweifelhafte und Anstößige.

„Ja, lieber Mensch, wer bist du denn, dass du mit Gott rechten willst? Spricht auch ein Werk zu seinem Meister: Warum machst du mich so? Hat nicht ein Töpfer Macht über den Ton, aus demselben Klumpen ein Gefäß zu ehrenvollem und ein anderes zu nicht ehrenvollem Gebrauch zu machen?" Römer 9,20f

Impuls für die Stille:
Finde ich mich im „Ärger des Anständigen" ansatzweise wieder?

16. Oktober

Reue statt Rebellion

Gegen Ende des 19. Jahrhunderts wurde in einem amerikanischen Gefängnis der zu langjähriger Haft verurteilte A. Schiller tot in seiner Zelle aufgefunden. Bei ihm fand man unter anderem sieben kleine Nägel, denen man zunächst keine weitere Bedeutung zumaß. Bei näherer Untersuchung ergab sich jedoch, dass auf jedem der Nagelköpfe in winziger Schrift das Vaterunser eingraviert war. Nur mit einer Lupe ließen sich die Worte entziffern. Jeder Einzelne der 254 Buchstaben des Gebetes war mit filigraner Genauigkeit gestaltet. Der wegen Betrug und Herstellung von Falschgeld einsitzende Schiller hatte sein handwerkliches Geschick schließlich doch noch benutzt, um in all seinem Elend etwas unendlich Würdevolles und Schönes zu gestalten. Das Makelloseste der sieben Kleinstkunstwerke wurde zum ersten Mal 1893 bei der Weltausstellung in Chicago der Öffentlichkeit vorgestellt. Nachdem es kurz danach gestohlen wurde und mehr als 40 Jahre als unauffindbar galt, entdeckte es der Miniaturensammler Jules Charbneau Ende der dreißiger Jahre zufällig in einem Antiquitätengeschäft in San Francisco. Heute kann man das geistliche Vermächtnis des reuigen Falschmünzers in einem privaten Museum in St. Augustine, Florida bestaunen.

Was mag den kalligraphisch begabten Häftling dazu bewogen haben, sich derart hingebungsvoll dem Gebet Jesu zu widmen? Die Langeweile vielleicht – oder die Aussicht, so der Monotonie seines Gefängnisdaseins entfliehen zu können? Bemerkenswert ist auf jeden Fall, dass dieser Mensch sein Schicksal angenommen hat. Sein Leiden und seine Einsamkeit haben ihn nicht in die Verbitterung geführt, sondern in ihm die Sehnsucht geweckt, Gott mit dem zu verherrlichen, was ihm geblieben ist. Sein Beispiel zeigt, dass Gottesdienst selbst in der größten Aussichtslosigkeit möglich ist. Ein paar Nägel und ein betendes Herz reichen.

Gott spricht: „Ich wohne bei denen, die zerschlagenen und demütigen Geistes sind, auf dass ich erquicke den Geist der Gedemütigten und das Herz der Zerschlagenen." Jesaja 60,15

Impuls für die Stille:
Zeiten, die mir leer und sinnlos vorkommen: Wie begegne ich ihnen?

17. Oktober

Der missglückte Triumphzug

Im Jahre 614 eroberte der persische Herrscher Chosroes II. Jerusalem. Bei der Plünderung der Stadt stieß er auch auf ein Kreuz, dass als Kreuz Christi verehrt wurde und nahm es als Siegestrophäe mit. Vierzehn Jahre später gelang es dem byzantinischen Kaiser Heraklius, dieses Kreuz zurückzugewinnen. Mit großem Pomp und Prunk zog er in einem Triumphzug gen Jerusalem. Die Legende erzählt, dass der siegreiche Herrscher dabei kurz vor seinem Ziel auf unerwartete Schwierigkeiten gestoßen sei. Als er das Kreuz in die

Heilige Stadt bringen wollte, schlossen sich plötzlich auf geheimnisvolle Weise dessen Tore und sein Pferd versagte ihm den Dienst. Sooft er das Tier auch antrieb, es vermochte keinen Schritt mehr vor den anderen zu tun. Schließlich bekam der Kaiser den Hinweis, er solle seine Prachtgewänder und alle Insignien seiner irdischen Macht ablegen und als schlichter Pilger in Jerusalem einziehen. Heraklius folgte dem Rat und siehe da – als er das Kreuz selbst schulternd barfuß auf das Tor zuschritt, öffnete es sich und er konnte die Heilige Stadt betreten.

Eine schöne Legende, denn sie hält etwas Entscheidendes fest. Man kann nicht „hoch zu Ross“ Christ sein. Und das Kreuz Christi wehrt sich dagegen, als Zeichen der eigenen Größe und Überlegenheit zur Schau gestellt zu werden. Dies sei all jenen politisch Verantwortlichen ins Gedächtnis geschrieben, die unter dem Vorwand des christlichen Glaubens Machtpolitik betreiben und es damit missbrauchen. Sie werden auf Widerstand stoßen. Nur wer bereit ist, in aller Schlichtheit dem Herrn nachzugehen, der freiwillig auf jede Herrlichkeit und Größe verzichtete, darf mit Gottes Hilfe rechnen. Solchen Menschen allerdings öffnet das Kreuz Türen. Und dabei geht es oft geheimnisvoll, unerwartet und in jeder Weise segensreich zu.

„Will mir jemand nachfolgen, der verleugne sich selbst und nehme sein Kreuz auf sich und folge mir.“ Matthäus 16,24

Impuls für die Stille:

Wo gibt es die Gefahr eines „triumphalen“ Missverständnisses von Christsein heute noch?

18. Oktober

Ein Traum und seine Folgen

Im alten Preußen existierte ein Landesgesetz, nach dem nur Lutheraner und Calvinisten Grundbesitz erwerben konnten. Friedrich der Große zögerte nach seinem Amtsantritt nicht lange mit der

Aufhebung dieser, seine katholischen Untertanen verletzenden Bestimmung. Als Begründung hierfür erwähnte er auch einen Traum, den er gehabt hatte: Ich war selig verschieden und pochte an das Himmelstor. Jemand rief: „Wer da?", und ich antwortete: „Ein lutherischer Christ!" – „Kennen wir hier nicht!", tönte es zurück. Darauf kam ein anderer. „Wer da?", hieß es erneut. „Ein katholischer Christ!", erwiderte der Fremde. „Kennen wir hier nicht!", und das Tor blieb verschlossen. So erging es nacheinander auch einem Calvinisten, einem Mennoniten und einem Quäker. Schließlich saßen wir alle beisammen, traurig und doch friedlich gestimmt, weil wir die gleiche Antwort vernommen hatten. Um unserer Verzagtheit Einhalt zu gewähren, beschlossen wir, den alten trefflichen Choral anzustimmen: „Wir glauben all an einen Gott …" Doch kaum hatten wir den ersten Vers gesungen, da tat sich die Himmelspforte auf, und wir durften eintreten.

„Der Gott aber der Geduld und des Trostes gebe euch, dass ihr einträchtig gesinnt seid untereinander, Christus Jesus gemäß, damit ihr einmütig mit einem Munde Gott lobt, den Vater unseres Herrn Jesus Christus." Römer 15,5f

Impuls für die Stille:

Wie gehe ich mit meinen Abgrenzungsbedürfnissen gegenüber anderen Christen um?

19. Oktober

Ein großes Glücksgefühl

Etwas ratlos steht er da mit seinem Reiseführer in der Hand. Suchend schaut er umher. „Entschuldigung, können Sie mir vielleicht sagen, wie ich das Lottehaus finde?" Natürlich kann ich das. Schließlich lebe und arbeite ich seit vielen Jahren in Wetzlar. Entsprechend kenne ich das Gassengewirr der pittoresken Altstadt wie meine Westentasche. „Sie gehen einfach dort drüben zwischen der Hauptwache und dem katholischen Pfarrhaus durch die Pfaffengasse und nach etwa fünfzig Metern stoßen Sie automatisch auf das Stadtmuseum mit dem Lottehaus.“ Die Gesichtszüge des Suchenden hellen sich sichtlich auf. „Oh, vielen, vielen Dank!“, sagt der ortsunkundige Zeitgenosse noch, bevor er dann fröhlich und sicheren Schrittes auf sein Ziel zusteuert. Ihm nachblickend, erfüllt mich ein Glücksgefühl. Es tut gut, einem anderen helfen, ihm den Weg weisen zu können. Selbst dann, wenn es lediglich um den Wohnort jener Charlotte Buff geht, in die sich der junge Goethe einst so unglücklich verliebte. Um wie viel größer ist da erst das Glücksgefühl, das sich einstellt, wenn wir einem Menschen den Weg zu Christus als der Quelle des Lebens zeigen dürfen. Es gehört zu den herrlichsten, genialsten, schönsten, unvergesslichsten und atemberaubendsten Erfahrungen überhaupt. Wer es einmal erlebt hat, wird nie wieder darauf verzichten wollen. Skeptisch? Einfach ausprobieren. Es lohnt sich. Garantiert. Sie werden sich allenfalls darüber ärgern, dass Sie nicht früher damit begonnen haben.

„Andreas findet zuerst seinen Bruder Simon und spricht zu ihm: Wir haben den Messias gefunden, das heißt übersetzt: der Gesalbte. Und er führte ihn zu Jesus.“ Johannes 1,41

Impuls für die Stille:
Was hemmt mich, zu einem lebendigen Wegweiser zu werden?

20. Oktober

Eine Frage des ersten Gebotes

Über nichts spricht Jesus in Gleichnissen und Beispielgeschichten so viel, wie über das liebe Geld. Immer und immer wieder schärft er den Jüngern ein, welche Gefährdung von der Bindung an irdische Güter für das Leben in seiner Nachfolge ausgeht. Gleichzeitig kann sich ein Pfarrer des Unmuts seiner Gemeinde nirgends so sicher sein, wenn er eben dieses Thema anschneidet. Nervös beginnt der Gottesdienstbesucher auf seinem Platz hin und herzurutschen. Je wohlhabender, desto intensiver, wobei der Ausschlag in

Deutschland übrigens wesentlich heftiger ausfällt als beispielsweise in den Vereinigten Staaten. Nun ist aus der Seelsorge bekannt, dass die Abwehrmechanismen eines Menschen wichtige Rückschlüsse auf die verborgene Brisanz des Angesprochenen zulassen. Was abgewiegelt oder besonders entschieden verneint wird, stellt sich häufig als das eigentliche Kernproblem heraus. Was hat es nur mit dem „lieben Geld“ auf sich, dass es offenbar selbst den treuesten Christenmenschen in Wallung bringt, wenn die Rede darauf kommt? Martin Luther hat sich im Großen Katechismus Gedanken dazu gemacht. Und er verhandelt das Thema nicht etwa am Schluss, bei der Erklärung des neunten und zehnten Gebotes, sondern ganz am Anfang. So heißt es in seinen Ausführungen zum ersten Gebot: „Geld und Gut, das ist der allgemeinste Abgott auf Erden. Wer Geld und Gut hat, der weiß sich in Sicherheit, ist fröhlich und unerschrocken, als sitze er mitten im Paradies. Und umgekehrt, wer keins hat, der zweifelt und verzagt, als wisse er von keinem Gott. Denn man wird ja ganz wenig Leute finden, die guten Muts sind und weder trauern noch klagen, wenn sie den Mammon nicht haben. Das Streben nach Sicherheit, das klebt und hängt der menschlichen Natur an bis in die Grube.“

Es ist demnach vor allem eine Frage der Sicherheit. Wovon verspreche ich mir konkret Geborgenheit, Trost und Hoffnung? Meine Antwort verrät meinen Gott – und zwar den tatsächlichen.

„Der Jüngling aber wurde unmutig über das Wort Jesu und ging traurig davon; denn er hatte viele Güter.“ Markus 10,22

Impuls für die Stille:

Ich lasse Luthers Kernüberzeugung: „Woran Du Dein Herz hängst, da ist Dein Gott“ auf mich wirken.

21. Oktober

Eremitenweisheit

Ein Mönch besuchte einst einen alten Eremiten, der seit Jahren allein in seiner Hütte wohnte. „Ach Vater“, seufzte der Mönch, „warum ist es nur so, dass viele meiner Brüder nach einigen Jahren des Klosterlebens so nachlässig werden, dass bei ihnen kaum noch etwas vom Feuer des Glaubens zu spüren ist? Dabei haben sie doch alle voller Leidenschaft angefangen.“

„Hast du schon einmal die Hunde bei der Hasenjagd beobachtet?“, antwortete der Eremit. „Dort ist es ganz ähnlich. Nur der Hund, der den Hasen tatsächlich aufgespürt hat, jagt ihm hartnäckig nach und ohne sich beirren zu lassen. Die anderen Hunde laufen zwar auch, aber nur um es dem Einen gleichzutun. Werden sie müde, so kehren sie um. Allein der Hund, der sein Ziel vor Augen hat, wird es weiterverfolgen und weder Gestrüpp noch Dornen und Verwundungen fürchten. Darum, mein Sohn, mache deinen Brüdern keine Vorwürfe. Vermutlich haben sie nie das gesehen, was du gesehen hast. Achte vielmehr darauf, dass du selbst dein Ziel niemals aus den Augen verlierst.“

Eremitenweisheit für verzagte Christenmenschen. Natürlich kann es wehtun, mit ansehen zu müssen, wie links und rechts Menschen fortbleiben, die vielleicht eine Weile am Gottesdienst und am Leben der Gemeinde teilgenommen haben. Und zuweilen stellen sich sogar Schuldgefühle ein: „Hätte ich mich mehr um sie kümmern müssen?“ Das mag sein, es mag aber auch nicht sein. Letztlich lässt sich niemand halten, der nur mitläuft und nicht selbst sieht, worum es geht. Allerdings ist es einen Versuch wert, anderen bei ihrer Suche nach Gewissheit wegweisend behilflich zu sein. Denn oft sind die Hindernisse sehr vordergründig und leicht aus dem Weg zu räumen, die den Menschen den direkten Zugang zum Glauben, also den Blick auf Gott, versperren.

„Es wandten sich viele seiner Jünger von Jesus ab und gingen hinfort nicht mehr mit ihm. Da fragte Jesus die Zwölf: ‚Wollt ihr auch weggehen?‘ Da antwortete ihm Simon Petrus: ‚Herr, wohin

sollen wir gehen? Du hast Worte des ewigen Lebens; und wir haben geglaubt und erkannt: Du bist der Heilige Gottes.'" Johannes 6,66–69

Impuls für die Stille:
Habe ich ein klares Ziel vor Augen? Bin ich Mitläufer?

22. Oktober

Frühzeitig ergraut

Washington Post, Ausgabe vom 22. Oktober 1998. Auf einer ganzseitigen Annonce wirbt eine Vertriebsgruppe der Firma Mercedes-Benz für ihre Jahreswagen. Zu sehen ist eigentlich nur der Hinterkopf eines ca. 35-jährigen Mannes. Der weitaus größte Teil des gepflegten Hinterkopfes ist grau meliert. Einzelne Partien sind durch einen Pfeil gekennzeichnet. Am Seitenrand wird die sachliche Begründung für die jeweiligen grauen Strähnchen gegeben. Etwa: mehrere Tausend Dollar für die psychotherapeutische Behandlung des depressiven Dalmatiners der Exfrau verschwendet. Oder: Achtzig Dollar pro Stunde für Golfkurs ausgegeben; Segelboot während des Urlaubs aufgrund des Hurricanes „Bubba" in der Karibik versenkt; Vorgesetzten ungeschickterweise im Tennis geschlagen; Microsoft-Aktien sechs Jahre zu früh verkauft. Inmitten all dieser zur Ergrauung führenden kleinen Katastrophen und Fehlinvestition sticht dann aber eine Kopfpartie heraus, auf der die ursprüngliche, schwarze Haarfarbe vollständig erhalten geblieben ist. Und auch hier wird natürlich die Begründung geliefert: „Er fährt einen Jahreswagen von Mercedes-Benz."

Die Botschaft der Werbeanzeige ist klar. Wer einen fahrbaren Untersatz der besagten Unternehmensgruppe sein Eigen nennt, braucht sich wenigstens in diesem Lebensbereich keine Sorgen zu machen.

Eine originelle Anzeige. Allerdings wirkt der abgebildete Hinterkopf trotz seiner „sorgenfreien" Zone ein wenig wie Flickwerk.

Die Grenzen eines funktionierenden Kraftfahrzeugs bestehen eben darin, dass es auf das Lebensgefühl insgesamt dann doch nicht entscheidend abzufärben vermag. Wie wäre es von daher mit einem „Produkt", dass mich dazu befähigt, den Stolpersteinen des Alltags mit Gelassenheit zu begegnen? Eben dies verheißt der Glaube an Christus. Er ordnet unser Leben. Er richtet es auf ein Zentrum aus, sodass wir Dinge, die uns beschäftigen, in ihrer tatsächlichen Bedeutung erkennen. Nicht alles, worüber wir uns den Kopf zerbrechen, ist es wirklich auch wert, dass uns darüber „graue Haare wachsen". Manches gewinnt seine Bedeutung erst dadurch, dass wir ihm diese Bedeutung zusprechen. Die Bibel ist an dieser Stelle ein entscheidendes Korrektiv.

Allen frühzeitig Ergrauten sei übrigens zum Trost gesagt: graue Haare sind nicht unbedingt ein Zeichen von Stress, sie können auch Ausdruck von Weisheit sein – und dann sind sie schön!

„Ich will euch tragen, bis ihr grau werdet. Ich will euch halten, tragen und erretten." Jesaja 46,4

Impuls für die Stille:
Ich denke darüber nach, ob manche meiner Sorgen sich nicht bei näherer Betrachtung als überflüssig erweisen.

23. Oktober

Gottes Tattoo

Sie sind wieder in Mode gekommen: Tätowierungen und Tattoos, mit denen man sich in die Haut ritzen lassen kann, was einem wichtig oder schön erscheint. Allerdings sollte man sich das Ganze genau überlegen, denn die Entfernung solch einer künstlerischen Bearbeitung der Haut ist aufwendig und schmerzhaft. In früheren Zeiten war sie sogar völlig unmöglich. Sie begleiteten einen Menschen sein Leben lang. Was kaum jemand weiß: Tätowierungen haben eine uralte Tradition. Sie gehen zurück auf einen Brauch im Alten Orient. In manchen Religionen im Umfeld Israels war es nämlich üblich, dass sich die Verehrer einer bestimmten Gottheit dessen Logo in die Haut brennen ließen. Dieses „Brandzeichen“ sagte: „Mein Gott, so unauslöschlich wie dein Bild in meiner Haut eingezeichnet ist, so unauslöschlich binde ich mein Leben an dich – auf Gedeih und Verderb.“ Der Glaube eines Menschen war also schon äußerlich sichtbar. Erstaunlich ist nun, dass die Bibel an einer Stelle davon spricht, dass sich der allmächtige und heilige Gott höchstpersönlich ein Tattoo zugelegt habe. Sollte Gott etwa Gefallen an modischem Schnickschnack gefunden haben? Weit gefehlt. Im Zusammenhang der Stelle geht es vielmehr darum, dass das Volk Israel in der babylonischen Gefangenschaft ernsthaft an Gottes Treue zweifelt. Es zweifelt daran, dass Gott zu seinen Zusagen steht und Jerusalem zu neuer Größe verhelfen wird. Durch dieses Misstrauen fühlt Gott sich herausgefordert. Er sieht sich in seiner Liebe zu den Menschen gekränkt. Darum gibt er ein Zeichen seiner Bundestreue. Er legt sich eine Tätowierung zu, die seiner Hingabe Ausdruck verleiht. Er lässt durch den Propheten Jesaja verkünden:

„Siehe in meine Hände habe ich dich eingezeichnet, deine Mauern habe ich immer vor Augen.“ Jesaja 49,16

Impuls für die Stille:

Ich danke Gott für die Zusage seiner Treue.

24. Oktober

Zufriedenheit

Ich danke Gott mit Saitenspiel, dass ich kein König worden;
Ich wär’ geschmeichelt worden viel und wär vielleicht
verdorben.
Auch bet’ ich ihn von Herzen an, dass ich auf dieser Erde
Nicht bin ein großer reicher Mann und wohl auch keiner werde.
Denn Ehr’ und Reichtum treibt und bläht, hat mancherlei
Gefahren,

Und vielen hat's das Herz verdreht, die weiland wacker waren.
Und all das Geld und all das Gut gewährt zwar viele Sachen:
Gesundheit, Schlaf und guten Mut kann's aber doch nicht machen.
Und die sind doch, bei Ja und Nein ein rechter Lohn und Segen!
Drum will ich mich nicht groß kastei'n des vielen Geldes wegen.
Gott gebe mir nur jeden Tag so viel ich darf zum Leben.
Er gibt's dem Sperling auf dem Dach; wie sollt er's mir nicht geben!
Matthias Claudius

„Sagt Dank Gott, dem Vater, allezeit für alles, im Namen unseres Herrn Jesus Christus." Epheser 5,20

Impuls für die Stille:
Was kann ich von der Haltung eines Matthias Claudius lernen?

25. Oktober

Bruce allmächtig

„Mein Gott, ich verstehe Dich einfach nicht." Wem wäre ein solcher Stoßseufzer wohl noch nicht über die Lippen gegangen. In dem Kinofilm „Bruce allmächtig" ist genau dieser Stoßseufzer der Ausgangspunkt der Handlung. Bruce, verkörpert durch den amerikanischen Starkomiker Jim Carrey, versteht die Welt nicht mehr. Weder die Menschen um sich herum noch das Schicksal, das der Allmächtige ihm zukommen lässt. Eines Tages aber geschieht das Unerwartete. Bruce begegnet Gott in Gestalt eines einfachen Hausmeisters. Und dieser macht ihm ein unglaubliches Angebot. Er, der erfolglose Journalist, darf auf ein bestimmtes Terrain beschränkt Gottes Platz einnehmen und die Geschicke dieser Welt lenken. Dies bereitet Bruce zunächst sehr viel Freude. So nutzt er die ihm verliehene Allmacht etwa für derart entscheidende Aufgaben wie etwa die Dressur seines Hundes oder die Brustvergrößerung seiner

Frau. Bald jedoch stößt Bruce zu seiner Verwunderung auf Grenzen – und zwar in dem Moment, als er Einfluss auf den Willen seiner Frau nehmen möchte. Kein Trick, kein Kunstgriff, noch nicht einmal die Allmacht Gottes vermag sie dazu zu bewegen, ihm zu vergeben und ihrer Liebe einen neuen Anfang zu gewähren. Als Bruce sich deswegen bei Gott beschweren möchte und ihn herbei zitiert, begrüßt dieser ihn mit dem vielsagenden Satz: „Willkommen in meiner Welt."

Auch wenn der Gedanke daran zuweilen verlockend erscheint: Gottes Allmacht wirkt nicht unwiderstehlich wie eine Wunderdroge. Sie führt und leitet Menschen durch die Zeit, aber sie respektiert deren Freiheit, sich für seine Leitung zu öffnen oder zu verschließen. Von daher mag sich auch so manche Ungereimtheit unseres Lebensweges erklären. Nicht der Mangel an göttlicher Weisheit, sondern menschliche Verstocktheit ist das Kernproblem. Eine Verstocktheit, die zuweilen uns selbst betrifft, zuweilen aber auch die Menschen, von deren Haltung oder Entscheidungen wir abhängig sind. Der Film „Bruce allmächtig" bringt es daher richtig auf den Punkt: Gottes Hauptbeschäftigung ist die, all das wieder gerade zu biegen und zurecht zu bringen, was menschliche Willkür und Sturheit vermurkst. Das vermag alleine er.

„Jerusalem, Jerusalem, die du tötest die Propheten und steinigst, die zu dir gesandt werden, wie oft habe ich deine Kinder versammeln wollen wie eine Henne ihre Küken unter ihre Flügel, und ihr habt nicht gewollt." Lukas 13,34

Impuls für die Stille:

Niederlagen, schmerzhafte Erfahrungen, Enttäuschungen – von Gott so geführt oder durch Eigensinn vergaloppiert?

26. Oktober

Erschaffung Adams auf nordirisch

Nordiren sind besondere Menschen. Diesen Eindruck hatte ich zumindest, als ich während des Studiums in Edinburgh Nikki kennen lernte, Architekturstudentin, katholisch, Tochter eines Landschaftsgärtners in Londonderry. Nie werde ich die spätabendlichen Spaziergänge durch die Salisbury Hills vergessen, in denen wir über Liebe und Hass, Gott und die Welt, Katholiken und Protestanten diskutierten. Ob sie sich an mich noch erinnert, weiß ich nicht. Ich aber werde oft an sie erinnert, denn sie hat mir zum Abschied ein Bild geschenkt. Es hängt bis heute in unserem Andachtsraum. Zu sehen sind auf dieser Bleistiftzeichnung zwei ausgestreckte Arme und zwar in klarer Anlehnung an das berühmte Gemälde Michelangelos von der Erschaffung Adams. Allerdings mit markanten Unterschieden: Der ausgestreckte Arm Adams mündet in diesem Fall in einer geballten Faust, einer Faust voller Trotz und Eigensinn. Doch auch die Hand Gottes hat eine Besonderheit. In ihrer Innenfläche malt sich, einem Schatten gleich, eine tiefe Verwundung ab. Diese Verwundung verweist in ihrer Form auf die Nägelmale Jesu. Würde man die beiden nur durch einen Hauch voneinander getrennten Gliedmaßen vollends zueinander führen, so würde die offene, verletzte Hand die geballte Faust sanft umschließen.

Die Botschaft dieser Zeichnung ist klar. Der Mensch mag Gott entgegenschleudern, was er will, Gott wird nicht damit aufhören, sein Geschöpf zu lieben, es zu umwerben und mit seiner Gnade zu umfangen. Seine Verletzungen verbürgen unsere Heilung. Sie sind auch die einzige Chance dafür, dass sich unsere verkrampften Finger dermaleinst lösen und aus geballten Fäusten endlich wieder Hände werden. Nordiren, die dies an sich erlebt haben, wissen, was es bedeutet.

„Gott hat durch Christus alles mit sich versöhnt, es sei auf Erden oder im Himmel, indem er Frieden machte durch sein Blut am Kreuz." Kolosser 1,20

Impuls für die Stille:
Wozu formen sich die Finger meiner Hand?

27. Oktober

Ein erstaunliches Werk

Zweifellos gehört Händels „Messias" zu den Meisterwerken der Musikgeschichte. Millionen von Menschen hat dieses Oratorium inspiriert und in Begeisterung versetzt – bis heute. Sein großes „Hallelujah" rührt zu Tränen, selbst dann noch, wenn es lediglich der melodramatischen Untermalung einer Filmsequenz dient. Ein erstaunliches Werk. Noch erstaunlicher ist das angesichts der dramatischen Umstände seiner Entstehung. Georg Friedrich Händel komponierte den Messias innerhalb von nur drei Wochen. Dabei machten ihm sowohl körperliche als auch finanzielle Sorgen das Leben schwer. Immer wieder beeinträchtigten akute Sehstörungen die Schaffenskraft des Komponisten. Darüber hinaus saßen ihm zahlreiche Gläubiger im Nacken, die ihren Forderungen mit der Androhung juristischer Konsequenzen Nachdruck verliehen. Stressige Ausgangsbedingungen für einen kreativen und hingebungsvollen Prozess. Dass es Händel dennoch gelang, sein Meisterstück zu vollenden, verdankte er eigenen Angaben zufolge nur einer einzigen Kraft: Freude. Er sei beim Komponieren derart mit Freude erfüllt worden, dass er manchmal den Eindruck gehabt habe, Herz und Sinn müssen daran zerbersten. Diese himmlische Freude habe ihm die Hand geleitet. Sie habe die besten der Notenfolgen und Motive aufs Papier gebracht.

Ein beredtes Beispiel, was Freude vermag. Wo sie fehlt, ist sie durch nichts zu ersetzen. Darum ist es gerade dann, wenn die äußeren Umstände eher Anlass zur Traurigkeit geben, wichtig, Gott um Freude zu bitten. Wir können uns nicht zu ihr entschließen, wir können uns aber mit ihr beschenken lassen.

„Seid nicht bekümmert; denn die Freude am Herrn ist Eure Stärke." Nehemia 8,10

Impuls für die Stille:
Wie steht es um mein Lebensgefühl?

28. Oktober

Frömmigkeitstest

Heilige sind Originale Gottes. Oftmals sehr scharfsinnige und schlagfertige Originale. Philippus Neri, geboren 1515 in Florenz war einer von ihnen. So erzählt man sich folgende Geschichte von ihm: Während seiner Tätigkeit am päpstlichen Stuhl sorgte eine Nonne in der Nähe von Rom für erheblichen Wirbel. Ihr wurden zahlreiche Wunder und Gnadenzeichen zugeschrieben, so dass man sie mancherorts fast schon wie eine Heilige verehrte. Der Papst beauftragt daraufhin Philippus Neri mit der Untersuchung dieser Vorkommnisse.

Auf seinem Weg zum Kloster gerät der Mönch in ein Unwetter. Sumpf und Morast erschweren seinen Weg. Endlich im Kloster angekommen, lässt Philippus sich die begnadete Klosterfrau vorführen. Er begrüßt sie freundlich und bittet sie dann, ihm beim Ausziehen seiner dreckverschmierten Stiefel behilflich zu sein. Als diese sich jedoch ziert und entrüstet deutlich macht, dass eine solche Tätigkeit mit ihrem Stand nicht vereinbar sei, verabschiedet sich Philippus Neri ohne jede weitere Unterhaltung. Dem Papst, überrascht über die so baldige Rückkehr seines Abgesandten, teilt der Mönch mit: „Es besteht kein Grund zur Beunruhigung. Bei besagter Nonne handelt es sich zweifelsfrei nicht um eine Heilige. Ihr fehlt dazu eine Haupteigenschaft – die Demut!“

Uns mögen die größten und höchsten geistlichen Erkenntnisse zuteil werden, der Ernstfall des Glaubens ist das Schlichte, das Nächstliegende. Was dem Alltäglichen nicht standhält, hat wenig Aussagekraft.

Christus spricht: „Ihr nennt mich Meister und Herr und sagt es mit Recht, denn ich bin's auch. Wenn nun ich, euer Herr und Meister euch die Füße gewaschen habe, so sollt auch ihr euch unterei-

nander die Füße waschen. Ein Beispiel habe ich euch gegeben, damit ihr tut, wie ich euch getan habe.“ Johannes 13,13–15

Impuls für die Stille:
Wie steht es um meine Hilfsbereitschaft?

29. Oktober

Gast oder Weggefährte?

Ich sagte:

Jesus, sei mein Gast. Ich würde gerne einmal mit dir sprechen.

Sei doch so freundlich und nimm meine Einladung an.

Du bist mir wirklich herzlich willkommen, komm herein, ich habe gerne Besuch.

Weißt Du, mich hat Deine Meinung schon immer interessiert – auch wenn ich meine Entscheidungen selber treffe.

Hoffentlich fühlst Du Dich wohl bei mir. Für längere Zeit ein Quartier bieten kann ich Dir allerdings nicht. Darauf bin ich leider nicht eingerichtet.

Und Jesus antwortete:

Herzlichen Dank für Deine Einladung.

Ich nehme sie gerne an, auch wenn Du sie leider begrenzt hast. Aber lass uns sehen, was daraus wird.

Vermutlich wirst Du traurig sein, wenn ich mich von Dir verabschiede.

Vermutlich wirst Du sagen: „Was, Du willst doch nicht etwa gehen? Ist es etwa schon so spät?“

Vermutlich wirst Du mich bitten: „Ach komm’, bleib wenigstens noch ein bisschen.“

Vermutlich wirst Du Deine Wohnung auf den Kopf stellen, um Raum für mich zu schaffen.

„Siehe ich stehe vor der Tür und klopfe an. Wenn jemand meine Stimme hören wird und die Tür auftun, zu dem werde ich hinein-

gehen und das Abendmahl mit ihm halten und er mit mir.“ Offenbarung 3,20

Impuls für die Stille:
Wer ist Er für mich – Gast oder Weggefährte?

30. Oktober

Das Gänseblümchenspiel

Verliebte Jugendliche spielen dieses uralte Knobelspiel gern. Sie wollen herausfinden, ob die eigenen Gefühle erwidert werden. Das Gänseblümchenspiel geht so: man pflückt eine dieser kleinen Blumen. Dann wird nach und nach jedes einzelne Blütenblatt ausgezupft. Dabei spricht das verliebte Mädchen abwechselnd: „Er liebt mich! Er liebt mich nicht! Er liebt mich! Er liebt mich nicht! ...“ Das letzte Blütenblatt verrät dann, wie es um die Zuneigung des anderen steht.

Sinn des Spieles ist es natürlich, bei positivem Ausgang Mut zu finden, auf den anderen einen Schritt zuzugehen, sich irgendwie als „Liebender“ zu outen.

Zuweilen aber stellt sich heraus, dass das Mädchen oder der Junge gar nicht bereit ist, die Konsequenzen aus dem zu ziehen, was sich aus dem Spiel ergeben hat. Da ist die Scheu größer als der Mut, die Unsicherheit stärker als das aufgekeimte Gefühl.

So wird ein zweites Gänseblümchen gepflückt. Und das Ritual beginnt von vorne: „Er liebt mich, er liebt mich nicht ...“ Zuweilen können sich Jugendliche stundenlang träumerisch mit diesem Spiel beschäftigen. Und am Ende stellt sich heraus: das Spiel hat keine Absicht mehr. Es ist zum Selbstzweck geworden.

Die Gebrüder Grimm würden sagen: „Und wenn sie nicht gestorben sind, dann zupfen sie noch heute.“

Manche Menschen entwickeln ein ähnliches Verhalten im Blick auf den Glauben. Da steht am Anfang der echte Vorbehalt: „Soll ich es wirklich wagen, mein Leben in die Hände eines Gottes zu legen, den ich weder sehen noch beweisen kann?“ Im Laufe der Zeit werden dem Zweifelnden Glaubenserfahrungen zuteil, die ihn eigentlich dazu führen müssten, sein Leben Christus anzuvertrauen. Aber inzwischen gefällt sich der Zweifler in seiner Unentschlossenheit. Er ist längst zu dem Schluss gekommen, dass es am besten sei, nichts an diesem Zustand zu ändern.

Zweifel, der zum Selbstzweck erstarrt, entpuppt sich bei näherem Hinsehen als Bequemlichkeit. Echter Zweifel dagegen sehnt sich nach seiner eigenen Überwindung, nach Gewissheit. Es ist wichtig, beides sorgfältig von einander zu unterscheiden. Den Zweifler nimmt Christus mit Sicherheit ernst, nicht aber den Bequemen.

„Abraham zweifelte nicht an der Verheißung Gottes durch Unglauben, sondern wurde stark im Glauben und gab Gott die Ehre.“ Römer 4,20

Impuls für die Stille:
Gibt es auch in meinem Leben als Christ das Kokettieren mit der eigenen Unentschlossenheit?

31. Oktober

Reformation: einst und jetzt

Der 31. Oktober 1517 gilt allgemein als Geburtsstunde der evangelischen Kirche. Der Anschlag der 95 Thesen an die Schlosskirche in Wittenberg setzte eine öffentliche Diskussion über den Kern des Glaubens in Gang, wie Martin Luther selbst es vermutlich kaum für möglich gehalten hätte. Was als Anstoß für eine Diskussion unter Gelehrten gedacht war, entwickelte sich zum Tagesgespräch. Auf den Märkten und an Stammtischen wurde über Gericht und Gnade, Schuld und Vergebung diskutiert. Sehr schnell war deutlich: Luther meint es ernst mit Gott. So ernst, dass er diejenigen als Seelenverführer brandmarkte, die das Evangelium seinem Verständnis nach zu einer billigen Ware entwerteten. Wie sehr haben sich die Zeiten seitdem verändert! – Wer heutzutage am Reformationstag Passanten danach befragt, was es heißt, evangelisch zu sein, dürfte vor allem auf folgende Auskünfte stoßen:

– Bei den Evangelischen darf der Pfarrer heiraten.
– Die evangelische Kirche ist nicht so streng, wie die katholische, die geht mehr mit der Zeit.
– Als Evangelischer muss ich nicht in die Kirchen rennen.
– Bei uns gibt es keine Beichte.
– Evangelisch? – Keine Ahnung!

Ob Martin Luther das wollte? Eine neue Form von Kirche als Sammelbecken für alle Laschen, die es mit dem Glauben nicht mehr ganz so ernst nehmen, aber den Absprung noch nicht ganz geschafft haben? Eine Wellness-Oase für christliche Lau-Warmduscher? Mit Sicherheit nicht! Die erste seiner 95 Thesen lautet: „Unser Herr und Meister Jesus Christus wollte mit seinem Wort ‚Tut Buße', dass das ganze Leben der Gläubigen Buße sei." Mit anderen Worten: Nur wer tagtäglich in all seinem Tun und Lassen nach Gottes Willen fragt, bei dem hat Reformation schon stattgefunden. Wer Gott ausgrenzt oder ihm nur Teilbereiche überlässt, der hat sie noch vor sich. – Von der Kirche ganz zu schweigen!

„Da wir nun gerecht geworden sind durch den Glauben, haben wir Frieden mit Gott durch unsern Herrn Jesus Christus." Römer 5,1

Impuls für die Stille:

Findet Reformation in meinem Leben immer wieder statt?

1. November

Anfänge der Ökumene

Der Wetzlarer Dom ist eine jener wenigen Kirchen in Deutschland, die schon seit Jahrhunderten von Christen beider Konfessionen für den Gottesdienst genutzt werden. Diese ökumenische Verbundenheit geht zurück auf die Weitsicht der katholischen Stiftsherren vor mehr als vierhundertfünfzig Jahren. Bis zur Reformation befand sich die traditionsreiche Kirche nämlich im Besitz eines geistlichen Ordens. Gleichzeitig diente sie auch der Wetzlarer Bevölkerung als Ort der Besinnung und des Gebets. Brisant wurden die Verhältnisse in dem Moment, als die Bürgerschaft Mitte des 16. Jahrhunderts geschlossen zum Luthertum überging, während die Stiftsangehörigen katholisch und dem Erzbischof von Trier unterstellt blieben. Die Gefahr einer Zwangsauflösung des Stiftes und der Vertreibung der wenigen Katholiken lag in der Luft. In dieser angespannten Situation unterbreitete der Vorsteher des Stiftes ein ebenso entkrampfendes wie diplomatisches Angebot: Die Bürgerschaft sollte ihren Prediger selbst wählen und ihn dann den Stiftsherren zur Amtseinsetzung vorstellen. Auf diese Weise kam es in Wetzlar fortan regelmäßig zu dem sogar für heutige Verhältnisse kaum vorstellbaren Bild der Amtseinsegnung eines evangelischen Pfarrers durch den katholischen Geistlichen. Eine konfessionsgeschichtliche Kuriosität ersten Ranges! – Die Frage der Kirchennutzung wurde so geregelt, dass die katholische Minderheit sich in den Chorraum der Kirche zurückzog, während der lutherischen Bürgerschaft das Hauptschiff zugesprochen wurde. Es mag eher „Bauernschläue" als Liebe zur Reformation gewesen sein, die die Stiftsherren damals zu ihrem Vorgehen motiviert hat. Gott hat aber auch diese „Bauernschläue" für seine Ziele nutzen können. Aus dem anfänglichen Nebeneinander der beiden Gemeinden ist inzwischen längst ein segensreiches Zusammenwirken im Dienst für Christus geworden.

„Ist nun bei euch Ermahnung in Christus, so macht meine Freude dadurch vollkommen, dass ihr eines Sinnes seid, gleiche Liebe habt, einmütig und einträchtig seid." Philipper 2,2

Impuls für die Stille:
Was bedeutet mir die Gemeinschaft mit Christen anderer Konfessionen?

2. November

Eine Verabredung der besonderen Art

Am Samstag, den 2. November 2002 treffen sich der 16-jährige Mario H. aus Württemberg und die 21-jährige Jana H. aus Berlin zu einer Verabredung der besonderen Art. Sie haben sich in einem Internet-Chatroom kennen gelernt. Miteinander verbringen sie den Abend in der Hauptstadt und fahren dann hinaus nach Grunewald, um dort weiter zu feiern. Es knallen Sektkorken und das Auto wird zum improvisierten Liebesnest. Doch was wird gefeiert? Zelebriert wird nicht die Liebe, sondern der Tod. Am nächsten Tag findet man Jana und Mario blutüberströmt in ihrem Wagen. Die Recherchen der Eltern und der Polizei ergeben: Das Kennenlernen und die kurze Beziehung der beiden diente von Anfang an nur einem einzigen Ziel, gemeinsam aus dem Leben zu scheiden. Was wäre wohl passiert, wenn Jana und Mario am Abend ihrer Zusammenkunft auf jemand getroffen wären, der ihnen glaubhaft bezeugt hätte, dass sich dieses Leben lohnt? Ob ein derartiges Gespräch noch irgendetwas bewegt oder verändert hätte? Wir wissen es nicht. Fest steht jedenfalls: Es gibt Tausende solcher Janas und Marios. Nicht nur die Chatrooms des World Wide Web sind voll von Männern und Frauen, die sich verzweifelt nach Liebe, Zuwendung und einem sinnvollen Leben sehnen. Wir begegnen ihnen täglich. Dass es sich so verhält, merken wir manchmal erst, wenn es zu spät ist. Christus ermutigt uns, den Menschen um uns herum mit wachen Augen und offenem Herzen zu begegnen. Es ist wohl wahr: Niemand kann einen anderen, der den Entschluss zu gehen gefasst hat, an einem solchen Schritt hindern. Aber der Weg dorthin ist weit und die Hilferufe oftmals hörbar. Christus hat die Schreie der Verzweifelten gehört, und er hat uns Ohren gegeben, damit wir hören.

„Ich will das Verlorene wieder suchen und das Verirrte zurückbringen und das Verwundete verbinden und das Schwache stärken.“ Hesekiel 34,16

Impuls für die Stille:
Gibt es Menschen in meinem Umfeld, die Hilfe brauchen?

3. November

„Herrgottsbscheisserle“

Es gibt sie in unzähligen Varianten, gefüllt mit Speck, Hackfleisch und Spinat, mit Zwiebeln, Eiern und Bratwurstbrät, oder auch mit Wachteln, Morcheln sowie diversen edlen Gewürzen. Die Rede ist hier von der „Maultasche“, jener äußerlich so unscheinbaren schwäbischen Spezialität, die wegen ihrer delikaten Füllungen inzwischen auch außerhalb Südwestdeutschlands viele Anhänger hat. Erfunden haben diese Köstlichkeit angeblich die Mönche des berühmten Zisterzienserklosters Maulbronn. Zumindest wird dies dort behauptet. Am Anfang stand ein geistliches Dilemma. Die Mönche sahen sich hin und her gerissen zwischen ihrer strengen Ordensregel, die eine fleischlose Ernährung vorgab, und der Sehnsucht, wenigstens hin und wieder auch deftigeren Genüssen zusprechen zu dürfen. Auf die Fantasie der Köche des Klosters wirkte diese Not offenbar beflügelnd. Schnell war eine Lösung gefunden. Sie hackten die Objekte mönchischer Sehnsucht bis zur Unkenntlichkeit klein und umwickelten sie dann mit einer schlichten Teigmasse – die Urform der Maultasche war geboren. Auf die nähere Umgebung des Klosters wirkte diese eigenwillige Auslegung der Ordensregel allerdings wenig überzeugend. „Herrgottsbscheisserle“ nannte und nennt man die schwäbische Nudel mancherorts bis heute. Abgesehen von ihren Folgen für die lokale Küche zeigt die kulinarische Selbsttäuschung der Zisterzienser von Maulbronn etwas Typisches. Denn es geschieht nach wie vor oft, dass Christen sich in der Meinung, Gott damit einen Gefallen zu tun, einen bestimmten Verzicht auferlegen, nur um diesen dann wieder möglichst geschickt zu umschiffen. Fasten macht jedoch nur dann Sinn, wenn ich ein geistliches Ziel damit verfolge und den damit verbundenen Verzicht auch ungeteilten Herzens bejahen kann. Alles andere erweist sich früher oder später als Krampf oder „Herrgottsbscheisserle". Wie beruhigend ist es da zu wissen, dass Gott, wie die schwäbische Maultasche zeigt, unter Umständen sogar unseren geistlichen Krampf in ein wohlschmeckendes Lob seiner Herrlichkeit verwandeln kann. Denn sie ist zweifellos eine Köstlichkeit, egal was drinsteckt, ob Fleisch oder Gemüse. Gott muss den Brüdern von Maulbronn ihre Spitzbübigkeit wohl vergeben haben. Anders ist der Siegeszug der Maultasche nicht zu erklären.

„So lasst euch nun von niemandem ein schlechtes Gewissen machen wegen Speise oder Trank oder wegen eines bestimmten Feiertages, Neumondes oder Sabbats. Das alles ist nur ein Schatten des Zukünftigen; leibhaftig aber ist es in Christus." Kolosser 2,16f

Impuls für die Stille:

Entdecke ich die Spitzbübigkeit der Maulbronner Mönche auch bei mir?

4. November

Gott liebt es schlicht

Ein jüdischer Gesetzeslehrer wurde einmal gefragt: „Warum heißt es am Anfang der Gebote: ‚Ich bin der Herr, dein Gott, der ich dich aus Ägyptenland, aus der Knechtschaft, geführt habe.' Warum steht dort nicht: ‚Ich bin der Herr, dein Gott, der Himmel und Erde geschaffen hat'?" Der Rabbi antwortete: „Hätte Gott sich damit bekannt gemacht, dass er Himmel und Erde geschaffen habe, dann hätte der Mensch vielleicht gesagt: ‚Das ist mir zu groß, da traue ich mich nicht hin.' Darum hat Gott es einfacher gemacht und viel deutlicher, so dass der Mensch es fassen konnte. Er hat gesagt: ‚Ich bin's, der ich dich aus dem Dreck geholt habe, komm nur herzu und höre, mir darfst du vertrauen.'"

In dieser Antwort steckt die Weisheit des Glaubens. Der Glaube weiß, das Gott dem Menschen menschlich begegnet, so dass der Mensch nicht sagen muss: „Das übersteigt meine Vorstellungskraft" oder: „Das ist mir zu gewaltig." Gott ist mit uns unterwegs, und er zeigt sich überall dort, wo uns in schwerer Zeit Wege gebahnt werden. Mal spektakulär, mal ganz unscheinbar, aber immer hilfreich. Solche Spuren Gottes lassen sich mitten im Alltag finden. Spuren, die besagen: „Siehst du, hier bin ich bei dir gewesen. Du warst nie allein." Wem Derartiges vertraut ist, der wird seinerseits bestrebt sein, Gott die Treue zu halten, ein Leben in der Rückbindung an seinen Willen zu führen. Das ist der innere Zusammenhang von Glaube und Dankbarkeit.

„Denn das Gebot, das ich dir heute gebiete, ist nicht zu hoch und nicht zu fern. Es ist nicht im Himmel, dass du sagen müsstest: Wer will für uns in den Himmel fahren und es uns holen, dass wir's hören und tun? Denn es ist das Wort ganz nahe bei dir in deinem Munde und in deinem Herzen, dass du es tust." 5. Mose 30,12.14

Impuls für die Stille:
Was bedeutet es für mich, dass Gott nicht fern, sondern ganz nahe ist?

5. November

Anspruch und Wirklichkeit

Das Kapitol ist das Wahrzeichen Washingtons und der Sitz des amerikanischen Parlamentes. Es wird gekrönt durch eine sechs Meter hohe, monumentale Frauenstatue. Abraham Lincoln ließ sie dort 1863 als Symbol der Freiheit anbringen.

Aufgrund einer gesetzlichen Bestimmung darf keine der zahlreichen Statuen im Bereich der Hauptstadt diese an Größe überragen. Sinn jener Bestimmung ist es, deutlich zu machen, welche Bedeutung der Freiheit des Einzelnen in der amerikanischen Gesellschaft zukommt. Aber Freiheit für wen?

100 Jahre nach der Fertigstellung des Kapitols marschiert ein schwarzer Pastor und Prophet mit Namen Martin Luther King nach Washington, um die für seine schwarzen Landsleute noch ausstehende Erfüllung dieses Versprechens einzufordern. Fünf Jahre später wird er ermordet. Und nach wiederum 40 Jahren gilt dieses Symbol der Freiheit immer noch lediglich für die, die es gelernt haben, sich gesellschaftlich zu behaupten.

In kaum einer anderen Stadt klaffen Anspruch und Wirklichkeit so deutlich auseinander. Sollte man darum auf solch eherne Ideale wie Freiheit, Gerechtigkeit und Wahrheit lieber verzichten? Wohl kaum! Schließlich handelt es sich um Ideale, die dem Geist der Bibel entspringen. Es gilt vielmehr, sich durch Denkmäler wie die Freiheitsstatue auf dem Kapitol prüfen und hinterfragen zu lassen. Dann haben sie ihren Sinn erfüllt.

„Seid aber Täter des Wortes und nicht allein Hörer! Sonst betrügt ihr euch selbst." Jakobus 1,23

Impuls für die Stille:

An welcher Stelle möchte ich mich heute der verändernden Kraft Gottes aussetzen, damit in meinem Leben die Kluft zwischen Anspruch und Wirklichkeit kleiner wird?

6. November

Es gehören zwei dazu

Seit Jahren schon teilten sich zwei Mönche eine Zelle und es war zwischen ihnen noch nie zu ernsthafteren Differenzen gekommen. Eines Tages sagte der eine zum anderen: „Komm, lass uns auch einmal einen Streit anfangen wie die anderen Leute." Der andere entgegnete: „Ich weiß aber nicht wie das geht." Hierauf sagte der erstere: „Es ist ganz einfach. Schau her, ich lege hier einen Ziegelstein in die Mitte und sage: ‚Der gehört mir!' Darauf sagst du: ‚Nein, er gehört mir!‘ Und daraus entsteht dann Zank und Streit.“ So taten sie es. Der eine legte den Stein in die Mitte und sagte: „Der gehört mir und nicht dir!“ Der andere antwortete: „Ich glaube aber, er gehört mir!“ Hierauf sagte der erste wieder: „Nein, er gehört mir und nicht dir!“ Da sagte der zweite: „Wenn er wirklich dir gehört, dann nimm ihn eben!“ Damit war ihr Streit gescheitert.

„Aber die Hirten von Gerar zankten mit den Hirten Isaaks um einen Brunnen und sprachen: ‚Das Wasser ist unser.‘ Da nannte Isaak den Brunnen ‚Zank‘ weil sie mit ihm da gezankt hatten. Da zog Isaak weiter und grub noch einen andern Brunnen. Darüber zankten sie sich nicht, darum nannte er ihn ‚Weiter Raum‘ und sprach: Nun hat uns der Herr Raum gemacht, und wir können wachsen im Lande.“ 1. Mose 26,20.22

Impuls für die Stille:
Wie kann ich in Streitsituationen „weiten Raum“ gewinnen?

7. November

Tut wohl denen, die euch hassen

Das 16. Jahrhundert ist nicht nur das Zeitalter der Reformation, sondern auch das Zeitalter allgemeiner Verwirrung und der fanatischen Unterdrückung Andersgläubiger. So wurden die so genannten „Wiedertäufer“, die aufgrund ihrer biblischen Erkenntnis die Säuglingstaufe ablehnten, in einer seltsamen Koalition von Lutheranern, Reformierten und Katholiken systematisch verfolgt.

Einem dieser Wiedertäufer, Dirck Willems, war es aber gelungen, sich der Verhaftung zu entziehen. Seine Verfolger im Nacken, lief er durch Felder und Sümpfe um sein Leben. Schließlich überquerte er dabei auch einen zugefrorenen See. Bis auf einen zögerten die Häscher, ihm zu folgen, aus Angst, sie könnten auf dem noch dünnen Eis einbrechen. Genau dies aber widerfuhr demjenigen, der Dirck Willems nachgejagt war. Hilferufend versuchte er vergeblich, sich aus dem eiskalten Wasser zu befreien. Für einen

Moment zögerte der Wiedertäufer angesichts der einmaligen Gelegenheit zur endgültigen Flucht. Doch dann kehrte er um, begab sich erneut auf das Eis, reichte dem Ertrinkenden die Hand und rettete so seinem Verfolger das Leben.

Für Dirck Willems jedoch bedeutete dies kein „happy end“. Er wurde festgenommen, eingekerkert und 1569 um seines Glaubens willen an einen Pfahl gebunden verbrannt.

Das Schicksal dieses tapferen Zeugen Christi zeigt mehreres. In Hinsicht auf die „Rechtgläubigkeit“ der Häscher wird deutlich: wir setzten uns automatisch selbst ins Unrecht, wenn unsere geistliche Überzeugung zu einem Fanatismus verkommt, der die Liebe Christi aus dem Blick verliert. Was Dirck Willems angeht, so müssen wir festhalten: es ist leider nicht immer so, dass diejenigen, die sich der Liebe verschreiben, vor Schlimmem bewahrt werden. Es gilt, das Gute allein um Christi willen zu tun, ungeachtet dessen, was für mich persönlich dabei herausspringt. Immerhin, Gott hat durch Menschen wie Dirk Willems gewirkt. Aus den ca. 12.500 „Wiedertäufern“, die man für das 16. Jahrhundert nachweisen kann, sind heute mehr als 730.000 treue Christen in 57 verschiedenen Ländern geworden.

„Ich aber sage euch, die ihr zuhört: Liebt eure Feinde; tut wohl denen, die euch hassen; segnet, die euch verfluchen, bittet für die, die euch beleidigen.“ Lukas 6,27.28

Impuls für die Stille:

Ich bete für Menschen, die um ihres Glaubens oder ihrer politischen Überzeugung willen verfolgt werden.

8. November

Gott wird es sich zusammenreimen

Es ist Sonntagmorgen und die Glocken rufen zum Gottesdienst. Ein kleiner Junge beobachtet, wie die Menschen zu der altehrwürdigen Dorfkirche pilgern, um dort zu singen und zu beten. Zum ersten Mal in seinem Leben spürt er ein großes Verlangen, es den Erwachsenen gleich zu tun und ebenfalls in die Kirche zu gehen. Aber er hat seinen Eltern versprochen, auf Hund und Katze aufzupassen, während sie unterwegs sind. Also beschließt der Junge, einfach draußen beim Spiel mit den Tieren zu Gott zu sprechen. Aber was soll er sagen? Seine Eltern hatten ihm nie ein Gebet beigebracht. Kurze Zeit später hört man den Jungen das Alphabet rezitieren: „A, B, C, D, E …" – immer und immer wieder. Ein älterer Herr, ebenfalls auf dem Weg zur Kirche, hält verwundert ob des seltsamen Bildes inne. Über den Gartenzaun hinweg ruft er dem Jungen freundlich zu „Na, mein kleiner Freund, du übst wohl für die Schule, was?"

„Nein, gar nicht", antwortet der Junge. „Ich bete zu Gott."

„Ja, aber wieso sagst du dann immer wieder das ABC auf?"

„Ach", erklärt der Junge, „ich kann eigentlich gar nicht beten. Aber ich habe mir gedacht, wenn ich Gott nur genügend Buchstaben sage, dann wird er sich daraus die richtigen Worte schon selbst zusammensetzen. Er weiß doch, was ich meine, oder nicht?"

Sichtlich berührt von der Antwort des Jungen nickt der ältere Herr mit dem Kopf: „Mit Sicherheit, mein Junge, er weiß es, mit Sicherheit!"

Als der Mann durch das Kirchenportal tritt, weiß er, dass er die eindrücklichste Predigt an diesem Sonntag bereits gehört hat.

„Desgleichen hilft auch der Geist unsrer Schwachheit auf. Denn wir wissen nicht, was wir beten sollen, wie sich's gebührt; sondern der Geist selbst vertritt uns mit unaussprechlichem Seufzen." Römer 8,26

Impuls für die Stille:

Ich darf auch dann mit Gott reden, wenn mir die Worte fehlen.

9. November

In den Zeugenstand gestellt

Umfrage in einer Zeitung im Vorfeld des ersten ökumenischen Kirchentages Ende Mai 2003 in Berlin. Die Frage lautet: „Was halten Sie vom Kirchentag?"

Die Antwort eines Gerd B. aus Berlin-Zehlendorf: „Ich freue mich darauf, weil ich neugierig bin auf meinen Quartiergast. Ich hoffe, abends, wenn die Socken qualmen vom vielen Laufen, mit unserem frommen Gast noch auf ein Bier zusammen zu sitzen und zu quatschen. Ich bin ja lernfähig und frage mich, ob nicht doch was dran ist an Gott. Man soll sich ja auch seines Unglaubens nicht zu sicher sein."

Ob Gerd B. einen Kirchentagsbesucher zugewiesen bekommen hat, der ihm Auskunft geben konnte im Blick auf seine Fragen über Gott und die Welt?

Das Beispiel zeigt, wie schnell wir uns in der Situation eines Glaubenszeugen wieder finden können. Ohne es zu ahnen, ohne es zu wollen, ohne irgendwie vorbereitet zu sein. Plötzlich steht er vor uns, der Mensch, der uns auf unsere tiefsten Überzeugungen hin befragt. Und wie auch immer wir reagieren, ob verlegen, ob erfreut, ob überzeugend oder ratlos, es fällt auf den zurück, nach dessen Namen wir benannt sind, Christus. Grund genug, sich seines Glaubens zu vergewissern. Dies kann geschehen im täglichen Bibelstudium, im Gespräch mit anderen Menschen in der Gemeinde, durch das Lesen anspruchsvoller geistlicher Literatur. Christen müssen sprachfähig sein, sonst verleugnen sie ihren Glauben. Gerd B. aus Berlin-Zehlendorf hat ein Anrecht darauf, dass seine Fragen eine Antwort finden.

„Ihr werdet die Kraft des Heiligen Geistes empfangen, der auf euch kommen wird, und werdet meine Zeugen sein in Jerusalem, und in ganz Judäa und Samarien und bis an das Ende der Erde." Apostelgeschichte 1,8

Impuls für die Stille:
Bin ich darauf vorbereitet, fragenden Menschen Rede und Antwort zu stehen?

10. November

Wertschätzung

Episode in einer Sparkassenfiliale. Ein sympathischer Mittdreißiger geht auf einen der für den Kundenverkehr vorgesehenen Schalter zu und sagt: „Ich würde gerne die Kontoauszüge abholen." Darauf die Angestellte: „Oh, die können Sie sich auch da drüben am Automaten ausdrucken lassen." – „Ich gehe aber nicht zum Automaten." – Die Angestellte stutzt: „Aber warum denn nicht?" Darauf er: „Meinen Sie tatsächlich, dieser Automat könnte mir Ihr freundliches Lächeln ersetzen?" – Es entsteht eine kurze Stille. Die Angestellte ist zunächst etwas verlegen. Doch dann holt sie die Kontoauszüge und sagt sichtlich erfreut: „Schön, wenn man das mal so gesagt bekommt. Vielen Dank!"

Es tut gut, wenn Wertschätzung zum Ausdruck gebracht wird. Es fällt damit ein Glanz der Wesensart Gottes mitten hinein in unsere triste Alltagswelt. Denn Gott ist zutiefst erfüllt von der Sehnsucht, dass jeder Mensch dies spüren und begreifen möge: „Du bist für mich unersetzlich. Nichts anderes kann an deine Stelle treten, ohne dass ich dadurch Entscheidendes verliere." Wer Wertschätzung weitergibt, den gebraucht Gott als Boten seiner Zuwendung und Nähe. Das Schöne dabei ist: nicht nur der, der Wertschätzung erfährt, wird dadurch bereichert und beglückt. Bereichert wird auch der, der sie weitergibt, denn sie fällt auf ihn zurück.

Wagen wir es, Menschen durch kleine Zeichen der Zuwendung ihre Bedeutung und ihren Wert für uns zu zeigen.

„Als aber erschien die Freundlichkeit und Menschenliebe Gottes unseres Heilandes, machte er uns selig, damit wir Erben des ewigen Lebens würden gemäß unserer Hoffnung." Titus 3,4f

Impuls für die Stille:

Ich ruhe für ein paar Minuten aus in dem Gefühl, für Gott unersetzlich zu sein.

11. November

Verräterische Gänse

Zum Brauchtum rund um den 11. November gehört in manchen Gegenden das Verspeisen einer so genannten „Martinsgans". Doch wie kam es dazu? Eine Synode hatte den für seine Barmherzigkeit bekannten Martin zum Bischof von Tours gewählt. Jener aber wollte nichts anderes sein als ein schlichter Mönch. Gerade erst hatte er bei Poiters eine klösterliche Gemeinschaft gegründet, der er mit viel Freude und Einsatz vorstand.

Als Martin von seiner Wahl hörte, versteckte er sich in einem Gänsestall, um dem neuen Amt zu entgehen. Doch als die kirchlichen Boten sich seinem Versteck näherten, begannen die Gänse so laut zu schnattern, dass man ihn entdeckte. St. Martin blieb nichts anderes übrig, als sich nach Tours führen zu lassen, wo er geweiht wurde. Ob der unfreiwillige Bischof sich bei seinen „Verrätern" dadurch revanchiert hat, dass er sie beim Festbankett auftischen ließ, ist ungeklärt. Gesichert ist dagegen, dass Martin auch als Bischof an seinem apostolischen Lebensstil festhielt. Er residierte in keinem Palast, sondern zog zur allgemeinen Verwunderung in das Kloster Marmoutier, das er zu einer Schule für Missionare ausgestaltete.

„Ihr wisst, die als Herrscher gelten, halten ihre Völker nieder, und ihre Mächtigen tun ihnen Gewalt an. Aber so ist es unter euch nicht; sondern wer groß sein will unter euch, der soll euer Diener sein." Matthäus 10,42f

Impuls für die Stille:

Was macht Macht mit mir?

12. November
Kassensturz

Wir sind kalte Rechner geworden.
Auch bei uns muss die Kasse stimmen.
„Was kommt dabei heraus?“, ist unsere Frage.
Wir machen unsere Kosten-Nutzen-Rechnung auf.
Wichtig ist, wer uns etwas zu bieten hat.
Wir sind Kinder unserer Zeit, der Erfolg zählt.
Unsere „inneren Werte“ sind höchst äußerlich.
Auch der Glaube muss bei uns stimmen.
Jesus verrechnen wir mit anderen Faktoren.
Das Evangelium schränken wir auf Sinnfragen ein.
Gott wird zum Versatzstück in unserem System.
Wehe, wenn Gott nicht richtig funktioniert.
Um unser Herz tragen wir Bleiwesten.
Auch Jesus darf uns nicht durchschauen.
Wir tragen Masken und wechseln sie häufig.

Gott sei Dank,
wir sind nicht verdammt,
zu bleiben, wie wir sind.
Johannes Hansen

„Wer kann merken, wie oft er fehlet? Verzeihe mir die verborgenen Sünden.“ Psalm 19,13

Impuls für die Stille:
Treffen mich in irgendeiner Weise die obigen Gedanken?

13. November

Kein Grund zur Resignation

Im Jahre 1950 hatte die Evangelische Kirche in Deutschland 43 Millionen Mitglieder. Bis 1990 war diese Zahl auf 29,2 Millionen gesunken. Seither verlieren die Gemeinden pro Jahr etwa 250.000 ihrer Mitglieder. Bereits heute gehört jeder dritte Bundesbürger überhaupt keiner Kirche mehr an. Die Statistiken scheinen zu beweisen, dass die Gleichgültigkeit sich langsam aber sicher zur stärksten Glaubensrichtung entwickelt, zumal auch der Gottesdienstbesuch zu wünschen übrig lässt. Er liegt in der evangelischen Kirche seit Jahren bei gerade einmal 4,5 Prozent. Was besagen solche Zahlen und Statistiken für unsere Zukunft als Christen im Land der Reformation? Gar nichts!

Unsere Zukunft unterliegt nicht der Macht der Prognosen, so eindrucksvoll sie sich auch gebärden mögen. Christus ist jederzeit dazu in der Lage, seine Kirche neu zu erwecken, und er wird es auch tun. Es ist mitnichten so, als sei die Situation heute schlimmer als jemals zuvor. Als Wilhelm II. 1888 preußischer König wurde, war in seiner Hauptstadt Berlin nur jedes zweite Kind getauft, und nur jede fünfte Ehe wurde noch kirchlich geschlossen. Der Gottesdienstbesuch lag 1840 bei 2 Prozent. Doch dann ging geistlich ein Ruck durch das Land. Einige theologische Lichtgestalten wie Johann Hinrich Wichern und dazu eine Vielzahl leidenschaftlicher Beter beschlossen, sich mit dem Niedergang der Kirche nicht abzufinden. Sie widmeten ihr Leben der Inneren Mission und gründeten überall kleine geistliche Zellen. Ihren Einsatz und Glauben hat Gott sichtbar gesegnet. Bereits 1910 lag der durchschnittliche Gottesdienstbesuch sogar in Berlin wieder über 20 Prozent.

In einem Gebet aus China heißt es: Herr, erneuere deine Kirche und fange bei mir an!

„Siehe, es kommt die Zeit, spricht Gott der Herr, dass ich einen Hunger ins Land schicken werde, nicht einen Hunger nach Brot oder Durst nach Wasser, sondern nach dem Wort des Herrn, es zu hören." Amos 8,11

Impuls für die Stille:

Was würde ich einem anderen Menschen antworten auf die Frage: „Wie werde ich Christ?"

14. November

Menschlich, allzu menschlich

Eben hatte Wolfgang Amadeus Mozart die Arbeit an seiner c-Moll-Messe beendet. Freudig kommt er zu seiner Frau Constanze. Er umarmt sie und flüstert ihr glücklich ins Ohr: „Du, diese Messe habe ich gänzlich betend komponiert!"

Wenig später übt er die neue Komposition mit dem Kirchenchor. Constanze geht eine Stunde später nach, um die Probe mitzuerleben. Schon vor der Tür hört sie, wie ihr Mann mit den Musikern herum schreit und zwischendurch sogar flucht. Da geht sie auf ihren Wolfgang zu, fasst ihn bei der Hand und sagt: „Was ist das für eine sonderbare Messe! Betend hast du sie komponiert, und fluchend willst du sie einüben?"

Der große Komponist soll daraufhin in sich gegangen sein und sich für sein Verhalten entschuldigt haben.

„Wenn jemand meint, er diene Gott, und hält seine Zunge nicht im Zaum, sondern betrügt sein Herz, so ist sein Gottesdienst nichtig." Jakobus 1,25

Impuls für die Stille:

Glauben und Handeln, Wollen und Sein fallen im Alltag oft auseinander. Wo bin ich besonders gefährdet?

15. November

Glaubenskampf

Eines Abends erhielt ich einen Anruf: „Herr Pfarrer, können Sie bitte einmal kommen? Mein Vater liegt im Sterben, und ich habe den Eindruck, er kämpft noch mit irgendetwas – er kann einfach nicht gehen."

Bei der Familie angekommen, traf ich einen Menschen an, den im Sterben offensichtlich wirklich etwas quälte.

Ich sprach ihn daraufhin an, und dann erzählte er seine Geschichte. Sein Leben lang, so bekannte er, habe er um den Glauben gerungen. Aber seine Zweifel seien immer stärker gewesen und auch die Erinnerung an die furchtbaren Dinge, die er im Krieg erlebt habe. „Trotzdem, ich hätte so gerne geglaubt!" Darum sei auch ein Austritt aus der Kirche für ihn nie in Frage gekommen.

Stockend fuhr er fort: „Jetzt, wo ich weiß, dass ich sterben muss, merke ich, dass es nichts gibt, was mich hält. Ich möchte so gerne glauben, aber ich kann es einfach nicht! Herr Pfarrer, wenn es einen Gott gibt, glauben Sie, dass er mich trotzdem annimmt?"

Was antwortet man einem Menschen, von dem man weiß, dass er nur noch wenige Stunden zu leben hat, auf diese Frage? Vor allem wenn man sowohl die Bibel als auch die Not dieses Zweiflers ernst nehmen will.

Ich hatte damals den Eindruck, ich solle, bevor ich eine Antwort gebe, noch eine Frage stellen.

Ich fragte: „Sagen Sie – haben Sie jetzt Sehnsucht nach Christus? Haben Sie in sich eine tiefe, ehrliche Sehnsucht nach Gott?" Der Mann nickte und fing an zu weinen.

Darauf sagte ich: „Dann gehören Sie zu Christus. Wenn Sie wirklich Sehnsucht nach ihm haben, dann gehören Sie zu ihm – mit all Ihren Zweifeln. Denn ich kenne niemand, der mit einer aufrichtigen Sehnsucht nach Gott zu Jesus gekommen wäre und den er zurückgestoßen hätte."

Am nächsten Morgen rief mich wieder der Sohn jenes Mannes an: „Ich wollte Ihnen nur sagen, mein Vater ist in der vergangenen

Nacht gestorben. Er ist ruhig eingeschlafen – mit gefalteten Händen."

Spätestens seit dieser Erfahrung weiß ich: Zweifel ist qualitativ etwas völlig anderes als Unglaube. Den Ungläubigen vermag nichts anzufechten, denn er fühlt sich letztlich wohl in seiner Haltung gegenüber Gott. Der Zweifler aber ist einer, der mit Gott ringt, und der um nichts in der Welt von ihm lassen will.

„Aber Jakob antwortete: Ich lasse dich nicht, du segnest mich denn." 1. Mose 32,27

Impuls für die Stille:

Ich trete im Gebet ein für Menschen, die an Christus glauben möchten und es bisher noch nicht können.

16. November

Wenn nichts mehr schmeckt

Eine Frau versucht ihren gestressten Ehemann zu trösten. „Mein Liebster, kann ich irgend etwas Gutes für dich tun? Soll ich dir einen Kaffee machen?" – „Nein."

„Möchtest du vielleicht etwas Leckeres essen?" – „Bloß nicht!"

„Und wenn ich dir kalte Umschläge mache, könnte ja sein, dass das etwas hilft!" – „Ich weiß, es ist gut gemeint, aber lass es lieber."

Die arme Frau. Sie überlegt sich alles erdenklich Gute, um ihn zu verwöhnen, doch er kann es nicht wertschätzen. Er kann es nicht wertschätzen, weil der Kopfschmerz ihn derart quält, dass selbst das eingenommene Aspirin keine Wirkung zeigt.

Eine ebenso alltägliche wie eindrückliche Erfahrung: Wenn unser Körper rebelliert und er sich irgendwie schmerzhaft äußert, dann gibt es nichts, was uns anzusprechen vermag. Da kann es sogar passieren, dass beim Anblick einer Lieblingsspeise, bei der uns normalerweise das Wasser im Munde zusammenlaufen würde, sich schier der Magen umdreht. Wem solches widerfährt, der weiß unweigerlich: „Mit mir stimmt etwas nicht. Ich bin wohl krank."

Es wäre gut, wenn wir die gleiche Sensibilität auch im Blick auf unsere Seele aufbringen würden. Denn auch unser psychisch Inneres kennt diesen Schmerz. Der Schmerz der Seele besteht in einer tiefen Freudlosigkeit. Darin, dass es nichts mehr zu geben scheint, wofür wir dankbar sein können, selbst dann nicht, wenn rein äußerlich Grund zur Freude und zur Dankbarkeit bestehen würde. Ein freies Wochenende – und ich empfinde es als fade. Ein Besuch bei Freunden – und er ist mir lästig.

Wir sind es nicht gewohnt, auf diese Schmerzsymptome der Seele zu reagieren, sondern übergehen sie meist. Doch es ist wichtig, in sich hinein zu horchen. Denn ebenso wie körperlicher Schmerz seine Ursache hat, so hat es auch seine Ursachen, wenn die Seele rebelliert. Häufig besteht die Ursache für eine solche Rebellion in einem Sinnverlust, in der Ahnung, dass Lebensentwurf und tatsächlich gelebtes Leben nicht mehr übereinstimmen. Spätestens dann ist es Zeit, mit Gott darüber zu reden.

„Was betrübst du dich, meine Seele, und bist so unruhig in mir? Harre auf Gott, denn ich werde ihm noch danken, dass er meines Angesichts Hilfe und mein Gott ist." Psalm 42,6f

Impuls für die Stille:
Ich spreche mit Gott über das, was meine Seele betrübt.

17. November

Niederländisch – deutsche Verständigung

„Sagen Sie mal, habe ich das eben richtig verstanden? Haben Sie Gott im Gebet *geduzt?*" Die junge Holländerin am Tisch nebenan ist richtiggehend verstört. Nicht allein die Tatsache, dass da jemand in Deutschland in einem öffentlichen Restaurant ein Tischgebet spricht, verwirrt sie. Es ist offenbar auch der vertraute Umgangston mit Gott. „Ja, aber warum sollte ich Gott nicht duzen?", gebe ich ebenso überrascht zurück. Sie klärt mich auf. Im Niederländischen gilt es als selbstverständlich, Gott respektvoll mit „u" (sprich: „üh“) anzureden, das dem deutschen „Sie“ entspricht. Das vertrauliche „jei“ würde dagegen als Grenzüberschreitung empfunden. Allerdings fasziniert der Gedanke, Gott derart vertraut ansprechen zu dürfen, die junge Holländerin. Schnell rückt sie ihren Stuhl zu uns herüber und es entwickelt sich ein intensives Gespräch über Gott und sein Verhältnis zu uns Menschen.

Manchmal bedarf es schon einer solchen kulturüberschreitenden Begegnung, um sich des Besonderen des eigenen Glaubens und Lebens wieder bewusst zu werden. Es ist tatsächlich nicht selbstverständlich, dass wir als schuldbeladene und fehlbare Menschen dem heiligen und allmächtigen Gott auf Du und Du nahe kommen dürfen. Es war Gottes freier Entschluss, dies zuzulassen. Und es war Jesu Lebenswerk, uns diese Möglichkeit überhaupt erst zu eröffnen. Der niederländische Sprachgebrauch hält wach, welcher Respekt Gott eigentlich gebührt. Die deutsche Sprache orientiert sich an Gottes väterlichem Wesen und der Vorbehaltlosigkeit seiner Liebe.

„Weil ihr nun Kinder seid, hat Gott den Geist seines Sohnes gesandt in unsere Herzen, der da ruft: Abba, lieber Vater!“ Galater 4,6

Impuls für die Stille:

Wie zeigen sich Respekt und Vertrautheit in meinem Verhältnis zu Gott?

18. November

Der Preis des Verstehens

Zwölf Jahre lang hatte er auf den Molukken unter Leprakranken gearbeitet. Voller Enthusiasmus und Liebe war er im Auftrag eines katholischen Ordens aufgebrochen, um gerade den Aussätzigen und Kranken die Liebe Gottes zu bezeugen. Er hatte eine Krankenstation aufgebaut, eine Kapelle eingerichtet, damit begonnen, Gottesdienste zu feiern, versucht, sich in Wort und Tat als ein

Freund der Einheimischen zu erweisen – vergeblich. Kaum einer der so Angesprochenen war bereit gewesen, sein Herz ihm, dem Priester, gegenüber zu öffnen, geschweige denn gegenüber Gott. Nun stand er da, enttäuscht und bereit zur Rückkehr in die europäische Heimat. Doch als Pater Damien de Deuster am Pier stehend gedankenverloren auf sein Schiff wartete, empfand er auf einmal ein dumpfes Taubheitsgefühl in den Händen. Ein kurzer Blick auf seine Gliedmaßen bestätigte den Verdacht. Er hatte sich mit Lepra infiziert. Die kleinen weißen Punkte, die sich an Fingern und Handrücken zeigten, sprachen eine eindeutige Sprache. Sofort machte sich Pater Damien wieder auf in die kleine molukkische Leprakolonie. Und etwas Seltsames geschah: die Kunde von der Erkrankung des Missionars verbreitete sich wie ein Lauffeuer. Schon nach wenigen Stunden hatten sich Dutzende von Eingeborenen vor der Hütte von Pater Damien eingefunden, um ihm beizustehen und mit guten Worten zu trösten. Und als der erkrankte Priester sich am darauffolgenden Sonntag aufmachte, um Gottesdienst zu feiern, fand er zu seiner Überraschung die kleine Kapelle zum Bersten gefüllt vor. Was all sein vorbildlicher Einsatz über die Jahre nicht geschafft hatte, das war seiner Erkrankung binnen weniger Tage gelungen. Die Liebe und der Glaube der Aussätzigen hatte sich daran entzündet, dass der Priester aus Belgien jetzt einer der Ihren geworden war. Jetzt, das wussten sie, versteht er uns wirklich.

„Deshalb musste Christus in allem seinen Brüdern gleich werden, damit er barmherzig würde und ein treuer Hoherpriester vor Gott, zu sühnen die Sünden des Volkes. Denn worin er selber gelitten hat und versucht worden ist, kann er helfen denen, die versucht werden." Hebräer 2,17f

Impuls für die Stille:

Ich danke Christus dafür, dass er freiwillig unser Leben und Leiden in allem geteilt hat.

19. November
Lassen

Fragen offen lassen, Angst loslassen, Sehnsucht zulassen.
Erlebtes loslassen, um neue Erfahrungen zuzulassen.
Bekanntes verlassen, um sich auf Unbekanntes einzulassen.
Altes sterben lassen, um Neues auferstehen zu lassen.
Unwesentliches weglassen, um Wesentliches durchzulassen.
Nacht zurücklassen, um sich dem Tag zu überlassen.
Nur im Lassen kann ich wachsen und reifen.
Nur im Lassen kann ich weiterkommen und überleben.

„Lasst uns ablegen, alles, was uns beschwert, und die Sünde, die uns ständig umstrickt, und lasst uns laufen mit Geduld in dem Kampf der uns bestimmt ist und aufsehen zu Jesus, dem Anfänger und Vollender des Glaubens." Hebräer 12,1f

Impuls für die Stille:
Kann ich mich loslassen und Christus überlassen oder tendiere ich zum Festhalten?

20. November
Probleme mit dem Fairplay

Sammy Kuffour, von 1993-2005 Abwehrspieler beim deutschen Rekordmeister FC Bayern München, war ebenso bekannt für seinen fröhlichen Glauben wie für seine etwas raubeinige Spielweise. Nicht selten sah er die rote Karte oder erhielt zumindest eine Verwarnung. Im Aktuellen Sport-Studio fragte ihn darum einmal ein Sportreporter: „Sie sind doch Christ. Wie passt das eigentlich dazu, dass Sie so oft vom Platz fliegen?" Zunächst zuckte Sammy Kuffour etwas hilflos mit den Schultern. Die Frage war ihm sichtlich peinlich. Doch dann meinte der junge Mann aus Ghana in gebrochenem Deutsch: „Das ist sehr schwer zum saggen. Gott hat misch gemacht leidenschaftlisch Mensch. Aber isch sehr froh. Isch gute Papa in Himmel. Papa im Himmel Summy alles vergeben!“ – Als Christen leiden wir darunter, dass Glaube und Leben, Einsicht und praktisches Verhalten nicht immer in Übereinstimmung zueinander stehen. Und natürlich wird dies von der Umwelt sehr bewusst wahrgenommen. Doch eins sollte stets klar bleiben. Christsein besteht nicht in irgendeiner moralischen Überlegenheit oder einem unfehlbaren Lebenswandel, trotz allem Bemühen darum, dass unser Glaube nicht folgenlos bleibt. Christsein besteht vor allem in dem Wissen: „Ich brauche Gottes Vergebung täglich neu. Und nur durch seine Kraft kann es gelingen, dass meine natürlichen Veranlagungen Stück für Stück Veränderung erfahren.“ Jeder Fortschritt in dieser Hinsicht ist ein Werk des Heiligen Geistes. Sammy Kuffour ist es im Laufe der Jahre gelungen, seine Leidenschaft auf dem grünen Rasen gezielter einzusetzen. Dank Gottes Hilfe und vielleicht auch der eigenwilligen Zusammenstellung seiner Hobbies. Denn dabei handelt es sich laut Internetseite des FC Bayern um: Tennis, Boxen, Bibellesen.

„Und der Herr hat zu mir gesagt: Lass dir an meiner Gnade genügen; denn meine Kraft ist in den Schwachen mächtig. Darum will ich mich am allerliebsten rühmen meiner Schwachheit, damit die Kraft Christi bei mir wohne.“ 2. Korinther 12,9

Impuls für die Stille:

Welche meiner „natürlichen“ Veranlagungen bedarf der Behandlung durch Gott?

21. November

Gebet einer 92-Jährigen

Lass ans Meer mich denken,
Herr,
wenn ich klein und verzagt bin,
mach meine Gedanken weit
und frei von kleinlichen Dingen.

Lass ans Meer mich denken,
Herr,
das unendlich groß ist,
an die Ewigkeit mahnt es,
führt weit weg mich ins Licht.

Lass ans Meer mich denken,
Herr,
in der Stunde des Todes,
als ob hinüber ich flöge
Dir meinem Schöpfer ans Herz.
Else Meder

„Nähme ich Flügel der Morgenröte und bliebe am äußersten Meer, so würde auch dort deine Hand mich führen und deine Rechte mich halten.“ Psalm 139,9

Impuls für die Stille:
Wodurch gewinnt mein Leben an Weite?

22. November

Die rettende Last

Zwei Männer sind unterwegs auf einer Passhöhe im Himalaja. Ein eisiger Wind wirbelt den Schnee unter ihren Füßen auf und fegt ihn kalt schneidend in ihr Gesicht. Plötzlich entdecken sie eine menschliche Gestalt regungslos hinter einem Felsvorsprung liegen. Als sie ihn untersuchen, stellen sie fest, dass der Mann zwar bereits stark unterkühlt ist, aber noch schwache Lebenszeichen von sich gibt. „Komm, lass ihn uns mitnehmen“, meint der eine Bergwanderer. „Bist du verrückt“, gibt der andere zu bedenken, „wir riskieren unser eigenes Leben, wenn wir uns damit belasten!“ Doch der erste Bergsteiger lässt sich nicht beirren. Er lässt einen Teil seiner Ausrüstung zurück und schultert stattdessen den Erfrierenden. Sein

Kamerad schüttelt unwillig den Kopf und stapft wütend davon. Mühsam setzt der so unvernünftige Helfer einen Schritt vor den nächsten. Nur langsam und unter größter Anstrengung kommt er in der großen Höhe und bei den widrigen Verhältnissen voran. Doch je weiter er geht, erwärmt sein erhitzter Körper die Gliedmaßen des Erfrierenden, so dass dieser mehr und mehr wieder zu sich kommt. Es vergeht noch eine Weile, dann gehen beide, Seite an Seite, einer den anderen stützend und einander durch ihre Körper wärmend. Bevor sie jedoch nach Stunden endlich das rettende Lager erreichen, machen sie noch eine traurige Entdeckung. Sie finden einen Erfrorenen im Schnee. Es ist der ursprüngliche Weggefährte des ersten Bergsteigers. Er hatte es nicht geschafft. Kurz vor dem Ziel war er zusammengebrochen. Seine eigene Körperwärme allein hatte nicht ausgereicht, um ihn vor der Kälte zu schützen.

Oft unterliegen wir im Blick auf das Gebot der Nächstenliebe dem Irrtum des ersten Bergsteigers. Wir meinen, es handele sich um eine Bürde, um eine lästige Verpflichtung, der man sich zwar zähneknirschend stellend mag, die aber dem, der die Hilfe leistet, nichts bringt. Das Beispiel aber steht für das eigentliche Geheimnis der Nächstenliebe. Gerade ein Akt uneigennütziger Hingabe kann sich als rettend für das eigene Leben erweisen. Die Liebe, die Zeit und die Wärme, die ich verschenke, wird meine Seele vielleicht einmal vor dem Erfrieren bewahren. Liebe geht nicht verloren. Sie strahlt zurück. Und sie wärmt den, von dem sie ausgegangen ist.

„Ein Samariter aber, der auf der Reise war, kam dahin; und als er den Verletzten sah, jammerte ihn; und er ging zu ihm, goss Öl und Wein auf seine Wunden und verband sie ihm, hob ihn auf sein Tier und brachte ihn in eine Herberge und pflegte ihn." Lukas 10,33f

Impuls für die Stille:

Was prägt mein Verständnis und meine Erfahrung von Nächstenliebe?

23. November

Rettungslos verloren?

Er hatte im Rausch sein ganzes Geld verspielt. Und nicht nur das, darüber hinaus war auch noch der Sold der Soldaten dahin, den er am nächsten Tag auszahlen sollte. Am späten Abend in seiner Schreibstube wurde ihm das ganze Ausmaß seiner Schulden bewusst. „Wer kann mich jetzt noch retten?“, schrieb er in sein Tagebuch. Für ihn stand fest, er wollte sich in der Morgendämmerung die Kugel geben. Ermattet und immer noch vom Alkohol benebelt fiel der junge Zahlmeister in einen traumlosen, tiefen Schlaf. Als Zar Nikolaus I., der in dieser Nacht keine Ruhe fand, an der Kaserne vorbeiging, sah er zu seiner Verwunderung noch Licht im Zimmer seines Finanzverwalters. Neugierig ging er die Stiege hinauf und betrat dessen Zimmer. Gerade wollte er den Zahlmeister aufwecken und zur Rede stellen, als sein Blick auf eine lange Zahlenkolonne fiel und das offene Tagebuch mit dem besagten Eintrag. Ohne Genaueres zu wissen, griff der Zar zu einer Feder und schrieb wortlos hinter die Worte: „Wer kann mich jetzt noch retten?“ seine Unterschrift „Nikolaus I.“ Als der junge Mann am nächsten Morgen erwachte und den Schriftzug erkannte, glaubte er seinen Augen nicht zu trauen. Was war während seines Schlafes geschehen? Schnell klärte sich die Geschichte auf. Der Zahlmeister erstattete noch am selben Morgen Bericht, wurde vom Zaren begnadigt und gelobte, fortan jede Verschwendung zu vermeiden. – Was er dann auch tat, denn er sparte als erstes die Kugel, die er sich zu geben gedachte.

Wer einmal ernsthaft über all das nachdenkt, was er im Laufe seines Lebens anderen Menschen und vor allem Gott schuldig bleibt, der kann eigentlich nur zu demselben Ergebnis kommen: „Ich habe verspielt. Vertrauen verspielt, Liebe verspielt, Güte verspielt, Zeit verspielt, Gottes Barmherzigkeit verspielt. Rückzahlung unmöglich.“ Wir wären verloren, wenn es da nicht den Einen gäbe, der seinen Namen unter den Schuldschein unseres Lebens gesetzt hat: Jesus. Allein ihm ist es möglich, all das wieder zurechtzubringen, was wir verwirkt haben. Im Hier und Jetzt gebraucht er dazu oft Menschen wie Zar Nikolaus I., sozusagen als verlängerten Arm seiner Gnade. Vor Gott aber interveniert er höchstpersönlich für uns und bittet: „Rechne ihm, rechne ihr die Schuld nicht an. Vergib – um meinetwillen."

„Was zögerst du? Steh auf, rufe den Namen Jesu an und lass dich taufen und deine Sünden abwaschen." Apostelgeschichte 22,16

Impuls für die Stille:
Welchen Klang hat das Wort „Begnadigung" für mich?

24. November

Schmerzhafte Begegnungen

Einer spanischen Mutter waren während des Bürgerkrieges ihre drei Söhne umgebracht worden. Sie hatten bei den Truppen der Garnison von Madrid versucht, den „Roten" Widerstand zu leisten. Sie wurden nach kurzer Zeit überwältigt und getötet. Fünf Jahre später klopfte der dafür Verantwortliche an die Tür der Mutter. Er konnte mit seiner Schuld nicht länger leben. Ob es ihr möglich sei, ihm zu verzeihen, fragt der Mann.

„Niemals!"

„Aber wenn Sie sich an mich gewöhnen würden, vielleicht ginge es dann?"

Die Frau zögert zunächst, willigt dann jedoch ein: „Vielleicht – kommen Sie, wenn sie wollen."

Von da an erscheint der scheu blickende Mann in gewissen Abständen. Still setzt er sich ins Wohnzimmer, setzt sich der Gegenwart der Mutter seiner Opfer aus und verschwindet nach einiger Zeit wieder. Eines Tages wendet sich die Frau ihm zu: „Sie hatten Recht. Ich habe mich an Sie gewöhnt und kann Ihnen nun verzeihen. Gehen Sie mit Gott und kommen Sie nie wieder."

Der Mann geht mit einem leisen „Gracias, Senora" auf den Lippen.

„Es ist wahr“, bemerkt die Mutter, „ich fühle mich nun viel besser. Man kann mit dem Hass nicht leben.“

Martin Luther King soll gesagt haben: „Das Gebot der Feindesliebe ist eine absolute Notwendigkeit, wenn wir überleben wollen. Liebe gegenüber dem Feind ist der Schlüssel zur Lösung der Probleme unserer Welt.“ Die ungewöhnliche Geschichte der spanischen Frau ist eine Illustration dieser Wahrheit. Auf Dauer lässt es sich weder mit Schuld noch mit Verbitterung leben. Beides bedarf der Verarbeitung. Und Gott segnet jeden, der sich auf den schmerzhaften Weg eines solchen Prozesses begibt.

„Sprich nicht: ‚Ich will Böses vergelten!‘ Harre des Herrn, der wird dir helfen.“ Sprüche 20,22

Impuls für die Stille:
Wie steht es um meine Bereitschaft, Verzeihen zu gewähren?

25. November

Schaut nach oben!

Es war auf einer Segelfreizeit mit Jugendlichen auf der Ostsee. Wir hatten die Fridtjof Nansen, eine der richtig großen alten Windjammer, gechartert. Um dieses Schiff besegeln zu können, reichte die Crew allein nicht aus, auch unsere Mädchen und Jungen mussten mit Hand anlegen und bis ganz oben in die Rahen steigen. Natürlich schlotterten uns Landratten, die wir so etwas nie vorher gemacht hatten, fürchterlich die Knie. Und so sagte uns der Kapitän, bevor wir das erste Mal hinaufstiegen: „Eins ist ganz wichtig. Wenn ihr da oben Angst bekommt, blickt bitte nie nach unten, denn dann wird euch noch schwindeliger. Schaut einfach nur nach oben, dann wird es besser!“

Schaut nach oben! – Oft rufe ich dies auch Menschen zu, die vor dem offenen Grab eines lieben Angehörigen stehen. Denn nichts vermag uns derart in die Strudel des Abgründigen zu ziehen wie der Tod. Nach oben zu blicken heißt in diesem Zusammenhang: Ich gebe mich ganz der Gewissheit hin, dass jeder Abschied im Hier und Jetzt nur ein Abschied auf Zeit ist. Christus hat den Tod besiegt. Wer im Glauben an Christus stirbt, der geht uns lediglich ein Stück weit in die Ewigkeit voraus. Der stechende Schmerz der Traurigkeit und des Verlustes mag bleiben. Genommen aber sind uns der Schwindel und die kopflose Verzweiflung, die uns am liebsten dazu überreden würden, selbst in die Grube zu fahren. Jesus lebt, und wir dürfen auch leben.

„Dazu ist Christus gestorben und wieder lebendig geworden, dass er über Tote und Lebende der Herr sei." Römer 14,9

Impuls für die Stille:

Kann ich mich mit meinen Angehörigen über Themen wie „Sterben und Tod" verständigen, oder sind wir darauf angewiesen, diese Bereiche auszublenden?

26. November

Über alle Gräben hinweg

Am 26. November 2003 kämpfen mehrere Ärzte in einer stundenlangen Operation um das Leben der kleinen, gerade erst zehn Tage alten Bajan. Das Besondere an dieser Operation: Bajan ist die Tochter eines Ehepaares aus dem Irak, geboren in der Provinzstadt Tikrit. Ein Arzt der US-Besatzungstruppen hat bei einer Untersuchung den lebensbedrohlichen Herzfehler der Neugeborenen festgestellt. Um sie zu stabilisieren, nehmen irakische Ärzte unter telefonischer Anleitung von israelischen Spezialisten eine erste Notoperation vor. Ohne eine zweite lebensrettende Operation wird das Baby jedoch innerhalb weniger Tage sterben. Die Ärzte im vom Bombenkrieg beschädigten Krankenhaus der irakischen Hauptstadt Bagdad sehen sich von dieser Aufgabe überfordert. Also wenden sich Bajans Eltern erneut an die verhassten US-Streitkräfte. Die verständigen eine jüdische Wohlfahrtsorganisation sowie das christliche Hilfswerk „Brotherhood International". Innerhalb von Stunden werden alle finanziellen Mittel für den Transport nach Tel Aviv sichergestellt. So kommt es zu dieser Operation über alle Gräben hinweg. Ein kleines Herz will nicht mehr schlagen. Aber genau dadurch erreicht es die Herzen von Menschen, die durch Terror und Gewalt vielleicht gar nicht mehr wussten, dass sie eines besitzen. Die an Bajans Rettungsaktion Beteiligten werden keine Möglichkeit mehr haben, einander zu hassen. Ob so der Weg aussieht, auf dem Gott uns alle zum Frieden leiten will?

„Und ich will ihnen ein anderes Herz geben und einen neuen Geist in sie geben und will das steinerne Herz wegnehmen aus ihrem Leibe und ihnen ein fleischernes Herz geben.“ Hesekiel 11,19

Impuls für die Stille:
Ich bete für Frieden und Versöhnung zwischen den Menschen.

27. November

Sieben Teil-Wahrheiten

„Sie sind immer so freundlich und zuvorkommend. Wenn ich Ihnen begegne, wird die Welt ein bisschen heller.“ So die alte Nachbarin beim Gespräch über den Gartenzaun.

„Wenn wir dich nicht hätten. Meine Güte, ohne dich würde hier wirklich nichts richtig laufen.“ So die Kollegen nach einer gemeisterten Krisensituation.

„Sie sind so überzeugend. Wenn ich Sie reden höre, möchte ich fast selber an Gott glauben.“ So einer der Partygäste während einer Diskussion über Gott und die Welt.

„Du bist ganz lieb. Du bist der allerliebste Mensch auf der Welt.“ So der jüngste Sprössling auf dem Weg zum Kindergarten.

„Also, ich bewundere Sie. Wie Sie das alles hinkriegen: Familie, Haushalt, Beruf, Engagement im Verein und in der Gemeinde.“ So der Pfarrer nach einem Gemeindefest.

„Du warst schon immer unser Sonnenschein. Wir sind wirklich stolz auf dich.“ So die Eltern bei einem Besuch daheim.

„Sie sind gesund, durch und durch gesund. An Ihnen wird wohl jede Krankenkasse ihre Freude haben." So der Hausarzt nach Abschluss einer Routineuntersuchung.

Das also bin ich. Nicht schlecht, eigentlich. Aber wer mutet mir die andere Wahrheit über mich zu? Und sollte es jemand tun, bin ich bereit sie zu hören, diese andere Wahrheit?

„Gottes Wort ist voller Leben und Kraft. Es ist schärfer als die Klinge eines beidseitig geschliffenen Schwertes; dringt es doch bis in unser Innerstes, bis in unsere Seele und unseren Geist, und trifft uns tief in Mark und Bein. Dieses Wort ist ein unbestechlicher Richter über die Gedanken und geheimsten Wünsche unseres Herzens." Hebräer 4,12

Impuls für die Stille:
Wovon ist mein Selbstbild geprägt?

28. November

Die tatsächliche Todesursache

Eines Morgens wird Rabbi Lilienfeld durch stürmisches Klopfen an seiner Tür geweckt. „Stell dir vor, Rabbi", keucht einer der Männer aufgeregt, „wir haben den alten Samuel in seiner Wohnung tot aufgefunden. Er ist vermutlich vor Hunger gestorben."

„Wie kommt ihr denn darauf?"

„Nun, er sah ganz ausgemergelt aus, und in seiner Küche fand sich auch nicht eine einzige Krume Brot."

Nachdenklich zupft sich der Rabbi den Bart. „Sagt, hätte irgendjemand von euch Samuel eine gute Suppe oder auch nur eine Frucht verweigert, wenn er danach gefragt hätte?"

Heftig schütteln die Männer den Kopf. „Oh, nein, Rabbi, was denkst du von uns?"

Der Dorfgeistliche blickt ernst in die Runde: „Dann sagt nicht, es sei jemand unter uns hungers gestorben. Es war sein Stolz. Samuel hat es nicht verwunden, euch um etwas zu bitten. Er ist an einem stolzen Herzen zugrunde gegangen."

„Wer zugrunde gehen soll, der wird zuvor stolz; und Hochmut kommt vor dem Fall." Sprüche 16,18

Impuls für die Stille:

Kann ich mir eingestehen, dass ich die Hilfe Gottes und die meiner Mitmenschen brauche?

29. November

Trauern und aufatmen

Es sind schon sehr unterschiedliche Gesichter, in die ein Pfarrer schaut, wenn er einen Trauergottesdienst zu halten hat. Natürlich, in den vorderen Reihen, da wo die engsten Angehörigen sitzen, da herrscht die Atmosphäre, die er bei einem solchen Anlass erwartet. Da trifft er auf Kummer. Traurigkeit und Leid spiegeln sich in den Augen, manchmal bis hin zur tiefen Verzweiflung. Sieht er aber in die hinteren Bankreihen, dort wo Nachbarn oder die flüchtigen Bekannten Platz genommen haben, wird er auch ganz andere Gefühle entdecken. Dort ist, zumindest hat es den Anschein, eine gewisse Sorglosigkeit und Zerstreutheit zu verspüren. Ja, in manchem Blick steht sogar ein Anflug von Erleichterung und innerem Aufatmen geschrieben: „Gott sei Dank, ich lebe noch. Es hat einen anderen erwischt und nicht mich."

Irgendwie verständlich sind sie alle, diese Gefühle und Gedanken. Doch beruht die innere Erleichterung: „Es hat einen anderen erwischt" im Letzten einem tiefen Irrtum. Es ist die Illusion, als sei der Tod so etwas wie ein Jackpot im Lotto, nur eben mit umgekehrten Vorzeichen. Schön wär's, doch die Realität sieht anders aus. Die Realität lautet in Anlehnung an eine bekannte Vertonung des Glaubensbekenntnisses: „Es kommt ein Tag vorherbestimmt, da *alle* Welt ihr Urteil nimmt."

Wir alle sind zum Sterben berufen, nicht nur einige Wenige. Allerdings setzt der Komponist des Liedes: „Wir glauben Gott im höchsten Thron“ (EG 184) anstelle des „Es“ in Wirklichkeit ein „Er“. „Er kommt am Tag vorherbestimmt …“ Ein kleiner sprachlicher Unterschied mit großen Folgen. Denn die Begegnung mit dem Tod bedeutet dann gleichzeitig die Begegnung mit dem, der ihn überwunden hat, Christus. Wer darum weiß, darf wirklich aufatmen. Nicht weil der Tod an ihm vorübergehen wird, sondern weil er im Tod geborgen ist in den Armen seines Erlösers.

„Lehre uns bedenken, dass wir sterben müssen, auf dass wir klug werden.“ Psalm 90,12

Impuls für die Stille:

Ist die eigene Vergänglichkeit etwas, womit ich mich bewusst auseinandersetze?

30. November

Verbeamtete Gedächtnisstützen

Am Hof der altorientalischen Könige gab es einige interessante Berufsbilder. Eines davon waren die so genannten „Mazkirim“, zu deutsch „Erinnerer“. Bei diesen Mazkirim handelte es sich um verbeamtete Nervensägen, deren vornehmliche Aufgabe darin bestand, den Herrscher fortwährend an die Dinge zu erinnern, die seinem herrschaftlichen Gedächtnis entglitten waren. Von morgens bis abends hielten sie sich dicht hinter ihrer Majestät auf, um einzugreifen und Chaos oder peinliche Verwechslungen zu vermeiden: „Nein, Majestät, dieser Ring ist nicht für den Botschafter von Sidon, den wollten Sie Ihrer Frau zum 20. Hochzeitstag schenken.“ – Selig, wer einen solchen Erinnerer hat.

Erstaunlich ist, dass die Bibel nicht davor zurückschreckt, uns diese altorientalischen Mazkirim als Vorbilder leidenschaftlichen Betens zu empfehlen. Wie sie sollen wir weder rasten noch ruhen, wenn es darum geht, Gott an seine Verheißungen zu erinnern und ihn bei dem zu behaften, was er gesagt hat. Im Hintergrund steht hier allerdings nicht die Vergesslichkeit Gottes. Er weiß, was er versprochen hat, selbst wenn es noch so lange zurück liegt. Die Vergesslichkeit besteht vielmehr auf unserer Seite. Indem wir Gott an seine Verheißungen erinnern, vergewissern wir uns in Wahrheit selbst. Wir rufen uns ins Gedächtnis, worauf wir hoffen und woran wir uns festhalten dürfen. Das ist der Grund, warum Gott möchte, dass wir ihm unsere Anliegen nicht nur einmal, sondern immer und immer wieder vortragen. Er beruft uns zu seinen Mazkirim, damit wir auch in Krisenzeiten getrost und zuversichtlich bleiben.

„Ihr, die ihr den Herrn erinnern sollt, gönnt euch keine Ruhe! Lasst auch ihm keine Ruhe, bis er Jerusalem wieder aufbaut, bis er es auf der ganzen Erde berühmt macht.“ Jesaja 62,6–7

Impuls für die Stille:

Wie intensiv ist mein Gebetsleben?

1. Dezember

Widersprüchliche Wünsche

Aus dem Autoradio säuselt Frank Sinatra: „I'm dreaming of a White Christmas ...“ Doch der Fahrzeughalter flucht: „Muss es ausgerechnet immer dann schneien, wenn ich unterwegs bin?“

Sie: „Ich habe mich so auf den Weihnachtsmarkt gefreut. Aber jetzt schau' dir mal diese Menschenmassen an. Da kommen wir doch gar nicht durch.“ Er: „Weißt du noch im letzten Jahr, da gab es um diese Zeit wesentlich weniger Andrang.“ Sie: „Ja stimmt, da war überhaupt nichts los. Meine Güte war *das* öde!“

„Also dieses Mal gehe ich die Adventszeit ganz ruhig und besinnlich an. Ich will nämlich endlich einmal ohne Hektik und Stress Weihnachtskarten an unsere Bekannten und Freunde schreiben, Plätzchen backen, einen Adventskalender mit 24 individuell zusammengestellten Geschenken gestalten, Weihnachtssterne basteln, mit den Kindern Adventslieder singen, den Keller aufräumen, den Speicher putzen, die Garage entsorgen, die Weihnachtspyramide aus dem Erzgebirge reparieren, die von Uroma geerbten Krippenfiguren restaurieren, einen neuen Schlitten kaufen und verschiedene Rezepte von Biolek für Heiligabend ausprobieren. Aber, wie gesagt, diesmal in aller Ruhe und völlig ohne Stress!"

Wer hat uns Schnee verheißen, der nur weiß ist und nicht auch kalt, nass und rutschig?

Wer hat uns Menschen verheißen, die nicht manchmal auch im Weg stehen?

Wer hat uns Ruhe verheißen, ohne dass wir auf irgendetwas verzichten müssten?

Antwort: Niemand! Es gibt das eine nicht ohne das andere. Gott hat es so eingerichtet, damit wir lernen, unsere Wünsche zu klären. Denn nur wenn ich meine Wünsche geklärt habe, werde ich zufrieden leben.

„Denn Weisheit ist besser als Perlen, und alles, was man wünschen mag, kann ihr nicht gleichen." Sprüche 8,11

Impuls für die Stille:

Gibt es in meinem Denken widersprüchliche Wunschvorstellungen?

2. Dezember

Bereitet dem Herrn den Weg

Es ist Advent. Die Fußgängerzonen in den Städten und Gemeinden sind festlich geschmückt. Lichtergirlanden machen das Dunkel hell, ein Fülle unterschiedlicher Düfte verwöhnt die Nasen und aus allen Richtungen dringen weihnachtliche Klänge an das Ohr. Sie haben nun zwei Chancen zu reagieren:

1. Sie können sich ärgern. Sie können sagen: „Was für eine kommerzielle Show. Das hat doch alles mit Weihnachten nichts zu tun.

Ich soll auf diese Weise nur zum Kaufen animiert werden. Der wahre Sinn der Adventszeit wird durch diesen Kitsch völlig in den Hintergrund gedrängt."

2. Sie können sich über diese Atmosphäre aber auch durchaus freuen. Sie lassen das festliche Treiben einfach vorurteilsfrei auf sich wirken und denken dabei: „Wie schön, dass die Geschäftsleute sich so viel Mühe damit geben, mich in eine adventliche Stimmung zu bringen. Die vielen Lichter, Gerüche und Melodien machen doch alles ein bisschen netter, einladender und bunter. Und das tut gut nach den tristen Novembertagen."

Ich schlage vor, Sie entscheiden sich für die letztere Gefühlsvariante. Warum? Aus inhaltlichen Gründen. In den alttestamentlichen Verheißungen schildert die Bibel selbst, wie Natur und Mensch sich schmücken, um die Ankunft Gottes gebührend zu feiern. Und dabei gebraucht sie überschwängliche Bilder. Da sammelt sich Wasser und beginnt vor Freude in der Wüste zu sprudeln, staubige Pisten verwandeln sich in Prachtstraßen, Lilien blühen in der Einöde. Unsere Adventsbräuche wollen eigentlich nichts anderes sein als der Versuch, diese biblischen Vorbilder nachzuahmen. Diesen Versuch sollten wir nicht verachten, selbst dann nicht, wenn er sich hin und wieder etwas verselbstständigt oder misslingt. Ich bin überzeugt: Gott hat nicht nur ein Herz für die Kunst, sondern auch für den Kitsch.

„Bereitet dem Herrn den Weg, denn die Herrlichkeit des Herrn soll offenbart werden." Jesaja 40,3.5

Impuls für die Stille:

Wie möchte ich in diesem Jahr die Adventszeit gestalten?

3. Dezember

Adventlicher Straßenbau

Advent hat mit Straßenbau zu tun.
„Bereitet dem Herrn den Weg.“
Beim Straßenbau gibt es oft viele schwierige Erdarbeiten.
Da muss schweres Gerät zum Einsatz kommen.
Ganze Erdberge müssen verschoben werden.
Menschen, die im Advent Gottes leben,
sind solche Erdarbeiter.
Was muss nicht alles aus dem Weg geräumt werden,
damit ein Weg für den Herrn entsteht?
Liegt da nicht ein Berg Stolz im Wege?
Beim näheren Prüfen wird klar,
hier ist sogar Fels.
Da hilft nur sprengen mit Dynamit.
Dann sehe ich so manch einen alt eingefahrenen,
frommen Feldweg.
Nicht einfach, dem Herrn hier den Weg zu bereiten.
Mancher dieser Feldwege ist erstaunlich gut ausgebaut,
richtig mit fester Teerdecke,
und ständig wird nachgebessert.
Wie viele Arbeiter hier wohl gebunden sind?
Ich aber will mich nicht aufhalten lassen.
Ich will mit allen, die es verstanden haben,
Bauarbeiter sein im Advent.
Denn:
Bereitet dem Herrn den Weg; denn siehe, der Herr kommt gewaltig, ganz bestimmt.
Eberhard Adam

Eine Stimme spricht: „Siehe, da ist Gott der Herr! Er kommt gewaltig, und sein Arm wird herrschen. Siehe, was er gewann, ist bei ihm, und was er sich erwarb, geht vor ihm her.“ Jesaja 40,10

Impuls für die Stille:
Was bedeutet „adventlicher Straßenbau“ in meiner Situation?

4. Dezember

Wie im Himmel

In früheren Zeiten gab es in vielen Kirchen besondere Sitzplätze für reiche Bürger oder Patrizierfamilien. In einer dieser Gemeinden soll sich folgendes zugetragen haben: Eine wohlhabende Dame strebt auf ihren angestammten Platz zu, muss aber feststellen, dass dort bereits ein ärmlich gekleideter Mann sitzt. „Wer hat dir erlaubt, sich auf *meinem* Sitzplatz niederzulassen?“, fragt sie empört. „Was heißt hier ‚mein Sitzplatz‘, entgegnet der Mann. „Vor Gott sind doch wohl alle Menschen gleich, oder etwa nicht?“

„Für den Himmel mag das gelten“, ereifert sich die Dame, „aber hier auf Erden gelten Recht und Ordnung. Und was Recht ist, das muss auch Recht bleiben.“

Ertappt, ertappt! So geschieht es leider oft. Konkret vor die Herausforderung gestellt, Gott durch sein Verhalten zu ehren, findet der Christenmensch garantiert irgendein Hintertürchen, um sich davor zu drücken. Und sei es, indem er ganz einfach versucht, Himmel und Erde, göttliche Ordnung und menschliche Ordnung gegeneinander auszuspielen. Allerdings verkommt er so unweigerlich zur gespaltenen Persönlichkeit. Zu einem christlichen Pappkameraden, dessen Mund Glaubensbekenntnisse abspult, während der Rest ganz anderes verkündet. Das Angebot des Evangeliums aber lautet, aus einem Guss heraus leben zu dürfen und somit Integrität auszustrahlen. Natürlich wird es uns nicht immer gelingen, dem Gebot der Liebe zu entsprechen. Es ist jedoch ein Unterschied, ob ich dies von Herzen bedauere, oder ob ich versuche zu rechtfertigen, was nicht zu rechtfertigen ist. Was wäre wohl passiert, wenn die Dame den Hinweis des Armen anders aufgenommen hätte? Etwa mit den Worten: „Stimmt, da hast du völlig Recht. Vor Gott sind alle Menschen gleich. Entschuldige bitte.“ – Vielleicht wäre der Mann ja von selbst aufgestanden und hätte ihr „ihren“ Sitzplatz angeboten. Auf jeden Fall aber wäre sie als Christ glaubhafter aus dieser Situation hervorgegangen.

„Wenn ihr das königliche Gesetz erfüllt nach der Schrift: ‚Liebe deinen Nächsten wie dich selbst‘, so tut ihr recht; wenn ihr aber die Person anseht, tut ihr Sünde und werdet überführt vom Gesetz als Übertreter.“ Jakobus 2,8f

Impuls für die Stille:
An welcher Stelle bin ich besonders gefährdet, „Himmel und Erde“ gegeneinander auszuspielen?

5. Dezember

Ein gesegneter Schlaf

„Den Seinen gibt's der Herr im Schlaf!“, so lautet in Anlehnung an Psalm 127,2 ein bekanntes Sprichwort.

Im Blick auf den Josef der Weihnachtsgeschichte, so wie sie uns nach Matthäus berichtet ist, lässt sich das wirklich sagen. Josef begreift zunächst einmal nichts von dem, was da im Vorfeld der Heiligen Nacht im Gange ist. Doch dann bekommt er im Schlaf endlich den Durchblick – durch einen Traum.

Marias Freund und Verlobter, so heißt es im Evangelium, geht mit einem festen Vorsatz zu Bett: „Josef aber war fromm und wollte Maria nicht in Schande bringen. Er gedachte aber, sie *heimlich* zu verlassen.“

Das bedeutet: Einerseits kann Josef mit dem Kind, das da im Bauch seiner Verlobten heranwächst, nichts anfangen. Er weiß genau: „Es ist nicht von mir!“ – und deshalb will er es loswerden.

Andererseits aber liebt er Maria. Darum überlegt er, die Rolle des sich vor seiner Verantwortung drückenden, flüchtigen Vaters zu spielen. Nur so scheint ihm beides gewahrt: seine Selbstachtung und die Ehre Marias, ihr Ansehen in der Öffentlichkeit.

Doch im Schlaf, durch eine traumhafte Erscheinung, wird ihm eine andere Einsicht zuteil. Es ist die Einsicht: „Du kannst dieses Kind nicht von dir wegschieben. Gott selbst begegnet dir in diesem Kind, und er möchte, dass du es für dich annimmst." – Josef erwacht und hat es begriffen. Als Zeichen seines Begreifens gibt er dem Kind den Namen, der besagt, was es ihm bedeuten wird: Jeschua, Jesus, Retter!

„Und sie wird einen Sohn gebären, dem sollst du den Namen Jesus geben, denn er wird sein Volk retten von ihren Sünden." Matthäus 1,21

Impuls für die Stille:

Was ruft Weihnachten in mir wach: innere Abwehr, Ratlosigkeit, Freude? Ich gehe meinen Gefühlen nach und bringe sie so, wie sie sind, vor Gott.

6. Dezember

Nikolaus von Myra

Der Nikolaustag weckt Erinnerungen an die Kindheit. Wer hätte nicht als Fünfjähriger mit Inbrunst gesungen: „Lasst uns froh und munter sein ..." Wer ist nicht schon früh am Morgen aufgestanden, um auf der Fensterbank oder in Schuhen und Socken nach Süßigkeiten zu suchen? Seit Jahrhunderten ist Nikolaus der beliebteste unter allen Heiligen. Und selbst dort, wo man die Gedenktage der Heiligen aus Glaubensgründen aus dem Kalender zu streichen versuchte – etwa in den reformierten Niederlanden –, der Nikolaustag blieb davon unangetastet. Was aber ist das Besondere an diesem Bischof von Myra, das ihn bis heute so fest im volkstümlichen Brauchtum verankert hat? Vordergründig hängt es sicherlich damit zusammen, dass sein Gedenktag im Bewusstsein der Menschen die Weihnachtszeit einläutet. So verbindet sich mit dem Nikolaus der Gedanke an den Weihnachtsmann und all dem, was man dieser fiktiven Gestalt zuschreibt. Aber das ist nicht die ganze

Wahrheit. Für orthodoxe Christen und viele Menschen in Osteuropa ist etwas anderes viel wichtiger. Für sie ist der Bischof von Myra der erste, den sie allein aufgrund seines Lebenswandels als „apostelgleich" und damit heilig bezeichnen. Der Tradition nach gehörte nämlich zu einem Heiligen unabdingbar der Märtyrertod. Nur wer sein Blut für den Glauben an Christus vergossen hatte, konnte in den Reigen der verehrten Glaubenszeugen aufgenommen werden. Anders Nikolaus. Er starb der Überlieferung zufolge um 350 im hohen Alter nach einem überaus reichen und gesegneten Leben. Sein „heiliges Kapital" war das, was er verschenkte. So warf er einmal in drei Nächten hintereinander heimlich einen Beutel Goldstücke durch das Fenster eines verarmten Edelmannes, um dessen Töchter vor der Prostitution zu retten. Ein anderes Mal verteilt er Korn an die hungernde Bevölkerung. Die Heiligkeit des Nikolaus besteht in der Fantasie seiner Liebe und in seiner Freude an Gottes Güte. Das macht ihn so populär – bis heute.

Jesus spricht: „Darin wird mein Vater verherrlicht, dass ihr viel Frucht bringt und werdet meine Jünger." Johannes 15,8

Impuls für die Stille:

Welche Bedeutung könnte der Nikolaustag für einen erwachsenen Menschen gewinnen?

7. Dezember

Wenn jeder so denkt ...

Die Brautleute hatten nicht viel Geld, aber dennoch waren sie der Meinung, dass viele Menschen mitfeiern sollten. Geteilte Freude ist doppelte Freude, dachten sie. Und vielleicht wirkt unser Glück ja ansteckend. Also baten sie die Eingeladenen, als Beitrag zum Fest je eine Flasche Wein mitzubringen. Am Eingang würde ein großes Fass stehen, in das sie ihren Wein gießen könnten; und so sollte jeder von den gemeinsamen Gaben trinken und froh und ausgelassen miteinander sein. Als nun das Fest eröffnet werden sollte, liefen die Kellner zu dem großen Gefäß und schöpften daraus. Doch wie groß war die Enttäuschung aller, als sie merkten, dass nur Wasser darin war. Versteinert saßen oder standen sie da, als ihnen bewusst wurde, was geschehen sein musste. Offenbar hatte jeder für sich gedacht: „Das bisschen Wasser, das ich statt des Weines hineingieße, wird schon niemand bemerken." Scham und Unsicherheit erfasste die Gäste, und so schön die Flötenspieler auch musizierten, die Freude des Abends war merklich getrübt. Und das nicht nur wegen des fehlenden Weines.

„Du sollst nicht stehlen." 2. Mose 20,15

Impuls für die Stille:

Wie steht es um mein Engagement in Kirche und Gesellschaft? Leiste ich meinen Beitrag zum Wohle des Ganzen?

8. Dezember

Was Hören bewirkt

Als der frühere US-Außenminister Henry Kissinger Israel besuchte, fragten ihn Journalisten: „Wie kommt es eigentlich, dass Ihr Bruder und Sie gleichzeitig in die Vereinigten Staaten ausgewandert sind, und er völlig akzentfrei englisch spricht, während Sie noch einen starken deutschen Akzent haben?" Der Politiker antwortete: „Ach, wissen Sie, der Unterschied zwischen meinem Bruder und mir ist der, dass er aufgrund seines Berufes oft zuhört, während ich meistens reden muss."

Hören ist alles andere als Passivität. Aktives Hören bewirkt, dass ich in meiner Wahrnehmung sensibler werde, aufnehme, was es zu lernen gibt und mich dadurch selbst Stück für Stück verändere. Dies gilt insbesondere auch für das Gespräch mit Gott und den Umgang mit der Bibel. Wer die Bibel liest in dem Bewusstsein, eigentlich schon zu wissen, wo es lang geht, der liest sie nicht wirklich. Der „redet" im Prinzip nur das in sie hinein, was er ohnehin bereits wusste. Der Erkenntnisgewinn beschränkt sich auf das Lernen neuer Vokabeln und frommer Geschichten. Echte Veränderung dagegen findet nicht statt. Hören im tieferen Sinne aber bedeutet etwas anderes. Es bedeutet, sich selbst zu verlassen und sich ganz einzulassen auf das, was der biblische Gesprächspartner mir sagen möchte. Nur so ist es möglich, dass ich meinen sündhaft menschlichen Akzent bemerke. Eben das aber ist die Voraussetzung, um sich mit ihm auseinander zu setzen, ihn abzulegen und die Sprache der Liebe möglichst akzentfrei sprechen zu lernen. Henry Kissinger wusste also, wo es bei ihm hakt – zumindest rein sprachlich gesehen.

„Ein hörendes Ohr und ein sehendes Auge, die macht beide der Herr." Sprüche 20,12

Impuls für die Stille:
Ich bitte Gott um hörende Ohren.

9. Dezember

Bereit zu gehen?

Gehoben ist der Stein –
Die Menschheit ist erstanden –
Wir alle bleiben dein
Und fühlen keine Banden.
Der herbste Kummer fleucht
Vor deiner goldnen Schale,
Wenn Erd und Leben weicht,
Im letzten Abendmahle.

Zur Hochzeit ruft der Tod –
Die Lampen brennen helle –
Die Jungfraun sind zur Stelle –
Um Oel ist keine Noth –
Erklänge doch die Ferne
Von deinem Zuge schon,

Und riefen uns die Sterne
Mit Menschenzung und Ton.
Novalis

„Es wird das Himmelreich gleichen zehn Jungfrauen, die ihre Lampen nahmen und gingen hinaus, dem Bräutigam entgegen. Darum wachet! Denn ihr wisst weder Tag noch Stunde, in der der Menschensohn kommen wird.“ Matthäus 25,1.13

Impuls für die Stille:
Novalis verbindet mit dem Tod den Anbruch einer beglückenden Gemeinschaft mit Gott – und ich?

10. Dezember

Was Bitterkeit überwindet

In seinem Roman „Les Miserables“ erzählt Victor Hugo die Geschichte eines gewissen Jean Valjean. Dessen einzige Verfehlung besteht ursprünglich darin, dass er einen Laib Brot stiehlt, um damit die hungernden Kinder seiner Schwester zu ernähren. Neunzehn Jahre Zuchthaus erhält Valjean im vorrevolutionären Frankreich für dieses „schwere Verbrechen“. Dann entlässt man ihn ohne jedes Hab und Gut. Innerlich verbittert durch seine lange Haft und weil man ihm als verurteilten Kriminellen keine Arbeit anvertraut, findet er schließlich Aufnahme bei einem alten Bischof. Der lädt ihn zum Abendessen ein und stellt ihm ein Bett für die Nacht zur Verfügung. Doch Valjean nutzt die ihm erwiesene Gastfreundschaft, um das silberne Tafelgeschirr des Bischofs zu stehlen und sich damit auf und davon zu machen. Die Polizei wird jedoch auf die arme Gestalt mit dem silbernen Geschirr aufmerksam. Als sich herausstellt, wem das kostbare Gut gehört, wird Valjean dem Bischof gegenübergestellt. Mit einem Blick der Barmherzigkeit und des Erbarmens durchschaut dieser die Situation und meint nur: „Oh ja, ich habe ihm das alles geschenkt. Aber Jean, du hast vergessen, die Kerzenleuchter mitzunehmen, die gehören doch auch noch dazu." Der Polizist geht verdutzt seines Weges. Der elende Jean Valjean aber bleibt. Er ist beschämt von seiner Tat, aber noch mehr überwältigt von einer Barmherzigkeit, der er bis dahin nie begegnet war. Er ist gleichzeitig verurteilt und verstanden, gerichtet und gerechtfertigt.

Jeder, der wie der Bischof einem der „Les Miserables" hilft, muss damit rechnen, nicht nur keinen Dank zu erfahren, sondern betrogen zu werden. Zu groß sind Bitterkeit und Not im Leben mancher Menschen. Nur wer sich trotzdem in Liebe für einen Elenden offen hält, hat die Chance, dessen Herz zu erreichen.

„Lass dich nicht vom Bösen überwinden, sondern überwinde das Böse mit Gutem." Römer 12,21

Impuls für die Stille:

Mit welcher Haltung begegne ich den Elenden?

11. Dezember

Vom Zweifel, der den Glauben reinigt

Wenn dir der Gedanke kommt,
dass alles, was du über Gott gedacht hast, verkehrt ist,
und dass es keinen Gott gibt,
so gerate nicht in Bestürzung.
Es geht allen so.
Glaube aber nicht, dass dein Unglaube daher rührt,
dass es keinen Gott gibt.
Wenn du nicht mehr an den Gott glaubst,
an den du früher glaubtest, so rührt das daher,
dass in deinem Glauben etwas verkehrt war,
und du musst dich bemühen,
besser zu begreifen, was du Gott nennst.
Wenn ein Wilder an seinen hölzernen Gott zu glauben aufhört,
heißt das nicht, dass es keinen Gott gibt,
sondern nur, dass er nicht aus Holz ist.

Leo Tolstoi

„Wir sehen jetzt durch einen Spiegel ein dunkles Bild; dann aber von Angesicht zu Angesicht. Jetzt erkenne ich stückweise, dann aber werde ich erkennen, wie ich erkannt bin.“ 1. Korinther 13,12

Impuls für die Stille:

Wie gehe ich mit Zweifel um?

12. Dezember

Verständigungsschwierigkeiten

Die UNO hatte eine weltweite Umfrage mit folgender Aufforderung durchgeführt:

„Geben Sie uns bitte Ihre ehrliche Meinung zur Lösung der Nahrungsmittel-Knappheit in der Zweidrittelwelt ab.“ – Was passierte? Die Erhebung scheiterte aufgrund von nicht zu überwindenden Verständigungsschwierigkeiten.

Denn:

In Afrika wussten die Menschen nicht was *Nahrungsmittel* sind.

In Osteuropa war nicht bekannt, was *ehrlich* meint.

Westeuropa hatte Schwierigkeiten damit, sich *Knappheit* vorzustellen.

Die Chinesen konnten den Begriff *Meinung* nicht übersetzen.

Der Nahe Osten fragte nach, was denn mit *Lösung* gemeint sei.

Die Südamerikaner fühlten sich durch das Wort *bitte* peinlich berührt.

Und die USA fragten, wo denn die *Zweidrittelwelt* liege.

Zugegeben: eine derartige Umfrage hat nie stattgefunden. Irgendein entwicklungspolitisch engagierter Zeitgenosse hat sich das Ganze ausgedacht und ins Internet gestellt. Doch obwohl rein fiktiv, ist der Grundgedanke dieser Satire wahr. Der Mensch ist trotz aller informationstechnischer Vernetzungen, trotz Globalisierung und der Fülle internationaler Beziehungen nach wie vor nicht wirklich fähig, so etwas wie ein „Weltbewusstsein“ zu entwickeln. Zu stark ist die Gebundenheit an die persönliche Erfahrungswelt, an das, was den Einzelnen kulturell geprägt und geformt hat. Um sich davon lösen zu können, bedarf es eines Geistes, der weiter ist als das eigene überkommene Weltbild. Die Bibel nennt diesen Geist den „Heiligen Geist". Erst der Heilige Geist macht uns tatsächlich zu Weltbürgern, zu Menschen der Weite und des Verständnisses. Denn der Heilige Geist geht von Gott selbst aus. In ihm ist die Wirklichkeit entgrenzt. Bei Gott, dem Schöpfer aller Dinge finden Vielfalt und Einheit zueinander. Daher darf auch die Menschheit in ihm ihre Einheit finden.

„Und es werden kommen von Osten und von Westen, von Norden und von Süden, die zu Tisch sitzen werden im Reiche Gottes."
Lukas 13,29

Impuls für die Stille:
Wo gibt es in meinem eigenen Fühlen und Denken Grenzen des kulturellen Verständnisses?

13. Dezember
Wie Weihnachtsfreude entsteht

Kinder freuen sich mit großer Selbstverständlichkeit auf den Heiligen Abend. Erwachsene haben dagegen oft ihre Schwierigkeiten damit. Dies scheint selbst dann zu gelten, wenn sie mit diesem Fest inhaltlich etwas anfangen können. Eine erfahrene Christin hat es mir gegenüber einmal so formuliert: „Ich weiß nicht so recht, was ich mit dem Weihnachtsfest anfangen soll. Dass Christus in die Welt gekommen ist, das ist doch die Grundlage unseres Glaubens. – Daran glaube ich doch nicht nur an einem Tag, sondern an jedem Tag des Jahres. Wie soll ich mich da pünktlich zum 24. Dezember noch einmal besonders freuen? Das kann ich einfach nicht."

Die Schwierigkeit, die in diesen Sätzen zum Ausdruck kommt, besteht in der Art der Annäherung an das Weihnachtsgeschehen. Es ist eine stark dogmatische, am Verstand orientierte Zugangsweise. Die Ereignisse der Heiligen Nacht wollen aber nicht nur verstanden werden, sondern sie wollen uns hineinnehmen in die ihnen innewohnende Dynamik. Um an einem Beispiel zu erläutern, worum es geht: Ich kann in der Adventszeit hergehen, eine CD-Aufnahme des Weihnachtsoratoriums von Johann Sebastian Bach auflegen und dabei die Partitur des Werkes mitlesen. Dies wird mich zweifellos ansprechen, sofern ich an barocker Kirchenmusik interessiert bin. Allerdings wird im Laufe der Zeit ein Abnutzungseffekt eintreten. Spätestens dann, wenn ich die Eigenheiten der CD-Aufnahme wahrgenommen und analysiert habe. Wie ganz anders aber sähe die Begegnung mit dem Weihnachtsoratorium aus, wenn ich als Sänger oder Sängerin in einem Chor an den Aufführungen des Werkes beteiligt wäre? Die Kenntnisnahme der Noten wäre dann lediglich der erste Schritt. Denn wenn es wirklich ein gutes und vor allen Dingen überzeugendes Konzert werden soll, würde es darauf ankommen, sich gemeinsam mit den anderen hineinzuversenken und ergreifen zu lassen vom Zauber der Musik. Es würde darum gehen, zu erspüren, was den Komponisten bei der Gestaltung seines Oratoriums bewegt hat. Immer andere Nuancen dieses Werkes würden vermutlich deutlich und wichtig werden. Und als Folge dieser intensiven Begegnung mit der Musik gäbe es niemals zwei völlig identische Aufführungen. Jede einzelne Darbietung des Weihnachtsoratoriums wäre ein neues, spannendes Erleben – trotz gleicher Noten, trotz gleichen Inhalts.

„Groß sind die Werke des Herrn, wer sie erfasst, hat Freude daran." Psalm 111,2

Impuls für die Stille:

Wie kann aus einem Betrachter ein Mitwirkender des Weihnachtsgeschehens werden?

14. Dezember

Schmunzeln erlaubt

Maria und Josef suchen am Heiligabend in Bethlehem ein Zimmer. Aber überall heißt es: „Nichts mehr frei, alles besetzt!" Josef klagt: „Aber wir brauchen was – meine Frau ist schwanger!" Ein besonders unfreundlicher Gastwirt herrscht ihn an: „Na und, da kann ich doch nichts dafür!" Darauf der heilige Josef: „Na, meinen Sie ich vielleicht?" – Ein netter Heiligabend-Witz, wie ich finde. Natürlich ist dieser Dialog zwischen dem Gastwirt und Josef nicht verbürgt. Er wäre aber durchaus möglich, denn er spricht auf humorvolle Weise das Geheimnis an, das über dem Weihnachtsgeschehen liegt. Das Kind, das da im Stall zu Bethlehem geboren werden wird, verdankt sich nicht der Liebe seiner Eltern. Sein Ursprung liegt woanders. Er liegt in der Liebe Gottes, die es danach drängte, Menschengestalt anzunehmen. Wer diesem Kind in die Augen blickt, sieht Gott selbst ins Gesicht. An ihm sind alle göttlichen Eigenschaften des großen göttlichen Genpools verkörpert sichtbar. Konkret bedeutet das: Über Gottes Wesenszüge muss nicht länger spekuliert werden. Die Zeit der Gerüchte und Vermutungen ist vorbei. Es ist der geboren, den wir zu Recht „Sohn Gottes" nennen.

„Und das Wort ward Fleisch und wohnte unter uns, und wir sahen seine Herrlichkeit, eine Herrlichkeit als des eingeborenen Sohnes vom Vater, voller Gnade und Wahrheit." Johannes 1,14

Impuls für die Stille:

Ich danke Gott für das Geheimnis seiner Menschwerdung.

15. Dezember

Unnötige Eile

Irgendwo im mittleren Westen der Vereinigten Staaten. Ein Provinzzug schnaubt schwerfällig durch die karge, zumeist unbewohnte Landschaft. Plötzlich hält die Lokomotive auf offener Strecke ohne ersichtlichen Grund an. „Was ist los, warum halten wir?“, fragt ein Fahrgast den Schaffner. „Kein Grund zur Sorge“, antwortet der, „eine Kuh hat sich auf die Gleise gelegt, aber es wird sicher gleich weitergehen.“ Einige Zeit später stoppt der Zug erneut, ohne dass ein Bahnhof in Sicht wäre. „Meine Güte, was ist denn das jetzt schon wieder?“, beschwert sich der gepflegt gekleidete Reisende, diesmal sichtlich nervöser. „Hat uns etwa die Kuh überholt? Wenn das so weitergeht, verpasse ich noch meinen Anschlusszug!“

„Nur die Ruhe“, besänftigt ihn der Bahnbeamte, „Sie werden Ihren Anschluss mit Sicherheit erreichen. Unterbrechungen wie diese sind in unserem Bundesstaat von vornherein einkalkuliert. Der Fahrplan berücksichtigt solche Pausen.“

Es gehört zu Gottes umsichtiger Planung, dass auch er Unterbrechungen, Ruhezeiten und dergleichen in unseren Lebensrhythmus einkalkuliert hat. Nicht jede freie Minute muss unbedingt genutzt und zweckgebunden verwertet werden. Es besteht die Freiheit zur Muße. Effektivität ist die Kunst, genau dies zu erkennen. Wahrzunehmen, was der Fahrplan jeweils vorsieht und sein Leben entsprechend zu gestalten. Diese Gelassenheit bringt weiter als alle Rastlosigkeit und Hektik.

„Denn wer zu Gottes Ruhe gekommen ist, der ruht von seinen Werken so wie Gott von den seinen. So lasst uns nun bemüht sein, zu dieser Ruhe zu kommen.“ Hebräer 4,10f

Impuls für die Stille:

Wie erfahre ich Muße und Gelassenheit?

16. Dezember

Treue zu sich selbst

Eines Tages, so wird erzählt, erkannte Abrahams Neffe Lot, dass die Bosheit der Menschen in Sodom Gottes Zorn heraufbeschwören würde. Zu sehr verachteten sie alles, was Gott heilig und kostbar war. Lot beschloss daher, die Bürger Sodoms zur Umkehr zu rufen. Er hoffte, die Stadt so retten zu können. Zunächst suchte er das Gespräch mit jedem Einzelnen seiner Nachbarn. Doch keiner war an einer derartigen Unterhaltung interessiert. Daraufhin fertigte Lot ein großes Plakat mit der Aufschrift: „Tut Buße!" – Doch außer ein paar irritierten Blicken und einigen schnippischen Kommentaren erntete er keinerlei Reaktionen. Schließlich durchstreifte Lot alle Straßen und Gassen und rief mit lauter Stimme: „Ihr Männer und Frauen, kehrt um von euren falschen Wegen. Sie führen ins Verderben! Euer Tun und Handeln ist verkehrt!" Aber seine Mitbürger lachten ihn nur aus. Eines Tages bekam einer von Lots Nachbarn Mitleid mit seinem Bekannten und sagte: „Meine Güte, Lot, siehst du nicht, dass du mit deinen Predigten niemand erreichst?"

„Doch, das sehe ich", antwortete der unerschrockene Mahner.

„Ja, aber warum machst du dann weiter, ich verstehe das nicht."

„Ganz einfach", antwortete Lot, „ am Anfang predigte ich, weil ich dachte, ich könnte Einfluss auf die Menschen in dieser Stadt gewinnen. Jetzt predige ich, weil ich nicht will, dass sie Einfluss auf mich nehmen."

Eine der größten Versuchungen für Christen unserer Zeit besteht darin, angesichts der Übermacht der Andersdenkenden die eigene Überzeugung preiszugeben. An allzu vieles haben wir uns schon gewöhnt: an die Vermarktung von Sexualität, an die Tötung von hunderttausenden von Ungeborenen, an soziale Ungerechtigkeit, an den Raubbau der Natur. Die Erfahrung von Ohnmacht und Hilflosigkeit führt häufig in die Gleichgültigkeit. So verständlich dies auch sein mag, es ist der falsche Weg. Mag auch keiner unsere Mahnungen hören, es ist dennoch wichtig, im Namen Gottes immer wieder die Stimme zu erheben. Denn sonst ist es nur ein kleiner Schritt hin zur Verunsicherung, zur schrittweisen Anpassung bis hin zur Aufgabe der eigenen Identität als Christ. Davor aber bewahre uns Gott.

„Lasst uns ehrbar leben wie am Tage, nicht in Fressen und Saufen, nicht in Unzucht und Ausschweifung, nicht in Hader und Eifersucht, sondern zieht an den Herrn Jesus Christus und sorgt für den Leib nicht so, dass ihr den Begierden verfallt.“ Römer 13,13f

Impuls für die Stille:

In welchen Bereichen bin ich besonders gefährdet, mich allgemein akzeptierten, aber gottlosen Verhaltensmaßstäben anzupassen?

17. Dezember

Teuflisches Saatgut

Einst wanderte ein Mann durch einen dichten, schwer zu durchdringenden Wald. Zufällig stieß er auf eine große Scheune. Da ein Gewitter aufzuziehen drohte, suchte er darin Herberge. Nachdem sich seine Augen an die Dunkelheit im Innern gewöhnt hatten, entdeckte er eine Reihe von Säcken, die allesamt Saatgut enthielten. Doch an den Säcken waren seltsame Aufschriften angebracht: Zorn, Neid, Macht, Ehrgeiz und vieles mehr. Da erkannte der Mann, dass es sich bei dieser Scheune offenbar um etwas Besonderes handelte. Es war die Vorratskammer, die der Teufel gebrauchte, um das Saatgut des Bösen aufzubewahren, bevor er es in die Herzen der Menschen streute. Auffällig war dabei, dass die Anzahl und Größe der Säcke mit der Aufschrift „Enttäuschungen“ alle anderen bei weitem übertraf. Gerade als der Wanderer dies entdeckte, kam auch schon ein Diener Satans herein, um sich mit frischem Saatgut zu versorgen. „He“, fragte der Mann, „warum gibt es hier einen solch großen Vorrat an Samenkörnern für Enttäuschungen?“

Keineswegs irritiert von der Gegenwart des Eindringlings antwortete der Dämon: „Weil sie so fruchtbar sind und so überaus leicht Wurzeln schlagen."

„Und Kamerad, sage mir weiter, wachsen sie überall?" Bei dieser Bemerkung wurde der Diener Satans missmutig. Grimmig blickte er den Wanderer an und spie auf den Boden. „Nein", gab er voll Verachtung zurück, „sie wachsen nicht überall. In einem dankbaren Herzen finden sie keinen Nährboden. Dort gedeihen sie leider überhaupt nicht."

„Seid dankbar in allen Dingen, denn das ist der Wille Gottes in Christus Jesus für euch." 1.Thessalonicher 5,18

Impuls für die Stille:
Was gedeiht in meinem Herzen?

18. Dezember

Die schwangere Madonna

In der Zisterzienserinnenabtei St. Marienstern in Sachsen findet sich eine äußerst eindrückliche Marienfigur aus dem 14. Jahrhundert. Dieses wohl in Schlesien gefertigte Kunstwerk zeichnet sich nämlich dadurch aus, dass es die Gottesmutter in einem sehr „handgreiflichen" Sinne als schwanger darstellt. Nicht nur, dass sich direkt unterhalb der zum Gebet gefalteten Hände der Bauchraum dieser Maria etwas wölbt – gleichzeitig enthält er einen Hohlraum, aus dem heraus eine kleine, dreidimensionale Figur des Christuskindes zum Vorschein tritt. Durch eine Art Klappdeckel konnte im Mittelalter der Mutterschoß Marias je nach liturgischem Gebrauch wahlweise geöffnet oder geschlossen werden. Allerdings gab es im Laufe der Jahrhunderte vermutlich auch einige längere Perioden, in denen die „Bauchdecke" dieser Marienfigur aus Pietätsgründen gänzlich verschlossen blieb.

Drastischer als in einem solchen Kunstwerk kann der Gedanke, dass Gott in Christus menschliche Gestalt angenommen hat, wohl kaum dargestellt werden. Und die Scheu ist durchaus zu verstehen, wenn Menschen es zu manchen Zeiten vielleicht nicht gewagt haben, sich dieser Maria quasi „handgreiflich“ zu nähern.

Und doch, Weihnachten mutet uns diesen Gedanken zu: Gott hat sich so klein gemacht, dass er in den Mutterschoß einer gebärenden Frau hineinpasst. Gott hat sich so verletzlich gemacht, dass er sich den Gefährdungen durch Schwangerschaft und Geburt aussetzt. Gott ist uns so nahe gekommen, dass Maria ihn in sich spüren, seine Gegenwart ertasten kann.

„Siehe, eine Jungfrau ist schwanger und wird einen Sohn gebären, den wird sie nennen Immanuel.“ Jesaja 7,14

Impuls für die Stille:

Marias körperliche Erfahrung der Gegenwart Christi mag einzigartig sein – aber: welche spürbare Erfahrung der Nähe Gottes wünsche ich mir?

19. Dezember

Ein geschenkter Gedanke

Neue Dinge erfinden, ich kann es nicht,
etwa Flugzeuge, die auf silbernen Flügeln dahinsegeln.
Aber heut in der Frühe –
da wurde mir ein Gedanke geschenkt,
ein wunderbarer Gedanke,
und die abgeschabten Stellen meines Kleides,
die wurden auf einmal schön,
leuchtend von einem Licht, das vom Himmel fiel,
wie Gold und Silber so hell und wie Bronze,
Lichter aus himmlischen Fenstern.
Der Gedanke war der,
dass ein geheimer Plan verborgen ist in meiner Hand,
dass meine Hand groß ist,
groß um des Planes willen.
Dass Gott, wohnend in meiner Hand,

den geheimen Plan kennt,
den Plan von dem, was er tun will für die Welt
durch meine Hand.
Toyohiko Kagawa
(1888–1960, japanischer Theologe und Bürgerrechtler)

„Und Eli sprach zu Samuel: Geh wieder hin und lege dich schlafen; und wenn du gerufen wirst, so sprich: Rede HERR, denn dein Knecht hört.“ 1. Samuel 3,9

Impuls für die Stille:
Bin ich bereit, mich von Gott gebrauchen zu lassen?

20. Dezember

Vergebliche Liebesmühen

Eine Jugendliche hat sich in ihren Mitschüler verliebt. Nun versucht sie alles, um ihn von ihren Vorzügen zu überzeugen. In den Pausen wirft sie ihm verstohlene Blicke zu. Sobald sich irgendwie die Möglichkeit ergibt, bewegt sie sich in seinem Dunstkreis, scheinbar belanglos und doch offensichtlich. Sie zieht ihre schicksten und aufreizendsten Klamotten an: kurzer, eng geschnittener Rock, ein verspieltes Top, das den gepiercten Nabel nicht verdeckt. Schließlich bekommt er Briefe, in denen ihm gesagt wird, wie süß er doch sei. Natürlich sind es Briefe ohne Absender – doch jeder weiß, wer sie geschrieben hat. Das Tragische ist: Je mehr und intensiver das Mädchen um den Jungen wirbt, desto mehr törnt ihn das ab: „Wenn sie nur wüsste, wie sehr sie mir auf den Keks geht.“

Ein Mittvierziger: Ehrgeizig verfolgt er seine Ziele. Er ist engagiert, er bringt sich ein, er tut alles, um anderen zu helfen. Entsprechend sammelt er nicht nur Ämter, sondern auch Komplimente. Gierig saugt er alle Zeichen der Anerkennung und der Bewunderung in sich auf. Doch wenn er abends in den Spiegel blickt, stellt sich doch immer wieder ein Gefühl der Vergeblichkeit ein. Er bringt alles fertig, nur eins nicht: sich selbst davon zu überzeugen, dass er ein liebenswerter, wunderbarer Mensch ist.

Liebe lässt sich einfach nicht erzwingen. Weder die Liebe eines anderen Menschen, noch die Liebe zu sich selbst. Liebe ist immer ein Geschenk. Sie begegnet mir als ein unbegründetes Widerfahrnis. Ich kann nichts dazu beitragen, dass sie sich einstellt. Ich kann mich nur von ihr überraschen lassen. Überraschenderweise sagt einer mir seine Liebe zu, ohne an meine „Liebenswürdigkeit" auch nur einen Gedanken zu verschwenden. Er liebt ganz einfach, weil er lieben will.

„Gott erweist seine Liebe zu uns darin, dass Christus für uns gestorben ist, als wir noch Sünder waren." Römer 5,8

Impuls für die Stille:

Kann ich darauf verzichten, meine Liebenswürdigkeit unter Beweis stellen zu wollen?

21. Dezember

Seligpreisungen der anderen Art

Selig sind die Besitzenden, denn Geld regiert die Welt. Selig sind die Egoisten, denn selber essen macht fett. Selig sind die Rücksichtslosen, denn sie werden es zu etwas bringen. Selig sind die Machthungrigen, denn jeder ist sich selbst der Nächste. Selig sind die Raffinierten, denn sie werden ihr Schäfchen ins Trockene bringen. Selig sind diejenigen, die es mit der Wahrheit nicht so genau nehmen, denn die Welt will betrogen sein. Selig sind die Gleichgültigen, denn wir kommen bekanntlich „alle, alle in den Himmel". Selig sind die, die ihr Mäntelchen nach dem Wind hängen, denn sie werden stets oben schwimmen. Selig seid ihr, wenn euch die Menschen anhimmeln und beklatschen, denn ihr werdet gute Posten bekommen. (frei nach: Alfonso Pereira)

Es ist mehr als deutlich: Diese Seligpreisungen sprechen eine andere Sprache als die der Bergpredigt. Es sind die Seligpreisungen des Erfolgs. Sie klingen realistisch, plausibel, zutreffend, aber sie erweisen sich in ihrer Konsequenz als mörderisch. Denn sie sind gnadenlos, kennen weder Recht noch Erbarmen. Es sind genau die Handlungsgrundsätze, die dafür sorgen, dass diese Welt sich für die vielen Menschen, die auf der Strecke bleiben, immer wieder als ein höllisches Jammertal erweist. Die Seligpreisungen des Erfolgs sind den Seligpreisungen Jesu parallel Satz für Satz gegenübergestellt um zu zeigen: Es gibt hier keine Grauzonen. Je nachdem, wonach ich mich richte, werde ich zu einem Werkzeug der göttlichen Liebe oder zu einem Handlanger des Teufels. Ein „Sowohl als Auch" ist weder vorgesehen noch möglich.

„Was hülfe es dem Menschen, wenn er die ganze Welt gewönne und nähme doch Schaden an seiner Seele." Matthäus 16,26

Impuls für die Stille:

Wird an meinem Lebensstil deutlich, welche Entscheidung ich getroffen habe?

22. Dezember

Väterlicher Schmerz

Ein Tag im Advent 2001. In den Nachrichten Bilder eines israelischen Bombenangriffs auf eine Grundschule im Westjordanland. Kleine Jungen und Mädchen rennen verängstigt auseinander, Lehrer bemühen sich vergeblich um Ordnung, Frauen mit Kindern auf dem Arm suchen nach Schutz vor den Granaten. Es sind schreckliche Bilder. Mir kommt der Gedanke: Eigentlich müsste ich es wagen, mich gemeinsam mit anderen Christen zwischen die israelischen Angreifer und die nicht minder gewaltbereiten Palästinenser zu werfen.

Wäre das nicht unsere Aufgabe, im Namen der Versöhnung dem Hass Einhalt zu gebieten? Ungeachtet aller Gefahr oder Rücksicht auf das eigene Leben? Während ich so denke, fällt mein Blick auf Hannah, meine kleine Tochter. Unweigerlich beschleicht mich

Angst: Mein Leben, ja das mag ich vielleicht noch riskieren. Aber was ist mit meiner Tochter? Was, wenn sie durch eine solche Friedensmission ihres Vater Schaden nehmen würde? Hannah weiß von all diesen Anfechtungen nichts. Sie ist versunken in ihr Weihnachtsliederbuch, singt von der „Stillen Nacht" und dem „Heiligen Paar". Ihr Gesang führt mir schlagartig vor Augen: Gott hat es riskiert! Gott, der Vater, hat genau das getan, was ich nicht zu tun wage. Er hat sein Liebstes eingesetzt. Nichts anderes bedeutet Weihnachten! Diese wehrlose Familie: Maria, Josef und das Kind in der Krippe – plötzlich sehe ich sie nicht in Bethlehem, sondern mitten in Ramallah. Ich sehe sie mitten im Chaos, umgeben von Krieg und Zerstörung, als ein lebendiges Zeichen der versöhnenden Liebe Gottes. Nachdenklich stimme ich ein in das Lied von der Heiligen Nacht – und erahne den Schmerz, den sie in sich trägt.

„Sie legten ihn in eine Futterkrippe im Stall, weil sie im Gasthaus keinen Platz bekommen hatten." Lukas 2,7

Impuls für die Stille:
Was riskiere ich um Gottes Willen?

23. Dezember

Eine peinliche Geschichte?

„Schafft mir endlich die Krippe fort und diese eines Gottes unwürdigen Windeln!" So soll Marcion, ein populärer Theologe des 2. Jahrhunderts einmal lauthals während eines feierlichen Gottesdienstes herumgepoltert haben. Er fand die Weihnachtsgeschichte des Lukas ausgesprochen unappetitlich und hat sie daher kurzerhand in seiner Überarbeitung des Neuen Testamentes herausgestrichen. Ähnlich muss es wohl der Prophet Mohammed empfunden haben. Denn auch in seiner Version der Weihnachtsgeschichte fehlen die Windeln. Und nicht nur das. Im Koran ist das Jesuskind schon unmittelbar nach seiner Geburt schwer beschäftigt. In Sure 19 wird uns der Vorgang geschildert. Maria ist von ihren Wehen sehr geschwächt. Und so habe sie gerufen: „Wäre ich doch vorher gestorben und ganz in Vergessenheit geraten! Doch der Jesusknabe hätte ihr geantwortet: „Sei nicht traurig. Allah hat zu deinen Füßen ein Rinnsal frischen Wassers gemacht. Und schüttle den Stamm der Palme, so lässt sie saftige, frische Datteln auf dich herunterfallen."

Nicht schlecht, statt schmutziger Windeln frische Datteln für Maria. Welche Mutter würde sich über eine solche Fürsorge ihres Neugeborenen nicht freuen? – Doch im Ernst: Warum ist die Bibel so anders? Warum präsentiert sie uns nicht wie Marcion oder der Koran einen Heiland, der von Anfang an helfend, heilend und predigend unterwegs ist? Warum erzählt sie uns in der Weihnachtsgeschichte von einem Gotteskind, das äußerst hilfsbedürftig und schwach in einer Krippe liegt, bevor es eines Tages anderen helfen wird? Die Antwort ist schlicht. Das Neue Testament macht uns mit einem Gott bekannt, dem unsere Liebe am Herzen liegt. Jedes Liebesverhältnis aber lebt davon, dass es ein gegenseitiges Geben und Nehmen gibt. Einen Menschen, der stark ist, der alles im Griff hat und der keinerlei Schwächen zeigt, einen solchen Menschen mag ich bewundern, ehren oder auch fürchten – aber lieben werde ich nicht. Zur Liebe gehört die Bedürftigkeit. Und genau darum macht sich Gott in Christus bedürftig. Christus kann nicht nur geben, er kann auch nehmen – als erstes die Liebe seiner Mutter. Diesen Zusammenhang haben weder Marcion noch Mohammed verstanden. Die Windeln Jesu sind nicht peinlich. Sie sind wichtig. Sie sind Zeichen der Bedürftigkeit Gottes.

„Und das habt zum Zeichen: ihr werdet finden das Kind in Windeln gewickelt und in einer Krippe liegen." Lukas 2,12

Impuls für die Stille:

Ist mir meine eigene Bedürftigkeit eher peinlich oder kann ich zu ihr stehen?

24. Dezember

Alle Jahre wieder

Warum machen sich am Heiligen Abend so viele Menschen zum Gottesdienst auf, die sonst nicht den Weg zur Kirche finden? Warum platzen zu Weihnachten die Gotteshäuser schier aus allen Nähten, obwohl dort nichts anderes erzählt und gepredigt wird als die bekannte Geschichte von den Engeln und dem Kind in der Krippe? Vielleicht verhält es sich mit Weihnachten so ähnlich wie mit dem Film, den ich mir als Student alle Jahre wieder anschaute. Während meiner Studienzeit war es nämlich so, dass in unserer Universität kurz vor der Semesterpause das Auditorium maximum (der größte Hörsaal) in ein riesiges Kino umfunktioniert wurde. Immer stand derselbe Film auf dem Programm, „die Feuerzangenbowle“ mit Heinz Rühmann. Und obgleich jeder die Dialoge fast auswendig konnte, sodass er sie hätte mitsprechen können und obgleich die meisten Pointen im Lärm untergingen, weil ein Teil des Auditoriums immer schon im Vornherein in Gelächter ausbrach, pilgerten die Studierenden zu Hunderten in den Hörsaal. Irgendwie hatte die „Feuerzangenbowle“ unter uns Kultstatus. Wir gingen hin, nicht obwohl, sondern gerade weil wir genau wussten, was uns erwartete. Das Geheimnis dieses Films: Er rührte etwas in uns an. Sehnsüchte, Erinnerungen, vielleicht zudem den Wunsch, so wie Heinz Rühmann als Schriftsteller Dr. Pfeiffer, etwas Versäumtes nachholen zu können. Auch die Faszination der Heiligen Nacht besteht in etwas anderem als in ihrer Originalität. Das, was es Weihnachten wert macht, alle Jahre wieder gefeiert zu werden, liegt in dem, was es uns zusagt. Gott bekennt sich zu seiner Liebe zu uns Menschen. Er macht Schluss mit der Jahrtausende währenden Distanz zwischen ihm und uns. Er sucht uns auf. Er wird sichtbar. Seitdem gibt es inmitten dieser verrückten und heillosen Welt einen Orientierungspunkt für unser Suchen nach Geborgenheit und Frieden. Die Heilige Nacht zeigt: Ihr dürft hoffen, ihr dürft glauben, ihr dürft leben.

„Denn euch ist heute der Heiland geboren, welcher ist Christus, der Herr, in der Stadt Davids.“ Lukas 2,11

Impuls für die Stille:

Ich bete, dass alle Gottesdienste an diesem Tag, die Menschen anrühren, bewegen und zu einem Leben in der Kraft des Glaubens ermutigen mögen.

25. Dezember

Ein Gott und König in Windeln

Er wurde ein Kind,
damit du zum vollen Erwachsenen reifen könntest;
er wurde eingewickelt in Windeln,
damit du herausgewickelt werden könntest aus
den Netzen des Todes;
er war auf Erden,
damit du unter den Sternen seiest;
er hatte keinen Platz in der Herberge,
damit du viele Wohnungen im Himmel haben könntest.
Reich war er und wurde arm für uns.
Seine Armut ist unser Reichtum,
seine Schwäche unsere Kraft.
Für uns ist er arm,
in sich ist er reich.
Du siehst mit den Augen,
dass er in Windeln liegt,
dass er aber Gottes Sohn ist,
das musst du sehen lernen.
Ambrosius von Mailand (339–397)

„Die Weisheit, die wir verkünden, ist Gottes Weisheit. Sie bleibt ein Geheimnis und vor den Augen der Welt verborgen. Und doch hat Gott, noch ehe er die Welt schuf, beschlossen, uns an seiner Weisheit und Herrlichkeit teilhaben zu lassen.“ 1. Korinther 2,7

Impuls für die Stille:
Gottes Liebe verfolgte ein klares Ziel. Wo habe ich Anteil an dieser Liebe?

26. Dezember
Faszination der Verpackung

Der kleine Junge sitzt mit funkelnden Augen unter dem Weihnachtsbaum. In seinen Händen hält er ein schönes buntes Geschenkpaket. Immer wieder dreht und wendet er es, um es wirklich von allen Seiten genau betrachten zu können. „Ja, sag mal", fragt der Großvater, „willst du das Päckchen denn nicht endlich auspacken?"

„Nein", antwortet der Enkel kurz.

„Aber warum denn nicht?"

„Weil es doch sonst kein Geschenk mehr ist."

Eltern und Geschwister lächeln. Da hat er wohl etwas missverstanden, der Kleine. Für ihn ist die Verpackung zum Eigentlichen geworden, und er ist so davon fasziniert, dass der Inhalt gar keine Rolle mehr spielt. Dabei verbirgt sich unter dem Geschenkpapier die Erfüllung eines lang gehegten Wunsches. Ein Gleichnis für Weihnachten. Sind wir zum Auspacken dessen gekommen, was Gott uns in der Geburt seines Sohnes schenken wollte? Sicherlich, der Rahmen ist immer wieder schön. Der Besuch bei Verwandten oder bei alten Freunden, die Erfahrung, vielleicht nach längerer Zeit einmal wieder zur Ruhe gekommen zu sein. All das ist wichtig und wertvoll. Und dennoch, es verbirgt sich mehr hinter der Verpackung. Auf uns wartet zu Weihnachten ein Gott, der darauf aus ist, diese Welt mit all seinen Menschen heil zu machen, sie zurecht zu bringen. Dabei fängt er bei jenen an, die vor seiner Krippe „auspacken". Wir dürfen ihm unser Herz öffnen. So wie es einst die Hirten getan haben. Die Ausgangslage spielt keine Rolle. Wir mögen kommen, woher wir wollen. Wir mögen uns fühlen, wie wir wollen. Er ist geboren, dem Gott es zugedacht hat, sich ganz und gar für uns einzusetzen. Selbst dann, wenn es ihn das Leben kostet. Ein alter Mann im Tempel von Jerusalem spürt das als Erster in seiner ganzen Tiefe. Er nimmt das neugeborene Kind auf seine Arme, legt Decken und Tücher beiseite und sagt dann:

„Herr, nun lässt du deinen Diener in Frieden fahren wie du gesagt hast; denn meine Augen haben deinen Heiland gesehen." Lukas 2,29

Impuls für die Stille:
Ich danke Gott im Gebet für sein Weihnachtsgeschenk.

27. Dezember

Geschickte Vögel

Henry J.M. Nouwen, katholischer Theologe und Verfasser zahlreicher geistlicher Schriften, beschreibt in seinen Tagebuchaufzeichnungen Erfahrungen, die er während eines siebenmonatigen Aufenthaltes in einem amerikanischen Trappistenkloster machen durfte. Oft sind es dabei die scheinbar beiläufigen Bemerkungen der Mönche, die dem vielbeschäftigten Akademiker Anlass zu einer tieferen Selbstreflektion geben. So notiert Nouwen z. B. nach einem Spaziergang durch die Natur mit einem der Brüder:

„Heute hat mir Pater John erklärt, der Regenpfeifer sei ein Vogel, der einen an der Nase herumführt, indem er sich verwundet stellt, um so die Aufmerksamkeit von den Eiern abzulenken, die er offen auf sandige Plätze legt. Herrlich! Die Neurose als Waffe! Wie oft habe ich mich mit einem scheinbaren Leiden bemitleiden lassen, um die Aufmerksamkeit der Menschen von dem abzulenken, was ich vor ihnen verbergen wollte. Es sieht fast so aus, als habe sich jeder Vogel einen meiner Verteidigungsmechanismen zu Eigen gemacht. Der Kuckuck legt seine Eier in die Nester anderer Vögel, um ihnen die Brutarbeit zu überlassen. Der Baltimore Pirol imitiert die Laute gefährlicherer Vögel, um sich seine Feinde vom Leib zu halten und die Rotflügelamsel macht einen derart hartnäckigen

Lärm um den Eindringling, dass es einem bald auf die Nerven geht und man das von ihr beanspruchte Gebiet verlässt. Ich erkenne unschwer, dass ich selbst all das und noch vieles andere veranstalte, um mich selbst zu schützen oder um meinen eigenen Willen durchzusetzen."

Gott, der Herr, spricht: „Schwingst du dich hoch wie der Adler, setztest du zwischen Sterne dein Nest, von dort noch hole ich dich nieder." Obadja 4

Impuls für die Stille:
Welche Taktiken gehören zu meinem Repertoire des Selbstschutzes oder der Täuschung?

28. Dezember

Gold, Weihrauch und Myrrhe

Der Weg zum Kind in der Krippe ist unterschiedlich weit. Da gibt es solche, die bereits am Heiligen Abend in Bethlehem ankommen, um es anzubeten: die Engel und Hirten.

Und da gibt es andere, die brauchen Wochen, um das zu finden, wonach sie gesucht haben: wie etwa die Weisen aus dem Morgenland. Sie haben eine Menge Zeit und Mühe investiert. Und sie haben das mitgebracht, was für Menschen zu ihrer Zeit als das Kostbarste galt.

Sie bringen Gold, eine schon damals über die Grenzen hinweg wertgeschätzte Devise. Sie bringen Weihrauch, eine in allen Kulten und Religionen gerne verwendete Opfergabe. Und sie bringen Myrrhe, in der Antike durch seine ebenso berauschende wie betäubende Wirkung nicht nur medizinisch beliebt.

Gold, Weihrauch und Myrrhe: die Weisen aus dem Morgenland wissen ihre Schätze bei dem Kind in der Krippe an der richtigen Adresse. Denn mit diesen Schätzen schenken sie ihm symbolisch vielleicht auch all das, wovon sie sich vergeblich eine Garantie für ihr persönliches Glück erwartet haben.

Gold als Zeichen für den vergeblichen Versuch, sich durch materielle Güter Lebensqualität zu erwerben.

Weihrauch als Symbol für den vergeblichen Versuch, Gott durch die eigenen religiösen oder moralischen Kraftanstrengungen für sich gewinnen zu können.

Myrrhe schließlich für den vergeblichen Versuch, dem Leben durch Genuss einen Sinn zu geben.

All das, was ihnen kostbar ist, schenken die Sterndeuter aus dem Orient dem Christuskind – ohne zu zögern.

Warum auch nicht? Sie brauchen es nicht mehr.

Denn alles, was sie brauchen, liegt dort vor ihnen, in diesem Kind in der Krippe. Und dieses Kind wartet, bis auch der Fernste bei ihm angekommen ist.

„Sie werden aus Saba alle kommen, Gold und Weihrauch bringen und des Herrn Lob verkündigen." *Jesaja 60,6*

Impuls für die Stille:

Was ist mir kostbar, obwohl es mein Leben eher belastet als fördert?

29. Dezember

Segen ist ...

die Geduld, die dem anderen die Vorfahrt lässt,
eine Hausaufgabenhilfe, die gute Noten bringt,
ein Lächeln, das den Schmerz vertreibt,
ein Protest, der dem Unrecht entgegentritt,
Freude, die andere ansteckt,
Brot, das für alle reicht,
Fasten, das vom Trott befreit,
Worte, die das Schweigen brechen,
Zurückhaltung, die anderen die Stimme gibt,
Einfachheit, die keinen Neid erregt,
Wahrheit, die frei macht,

Treue, die Sicherheit gibt,
Konsequenz, die Wege weist,
Gespräche, an denen alle profitieren,
Bewegung, die gesund erhält,
Wein, der Freude bringt,
Essen, das den Körper stärkt,
Gewaltlosigkeit, die den Frieden bringt,
Besuche die Kranke heilen.

„Gelobt sei Gott, der Vater unseres Herrn Jesus Christus, der uns gesegnet hat mit allem geistlichen Segen im Himmel durch Jesus Christus." Epheser 1,3

Impuls für die Stille:
Ich danke Gott für die kleinen und großen Segnungen meines Lebens.

30. Dezember

Rätselhaft

Martin Luther las einmal auf den Fachwerkbalken eines alten Bauernhauses die folgende Inschrift:

Ich komme und weiß nicht woher.
Ich lebe und weiß nicht, wie lang.
Ich sterbe und weiß nicht, wann.
Ich gehe und weiß nicht wohin.
Mich wundert, dass ich noch fröhlich bin.

Luther soll die Inschrift aus seinem Glauben heraus umgedichtet haben:

Ich komm und weiß wohl woher.
Ich lebe und Gott spricht: Wie lang.
Ich sterbe und Christus sagt: Wann.
Ich gehe und weiß wohl wohin.
Mich wundert, dass ich noch traurig bin.

Luther hat Recht, denn rätselhaft ist wohl wirklich beides: Der durch nichts zu begründende Optimismus des Heiden wie auch die durch nichts zu begründende Schwermut des Christen.

„Dies ist der Tag, den der Herr macht; lasst uns freuen und fröhlich an ihm sein." Psalm 118,24

Impuls für die Stille:
Was ist dazu geeignet, mir im Blick auf den heutigen Tag Freude zu vermitteln?

31. Dezember

Wohin mit den Altlasten?

In Deutschland ist vornehmlich der Herbst die Jahreszeit, in der Väter mit ihren Kindern Drachen steigen lassen. Nicht so in Korea. Dort bastelt man am letzten Tag des Jahres kunstvoll gestaltete Papierdrachen. Auf sie dürfen die Familienmitglieder all das schreiben oder malen, was sie gerne loswerden und vergessen möchten. Danach begibt sich die Familie auf ein freies Feld und übergibt die Drachen an einer langen Leine dem Spiel der Winde. Sobald diese dem menschlichen Auge so fern sind, dass sie am Himmel kaum noch zu erkennen sind, wird die Leine gekappt und der Rückweg angetreten. Sinn des Ganzen ist die Hoffnung, dass mit dem selbst gebastelten Flugkörper auch die darauf verzeichneten Sorgen und Verfehlungen für immer entschwinden mögen.

Einen ähnlichen Zweck verfolgt ein alter Brauch, der in manchen Regionen Italiens am Altjahresabend gepflegt wird. Dort werfen die Menschen kurz vor Mitternacht ganz einfach den noch nicht entsorgten Unrat des vergangenen Jahres, unwillkommene Geschenke oder Gegenstände, die mit einer schmerzhaften Erinnerung behaftet sind, aus dem Fenster. Das Neue Jahr soll durch sie nicht belastet oder beeinträchtigt werden. Nicht nur in Korea und in Italien, in fast allen Kulturen gibt es am letzten Tag des Jahres ähnliche Sitten und Gebräuche. Der Wunsch, der Zukunft frei begegnen zu können verbindet Menschen überall auf der Welt. Aber leider ist es nicht ganz so einfach, wie wir es uns wünschen. Vergangenheit ist nicht schon dadurch bewältigt, dass die Dinge, die uns an sie erinnern, aus unserem Blickfeld entschwinden. Vergangenheit bedarf, sofern sie schmerzt, der Heilung, und Sünde, sofern sie nicht bereinigt ist, der Vergebung. In vielen Kirchengemeinden werden am letzten Tag des Jahres besondere Gottesdienste angeboten. Warum also nicht die Gelegenheit wahrnehmen und die Vergangenheit im Hören auf Gottes Wort verarbeiten? Warum nicht die Gelegenheit wahrnehmen und im Gespräch mit Gott Freispruch, Vergebung und die Zusage eines neuen Anfangs empfangen?

Nur wenn er sich unserer ungelösten Konflikte erbarmt, können wir dem neuen Jahr wirklich getrost entgegengehen.

„Wohl dem, dem die Übertretungen vergeben sind, dem die Sünde bedeckt ist! Wohl dem Menschen, dem der Herr die Schuld nicht zurechnet, in dessen Geist kein Trug ist." Psalm 32,1f

Impuls für die Stille:

Was habe ich am Ende eines Jahres Gott zu sagen, zu beichten?

Bibelstellen

Stichwortverzeichnis